宿文渊◎编著

给你一个公司，你能赚到钱吗

中国华侨出版社
北京

图书在版编目 (CIP) 数据

给你一个公司，你能赚到钱吗 / 宿文渊编著. —北京：中国华侨出版社，2015.4（2019.7 重印）

ISBN 978-7-5113-5399-3

Ⅰ.①给… Ⅱ.①宿… Ⅲ.①公司—企业经营管理 Ⅳ.① F276.6

中国版本图书馆 CIP 数据核字（2015）第 086111 号

给你一个公司，你能赚到钱吗

编　　著：	宿文渊
责任编辑：	子　轩
封面设计：	李艾红
文字编辑：	彭泽心
美术编辑：	杨玉萍
经　　销：	新华书店
开　　本：	720mm×1020mm　1/16　印张：28　字数：563 千字
印　　刷：	北京市松源印刷有限公司
版　　次：	2015 年 7 月第 1 版　2019 年 7 月第 2 次印刷
书　　号：	ISBN 978-7-5113-5399-3
定　　价：	68.00 元

中国华侨出版社　北京市朝阳区静安里 26 号通成达大厦 3 层　邮编：100028
法律顾问：陈鹰律师事务所
发 行 部：（010）58815874　　　传　　真：（010）58815857
网　　址：www.oveaschin.com　　E-mail：oveaschin@sina.com

如果发现印装质量问题，影响阅读，请与印刷厂联系调换。

前言 >>

随着我国市场经济的快速发展，许多有志于投身商海的人，都将拥有自己的公司当作人生的一大追求。然而，把公司开起来并不难，但如何让公司在竞争激烈的市场中生存下去并赚钱，却不是一件容易事。这不仅需要胆识、资金和人才，还需要有完善的创业战略和经商技法。现实情况是，茫茫商海，大小公司林立，真正的赢家却寥寥无几。市场风云变幻莫测，商海浪涛此起彼伏，适者生存、优胜劣汰是商场中永恒的竞争法则。每一天，都有大批的新企业如雨后春笋般出现在大家的面前；同样，每一天，也都有大批企业突然间消失在众人的视野中。有统计显示，在中国，集团公司的平均寿命为7~8岁，中小企业的平均寿命只有2.9岁。由于中国90%以上的企业是中小企业，据此推算，中国企业的平均寿命约为3.5岁。或许这些消失的企业各有缘由，但无法赢利这个病症却是其中的首要因素。

创办公司、从事经营的根本目的就是为了赚钱，而公司赢利与否也是一家公司经营成败的标志。所以，对企业管理者来说，利润最大化是始终不渝的追求目标。不赚钱的企业将无法维持生存，自然会被市场淘汰。美国著名管理专家吉姆·柯林斯说："对于企业而言，利润就像人体需要的氧气、食物、水和血液一样，它虽然不是生命的全部，但是，没有利润，就没有生命。"因此，如何让企业赚钱，这是企业管理者在变革时代寻求企业发展需要思考的根本问题。

如何开办一家赚钱的公司？创业初期的艰难时期如何度过？怎样让公司良性运作，步入正轨？资金周转不顺畅怎么办？管理和用人不到位怎么办？公司不赢利怎么办？这些问题无时无刻不在困扰着每一位初涉商海的人，而这些问题，正是决定一家公司能否生存进而能否赚钱盈利的关键。纵观世界上许多成就卓越的成功商人，无不拥有一套完整系统的创业战略、具体可行的经营方案以及独特的赚钱门道。倘若经营者不能掌握经营、用人、管理、提高公司竞争力等技巧，一家公司是难以在市场竞争中求得生存与发展的。

在这个商业竞争激烈、市场变幻莫测的年代，要想让公司拥有持续的赢利能力，公司经营者必须不断提高商业素质，培养高超的创新能力，学习最新的经营管理知识。基于此，我们经过归纳、分析、整理，组织专业人员编写了这本《给你一个公司，你能赚到钱吗》，它是揭示公司赚钱之道的指南，是茫茫商海中的寻宝秘籍。

我们将成功的大公司的经营门道和赚钱技法加以汇集、提炼和总结，精编出了如何开一家赚钱的公司的一百多条铁律，内容包括开办公司的必备素质、创业入门之道、如何选择商业模式、如何把握商机、如何组建优秀团队、如何盘活资本、如何决策、如何控制成本、如何创新、如何进行差异化营销、如何厉行节约、如何进行财务管理、如何吸引和维护客户、如何管理和激励员工、如何树立公司形象、如何应对危机等经营技法、管理学问及企业防败、赚钱技巧。

书中既有深刻透彻的理论，又有趣味横生的案例；既有成功人士的经验之谈，也有失败之人的教训体会……本书力求避免以往商务用书枯燥的理论教条，而是从实际出发，深入浅出地告诉你一些有指导性的意见、新鲜实用的点子以及放之四海而皆准的规律和法则。通过本书，你可以学到创业初始阶段的经营管理技巧，直至获得巨大财富的全套经营管理经验，它将使你拥有全面的经商技能，学到让企业赚钱的方法和技巧。如果一个创业者能将其中精华一一掌握、融会贯通并加以实践，定能在商海中纵横驰骋，实现赚钱赢利的目的，成为商战中的赢家。

目录 >>

铁律1　不怕没有钱赚，就怕没有强烈的赚钱欲望……………1

要爱金钱。这句话说得一针见血。如果不爱钱，就抓不住财富。只有对钱有欲望，财富才会逐日增加——钱怎么会待在不爱钱的人手中呢？因此，创业者与其对钱"欲说还休"，倒不如心存赚钱的欲望，让它心甘情愿地跑进你的口袋。

铁律2　创业之前，必须具备相关的经验与知识………………4

创业不仅需要创业者具有良好的性格特征和灵活的商业头脑，更重要的是具备商业经营的相关的经验与知识。经验与知识，既是我们取之不尽、用之不竭的智慧锦囊，更是能够帮助创业者少走弯路、更快地取得成功的有力支撑。

铁律3　经营者要对失败有一个理性的态度………………………8

经商本来就是一种风险非常高的事业，作为合格的创业者，不能因为可能会遭遇失败就不再前行。失败是营养品，让人一生受益匪浅。战胜了失败后，就会发现没有"过不去的火焰山"。

铁律4　科学的市场调研是创业成功的关键………………… 12

创业初期，创业者在作任何决策前都应该进行科学的市场调查，充分了解将要"一展拳脚"的这个行业的独特规律以及发展趋势。如果创业者不深入进行市场调查，而只是凭经验凭感觉或者人云亦云盲目跟风，这种不经过调查分析所作的决策，容易导致创业失败。

创业者需要对创业环境做出 SWOT 分析 ········ 16

全面考虑环境是创业中必不可少的一环，创业者要做的是在这些环境中分析自身的优势与劣势，以及面临的机遇与威胁。科特勒认为，识别环境中有吸引力的机会是一回事，拥有在机会中取得成功所必需的竞争能力是另一回事。

给自己一个定位，是红海深耕还是蓝海淘金 ········ 20

很多创业者失败的根源不在技术或产品上，而是在定位上。市场定位是创业者面临的最大挑战，定位准确则意味着创业者及企业已向成功迈出了第一步。准确的市场定位能够使创业者知道自己的利润在哪儿，定位不清晰，就如同向乞丐叫卖珠宝，产品再好，也难逃失败的结局。……20

抓住市场空白，赚别人看不见的钱 ················ 24

"市场上黄金遍地"并不是假话，之所以有创业者觉得不真实，是因为那些人让自己的眼睛蒙尘，这就是他们依然贫穷的原因。眼光独到、处处留心，发现市场中的空白，才能发现埋藏在沙尘中的黄金。

准确把握发展趋势，然后提前占位 ················ 28

人们常说"一步领先，步步领先"，因此，提前占位，对于项目运行速度就显得极为重要了。因此，当你要作决策时，千万不要草率行事。具有高远的眼光，善于把握风云变幻的市场，比别人看得更高、更远、更准，这样作出的决策才可能切合市场发展的需要，达到决胜于千里的目的。

小资本创业，必须跨过同质化这道坎 ············ 31

对很多创业者而言，同质化是难以绕过去的门槛。产品与别人没有太大的差别，成本方面不占优势，自己又起步较晚，如何在此基础上实现差异化，让客户识别和认同自己，是小企业经营者们必须面对的一个重要课题。

目录

铁律 10　全心全意地去做自己熟悉的行业……………………… 35

你需要一心一意、全心全意地去做你熟悉、懂行的行业，千万不要人云亦云，盲目跟风，不要好高骛远，也不要打一枪换一个地方。如果能做到这一点，你创业就很可能会赚到钱。否则，你只有站着观看的份儿，弄不好"海"没有下成，反而喝了一肚子"海水"。

铁律 11　研读国家和地方政策，充分利用优惠政策………… 39

对很多创业者来说，政策似乎很枯燥乏味，但他们往往忽略了这样一个道理：如果政策嗅觉灵敏，可能会从中抓到难得的商机。有心的创业者勤于思考并抓住它，或许就能改变自己的创业命运。

铁律 12　从新闻事件中嗅到商机……………………………… 43

作为商人，你可以不看财经报道，也可以不看《焦点访谈》，如果你不是做石油和外汇的，甚至你都可以不去管国外任何的局势，但是新闻一定要关注，因为它指导着你下一步的投资方向。

铁律 13　创业初期，尽量"把鸡蛋放在一个篮子里"……… 46

在很多老板的思维当中，多元化经营是迅速做大做强的一个捷径。我们虽然不能说多元化策略一无是处，但对创业者而言，却不是一件好事，因为这样非常容易导致资金、资源、精力分散，在任何一个领域投入力度都不够，与理想渐行渐远。

铁律 14　找最适合自己的而不是最赚钱的项目……………… 49

创业者若想在市场上获得成功，不但应该知道市场中需要什么，还要了解关键购买因素是什么，以及市场竞争中的优劣势。只有这样你才能找出新创公司竞争需要具备的优势是什么，并可以根据要做成这一优势所需条件来设计商业模式。

谨慎进入免费服务模式·················· 53

在很多创业者那里，免费服务正越来越成为切入市场的重要砝码。但免费服务也存在一个弊端，就是随意性强，缺乏来自外界和内心的约束力，自己的能力和服务质量提高缓慢，进而影响到业务模式的成长和真正成熟。

女人和嘴巴是两大财源·················· 57

有调查显示，社会购买力 70% 以上都是由女人掌握的。商人发迹的另一个财源，就是人类的嘴巴。可以说，嘴巴是消耗金钱的"无底洞"，当今世界上有 60 多亿个"无底洞"，其市场潜力非常的大。

不能做到第一，尽量要做到唯一·············· 61

在这个充满竞争与挑战的时代，所有创业者都会感觉到如今生意难做、钱难赚。在这种情况下，如果你不能先行一步，那就得棋高一着，靠自己独具匠心的产品和服务吸引顾客的眼球。

**将资源配置到赢利能力强的业务上，
放大自己的竞争优势**···················· 65

一个企业最为核心的东西应该是赢利最强的业务，其他营销、广告、公关、品牌等手段，确实能够起到锦上添花的功效，但如果忽视赢利最强的业务，就有点舍本逐末了。没有利润，即使其他方面做得再好，也是无水之源、无果之花，难以长久。

目前，网络创业的压力已经多于机遇············ 68

创业者因自身的经济及经验等条件的不足，传统创业难度较大，成功率也低。而借助新经济的兴起，网络创业是不错的选择，但是，从目前网络创业的形势看，网络创业已经不再是中小创业者的理想选择。

目录

铁律20 传统工艺和产品中蕴藏着巨大商机 …………… 71

中国传统工艺是指世代相传、具有百年以上历史以及完整工艺流程、采用天然材料制作、具有鲜明民族风格和地方特色的工艺品种和技艺。随着工业化的大力推进，很多为老百姓所喜闻乐见的传统工艺以及产品，越来越难觅踪迹，这也意味着冷门做大的可能性。

铁律21 从细节中挖掘财富，有需求就等于有生意 ………… 74

"泰山不拒细壤，故能成其高；江海不择细流，故能就其深。"要说创业的成功是由许多细节累积而成的，有的创业者或许不以为然。事实上，只要对你周围的人与事稍加注意，你就会发现细节是多么重要。

铁律22 组建最优秀的创业团队：一个好汉三个帮 ………… 77

一个好汉三个帮，红花也需绿叶扶持。不管创业者在某个行业多么优秀，都不可能具备所有的经营管理经验，而借助团队就是拿来主义，这样可以拥有企业所需要的经验，例如顾客经验、产品经验和创业经验等。人际关系在创业中被放在一个很重要的位置，人际关系网络或多或少地会帮助创业者，是企业成功的因素之一。通过团队，人脉关系可以放得更大，可提高创业成功的几率。

铁律23 合作要以"江湖方式进入，商人方式退出" ……… 81

中国企业最常见的聚散模式就是"哥们式合伙，仇人式散伙"——公司创办之初，合伙者们以感情和义气去处理相互关系，制度和股权或者没有确定，或者有而模糊。企业做大后，利益开始惹眼，于是"排座次、分金银、论荣辱"，企业不是剑拔弩张内耗不止，便是梁山英雄流云四散。

铁律24 与狼共舞，学会竞合之道 ……………………… 84

中国人习惯于非此即彼的思维方式，对自己人要尽量偏袒照顾，对竞争对手则赶尽杀绝。在早期，中国的企业经营者中很少有人会认为在竞争的过程中，除了输赢还有第三种可能，那就是共赢。其实在商业社会中，竞争与合作是可以转化的。那种靠消灭竞争对手取得胜利的做法已经过时,现代企业家要学会"与狼共舞",跟对手深度合作,实现"双赢"乃至"多赢"。

寻找适合自己的投资者……………………………… 88

在创业期的企业都希望找到一个合适的投资者,可并不是每个企业都能如愿以偿。有的企业能拿到投资者上千万美元的投资,有的只能望"钱"兴叹了。寻找到一个适合你的投资者,对于创业者来说,最重要的是要看他是不是一个优秀的投资者,适不适合做你的投资者,这应该是创业者最关心的问题。

融资有道,选择适合自己的融资方式……………… 90

对创业者来说,能否快速、高效地筹集资金,是企业能否站稳脚跟的关键。对于创业者来说,取得融资的渠道很多,如风险投资、民间资本、银行贷款、融资租赁等,这些都是不错的融资渠道。创业者要根据自己的实际情况,选择合适的融资渠道。

盘活资本,不让金钱在银行里过夜………………… 95

财富的积累需要储蓄,但如果一直储蓄,不思投资,那么活钱就会变成死钱。你虽然不会为没钱的生活而忧虑,但你也永远不可能成为富翁,因为钱就像水一样,只有流动起来,才能创造出更多的价值。《塔木德》里讲:"钱,只有进入流通,才能发挥它的作用。"

做一个周全的融资计划……………………………… 99

公司的初创阶段,往往都需要一笔不小的创办经费和资本,这笔资本越充分越好,以便于创业者创业时游刃有余,也可以避免在创办早期因各种不可预测的缘故造成周转不够,落得中途而废。因此,这就需要创业者制订一个周全的资金筹集计划,为日后的发展作准备。

牢牢掌握控股权才能掌握主动权…………………… 104

控股权意味着对企业资源的支配权,掌握控股权是主导企业的产品、管理、市场甚至是企业未来的必要条件，甚至关系着企业的存亡。无论是民营企业的艰辛成长还是合资企业的利益纷争，都表明了一个道理：谁掌握了控股权，谁就掌握了资源与市场，掌握了企业未来的发展。

铁律 30　与银行保持良好的沟通，不要失信于银行………… 107

银行是企业的重要融资渠道，与银行建立良好的沟通，企业才能保证资金渠道畅通。与银行建立起融洽关系，要"对症下药"、"投其所好"，以平等的心态遵循诚实信用的原则，特别是不能失信于银行。无论是创业企业、微型企业，还是有一定规模的企业，都要与银行积极建立起关系，"走出去，引进来"是途径。

铁律 31　决策果断，市场反应速度决定企业命运……………… 111

商战之中，"兵贵神速"，当一个企业拥有较为明显的速度与时间"势能"时，这个企业就无疑增加了一项市场核心竞争力。在这个快鱼吃慢鱼的经济时代中，经营者想得早一点、动得早一点，就可能率先抢占巨大的市场份额。而一个经营者的市场快速反应能力其实是综合实力的一种体现，建立在一定的组织基础之上，又要求企业的产品研发、采购、生产、销售、信息处理等各个部门相互配合。

铁律 32　培养情报意识，在市场变化前就采取行动………… 115

情报，对于企业的发展有重大的作用，它来自于企业的竞争环境、竞争对手和企业内部本身，对企业今后面临的市场趋势以及竞争对手的发展状况起到分析作用。但是，情报本身具有隐蔽性，需要企业的经营者以及员工对于周围事物保持高度敏感并深入思考后才能得到。因此，经营者需要加强情报意识和有意识地培养以及加强情报工作。

铁律 33　家族性创业团队在创业初期具有更大的能量……… 119

在创业初期，创业企业往往会面临招聘困难和队伍不稳的问题，而采取家族性创业团队这一模式将能解决这一问题。但是，成员的个人能力差异与家庭政治也会给企业发展带来不稳定因素。因此，管理者更应处理好团队专业化以及利益分配者之间的博弈等问题，只有这样才能将企业做大做强。

铁律34 在创业初期，先谈生存再谈发展………………123

生存是发展的根基，企业初创时要有愿景，但是具体的伟大战略都是公司在市场上站稳脚跟、已经衣食无忧了之后才开始规划的。在企业初创阶段，让企业生存要比企业发展更重要。在创业之初第一个重要选择就是寻找一个适合自己的创业模式，管理力求简单务实，尽快打开市场，赚到第一桶金。

铁律35 不要"我认为"，从市场出发定战略………………127

企业的战略规划，不是根据战略理论所描述的美好前景去生搬硬套，而是要根据自身的情况与市场来制定，企业的发展就好比建筑楼阁，需要在坚固的地基上一层层、严谨有序地进行，每个步骤都应该认真对待，这样才能保证不会出现"豆腐渣"工程。

铁律36 企业绝不能在高速运转下搞内耗…………… 129

全球化是一种人类社会发展的过程。全球化目前有诸多定义，通常意义上的全球化是指全球联系不断增强，人类生活在全球规模的基础上发展及全球意识的崛起；国与国之间在政治、经济贸易上互相依存。企业在全球化背景下是在高速运转的，搞内耗会使企业在竞争中惨败。

铁律37 项目一旦定位之后，就不要轻易调整……………132

项目的定位一旦确定之后，就不能轻易改来改去、胡乱调整，特别是向截然不同的方向变动。那样不但会使受众觉得定位模糊不清，还会引起原来定位消费群体的误解和反感，造成资源投入的巨大浪费。………132

铁律38 在导入期，控制住成本就算一种赢利…………… 135

对于中小企业来说，越是在外部经营环境困难、企业利润大幅下滑的情况下，成本控制的重要性越突出。比如遇到原材料上涨、市场萎缩的情况，成本控制的好坏往往会决定中小企业的生死存亡。

铁律39 搞"大跃进"，不如先试点再推广·················138

很多满怀着雄心壮志的领导人，不明白"革命目标"需要分阶段实现，一定要把企业办成大企业，拼足全力往上攻，结果都摔了下来。其实，越是心急越吃不了热豆腐，事缓则圆。很多时候，如果我们搞"大跃进"，反而会事倍功半。在公司的发展上，先试点、再推广，分两步走，往往速度会更快。

铁律40 品牌要有一个长期规划·························142

初创企业要想建立自己的品牌，除了做好产品和服务外，一定要沉下心，对品牌有长远的规划。在战略规划的指引下，将自己的品牌树立起来，让消费者产生信任感，从而带动企业的进一步发展。

铁律41 结合经营特色选择商业区························146

商业区是指区域性商业网点集中的地区，一般位于城市中心交通方便、人口众多的地段，通常围绕着大型批发中心和大型综合性商场，由数量繁多、不同类型的商店构成。不同的商业区会有不同的消费习惯和主要客户群，因此一个公司在选择商业区时需要做多方面的调查和分析，在所有影响商业区的选择因素中，经营特色起着决定性的作用。

铁律42 同行未必是冤家，公司要考虑集群效应············148

很多公司在选址时，都在想方设法远离同行，似乎这样能够减轻压力，为自己争得更多生存空间。其实，在同行业之间，竞争能够催人奋进，同类公司聚集容易形成集群效应。

铁律43 找准定位，确定你的客户源······················151

在创业过程中，确定客户源是极其重要的任务之一。简而言之，就是要确定产品的服务对象是谁。在创业之前，你必须准确定位自己的产品，详细分析消费者的年龄、性别、职业、收入以及文化背景等，随即根据这些调查结果确定你的客户源。

铁律44 必须要拥有引以为傲的技术和优势……………… 154

营销大师科特勒说过："每一种品牌应该在其选择的利益方面成为第一名。"在利润越来越透明的市场环境中，企业要想成为"第一名"，则必须拥有引以为傲的技术和优势，不断的技术创新支持的差异优势是企业保持长久市场竞争优势的重要途径。因此，企业应把发展核心的竞争力——技术领先，放在最重要的位置。

 铁律45 创新体系要能为市场发展服务……………… 157

创新体系是知识创新、技术创新、知识传播和知识运用的结合，在当今全球一体化、信息化的趋势下，每一个公司都应当努力建立合适的创新体系。但是创新不是一切，管理大师德鲁克说："企业的创新必须永远盯在市场需求上。"

 铁律46 营销绝不能替代产品本身……………… 160

成功的营销对公司的产品或服务有着巨大的帮助和促进，可以节约大量的资源投入，但这些营销绝不能替代产品本身，不能脱离产品而独立存在。如果将太多希望寄托在这些领域，而忽视产品自身的提升，最终还是难以将公司做好。产品质量是根本，是一切的前提，因此公司在营销的同时应该把产品本身的质量放在首要位置。

 铁律47 自主研发才有产品创新的主导权……………… 163

企业的自主创新，是企业可持续发展的内在推动力和竞争关键，而关键技术和核心技术的自主研发是自主创新的突破关键。企业只有通过自主研发才能牢牢掌握产品创新的主导权。

铁律48 利用资源整合，创造更大价值……………… 167

资源整合，对于企业的成长起到至关重要的作用。如果将企业的成长比作是"爬楼梯"的话，资源整合就是"坐电梯"。资源整合是在看上去毫不关联的不同要素和领域间通过超常规的思维和方式，建立一种机制和系统，从而形成多方互利的局面，产生巨大的社会效应和经济效益。

学会差异化，但不要为了差异化而差异化············171

差异化，为在红海搏杀中的企业提供了打开新市场的途径，使用差异化战略能够使企业跻身到行业前列。当企业沉醉在差异化的黄粱美梦之时，一定要回归在差异化的根本目的上去——顾客需要的是什么？为了差异化而差异化，顾客是不会为产品埋单的，差异化应当立足于消费者的需求。

降低价格绝不是要求降低质量·····················175

降低价格是企业打开销路常使用的工具，但是不能以降低质量为代价。降低价格的最正确途径是减少成本的耗用，很多企业对于价格、质量、成本之间的关系理解不够充分，也在成本管理上有所欠缺。现代企业应当将改善成本管理作为价格浮动以及质量提升的砝码，发挥价格和质量的共同优势。

经营者要记住，在企业内部只有成本中心·········178

成本是企业经营的一个核心，无论是"财大气粗"的大企业还是中小型企业，抑或是创业阶段的企业，控制成本都是一项重要任务，"斤斤计较"的成本观念更是知名企业跻身行业前列的撒手锏。企业成本管理，当从全员树立起"斤斤计较"的意识出发，上行下效，从生产等核心环节扩散至每一个细节。

节约的都是利润，培养节约习惯和成本意识······182

在这样一个充满竞争的时代，所有的公司即将或已经面临微利时代的挑战，微利时代的到来是一种必然，公司之间的竞争已经不仅仅局限于业务能力的竞争。在经济全球化使公司之间的竞争越来越激烈的今天，谁拥有了成本优势，谁就能在竞争中胜出，就能获得最大的利润。鉴于此，节约是公司必须掌握的一门技能，因为它关系着公司的成败，公司应该培养节约习惯和成本意识。

铁律53 厉行节约,控制采购总成本·················· **186**

采购流程是企业生产经营活动的起点,采购物品质量的高低,将直接影响产品的质量;采购物品价格的高低,将直接影响产品成本,进而影响企业的赢利水平。如果企业在采购过程中能够不断优化流程,厉行节约,就能使产品的成本水平大幅度下降,就能在市场竞争中占据制高点。

 铁律54 用招标方式降低企业采购成本·················· **190**

我们都知道企业的成本管理要渗透到企业的各个环节,位于上游环节的采购直接影响企业的生产成本。作为一个企业的经营管理者,采取合适的方式有效降低采购成本是必修的功课。而招标采购是一个不错的选择。

 铁律55 优化资源配置来降本增效·················· **194**

众所周知,成本领先战略是管理学上著名的波特教授的三大战略之一。在学界和企业界都受到高度重视,关于有效控制成本的研究和探索从没有停止过。在资源有限的条件下实现优化资源配置则是经济学所要追求的目标。优化资源配置来降本增效涉及了管理学和经济学的问题,可见其重要性不容小觑。

 铁律56 砍掉固定成本的诀窍——虚拟化经营·············· **198**

作为一个企业的经营管理者,购买固定资产,罪过大了。一般性建议是有钱别买固定资产,宁愿去做市场、做品牌、做客户!没钱更不能借钱买固定资产,宁愿去租别人的!有多余的固定资产,马上砍掉!而砍掉固定成本的诀窍就是虚拟化经营。

 铁律57 科学管理库存,减少无形耗费·················· **203**

库存是企业为满足市场需求、保证生产的连续性而进行的一项必要投资,但库存管理不善却会带来较严重的经营问题,造成无形耗费。因此,科学管理库存是创业者要面对的一个关键问题。

| 目录 |

铁律 58 提高闲置资产的使用效率·························· 208

资产对于一个企业的意义之重大已经不用过多强调了，资产的数量和质量直接决定了一个企业的实力。作为一个企业经营管理者，肩负着提高资产的使用效率。如果把资产闲置着，那真是大罪过了。

铁律 59 砍掉面子，客户不会为你的奢侈埋单·············· 212

作为一个合格的企业经营管理者，要认真去分析所处的经营环境的文化，文化决定了企业采取的战略。在中国，面子文化根植于我国的文化之中，企业家要处理好自己的面子问题，还有企业家所管理的企业的面子问题。

铁律 60 聪明的管理者会从日常开支中节约················ 216

俗语云：成由勤俭，败由奢侈。勤俭之风一直是中华民族赖以维系的生存之道。对于管理者来说，勤俭意味着成本的节省和利润的增加，是衡量其成败的关键。一个聪明的管理者要懂得在日常生活中压缩开支。

铁律 61 缜密地分析，把钱花在刀刃上······················ 220

俗话说"小事精明，大事糊涂。"这句话道出了很多人错误的生活观。在日常生活中，人们常常为了一两角钱钩心斗角，尽情地展示着自己的"精明"，但在大笔钱的开支上，却总是犯糊涂。大多数企业也是如此，常常在一些琐碎的枝节问题上斤斤计较，但是对于资金的投入却麻痹大意，结果白白浪费了许多资金。企业的经营管理者一定要将企业的钱花在刀刃上。

铁律 62 改善企业人力成本，提高企业获利能力············ 223

"21世纪什么最贵？人才。"从这句电影台词的流行度来看，人力资源对于一个企业的重要性可见一斑。也由于人力资源的重要性，企业花在人力资源上的成本也是日益攀升，越来越成为企业的一大成本。如何改善企业的成本、提高企业获利能力越来越值得企业经营管理者关注。

| 13

铁律63 精简机构，让组织"扁平化"……………… 227

托马斯·弗雷德曼在他那本风靡全球的著作《世界是平的》中谈道："我们坐在屏幕前就可以和纽约、伦敦、波士顿、旧金山的合作伙伴一起进行实时对话……我们发现世界正在变得扁平……"如今，"扁平化"已经成为所有商界人士关注的热点。

铁律64 作为经营者，一定要懂数字……………… 233

身为一个企业家，懂得自己企业和行业其他企业的财务报表才能做到知己知彼、心中有数，懂得看国家公布的宏观数据才能抓住市场机会。可见，懂得"数字"对于经营者来说至关重要。

铁律65 确保资金链健康、有效——先进钱后花钱……… 237

每个企业在发展期，资金链可能都会存在这样那样的问题，但与企业存在的其他问题相比较，在企业中呈现的影响不大，管理者没有重视这个方面的问题；当企业发展到一定程度，问题就会暴露出来。

 铁律66 设立预算制度，利润是被要求出来的……… 241

所有的公司都要作预算，估计出一年里一个大概的开支，你不要借口"业务变化太快"、"没时间"、"公司太小不需要"、"没有资源或人来做"，把预算抛在脑后。连自己花多少钱都不清楚的公司，不可能生存太久。

铁律67 懂财务是避免公司倒闭的保障……………… 245

有这样一个比喻：不懂财务的老板带着公司在市场上和其他公司竞争，就像一个不自量力的人拎着把特大的刀和别人打架，大多数的时间是先砍到自己。可见，做一个懂财务的公司创业者可以为一个公司平稳地发展提供很大的保障。

目录

铁律68　你不只需要财务会计，还需要管理会计…………248

　　财务会计这个名词多少年以前便为大家所知，然而社会在发展，为了满足企业更好的发展，企业内部的职位也需要变换。企业现在已经不是像以前那样单纯地只关注钱进钱出，有个财务会计数好钱就可以，更需要管理者关心的是企业如何才能更好地发展，所以管理会计的出现大大满足了现代企业的需求。

铁律69　催收账款千万不能心太软……………………251

　　欠债还钱乃天经地义之事，对于企业，如果有大量资金没能收回，自己企业的资金运转便会出现断层，那势必会影响一个企业的正常运营，给自己的企业带来巨大的损失。因此，为了自己的企业更好地发展，催收账款时千万不能心太软，这个时候的仁慈之心、同情怜悯之情往往会将自己推向死亡的深渊。

铁律70　控制信用销售比例，避免导致项目缺乏资金……255

　　对项目而言，现金流就是血液，账面上的数字盈亏固然重要，但如果赢利大多不体现为现金而是应收账款，则即使赢利，也容易出问题。企业运营，信用销售必不可少，但必须实施科学的信用管理制度，将应收账款控制在一定范围内，只有这样企业才能在充足的现金流的带动下发展、赢利。

铁律71　尽可能缩短应收账款回收期…………………259

　　一个个体如果想活下去，就必须有粮食用于补充能量。同样，一个企业没有了资金运转，后果便不堪设想。因此，作为企业的管理者要知道，想尽办法尽可能早的收回应收账款，对于一个企业的生存发展意义非常重大。尽可能缩短应收账款回收期是每个经营者都要着重考虑的问题。

铁律72　在任何时候，都要确保充足的流动资金…………263

　　现金流量如同人体血液，良好的现金流能使企业健康成长。企业若没有充足的现金就无法运转，甚至可能危及企业生存。可以说，现金流是决定着企业的生存和运作的"血脉"。因此，经营者应该保证在任何时候企业都有充足的流动资金，这样才能为企业的正常运转提供基本的保障。

公司要想赚钱，一定要先让客户赚钱……………………266

企业要发展，就必须依靠客户来购物消费，客户之所以会买企业的产品，往往是考虑自己购买此商品后会有钱赚或者有利益所得。一个简单的道理，没有人会做对自己无益的买卖。企业要想做强做大，一定要先让客户赚钱，客户高兴了，也就意味着客户要帮企业赚钱了，慢慢地企业也就强大了。

站在客户的立场上设计需求……………………………269

主动往往能取得先机，主动往往能取得一个好的结果。事先为客户准备好他们心里想要的东西，会让客户有种愉悦感；相反，总是让客户被动地提出要求，不断等待，这个企业是不会给客户留下好印象的。所以站在客户的立场上设计需求，而不是追着客户问需求是企业增加销售量的一个好方法。

用二八法则降低营销成本…………………………………272

二八法则无时无刻不在影响着我们的生活，然而人们却对它知之甚少。二八法则究竟能带给人们什么呢？它可以教给人们独特的思考方向与分析方法，可以让人们针对不同问题采取明智的行动。凡是认真看待二八法则的人，都会从中得到有用的思考和分析方法，可以更有效率地工作，甚至会因此而改变命运。

老客户和口碑更大程度上决定你能否做大做强…276

老客户如同一个企业产品的免费动态广告，对于好的产品，老客户会一直选择，同时也会介绍、推荐给自己身边的人；口碑的力量是用金钱买不到的，一个好的口碑会取得无数消费者的信任，会引发消费者持续的购买欲望。因此，发展老客户和口碑的力量会为企业快速发展提供便利的通道。

铁律 77 抓住重点客户，封杀劣质客户 …………………… 280

重点客户，是可以给企业带来长久巨大利润的，他们往往是一个企业需要重点培养、重点关注的客户；劣质客户，不是品行低劣的客户，是那些不能给我们带来利润的客户。当我们辛苦服务之后，发现自己倒贴进去很多时间和金钱，却没有得到任何回报！因此，企业应该抓住重点客户，坚决封杀、抛弃劣质客户。

铁律 78 对产品而言，有特点不如有卖点 ………………… 284

众所周知，当我们去某个地方旅游时，最关注的便是该地方的特色；当我们想起某个著名的地方时，首先想到的也是该地方的标志性东西。往往真正吸引人或者给人留下深刻印象的都是一些与众不同的事物，因此，对于产品而言，特点虽好，但好不过产品的卖点，卖点往往更能体现一种产品的独到之处，对于消费者更具有吸引力。

铁律 79 关注现有客户，节约开发新客户的成本 ………… 288

对于企业的管理者而言，要知道在拓展大客户、新客户的同时，不要忘记留住老客户。许多企业的调查资料表明，吸引新客户的成本是保持老客户成本的5倍以上！假如一个企业在一个月内流失了100个客户，同时又获得了100个客户，虽然可能在销售额上的差距不大，但实际情况是，该企业花费了成倍的费用，可能要亏损！

铁律 80 最好的广告，是能让人记住自己的公司和产品… 291

广告是为了某种产品或某个公司特定的需要，通过一定的形式比如电视、网络、宣传画等，公开而广泛地向公众传递信息的宣传手段。广告宣传会对创业者产品和服务的推广起到非常重要的作用。往往一个公司或者产品的最好广告是能让顾客深深地记住它，能够达到深入人心的程度。

铁律 81 借各种势，推销自己的公司 ……………………… 295

细心观察周围，每个人身边都有着无数的可以帮助自己的事物存在，但是往往大部分人却忽略了身边的这些左膀右臂。聪明的企业家会借助身边的各种各样的势来助推自己，帮助推销自己的公司。借力用力是高人，同样懂得借各种势的人也必定会是成功者。

渠道建设要紧扣一个"快"字·················· 298

现如今，盖房子的速度加快了，火车车速加快了，人们的生活节奏也加快了，一切似乎都在以光的速度发展。"快"字已经深入人心，任何事都映射着"快"的存在。同样，企业在进行渠道建设时也必须紧扣一个"快"字，只有这样，企业的发展才不会落后于竞争者，在争抢市场时才能获得先机。

靠良好的服务塑造良好的公司形象·················· 301

顾客是上帝，良好的服务是一个企业的立足之本。企业的管理者应该明白，消费者在购买产品的同时，实质上相当在乎购买的服务。良好的服务往往让消费者能够进行二次购买；败坏的服务会让消费者心里自然而然地产生一种厌恶感。因此企业要想成功，首先要靠良好的服务塑造良好的公司形象。

经营管理一个公司，一定需要制度规范············ 305

英国首相丘吉尔曾说："制度不是最好的，但制度却是最不坏的。"远大空调董事长张跃说："有没有完善的制度，对一个企业来说，不是好和坏之分，而是成与败之别。没有制度是一定要败的。"因此，企业的管理者在建设企业发展宏伟蓝图时，一定不要忘了去规范自己企业的规章制度。

目标管理：做一个悠闲的企业家·················· 309

企业是一个庞大的组织，一个组织就要有一个真正的"首领"，因此企业需要有一个深谋远虑的管理者去指挥着企业的运行，然而管理者不应该像员工一样被困在日常繁杂的事务中，而应该多为企业的发展大计作考虑。管理者把公司一切繁杂的事情交给手下去做，自己做一个悠闲的企业家，做一个企业的指挥者。

| 目录 |

铁律 86 管理者一定要是能干事的带队者··················· 312

企业中的管理者是企业管理行为过程的主体,管理者一般由拥有相应的权力和责任、具有一定管理能力从事现实管理活动的人或人群组成。管理者及其管理技能在组织管理活动中起决定性作用。管理者通过协调和监视其他人的工作来完成组织活动中的目标,管理者,一定要是能干事的人。

铁律 87 培训公司员工,将培训当作是一项投资············ 316

每个公司的主体都是员工,因此员工决定着企业的成败,员工弱则企业弱,员工强则企业强。员工进步,企业才能进步。所以,明白这样道理的管理者要重视员工的培训,在不断改善员工的薪资、工作环境的同时,也要加大员工培训力度,以员工的进步推动企业的进步。

铁律 88 要把员工当作公司的合伙人看待················· 319

尊重和关心每一个员工是企业凝集力的关键所在。在企业管理中多点人情味,有助于赢得员工对企业的认同感和忠诚度。把员工当作合伙人一样看待,像尊重合伙人一样尊重员工,像关心合伙人一样关心员工,像与合伙人一样与员工有着共同的奋斗目标和社会责任感,那么企业才能真正俘获员工的心灵,才能在竞争中无往而不胜。

铁律 89 中小企业谨慎从跨国公司"空降"经理人········ 323

中小企业随着业务的快速发展、规模的不断增大,急需补充各方面的人才,尤其在特殊情况时,"空降"职业经理人将是必然的选择。然而,"空降"职业经理人却常常失败。"空降"经理人踌躇满志地进入企业,为何却在叹息中黯然离去?为什么企业高薪引进的人才,却被视为庸才而遭逐客令?究竟是什么决定着"空降"经理人的成败?

铁律 90 务必要保持公司核心员工的稳定················· 327

再有能力的企业管理者也改变不了现有的宏观分配环境,在大环境面前他们也是弱者。在这种条件下,员工队伍必将长期不稳定。片面追求员

| 19

工队伍的绝对稳定只是单纯的幻想，最终只能疲惫不堪、四面碰壁。在任何企业，员工的行为、绩效对企业的实际价值和贡献是有较大差异的。所以，相对而言，稳定核心员工是比较切合实际的选择。

铁律91 适时修正和保持人才梯队的队形·············331

如同孙悟空一个人就能抵成千上万的虾兵蟹将一样，几个真正出色的人才抵得上1000个普通的员工。企业的正常运营需要各个方面不同类型的人才，并需要形成合理的人才梯队。这就需要企业在用人时具有长远打算，注重人才梯队的建设。否则，就可能陷入临事无人可用的境地。

铁律92 用训练和辅导来缓解人力资源方面的压力·········335

人力资源储备不能满足人才需求的情况，是在绝大多数企业都普遍存在的。几乎所有的企业都不必妄想单纯通过招聘就能获得完全符合岗位需求的员工，也不可能从根本上解决人力资源方面的压力。在这种客观情况下，员工培训就是必然的选择——通过对大致符合岗位要求的求职者与在职员工进行训练和辅导，以满足不同岗位与层次的人才需求。

铁律93 业绩考核是实现目标管理的有力工具···············339

在企业或是组织，明确业绩考核目标和责任是至关重要的，应用得当，会促进目标的达成。不然会产生负面影响，使企业或是组织原本和谐、稳定的氛围受到破坏，制约企业的发展。

铁律94 建立预警机制，有效控制人才流失················342

人才如果对工作失去了兴趣，单靠金钱是留不住他们的，只有增加员工对工作的满意度、对集体的归属感和提供个人发展的机会才能令他们安心工作下去。制定人才发展战略、营造和谐工作氛围、建立人才流失预警机制是控制人才流失比较有效的方法。

铁律95 创造有助于提高员工幸福度的工作环境··········346

员工是企业的主人，是企业发展的推动力量。随着市场竞争的不断激烈，想要发展壮大的企业，就要注重企业人性化管理与感情投资，将公司建设成为员工温馨的家园，为员工创造良好的生活及工作环境，提高企业内部服务水平，进而提高公司的凝聚力、向心力与竞争力。

领导的率先垂范，能够激励员工进步……………… 350

对于现代企业而言，领导者的率先垂范，不仅仅体现在提升团队的执行力之上，更能够有助于企业文化的建立和传承。企业文化之于企业，犹如人格魅力之于个人。独特的企业文化不仅能够提升凝聚力，为员工带来高度的集体认同感，也为企业带来更加醒目的品牌形象。

高薪能够激发员工的工作热情……………………… 354

让员工们生活得更幸福是稳定员工的基础，成功的公司付的酬金，在其所在的产业部门中往往属于较高水平，这并非由于经营上的成功而使他们有能力支付高薪，而是因为他们认识到提供高的报酬是吸引员工的一种有效的方法。

以晋升机制来激励精英人才…………………………… 359

晋升激励是企业领导将员工从低一级的职位提升到新的更高的职务，同时赋予与新职务一致的责、权、利的过程。晋升是企业一种重要的激励措施。企业职务晋升制度有两大功能，一是选拔、保留精英人才，二是提高员工的工作积极性。企业将精英人才提升至高级岗位，对精英人才和企业发展都有重要意义。

文化使员工充满集体荣誉感…………………………… 363

企业需要一种文化，一种能反映企业价值观、企业发展观、企业精神、企业道德的文化。它能帮助员工提高审美认识、辨明是非能力，树立正确的人生观、价值观。企业文化指引员工的行为与态度，要想让你的企业具有旺盛的生命力，就必须赋予企业以健康的文化。让员工以这种文化为荣。

作为合格的创业者，对待风险要全面分析………367

经商过程中，不确定因素贯穿始终。作为合格的创业者，或多或少都要有一些赌性，不能因为某些事情存在失败可能就选择放弃，不能因为遭遇严重挑战就不再前行。

打造全面的危机管理体系……………371

天有不测风云，人有旦夕祸福。在商海搏击的企业，作为市场生态链上的一环，无论你是兔子还是乌龟，都会不可避免地遇到各种各样的危机。建立危机管理机制，在于危机发生时用最快的手段，使危机有所控制，防止其扩散，将损失降到最低程度。

预警机制才是防病的关键……………375

对于任何组织和个人，想要最大限度地减少危机损失，就要避免危机的发生。及早识别潜在危机因素，以便对症下药，在危机的潜伏期就把各种潜在风险扼杀在萌芽中，才能为企业的进一步发展清除障碍。

意外的成功和失败都是警讯……………381

管理大师德鲁克说：意外的成功和失败都是很重要的信号。就像一位60岁的老人第一次"轻微"的心脏病发作一样，不可轻视。但他认为：在很多时候，"意外的成功"根本就没有被发现，几乎没有什么人注意到它，从而也没有利用它。其结果是，竞争对手可能轻而易举地获得它并受益非凡。

贪一时之利是企业的最大陷阱……………384

贪一时之利有两个含义：一是贪规模，也就是说，尽管是在起步阶段，也尽可能地将摊子铺大；二是贪大利。在很多管理者眼里，小利润从来都看不上眼，认为只有捕捉到鲸鱼才是真正的出海。殊不知，以新创企业那么瘦小的身板，即使是捕捉到鲸鱼，也有可能被噎死。

目录

铁律105 自己赢利也不要堵死别人的赢利之路 …………… 388

在企业经营中,要让他人有利可图,是指企业经营中,不仅要考虑到员工的利益,还要在与其他企业竞争中让对手有利可图。创办公司并不能只为了自己的私利,应该更从他人利益着想,关爱他人,要让他人也有利可图。

铁律106 打造自己,让别人发现你的价值 ………………… 391

永远不要说"我一无所长"、"我一无所有"之类的话,你的专业、技能、性格等都是你独一无二的资源。你所要做的,就是开发出这些资源的最大价值,在商业活动中与人互惠互利。

铁律107 贵在谨慎,最好不要惹上官司 …………………… 395

与"上医治未病"同理,企业应在平时就注意法律"保健",堵上各种事务中的法律漏洞,就能避免打官司这样的"大手术"。因为,一旦打官司,即便维护了企业的利益,也会大伤元气。尤其对于尚在襁褓中的创业企业而言,甚至会就此夭折。

铁律108 在面对现金诱惑的时候要沉住气 ………………… 398

几乎每个人都会觉得持有现金比拥有一些不动产来得有底气,但对于企业来说,并不是现金越多越好。同样,几乎所有的企业管理者都明白借款的成本很高、欠钱的后果也挺严重,然而并不是每个企业管理者都能理智地抵制现金的诱惑。一个优秀的企业家,应该要在面对现金诱惑的时候沉得住气。

铁律109 千万不要在税收上留下污点 …………………… 402

依法纳税是企业应当履行的义务,每一个企业都应该如实申报收入、缴纳税款。这也是体现企业社会责任感的最基本的行为。任何一个想要稳步发展的企业,都一定要注意,千万别在税收上留下污点,惹上"税事缠身"的麻烦,陷入十分尴尬的境地。

铁律110 竞争是商业市场的常态,在竞争中超越对手……… 405

　　人只有有了竞争的对手,才会时刻激励自己保持旺盛的斗志,不断挖掘自身的潜力。做企业也一样,竞争并不意味着你死我活。正确看待竞争对手,因为它的存在就像是一针强心剂,促使企业在不断壮大的过程中更具动力。感谢竞争对手,正是他们使自己成为一只威风凛凛的美洲豹。

 铁律111 不诚实守信,是小规模企业最大的杀手………… 408

　　小规模企业在市场竞争中往往处于劣势,与有实力的大公司相比,能够争取到的机会很少,因而为了生存和发展就必须维护好企业的名誉,做具有商德的诚实守信的企业。本来就在行业中属于弱势群体的小规模企业,倘若再不能信守承诺,就只能使自己陷入更为不利的境地。

 铁律112 守住商业道德底线,别把自己逼进死胡同………… 411

　　如同个人应该遵守规范自身行为的社会道德标准,企业也要遵守行业道德准则。"企业要承担社会责任,企业家身上要流淌着道德的血液"。坚守社会责任,遵守行业道德,应该成为企业经营管理者乃至每一名职工的自觉行动。

 铁律113 与人打交道要符合经商的逻辑,而不是个人好恶 … 414

　　以个人好恶来与人打交道,古往今来并不鲜见。在许多创业者眼里,凡与我为善者,即为善人;与我恶者,即为恶人。实际上,这是不对的。对于创业者而言,服从于利益是商业本质内在的要求。

铁律 1

不怕没有钱赚，
就怕没有强烈的赚钱欲望

> 要爱金钱。这句话说得一针见血。如果不爱钱，就抓不住财富。只有对钱有欲望，财富才会逐日增加——钱怎么会待在不爱钱的人手中呢？因此，创业者与其对钱"欲说还休"，倒不如心存赚钱的欲望，让它心甘情愿地跑进你的口袋。

创业者的欲望都是不安分的，是高于现实的，需要踮起脚才能够得着，有的时候需要跳起来才能够得着。

上海有一个文峰国际集团，老板叫陈浩。1995年，陈浩带着20万元来到上海，从一个小小的美容店做起，现在已经在上海拥有30多家大型美容院、一家生物制药厂、一家化妆品厂和一所美容美发职业培训学校，并在全国建立了300多家连锁加盟店，个人资产超过亿元。

陈浩有一句话："一个人的梦想有多大，他的事业就会有多大。"所谓梦想，不过是欲望的别名。你可以想象欲望对一个人的推动作用有多大。

"有这样一句话："取乎上，得乎中；取乎中，得乎下。"意思就是，如果你的目标定得高，得到的往往会低于目标，如果你的目标定得适中，结果获得的也会低于这个目标许多。可见，不管做什么事情，结果与目标往往是不太吻合的，要想成就大事，就一定要制定高远的目标。如果你没有做老板的欲望，你就不会用老板的思维去思考问题，不会用老板的眼光去看待事物，更不会以老板的姿态去做事，试想，这样的人不就只能替人打一辈子工吗？

马云承认自己对未来的发展有着极大的野心，他认为拥有野心、梦想与激情，并能永不放弃，就一定不会失败。

阿里巴巴近几年的快速发展让很多人对马云有着很高的评价，认为其取得了了不起的成就，对此马云却很从容。有一次马云去日本参观访问，回来后感慨地说道："我去年在日本被当众敲了一闷棍，忽然对钱一点儿兴趣都没有了。我去日本参观了一家企业，叫拓板公司，我和他们的老板交流：'去年赚了多少啊？''220亿。'我说：'噢，220亿日元。'老板说：'不，是美元。'这才叫作钱，我们只做了一两亿人民币就牛起来了，距离太远了。拓板公司是百年企业，我们公司的员工平均年龄是27岁，再给我们20年时间，我们也可以。世界500强企业哪家营业收入不是70亿、80亿美元！我们闭嘴！慢慢来。中国今天的企业要有远大的理想，也会有这一天，如果没有理想那就很难了。今天我们说赚了1000万、2000万，我觉得丢脸。"

"进入世界互联网企业前三强，进入世界500强、每年赚100亿美元"，这是马云的野心，因此马云不满足于一时的成就，看淡金钱，只为更大的目标。

创业者没有赚钱的欲望，就没有进取心，欲望和想象力是构成促使一个人不断前进的精神基础。著名经济学家熊彼特在其作品《企业家的精神》中说道："一个人如果要成为企业家，就必须不断创新、创新、再创新。而创新来自于不停的进取，进取心则来自于野心。野心让人冒险，冒险带来创新。"

诚如马云所言："小虾米一定要有个鲨鱼梦。"欲望越大，动力也越大。既有强烈欲望，又要有切实的努力过程，这是一种人生智慧，也是一种人生态度。老板给人的最大感觉是欲望，有霸气，渴望拥有。这种欲望表现在生意上，就是永不枯竭的进取动力。成功的创业者之所以能够取得成功，在很大程度上取决于他们拥有强烈的赚钱欲望。我们要以成功企业家为榜样，树立自己的远大赚钱目标，继续自己的致富道路。

成功的创业者不仅仅是因为他们现在手里拥有大量的财富，而是他们有一个发财的野心。如果你想成为一个成功的创业者，其路程虽然还很遥远，但若能果断地说"我一定要当李嘉诚"，有这样坚定的态度，就算原先很容易消失的事也能变成具体可燃烧的一种欲望涌现出来，从而引发一种强大的力量，将梦想逐渐转化为现实。没有始终不渝的奋斗目标，没有为赚钱的欲望付出100%的努力，你永远也无法成为一名成功的商人。

在商业的宽阔大道上，最成功的人，不是最聪明的人，不是最幸运的人，而是具有强烈赚钱欲望的人！对商业独到的领悟，对财富不懈的追求，使犹太成为最值得骄傲、最值得自豪的民族。他们偏执于自己的事业，不仅依赖精妙的谈判术、攻心的策略、雄辩的口才、敏捷的情报意识，更仰赖于犹太民族天生高明的企业经营诀窍，这使他们随时可以嗅到利润之所在。

强烈的赚钱欲望是一种商业态度。关于欲望，也有不同语境的理解，正面而言，是对目标的执着；负面理解，就是赌性很足。乔布斯说："不要被信条所惑，盲从信条是活在别人的生活里。不要让任何人的意见淹没了你内在的心声。"欲望背后，是大胆的、缜密的思维，是赌性的习惯夹着谨慎的步骤，这两种气质非常奇怪地杂糅在犹太人身上，这才是竞争的智慧。

　　高尔基曾说："一个人追求的目标越高，他的能力就发展得越快，对社会就越有益。"对财富有强烈的欲望是成为商人的重要基因，因为行动会随着志向走，成功会随着行动来。一个人只有对财富充满欲望与热情，才有可能去为之奋斗，去实现自己的理想，才有可能突破现在能力的局限，走向成功的彼岸。

铁律 2

创业之前，必须具备相关的经验与知识

> 创业不仅需要创业者具有良好的性格特征和灵活的商业头脑，更重要的是具备商业经营的相关的经验与知识。经验与知识，既是我们取之不尽、用之不竭的智慧锦囊，更是能够帮助创业者少走弯路、更快地取得成功的有力支撑。

在创业的过程中，经验是我们处理问题的好帮手。只要具有某一方面的经验，那么在应付这一方面的问题时就能得心应手。特别是一些技术和管理方面的工作，非要有丰富的经验不可。所以，很多时候，经验成了我们创业过程中所依靠的拐杖。

经验与知识最便捷的获取途径无疑是自己从事的本行了。将一个行业做到极致远比每个行业都涉足一点更容易取得成功。很多百年老店能够延续至今，在激烈的竞争中立于不败之地，就是专注于本行不断努力的结果。创业更是要专注于本行，不能三心二意。在本行业站稳脚跟，深挖本行业的发展潜力才是发展的长久之道。

从内蒙古师范大学地理系毕业、在一所学校任教 3 年后，阚洪哲于 1998 年辞职步入商海，2012 年他已经创建了自己的投资管理有限公司，身为公司董事长、总经理。他 14 岁的时候卖过橡皮，挣了 4 毛 8 分钱；在上大学之前，曾经卖过吹风机、石英钟；上大学期间，他开过奶茶馆、台球厅，卖过香烟、书架，办过培训班。1995 年毕业时，他已经掘到了人生的第一桶金——10 万元。

"创业必须具备专业知识。"他在给在校大学生讲如何自主择业、自主创业时，提到 4 个要素，这条列在首位。"在毕业的 10 年间，我面试了几百名大学生，经常听到他们在讲自己的专业没有用、没有发展。对此我都极度惋惜。"阚洪哲认为这种新的"读书无用论"在部分在校学生中有所抬头，这主要在于现在的就业压力和社会整体形势造成的，然而更重要的是，很多人没有真正看清和树立人生目标。

"没有系统专业知识的人根本不能发现也不能理解专业知识背后的商业机会。"他深有体会地说,"我是学地理的,还教过两年的《国际贸易地理》课程。因为在大学期间非常轻视对本专业的学习,认为地理专业无用,这种思想直接导致我个人在创业后对与我的专业有关的商业机会视而不见。"

"学问中蕴藏着无限商机。"阚洪哲对在校大学生说,"创业之前,我建议同学们首先要把自己的专业学好。至少,那是一种机会或者是一个思考的起点。"

在准备创业前,我们不妨先审视自己有什么专长。有很多人原本有稳定的工作,但是想要通过创业获取更大的成功。在选择经营什么样的生意时,有相当一部分人认为,自己既然已经辞掉了原本的工作,就要彻底同这个行业脱离,如果创业也选择跟本行业相关的,岂不是走了回头路了吗?这个想法实在是大错特错!

本行业的经验就如同基石,在打好地基的基础上盖房屋显然比重新开凿地基要快得多。如果你曾经学过服装设计,懂得色彩搭配,经营服饰店一定比开家餐厅驾轻就熟得多。顾客可能会称赞你"很懂得搭配","总能在他家找到漂亮的衣服"。而如果改为经营餐厅,很可能会被顾客埋怨"菜品不好,服务也不周到,老板一定是个门外汉"。

创业最大的资本就是专业知识,顾客不仅仅是购买商品,更是要享受专业的服务。在生意场上,如果一个创业者能对自己的商品十分熟悉,对于商品的原料、产地、制作工艺了如指掌,能说出它跟其他同类产品相比独有的特点与优点,懂得如何使用、如何维修,必然能赢得顾客的信任,在顾客心中树立起专业的印象。相反,对于客户的质疑回答不上来,不知道自己的商品与别人的商品有什么不同,必定给顾客留下不好的印象。哪有人愿意从一个比自己还不专业的人手中购买产品呢!

实际上,很多人创业失败的原因在于盲目,没有充分进行创业前的准备。创业者应该时刻注意学习和积累行业经验与知识。

1. 创业者可以从自己的老板身上学习经验

那些在某一个领域取得成就的人,在创业这条道路上先行一步,并且已经取得了成功,他的身上一定有值得学习的地方。而自己的老板,是最容易接触到的"创业先行者",所以借鉴老板的经验是方便有效的方法。

2. 可以通过书籍、网络积累专业知识

专业化的书籍和专业网站都可以丰富创业知识。创业者应该主动去寻找跟行业相关的书籍和网站,随时更新专业知识。

3. 从创业实践中汲取经验

只有空洞的知识没有真正的实践也是积累不了经验的。积累创业知识的最好途径就是创业实践。创业实践包括兼职打工、进入相关行业求职、试办公司等方式。创业经验最有效的获取途径就是在不断的实践中总结。

在知识经济时代，拥有经验与知识就是拥有财富，必须具备充足的行业经验，创业才会得心应手。因此创业者一定要随时补充专业知识，积累丰富的行业经验。尤其是经济管理知识的积累，如经济学知识、统计学知识、市场营销知识、管理学知识和金融学知识等。渊博的学识是创业者必备的基本条件。

1. 经济学知识

供给和需求之间的联系是经济学研究的重要内容。比如，冬天卖棉袄，夏天卖冰激凌，商品的质量在冬夏两季并没有产生差异性，仅仅是因为人们需求的多与少，就决定了商品的销量，更决定了商品的价格。针对需求来供给，才能保证企业的生存，促进企业的发展。

高效的企业运作，是对未来资源的调动，当然也涉及了供给和需求。在什么条件下能有多少资源，投入这么多的资源究竟能有多少回报，这是创业活动的重点。学习经济学知识，首先要重视观念，而观念的建立可以由观察日常生活、搭配学习若干经济学方面的书籍来获得。

2. 统计学知识

创业者要学会借助所搜集的资料验证自己的判断，这就需要能良好地掌握统计学知识。统计学基本上提供了分析和提出观念的依据。

除了学术上的研究外，创业者还应该学习统计学的基础应用课程，它有助于对现有资料的提炼和总结。要多看统计方面的相关参考书。

3. 市场营销知识

丰富的市场营销知识是经营活动展开的基础，创业者储备了丰富的市场营销知识，才能快速扩展市场。随着制度的不断规范、经济的不断成熟以及竞争的不断加剧，专业化的经济行为开始出现，简单的投机行为将无法再钻市场的空子，知识和文化已经成为赚钱的一个重要条件，理性成熟的市场更加注重富有市场营销知识的人才。

4. 管理学知识

丰富的管理学知识是公司创建者必备的知识要素。因为管理学研究的核心就是通过管理来降低组织运营成本，从而达到提高组织运营效率的目的。管理学的发展使得现代组织的管理，尤其是生产性组织的管理发生了一场革命。人们的管理行为从过去自发的经验逐渐上升到一种自觉的意识。到了现代，管理学已经成为创业人员必修的课程之一。

从中国企业的创业史来看，经验管理仍然是中国创业者管理企业的主流，企业的成败在很大程度上取决于创业者的经验、经历和能力。中国创业者迫切需要进行管理上的创新变革。企业的稳定经营最终还是要靠一套规范化的管理制度。管理方式本身并没有好坏之分，只是在不同的企业、不同的环境、不同的历史阶段中所使用的管理方式是不同的。对于很多创业者来说，管理创新极其关键，企业的经营管理模式能否形成并成功实施，决定了企业能否发展起来。虽然在商界流传有许多经典管理法则，但是具体创业过程中，却需要拥有一套具有前瞻性的商业理论。如果不能在理论上进行更新，就不会创造出新的赢利模式，就不会采用新颖的管控制度，企业从出世的那一天就会沦落为毫不起眼的大众群体中的一员，难以在竞争惨烈的市场中获得发展空间。

5. 金融学知识

金融学知识是创业者必不可少的经济学知识，它主要针对如何提高资金运作的效率问题进行研究。在一个企业中，金融学的知识主要表现为企业如何对可利用的生产资源进行运作与管理，从而实现企业追求利润最大化的目标。

当然，要真正走好创业这条路，绝不是仅仅局限于这些知识的。创业者在准备创业之时，就要尽可能地提高自己的知识储备，创业之路才会走得更顺利、更长远。

铁律 3
经营者要对失败有一个理性的态度

> 经商本来就是一种风险非常高的事业，作为合格的创业者，不能因为可能会遭遇失败就不再前行。失败是营养品，让人一生受益匪浅。战胜了失败后，就会发现没有"过不去的火焰山"。

在很多人的印象中，创业者都是像当年刘永好兄弟一样，手里只有一两千块钱，然后魔术似的长到了几个亿。"白手起家"确实是创业的一种模式，但那只是一种。

现在整个社会市场经济已经渐渐成熟，财富已经相对集中，商业竞争也日趋激烈，再摸着石头过河，呛水的危险就大了。在创业过程中，无时无刻不存在失败的风险。每次开发客户，都存在着功败垂成的可能；每一次信用销售，都有收不回本钱的危险。我们经常承受着市场环境变化带来的压力，那种感觉就像在水流湍急的大江中航行。在浮沉不定的商海中，以往成功，并不代表将来一样成功。昨天如日中天、今朝轰然倒塌的案例并不鲜见，价格变动异常频繁的领域更是如此。

据统计，在美国，新创公司存活 10 年的比例为 4%。第一年以后有 40% 破产，5 年以内 80% 破产，活下来的 20% 在第二个 5 年中又有 80% 破产。哈佛商学院的研究发现，第一次创业的成功率是 23%，而已成功的企业家再次创业成功的比例是 34%。

不要相信那些一年创立、两年融资、三年上市的故事，更不要相信有人在厕所用 6 分钟搞定永远也花不完的钱的故事。这些故事，几乎都是吹嘘的，即便不是吹嘘的，故事的主人公也是百分之一、千分之一的幸运儿，即便跟你吹牛的那个人就是那个幸运儿，也不等于你会是下一个幸运儿。

很多企业在成功后宣传时会下意识地杜撰很多"英雄壮举"，这当然可以理解：一方面成功路上很多事情确实不足为外人道，另一方面人人都有"包装"自己的心理。但其实这是最害人的,对于很多创业者来说,如果你按照成功者宣称的方式去做,基本上会"死无葬身之地"。

创业是带着一群未知的人去一个未知的地方干一件未知的事,再有能力的创业者也无法在出发之前就想清楚所有的事情,即便是你已经想清楚,一旦开始做也会发生很多变化,所谓"枪声一响预案作废",绝大多数公司成功时的方向和最初设想的都大相径庭。创业者需要在前进的过程中根据市场的情况以及消费者的反应,甚至是竞争对手的动态来随机应变。

创业的这种特性决定了创业之路开始容易,过程很难,收场更难,煎熬是创业的典型状态。创业路上,最常见的不是成功和失败,而是长时间的苦苦挣扎。

10年前,成就一家全国规模的知名公司需要15年甚至20年的奋斗,后来有了风险投资的介入,七八年时间就可以成就一家互联网知名公司。但对于多数创业者来说,不经历5～8年、每周7×12小时的创业奋斗很难有大成。

鉴于此,经营者就得有接受、认识并克服困难的勇气和信心。因为在激烈的市场竞争环境下,一个条件再好、资金再充足的企业,都会经历漫长的煎熬,都有可能遇到失败。这就需要我们用理性的态度去看待。

在2011年4月举行的"中国大学生自主创业经验交流会暨全球创业周峰会"上,上海复星高科技有限公司董事长郭广昌作为一个1992年开始创业的"过来人",回忆起自己创业时的酸甜苦辣,先给年轻的创业者们泼了一盆"冷水":"失败的一定比成功的多,所以在做好积极准备的同时,更重要的是要为失败做好准备。如果你没有为失败做好准备的话,我建议大家不要轻易去创业。"

而被称为"大学生导师"和"创业导师"的李开复更是泼下一盆"冰水",他直言,很担心年轻人在没有准备好的时候过早出来主导创业。"尤其是大学生,大学生对创业充满热情非常好,梦想自己一毕业就可以成为下一个马化腾,但是这在绝大多数情况下是不现实的。"李开复认为,创业的基本"门槛"中,最重要的就是要有抗压的能力,"创业的过程充满了挫折,要能够面对这种挫折,善于学习,从中得到教训。最终成功的创业者和失败的创业者,差别往往就在一件事情,就是是否坚持。"

创业处处存在着挑战,我们可以规避一些风险,可以降低一些风险,但没有办法避免失败的风险。一个比较理性的态度就是,我们要敢于直面风险,勇于接受挑战,同时坦然淡定、不骄不躁、绝不气馁,在不断承受各种不确定因素带来的压力中前进。也许很多人感觉难以做到这一点,然而这是创业者的一种宿命,无论你乐意还是不乐意,都得朝着这个方向修炼。

一位美国公司的总裁曾说过:"若是你在一年中不曾有过失败的记载,你就未曾勇于尝试各种应该把握的机会。"现在竞争如此激烈,推陈出新的频率越来越高,企业"成功"与"永恒"绝缘,其含义已演变成"暂时的领先"。"离破产永远只有18个月"

不单是微软的写照，在这样的情况下，置于死地才能重生，断了自己的后路，才能义无反顾往前行；只有不断否定现在，才有崭新的未来。

当我们研究很多成功者经历的时候，往往会被他们环环相扣的谋略和高超的预见力所折服，一种崇拜之情油然而生。其实，这只是一种表面现象，从因果关联来看，前面的几次成功，肯定会为后来事情的发生准备很多条件，光就这种前后沿袭关系而言，的确是一环扣着一环，貌似主人公拥有超强的策划能力和预见力，将前前后后的事情都规划好了。但实际情况往往是，当你处于任何一个环节的时候，都面临着很多不确定因素，这一步究竟会走成怎样，最起码会有3种可能，如果整个过程存在5个环节的话，最终可能会出现几百种不同的结果。即使你策划好了几条路径，只要其中任何一个环节没有达到预期效果，整个计划就会变成一纸空文，所谓的严密也就成了笑谈。

这些成功者每一次决策之时，都跟我们一样，面临着若干风险，很多时候不得不走一些险棋。也许他们经营技术高超，但不能保证每次都有很大的把握，也不能保证有百分之百的把握。因此他们看似环环相扣的成功，并不是事先设计好的，而是积极面对挑战、个人不懈努力和风云际会共同作用的结果。成功人士的历次决策，多多少少都带有一些赌的因素，特别是面对高风险决策之时。

陈永栽在2007年《福布斯》杂志9月公布的东南亚40名富豪中列第十二位。陈永栽出生于福建省晋江市，4岁跟着父母到菲律宾谋生。后来由于一些变故，刚满11岁的陈永栽在一家烟厂当杂役。那段日子，陈永栽一边赚钱养家一边自学，以半工半读的方式修完马尼拉远东大学化学工程系的学业。毕业后，陈永栽仍在烟厂工作，并且被提升为化学师。后来他由于具备了丰富的化工知识和在烟厂多年的工作经验，又拥有与商界的密切联系，开始自己创业。在周边人的帮助下，他创办了一家淀粉加工厂，但以失败告终。

之后，陈永栽与一群当年一起在烟厂工作的朋友，在菲律宾马尼拉的一所小房子里创办了自己的烟厂——福建烟厂。当时，菲律宾烟草市场竞争已十分激烈，一家小资本的工厂如何能挤进市场？陈永栽通过分析市场需求及自身条件，决定投产中档香烟，并要求质量超过其他厂家。经过努力，福川烟厂的产品打开了销路。不料，1968年，生意刚有起色时，却遭遇了一场台风，福川烟厂的大多数设备被毁。遭受这一打击，陈永栽并不气馁，反而坚定了彻底改变落后制烟设备的决心。

他把世界先进的制烟生产流水线和现代化的卷烟机引进菲律宾，使烟厂的设备和技术处于世界先进水平。后来，他的烟厂发展成为菲律宾最大的香烟制造公司，占据菲律宾七成以上的香烟市场份额。此后，陈永栽的事业迎来全面崛起时期。

创业充满风险，但是我们自己不放弃，接受挑战，我们便有可能取得成功。全球经济衰退已影响到各个行业的生产经营，但创业者要使自己认清并使下属接受，目前的困难是暂时的，而且是企业必须经历的，只要大家齐心协力，就能渡过难关。创业者要在企业处于困难时期时，分析自己企业的优势、劣势以及市场的需求和机遇。这个时候，创业者应该认真思考一下，怎样去构建、体现自己的核心竞争力。在大风大浪面前，企业不应怨天尤人，也不应将希望寄托于外力救援，而是应冷静面对，在保障资金链安全的基础上适度调整经营策略，提升企业核心竞争力。

如果企业通过自己的努力、积累而获得解决困难的能力、资源和条件，那么就可以解决困难。自然，困难解决了，这也就证实它是短暂的，是个中途站。时间本身是不能解决企业困难的，只有创业者理性面对创业中可能出现的困难与失败，真正地去行动，去调整企业的战略目标，提高企业的核心竞争力，才能解决企业在发展中所遇到的困难，才能在商海沉浮中脱颖而出。

铁律 4
科学的市场调研是创业成功的关键

> 创业初期,创业者在作任何决策前都应该进行科学的市场调查,充分了解将要"一展拳脚"的这个行业的独特规律以及发展趋势。如果创业者不深入进行市场调查,而只是凭经验凭感觉或者人云亦云盲目跟风,这种不经过调查分析所作的决策,容易导致创业失败。

所谓市场调查,就是对某一产品或服务的消费者以及市场营运的各阶段进行调查,有目的地、系统地搜集、记录、分析及整合相关资料,了解市场的现状及其发展趋势,为市场预测和营销决策提供客观的、正确的资料。

市场调研是企业营销活动的出发点,其作用十分重要。市场调研主要是针对市场对等者,即产业或行业来进行的,目的在于掌握竞争对手的营销动向与策略,以及可以为己所用的营销工具,如渠道、媒体,等等,从而为营销管理者制定、评估和改进营销决策提供依据。

真正智慧的经营者,在选择经商地点时,首要的一步便是考察市场,因为一个地方的自然条件、地理条件及各种政治、经济、文化、交通等因素对于各种经营的成败有着至关重要的影响。

正所谓"没有调查就没有发言权"。做好市场考察,才能有的放矢,台湾顶新集团就是很好的例子。

1988年,台湾顶新集团开始在大陆投资,但由于缺乏对大陆市场的了解,投资的几个项目均以失败告终。就在顶新集团董事长魏应行意欲退回台湾时,事情发生了转机。

一次,魏应行外出办事,因为不习惯火车上的盒饭,便带上了从台湾捎来的方便面。没想到这些在台湾非常普通的方便面却引起了同车旅客极大的兴趣,魏应行马上将面分给了他们。他们吃着热腾腾的面，直夸好吃，说又方便又实惠。看到此情景的魏应行有了灵感，他心里琢磨着：我怎么没有想到这是个好项目呢？

这时的魏应行又自责又庆幸，自责的是自己没有对大陆市场进行彻底的调研，没有抓准大陆市场的真正缺口和需求，只一味地想当然，最终白白把精力和物力浪费在一些无关紧要的投资项目上；庆幸的是，自己在一些细节性的问题上细心，最终找到了在大陆开拓市场的希望，那就是在大陆投资生产方便面。

有了这个想法的魏应行立即付诸行动，他派人对整个大陆市场做了细致的调查，从各个地区的人口到他们的饮食习惯，再到他们的饮食规律。在品牌打造上，他也下了很大一番工夫，将产品定名为"康师傅"。因为"康"让人联想到"健康、安康、小康"，"师傅"让人联想到手艺精湛的专业人士，"康师傅"的形象是一个笑呵呵、很有福相的胖厨师，这些都十分符合大陆消费者的心理取向，特别具有感召力。功夫不负有心人，经过多年的发展，如今，"康师傅"已经成为中国内地方便面市场上的领导品牌。

顶新集团投资大陆食品市场时，屡战屡败，屡败屡试。最终，凭借着对大陆市场的细致调研，在方便面上发现了商机，获得了飞速的发展。

由此可知，企业的经营者在开拓市场时，除了要时时保持商业的敏感外，还要对市场进行充分调研，用一双慧眼和一颗智慧的头脑，挖掘"柳暗花明"处的机遇。

企业如果想进军一个新的行业领域或在一个全新的地域安营扎寨，如果缺乏对市场的考察，无异于蒙着眼睛奔跑，最终在瞎跑乱撞中跌得头破血流。

因此，市场考察要作好4个方面的分析：

1. 行业分析

其中包括自身行业还有相关行业，管理者最好找到大量相关的数据进行了解。

2. 竞争对手分析

管理者要将竞争对手进行分级，找出哪些是行业领先者，哪些是自己的主要竞争对手。

3. 自身产品分析

了解公司产品的特性，找出与竞争对手的差异点，建议把差异点都总结出来，自己脑海里必须非常清楚。

4. 消费者分析

了解消费者的年龄段、特性及消费能力、消费习惯等，以使产品满足消费者的需求，牢固地占领市场。

市场调查对创业起到什么样的作用？又会怎样影响企业经营呢？我们不妨来看一个例子：

享誉全球的大品牌可口可乐在20世纪80年代中期出现过一次极具毁灭性的"失误"。1982年，老对手百事可乐对可口可乐发动了新一轮的市场攻势，这一回，百事可乐的销量一路上升，已经威胁到可口可乐的传统霸主地位。为了扭转劣势，可口可乐公司决定进行一次深入的市场调研，以便发现问题，找到对策，解决危机。

这一次的市场调研中，设计了诸如"你认为可口可乐现有的口感如何"、"想不想尝试一下新的口感"、"如果可口可乐的口感变得柔和一些，你是否能接受"等一系列问题，公司希望通过这次市场调研了解消费者对可口可乐口感的评价，以便开发新口味的可口可乐。根据市场调研的数据显示：大多数消费者表示接受新口味的可乐。

于是可口可乐公司以此为依据，开始研发新口味可口可乐。新口味可口可乐正式推向市场之前，可口可乐公司又进行了口味测试，结果让决策层更为放心。这次市场调查的数据显示：新可乐应该是一个成功产品。

1985年，可口可乐公司举行了盛大的新闻发布会，并在会上隆重宣布：新口味可口可乐取代老可口可乐上市。

然而，实际情况却是：在新口味可口可乐上市之后，可口可乐公司遭到了人们的严厉指责，人们认为新口味可口可乐是对美国的一个象征的背叛，甚至有人成立"美国老可口可乐饮用者"组织来威胁可口可乐公司，如果不按老配方生产，就要提出集体控告；有的消费者甚至扬言再也不买可口可乐。仅仅过了3个月，新口味可口可乐计划就以失败而告终。

市场调查是企业制定方针策略的依据，是非对错需要由市场来验证。这一次的市场调研中，可口可乐公司却忽略了最关键的一点：对于广大消费者来说，可口可乐背后所承载的传统的美国精神才是他们最主要的购买动机，新口味可口可乐的出现，无疑是对美国精神的一种背叛，这次市场调研失败的最主要原因就在于此。

市场调查是创业的前奏，是制定战略方针的基础，可供参考的调查方法主要有两种：一是委托专门的市场调查公司，二是由自己一手操办。但总体来说，不管是找人操刀还是亲自操办，市场调查的实施方案大致相同：

1. 确定明确的市场调查目标

市场调查是为创业者做市场预测和经营决策提供科学可靠的依据。这就要求创业者首先要明确："我为什么要做市场调查，我要了解哪些情况，我要解决哪些问题。"不少创业者由于目标模糊，对市场调查的设想显得杂乱无章。这就要求创业者必须对症下药，在进行正式的市场调查之前，要先通过网络、各类报刊、统计部门、行业协会公布的信息等方式，有效地收集、整理相关的二手资料。这样就能够在明确目标的指导下为市场调查做足准备工作，而在具体调查中消费者也乐于配合，创业者的市场调查设想也显得井然有序。

2. 设计具体的调查方案

创业者在制定明确的市场调查目标后，接下来的一个步骤就是将为实现这一目标设计一个具体的方案。一个切实可行的市场调查方案一般包括以下几个方面的内容：

（1）调查要求与目的。这是每次市场调查最基本也是最为关键的问题。不管准备从事哪一种创业项目，都应该将需要了解的相关信息具体落实到方案上。

（2）调查对象。通常情况下，市场调查的对象一般为消费者、零售商、批发商。

（3）调查内容。创业者可以根据市场调查的目的来拟定明确的调查内容。调查内容要求条理清晰、简洁明了，避免主次不分、内容烦琐。

（4）调查样本。

（5）调查的地区范围。

（6）样本的抽取。

（7）资料的收集和整理方法。

与企业在作决策前都该做市场调查一样，创业者在决定创业项目时，更应该进行科学的市场调查。科学的市场调查是创业成功的关键，决策正确与否，关系到创业的成败。不少创业者因为一个错误的决策导致全盘皆输，但愿更多的创业者能够认识到市场调查的重要性，认识到科学的市场调查是创业决策的好帮手，真正重视市场调查，在激烈的市场竞争中不断取得胜利。

铁律 5

创业者需要对创业环境做出 SWOT 分析

> 全面考虑环境是创业中必不可少的一环,创业者要做的是在这些环境中分析自身的优势与劣势,以及面临的机遇与威胁。科特勒认为,识别环境中有吸引力的机会是一回事,拥有在机会中取得成功所必需的竞争能力是另一回事。

"优势"——Strength、"弱势"——Weakness、"机会"——Opportunity、"威胁"——Threat 4 个方面组成了 SWOT。通过 SWOT 分析,可以结合环境对企业的内部能力和素质进行评价,弄清企业相对于其他竞争者所处的相对优势和劣势,帮助企业制定竞争战略。

企业与市场环境分析:

	SWOT 分析	
	优势 S	劣势 W
机会 O	SO 战略 依靠内部优势 抓住外部机会	WO 战略 利用外部机会 克服内部弱点
威胁 T	ST 战略 利用内部优势 抵制外部威胁	WT 战略 减少内部弱点 回避外部威胁

1. 创业优势与劣势

优势是指创业者相对竞争对手而言所具有的优势资源、技术、产品以及其他特殊实力。核心竞争力是企业的优势,另外,充足的资金来源、良好的经营技巧、良好的企业形象、完善的服务系统、先进的工艺设备、成本优势、市场领域地位、与买方或供应方长期稳定的关系、良好的雇员关系，等等，都可以形成创业优势。劣势是指影响企业经营效率和效果的不利因素和特征，它们使创业者在竞争中处于弱势地位。一个企业潜在的弱点主要表现在以下方面：缺乏明确的战略导向、设备陈旧、赢利较少甚至亏损、缺乏管理和知识、缺少某些关键技能或能力、内部管理混乱、研究与开发工作落后、公司形象较差、销售渠道不畅、营销技巧较差、产品质量不高、成本过高等。

创业者不能纠正所有的劣势，也不必利用所有的优势，但必须确定，是否要发展某些优势，以便找到更好的市场机会。企业在设计竞争战略时，要充分利用一切机会，同时清醒地认识自身优势和劣势，采取正确的营销措施。

在创业过程中，激烈的竞争往往会带来较高的营销成本，而且营销方面的投入所面临的风险会更高。竞争各方都会使出浑身解数来削弱对方的营销效果，增强自己的市场份额。尤其是当市场中存在诸多的强有力的竞争者时，这会对该细分市场的吸引力大打折扣。因此，企业都喜欢那些竞争对手尚未满足的市场。

哪里有市场，哪里就有竞争，但总存在一些尚未被满足的竞争较小的市场。市场竞争其实就是卖方之间为了寻找有消费需求和有货币支付能力的买方而发生的竞争。作为卖方的企业，其竞争的主要对象是经营本企业同类产品的其他企业，其目的是与同行争夺买方，吸引买方购买本企业的产品。

激烈的市场竞争对于企业来说是很不情愿面对的，即使是极富竞争力的企业，也不愿将过多精力花费在竞争者众多的市场上。竞争使得企业之间能力相互牵制，激烈的竞争也就意味着利润份额会被许多对手抢占，这样人均就占不了多少便宜。尤其对一个初涉商场的创业者来说，竞争者的威胁是巨大的挑战，甚至是隐患，因此，去寻找那些未被竞争者满足的市场，有效地采取一些竞争策略，就可以放大自己的优势，在激烈的市场竞争中做到"百战不殆"。

2. 环境机会与威胁（企业的外部环境）

科特勒认为，营销是一门发掘、发展机会并能从中获利的艺术，科特勒把机会定义为："公司能在获利的前提下满足顾客需求与兴趣的领域。"环境的变化、竞争格局的变化、政府控制的变化、技术的变化、企业与客户或供应商的关系的改善等因素，都可视为机会。企业所处的环境随时都在变化，这些变化对不同的企业来说，可能是机会，也可能是威胁。比如政府对环境的保护以及居民对健康的重视，为香烟替代产品的生产企业提供了机会，但对香烟生产企业来说却是威胁。

机会可以说无处不在。例如政府的对外开放政策为外国资金的流入提供了机会，居民收入水平的提高为高档消费品的生产商提供了机会等。

环境提供的机会能否被企业利用，取决于企业自身是否具备利用机会的能力，即企业的竞争优势是否与机会一致。

市场机会主要有3个来源：

（1）某种产品供应短缺。

（2）使用新的方法向顾客提供现有的服务。

（3）向顾客提供新的产品或服务。

营销人员对企业所面临的市场机会，必须慎重地评价。美国著名市场营销学家西奥多·莱维特曾警告企业家们，要小心地评价市场机会，他说："这里可能是一种需要，但是没有市场；或者这里可能是一个市场，但是没有顾客；或者这里可能有顾客，但目前实在不是一个市场。"

威胁是环境中存在的重大不利因素，构成对企业经营发展的约束和障碍。比如，新竞争对手的加入、市场发展速度放缓、产业中买方或供应方的竞争地位加强、关键技术改变、政府法规变化等因素都可以成为对企业未来成功的威胁。与机会无时不在一样，环境中永远存在着对企业生存发展具有威胁作用的因素，只是他们对不同企业的作用不同而已。

对一个企业是机会的因素，可能会对另一个企业造成威胁。例如，政府放松对航空业的控制，是地方和私人航空公司发展的有利机会，但对国有航空公司来说就是一种威胁。同样，某个要素既可以是某个企业的潜在机会，也可能对其形成威胁。例如，网络技术发展使一批新兴企业迅速发展壮大，但如果跟不上技术的更新，这些企业也会很快落伍。

为什么有的创业者能赚到钱，因为他们总能在人生中发现并牢牢抓住真正的机遇。有位哲人说过：世界上并不缺少美，缺少的只是发现美的眼睛。同样，在市场经济社会中，并不缺少机遇，缺少的也是发现机遇的眼睛。凡是赚了钱的人，他们获取成功的一个共同特质就是——善于紧紧抓住每一个机遇！因为处处留心皆机遇，钱就在你身边，就看你怎么去赚。

温州青年孟飞搬进单位分给他的一套50平方米的住房。等他把包括床和许多必需的东西搬进屋里后，他那张宽大的书桌实在搬不进去了，于是他打算将它运到旧货市场处理掉。恰好来了一个收破烂的乡下人，问他这张桌子卖不卖。孟飞说要40元。其实邻居说这张桌子在旧货市场只能卖20元。可是，乡下人掏出40元，说这张桌子他要了。"在旧货市场是不能卖这么高的价的，你花40元买走它，你打算怎么处理它呢？"孟飞忍不住好奇地问。"在乡下，做一张像这样的书桌，材料、加工费是要超过40元的，我打算弄回家乡。"乡下人说。这个发现让孟飞兴奋不已。他迅速联系乡下的亲戚，在乡村的公路旁办起了一家旧家具店，他把城里的旧家具拉到乡下，结果大受农民欢迎。于是他不断地拓展自己的业务，开了几家分店，结果生意都十分红火，利润也很可观。孟飞的生意经营得很顺利，很多附近集镇上的个体户们不断地来打听，问他的旧货是从哪儿弄来的，他们也想开一家这样的店。孟飞想，旧货在农村有如此大的市场，怎样才能把它做大做强呢？于是他想到连锁加盟，自己主要联系货源，让别人去经营。说干就干，孟飞在他经营的店里打出了连锁经营的牌子，不到半年时间，孟飞的连锁旧货店就开了100多家。

当机遇出现时，立刻抓住它，也就抓住了本钱。此时，机遇已不再是机遇，而是一种创业的资本。创业的本身，可以是前途，也可以是"钱"途，无论走哪条路，机遇必然伴随。超前的市场意识，勇于并善于捕捉商机、发掘市场，在别人不曾发现的市场缝隙中创造出一个又一个新的商机，这样的人就比较容易获得成功，容易建立起具有领导地位的品牌，且少有对手能与之分庭抗礼，由此容易获得较为丰厚的利润，这为他们在以后的发展中确立其竞争优势起到了决定性的作用。

当然，最大的秘诀还是要善于把握商机。可以说，大千世界，尚未开发的市场无时不有、无处不在，各种各样的生财机会很多，关键是看创业者能否练就一双敏锐的慧眼和具备观察市场、分析市场的能力，并且能够一旦发现机会，立刻抓住，付诸行动。只有这样，才能获得成功。总之，对于创业者来说，认清企业所具有的优势与劣势以及面临的机会和威胁是十分重要的，因为这不仅涉及企业地位的变化，而且关系到企业战略的制定。

铁律6

给自己一个定位，是红海深耕还是蓝海淘金

> 很多创业者失败的根源不在技术或产品上，而是在定位上。市场定位是创业者面临的最大挑战，定位准确则意味着创业者及企业已向成功迈出了第一步。准确的市场定位能够使创业者知道自己的利润在哪儿，定位不清晰，就如同向乞丐叫卖珠宝，产品再好，也难逃失败的结局。

创业前期，要给自己一个定位，到时是要红海深耕，还是蓝海淘金？这个定位应该是从实际出发做出的决策。

那么，蓝海战略与红海战略，谁比谁高明呢？蓝海战略强调价值创新，但创新本身的风险并不比不创新小。按照施特劳斯定律，一个企业的成就依赖于整个价值链的成熟度，它会受制于价值链中最薄弱的环节。由此看来，一个企业难以取得大幅超越社会水平的发展，也就是说，它迈向蓝海的速度，不可能超出同伴太多。超出太多，对于企业来说，将会是一场万劫不复的灾难，会成为行业的先烈。要知道"陈旧的新生事物比新生事物更受欢迎"，创新太大，往往难以被人接受，得不到市场的认可，企业需要承担培育市场的任务，这需要极大的成本。即便如此，市场的培育具有极大的外部性，培育市场的企业未必能够享受到市场成熟的成果。创新太小，市场接受程度高，但又达不到摆脱强调价格战的红海竞争的目的。

即便蓝海战略只是一种方向的指引，也不是任何企业都可以向这个方向迈进。对大多数企业来说，蓝海战略是一种奢侈品，蓝海战略有着很高的门槛。很多企业在现有的红海竞争中就已经难以招架，也就很难分出精力来进行价值创新，激烈的血战会逐渐让

企业丧失实施蓝海战略的能力。市场竞争讲求大智慧，但更讲求现实，虽然成长比生存有着更高的境界，但对大部分的企业来说，生存是更为现实的问题。血性竞争中不能胜出，蓝海战略也救不了你，对一个缺乏"红海智慧"的企业来说，谈蓝海战略，无异于痴人说梦。

那么怎么判断你进入的领域是蓝海还是红海呢？实际上，某个领域是红海还是蓝海，和进入者多少以及竞争的激烈程度呈高度正相关性，而与是否属于新领域关系不大。市场经济最大的特点在于博弈，当社会普遍看好某类项目之时，即使真的具有良好的前景和发展趋势，其十有八九也是红海。

在不少人的意识当中，代表未来发展趋势的新兴领域，有着广阔的机会，是一座未被开发的金矿，只要早日进入，就等于为自己打开了实现财富传奇的大门。有些人还举了一大堆例子来论证此事，比如石油行业崛起成就了多少人，钢铁行业迅猛发展成就了多少人，IT行业崛起成就了多少人，互联网行业崛起又成就了多少人，房地产行业兴起又成就了多少人，新兴领域似乎从来就直接等同于蓝海。在目前境内外资本都整体过剩的情况下，只要有某领域被普遍看好，就会有大量的游资进入。同时由于大家都认为，只要坚持到最后成功，回报率都是成百上千倍的，因此行业投资饱和程度和竞争惨烈程度甚至要远远高于成熟领域，这就意味着导入期所要耗费的时间变得更长，配套资金量更是高得惊人，甚至可以用天文数字来形容。近些年来比较典型的就有视频网站、交友网站、新能源、环保项目、生物制药、大屏幕分众广告等，这些领域都被认为是前景无限的领域，当属蓝海，只有进去的人才知道竟然是一片血光，根本不是想象中的满园春色。

事实上，一个领域是否属于真正的蓝海，这个跟不同投资主体的实力有很大关系。资金量上准备不足，再加上进入者太多，最终只能以非常凄惨的命运收场。

一个领域是否真正属于蓝海，虽然与该行业未来的成长性有很大关系，但更为关键的是投资和产能是否过剩。无论是新行业还是老行业，如果投资规模和产能远远大于未来数年可预计的市场容量，整个行业都可以看成是一个红海，投资者在相当长的时间内将不得不面对惨淡经营的境地，对实力、信心、毅力都是比较极端的一种考验。

任何事情有利就有弊，有弊就有利。具有广阔发展空间的新兴领域，虽然在市场培育期可能面临着巨大的竞争压力，承受着难以名状的痛苦，却能够支撑有关企业在10～20年的时间内做大做强，并成长为明星企业。

无论是高端市场还是低端市场，都存在着一个供给和需求之间的动态互动关系，在某一阶段只要供给远远超过了需求，这个领域就处于阶段性红海状态之中，即使它属于高科技含量、高附加值产品、高增长潜力的行业，也不能例外。与自然科学规律不同，经济规律具有明显的博弈属性，尽管某个领域的发展趋势的确很好，但只要这种趋势被大家都认识到，甚至成为社会共识，就很容易导致一哄而上，投资和产能过剩，竞争的惨烈程度和生存下来的难度，甚至远远超过原本普遍不被看好的领域，好事儿倒成了坏事儿，而那些普遍不被看好的领域，反而有可能成为黑马。在很多非常成熟的领域，同样存在着盲目跟风的问题。无论是股市楼市，还是很多常规的市场，无不存在这样的问题。其实，这个道理很多人都明白，但人们总有一种侥幸心理，认为自己有能力将别人淘汰掉，能够笑到最后。要做到这一点，也并非不可能，但有一个前提，就是你的经济实力等条件具有非常强大的优势。

　　冷静想一想，蓝海战略只是给整个行业的企业指明了方向，但对于某个具体的企业来说，是没有任何实际意义的，它只是在众多的企业压成本、抢渠道、打广告、拼价格等的时候，给大家提了一个醒，还有一个领域可以"血战"，那就是价值创新；它只是帮助众多的企业避免了为赢得竞争而行业性全军覆没的尴尬，让红海竞争可以延续，让企业面对未来展开竞争。实际上，系统地看待竞争，可以发现，从产品的研发设计到生产制造再到销售推广，竞争制胜的关键点之间会形成一个链条，我们不妨称作"竞争链"。红海战略下的竞争涉及链条的每一个环节，而蓝海则是告诉企业在链条之外可以再生枝节，"血战"的领域进一步扩展，从一条链上扩充到一个网状的面上，在这个过程中，没有任何一家企业真正摆脱了血性竞争。企业不能对蓝海战略抱有太高的期望，血性竞争是市场的细胞，没有什么能够救得了企业，除非在血性竞争中获胜。

　　企业的生存发展，需要不断地价值创新，需要有蓝海思维；但是充斥着整个企业生命的都是"红海智慧"，你可以选择在这一个链条上竞争，也可以选择那一个，但血性竞争是免不了的。实际上，蓝海战略并不是我们想象的那样神通广大，它并不能替代我们的"红海智慧"，它甚至只能算作是"红海智慧"的一部分，是红海竞争艺术的一种体现。提出"蓝海战略"，并不意味着发现了一个被大家忽视或遗漏的空间，它只是赋予这种智慧一个名字，提出了一个概念。

　　有人的地方就有江湖，哪里有市场，哪里就有竞争。除非是在垄断行业，否则，血性竞争将永远是市场的主题。竞争是硬道理。企业发动价格战，有一个前提假设，就是对手不会跟进，但实际上这是自欺欺人。提到蓝海战略的时候，实际上也有一个假设前提，就是别人不会跟进或跟不上。但实际的情况不是这样的，蓝海不是某个人的蓝海，前方虽然海阔天空，但你却未必能够先人一步。企业想尽千方百计减轻竞争的压力，但竞争却会如影随形伴着企业，哪怕是在通向蓝海的路上。红海有着极强的"感染性"，价格竞争的战火会蔓延到任何一个角落，自由竞争的市场上很难有一个能让某一家企业独享的市场机会，在这一点上，要充分估计竞争对手的智慧和能力。

　　对于少数处在前端、能够消受这种奢侈品的企业来说，也不能够有轻视"红海智慧"的倾向。单独的蓝海战略是难以成功的，一个想要通过价值创新获得成功的企业，必须还要忍受一个事实，就是大量的模仿者和跟随者，没有足够的红海智慧来对付这些跟随者，蓝海战略只是一个空壳，只会让企业背上沉重的负担而一无所获。

　　不能小看了竞争，"红海智慧"和"蓝海智慧"都是竞争艺术的体现，某种程度上，

"红海智慧"更为高深、更为实际。最为高明的竞争是"红海"和"蓝海"的组合，一方面引领行业的发展，充分获取机会创造利润，一方面利用蓝海智慧打击对手，维护自身利益，使自己的地位能够得以保持。将价格战与价值创新有机结合，先是价值创新，然后面对跟随者展开红海竞争，同时进行新的价值创新，如此循环往复，保证自身的地位和丰厚的利润。

总之，红海是一种智慧，蓝海也是一种智慧，科学地看待、艺术地结合二者则是一种更高的智慧。

铁律7
抓住市场空白，赚别人看不见的钱

> "市场上黄金遍地"并不是假话，之所以有创业者觉得不真实，是因为那些人让自己的眼睛蒙尘，这就是他们依然贫穷的原因。眼光独到、处处留心，发现市场中的空白，才能发现埋藏在沙尘中的黄金。

在面对一个装了一半白开水的杯子，"杯子已经装满一半"和"杯子还有一半是空的"都是对它正确的描述。但从市场的眼光看，这两句话意思是完全不同的，它所产生的结果也完全不一样。当企业领导者的认识从"杯子已经装满一半"，变为看到"杯子还有一半没有装满"时，那么就会发现重大的市场空白。

其实发现这个"市场空白"并不重要，重要的是投资者将以什么样的方式进入。正如《孙子兵法》所说："打胜仗的军队总是事先创造取胜的条件，而后才同敌人作战；打败仗的军队总是先同敌人作战，而后企图侥幸取胜。"抓住潜在契机，霍英东可谓是其中的高手。

众所周知，香港著名的大富豪霍英东，他的成功之道就在于敢为天下先。他进入生意场的第一步是在香港鹅颈桥市场开了一家杂货铺。

第二次世界大战结束以后，他就卖掉了杂货铺，改做煤炭生意。不久，他又和别人一起去东沙岛采集一种可以用来制药的海草。当然，他每一次入道或出行，都不是亏本的生意，而是有钱可赚的。

20世纪50年代初期，香港的房地产市场刚刚兴起，霍英东慧眼顿开，一下子觉得发财的机会来了，立即设立了立信置业公司。同行之中的人都纷纷投来怀疑的目光，不知这个默默无闻的新手是不是神经错乱了。

他的第一招就令其他人刮目相看：在香港，房地产都是出售"整栋楼宇"，而霍英东使用的却是房地产工业化的办法，推行住宅与高层商厦结合的方式，并且采用"分层"销售、预定楼房、分期付款等新方法。只用了几年时间，霍英东就成为香港知名的房地产商人了。

正当其他房地产商人全力以赴进行"房地产大战"的时候，霍英东的心中又生出了新的主意。他想，大家都在全力修建房屋，一定急需大量的沙子。他马上花重金到国外买回来了大型挖沙船。这种大型挖沙船20分钟就可以挖出2000吨沙子，沙子进船就可卸货，白花花的银子就到手了。很多人看到霍英东发了，急忙奋起直追……可是，此刻霍英东已经取得香港海沙供应的专利权了。后面追兵很紧，霍英东心生一计：香港的土地寸土寸金，填海造地大有前途。他觉得，这一招必须下快棋！

决心一定，他立即从荷兰、美国等地购买各种设备，放开手脚开始了香港规模最大的国际工程——海底水库淡水湖第一期工程。这一工程的开始，标志着外国垄断香港产业的格局被打破，霍英东也因此财源滚滚……

所有事情都是从无到有，财富亦是如此。在别人已经证明的领域淘金，只能说明你赶上了一艘看似拥挤实则还有位置的轮渡，能力或在其次，眼光可能更加重要。眼光独到，在别人看不到的地方赚钱，是经商者财富永不干涸的源泉，也是经商者必备的能力之一。

只有眼光独到、看得深远，才能发现赚钱的目标。很多时候，一个人之所以能够成功，一是因为有正确的想法，二是能将正确的想法坚持下去。做别人想不到的事，就是要另辟蹊径，这需要克服不断出现的困难，需要足够的智慧和勇气，需要独到的眼光，而这些都是在现实生活的一点一滴中积累的。把别人不做的捡起来做，通过独到的眼光和智慧从中淘金，就能有大的作为。

有些人做生意总挑热门、焦点，觉得只有这样才能挖到黄金。毋庸置疑，能够引起大多数人的关注，本身就说明了它的吸引力和无限商机。但是换个思路，在"冷门"里创富，也能获得别人挖不到的金子。

两个青年同时到一家企业面试，两个人的表现都很出色，但是公司只能录取一个人。老板说："这样吧，我给你俩一个任务，你们试着把我们这次生产的皮鞋推销给赤道附近一个岛上的居民，然后给我你们的答案。"

两个青年都去了那个岛屿，他们发现海岛相当封闭，岛上的人与大陆没有来往，他们祖祖辈辈靠打鱼为生。他们还发现岛上的人衣着简朴，几乎全是赤脚，只有那些在礁石上拾海蛎子的人为了避免礁石硌脚，才在脚上绑了海草。

两个青年一上海岛，立即引起了当地人的注意。他们注视着陌生的客人，议论纷纷。最让岛上人感到惊奇的就是客人脚上穿的鞋子。岛上人不知道鞋子为何物，便把它叫作脚套。

他们从心里感到纳闷：把"脚套"套在脚上，不难受吗？

一个青年看到这种状况，心里凉了半截。他想，这里的人没有穿鞋的习惯，怎么可能建立市场？他二话没说，立即乘船离开了海岛，返回了公司。他对老板说："那里没有人穿鞋，根本不可能有市场。"

另一个青年态度相反，他看到这种状况心花怒放，他觉得这里是极好的市场，因为没有人穿鞋，所以鞋的销售潜力一定很大。他留在岛上，与岛上的人交上朋友。他在岛上住了很多天，挨家挨户做宣传，告诉岛上的人穿鞋的好处，并亲自示范，努力改变岛上的人赤脚的习惯。同时，他还把带去的样品送给了部分居民。这些居民穿上鞋后感到松软舒适，走在路上他们再也不用担心石头硌脚了。这些首次穿上了鞋的人也向同伴们宣传穿鞋的好处。这位有心的青年还了解到，岛上的居民由于长年不穿鞋的缘故，与普通人的脚形有一些区别，他还了解了他们生产和生活的特点，然后给老板写了一份详细的报告。公司根据这份报告制作了一大批适合岛上的人穿的鞋，这些鞋很快便销售一空。不久，公司又制作了第二批、第三批……

同样面对赤脚的岛民，一个青年认为没有市场，另一个却认为有大市场，后者能从"不穿鞋"的现实中看到潜在市场，并懂得"不穿鞋"可以转化为"爱穿鞋"。他抓住潜在的机会，进而挖掘，使之转变成赚钱的机会，并获得了成功。

面对同一种市场，不同的人会看到不同的前景，这需要敏锐的洞察力和独特的思维方式，以捕捉那些没有被发觉的市场，有时候没有市场往往意味着市场空白，这也正是大展拳脚的好时机。

换个思路，就能将冷门做大。实际上，冷门生意最好做也最赚钱。只要有市场，就有赚钱的机遇。冷门之所以被定义为"冷"，是因为很多人先入为主：别人说它"冷"，自己也觉得"冷"，很多赚钱的机遇就这样悄悄溜走。商之大者会细心观察身边的每一个领域，冷与不冷不在主观，而在市场，他们明白市场决定生意、生意决定财富的道理。那些能从"冷"处着手、钻"冷门"的人，才可能挖到更大的宝藏。

奇瑞汽车公司成立于1997年，该公司拥有整车外形等10多项专利技术，经过认真的市场调查，奇瑞汽车公司精心选择微型轿车打入市场。它的新产品是微型客车的尺寸、轿车的配置。2003年5月，奇瑞推出QQ微型轿车，6月就获得良好的市场反应，2003年9月8～14日，在北京亚运村汽车交易市场的单一品牌每周销售量排行榜上，奇瑞QQ以227辆的绝对优势荣登榜首。到2003年12月，已经售出28000多辆。

奇瑞QQ被称为年轻人的第一辆车。奇瑞QQ的成功就在于它的市场细分。它的目标客户是有知识品位但收入并不高的年轻人。为此，奇瑞QQ有着极其可爱的外形。虽然小车价格便宜，但是在滚滚车流中它是那么显眼，你看它那绚烂的颜色、婀娜的身段、顽皮的大眼睛，好似街道就是它一个人表演的T型台。就这样，奇瑞公司成为行业内公认的车坛黑马。与此同时，奇瑞轿车还连创5个国内第一，6次走出国门，以自己的不懈努力创造了中国汽车史上的奇迹。

没有一个市场是天衣无缝的，因为新需求不断在增加，市场是不断变化的，总会存在"空隙"。市场上永远存在"尚未开垦的处女地"。很多创业者都明白这样一个道理：市场并不缺少机会，而是缺少发现。奇瑞汽车就是一个善于发现机会的公司。

在激烈的市场竞争中，要善于发现商机，把握时机。要做到这些应注意下面三点：

1. 以市场为标准，确定商业机会的范围

选择商业机会时不要去考虑自己熟悉与否，只需要考虑市场的前景如何。许多人倾向于选择自己熟悉的行业去做，这无可厚非，甚至在很多情况下是值得推崇的。但是，如果在企业作市场决策过程中因经营者的专业限制而错失机会，那将会是很大的损失。所以，企业经营者要跳出自己的小圈子，从市场的角度来考虑问题。这样才有可能发现极具市场前景的商业机会。

2. 收集足够的市场信息

任何决策的背后都需要有事实和数据作为支撑，否则无法确认你的决策是否正确。在获取大量的信息后，要进行认真的分析，找出最适合行动的时间，把握时机，一举成功。

3. 行动迅速

兵贵神速，迟缓、犹豫都会使商机稍纵即逝。所以在选择确定商业机会之后，创业者千万不能犹豫，这是创业者要获得成功的必备要素，即"决策之前慎之又慎，决策之后坚决果断"。在商海遨游中，创业者切忌优柔寡断，否则会因此人心涣散，而且大好的商业机会也会稍纵即逝。

铁律 8

准确把握发展趋势，然后提前占位

> 人们常说"一步领先，步步领先"，因此，提前占位，对于项目运行速度就显得极为重要了。因此，当你要作决策时，千万不要草率行事。具有高远的眼光，善于把握风云变幻的市场，比别人看得更高、更远、更准，这样作出的决策才可能切合市场发展的需要，达到决胜于千里的目的。

掌握趋势就是掌握未来，掌握发展的机会。当一种趋势的苗头初现时，能够把握这种趋势的就是真的英雄。

伴随着全球化技术革命的发展和网络时代的到来，企业也不再是仅仅对市场的需求做快速反应，在做好今天的同时，企业更需要关注未来的发展，企业领导更要有前瞻性的战略眼光，领先市场需求一小步，就是对企业贡献的一大步。

世界"假日客栈之父"、美国巨富威尔逊在创业初期，全部家当只有一台分期付款"赊"来的爆玉米花机，价值50美元。第一次世界大战结束时，威尔逊的生意赚了点钱，便决定从事地皮生意。当时干这一行的人并不多，战后人们都很穷，买地皮修房子、建商店、盖厂房的人并不多，因此地皮的价格一直很低。

一些朋友听说威尔逊要干这不赚钱的买卖，都来劝阻他。但威尔逊却坚持己见，他认为虽然连年的战争使美国的经济衰退，但美国是战胜国，它的经济会很快复苏的，地皮的价格一定会日益上涨，赚钱是没有问题的。威尔逊用自己的全部资金再加一部分贷款买下了市郊一块很大的地皮。这块地由于地势低洼，既不适宜耕种，也不适宜盖房子，所以一直无人问津。可是威尔逊亲自去看了两次之后，便决定买下那块杂草丛生的荒凉之地。

这一次，连很少过问生意的母亲和妻子都出面干涉。可是威尔逊却认为，美国经济会很快繁荣起来，城市人口会越来越多，市区也将会不断扩大，他买下的这块地皮一定会成为"黄金宝地"。

事实正如威尔逊所料，3年之后，城市人口剧增，市区迅速发展，马路一直修到了威尔逊那块地的边上。人们这才突然发现，这里的风景实在迷人，宽阔的密西西比河从它旁边蜿蜒而过，大河两岸，杨柳成荫，是人们消夏避暑的好地方。于是，这块地皮身价倍增，许多商人都争相出高价购买。但威尔逊并不急于出手，真是叫人捉摸不透。

原来，威尔逊决定自己筹措资金开旅店。不久，威尔逊便盖了一座汽车旅馆，取名为"假日客栈"。假日客栈由于地理位置好、舒适方便，开业后，游客盈门，生意兴隆。从那以后，威尔逊的假日客栈便像雨后春笋般出现在美国与世界其他地方，这位高瞻远瞩的精明商人获得了巨大的成功。

威尔逊自己何尝不知道这块地皮的身价，不过他看得更高、更远：此地风景宜人，必将招来越来越多的游客，如果自己在这里开个旅店，岂不比卖地皮更赚钱！

一个精明的商人绝不会轻易作出一项决策。在商品经济时代，能登高望远，对形势的发展有一定的预见性，在商业活动中才能占尽先机，获得了实惠便可以先人百步、千步。

身为民建会员、浙江省民营协会副会长，朱志平的商海历程以及他的财富积累过程的确是个传奇。但是熟悉他的人则认为他的传奇在于他能不断舍弃原有的基业，全身而退后转而再去开创新的天地，而且能在不同的领域里做个常胜将军。朱志平出身草根，当他放弃了稳定工作，毅然辞职投身商海、创立了他的第一家公司——华泰制衣时，他的全部资产只有400元人民币。

其实，在朱志平看似冲动的行为背后有着他深刻的思考：家家户户都离不开衣食住行，当时的服装行业市场需求量大、成本低，所以，只要能做出物美价廉的产品，放弃铁饭碗就不会是一次冒险。事实证明他的分析没有错，宁波的销售市场很快被打开了，最初的短短3年内他的资产增至上百万元。随后，朱志平放弃正在稳步发展的华泰制衣，以初学者的身份踏入股市。与很多人不同，朱志平一直相信成功不能靠侥幸，于是他开始了大量的学习。天道酬勤，仅一年后，他就成为杭州最早的股评家之一；10年间，他的财富增至几亿。但是，出乎所有人意料，在获得巨大成功时，朱志平再次抽身而退。凭借令人吃惊的市场洞察力，在离开股市之前，朱志平就选择了楼市作为自己下一步的发展方向。2000年，朱志平成立了浙江同方投资集团有限公司，他坚持品牌开发、实力开发、信誉开发，致力为城市的发展、延续尽自己的一份力量。现在同方联合控股公司已经具有二级开发资质，成为一家以房地产开发为主，建筑材料销售、物业管理为辅的现代企业。

在总结多年的发展历程和成功经验时，朱志平说："对于企业而言，最重要的并不是规模，而是抓住机遇的能力。"

正是基于领先市场一步的理念，每当朱志平看到一个行业的发展潜力时，就会尽全力抓住时机，他毫无疑问地成了行业的弄潮儿。

很多项目，虽然未来的发展前景的确非常好，但等到成为大热门的时候你再去运作，就为时已晚。因此对此类项目，我们需要提前占位，尽管这样做在头几年内会出现较大亏损，但只要数额可控，还是值得去实施的。

不少创业者，总热衷于追逐热点，看别人现在干什么赚钱就去干什么，看哪里是热门区域就往哪里跑。你明明看上去不错的机会，好不容易削尖脑袋挤了进去，可又因为刚刚起步竞争不过对手，有时候甚至挤都挤不进去。其实，事物发展总是有比较清晰的发展脉络和趋势，在其真正来临之前，多多少少会有一些预兆，如果我们认真去观察，还是能够从一些蛛丝马迹中感受得到。如果我们在准确把握发展趋势的基础上，能够在别人还未行动甚至是浑然未觉之时出手，就能提前占位、占尽先机，当别人发现热门之后再进来，我们已经牢牢站稳脚跟，再难以同我们相抗衡。当然，这样操作也会带来一些负面效应，那就是先期介入的几年内，需要承受没有赢利或者利润很少的痛苦，对资金实力和个人毅力都有很大的考验。

事实上，只要我们抓住特定人群，不断研究他们的需求演变方向以及变化的时间节点，大多数创业者是不难找到比较理想的项目的，如果在此基础上能够实现"提前占位"，我们能够触及的财富就会如滔滔江水般绵绵不绝。令人非常遗憾的是，大多数创业者根本不会按照这个逻辑去琢磨市场，他们需要的是"短、平、快"，需要的是迅速致富，往往更多的是追逐热点，认为这样来钱快。

运作项目很多时候跟炒股一样，当你看到这是个大热门的时候再去动手，往往已经晚了，追逐热点，失败的概率高达90%以上。真正的高手，基本都是在涨停来临之前悄悄建仓。运作项目与炒股不同的是，绝大多数项目都存在一个导入期，如果你提前占位，当所从事领域真正变火的时候，导入期已经结束，能够直接借助东风直攻曹营；倘若当你看到某个行当现在十分火暴，再行进入，将诸多条件准备停当，即将大展宏图之时，整个领域已经开始大幅降温。

提前占位和先期介入策略，本身并没有对错，但其实施的前提是要对发展趋势和时间节点有一个较为准确的把握。对发展趋势判断失误造成的危害，我们自不待言。但即使对趋势判断准确，而在时间节点上出现了重大失误，或者太过靠前，或者过于滞后，都会给项目运作带来巨大挫折。比如，某类项目本来20年之后才会变得很火，但你判断为5年，你在两年后开始筹备，最终消耗在这个上面的时间就要长达18年之久，这就意味着18年内不会真正赢利，需要苦苦撑着，期间的痛苦和代价可想而知。也许有人觉得这个难度太大了，非常人所能把握，但是，市场对创业者的要求本来就远远超过了普通人，所以，我们必须要求自己有提前占位的前瞻性。

铁律 9

小资本创业，必须跨过同质化这道坎

> 对很多创业者而言，同质化是难以绕过去的门槛。产品与别人没有太大的差别，成本方面不占优势，自己又起步较晚，如何在此基础上实现差异化，让客户识别和认同自己，是小企业经营者们必须面对的一个重要课题。

在产能过剩的今天，随着竞争的加剧及技术进步的日新月异，一方面，产品的同质化日益变成了一种常态；另一方面，产品的功能也在企业的想方设法中不断增添、不断雷同。因此，如何在几乎"长着同一张脸"的产品之中"木秀于林"，就成了众多企业人士苦苦思索的永恒性课题。

换言之，大多数创业者所从事的领域，其实都已有很多运营成熟的竞争者。在目前比较成熟的市场环境下，无论是产品也好还是服务也好，要想从根本上做到差异化都非常困难，当今早已是一个同质化严重的时代。实际上，这一现象不光困惑着草根创业者，很多跨国公司也大多面临着产品严重同质化的问题，但他们往往是通过强化某一方面的概念或者是创建新的组合来解决这一问题。

就拿汽车发动机油产品来说，事实上都具有润滑、密封、抗磨、清洗、耐高温和抗冻等功能，但如果同时介绍这些功能，一来暴露出产品同质化的弊端，难以有效突出自己产品的特色；二来所传递的信息太多会导致消费者和受众难以记住，因此那些大品牌都从中选择一个特性来强化和放大，以作为自己区别于竞争品牌的鲜明特色，并由此来实现产品的"差异化"竞争。在这种思路的指导下，壳牌润滑油着重强调自己产品的清洁和清洗功能，与目标受众所有的沟通都是在这个基础上展开的，虽然许多年以来，其具体的传播诉求已经发生了相当大的变化，但所要表达的这个功能却一直没有改变。而嘉实多润滑油则更加强调他们产品的良好的启动性能，一句"未启动，先保护"足以让受众记住他们产品的"个性"。

洗发水同样也是同质化程度很高的一类产品，飘柔的卖点是发丝柔顺，海飞丝的卖点是去头皮屑，潘婷的卖点是修护秀发，还有很多消费者不断去用个人体验来论证这种诉求的正确性。而事实上，几乎所有品牌洗发水都同时具有这几种功能，只是你接受了厂家的宣传和心理暗示之后，更愿意从他们所说的角度去体验这种功效。

同质化现象在流通企业可能表现得更为突出。像家乐福、沃尔玛、卜蜂莲花、世纪联华这些超大终端，在产品种类和所涉品牌方面并没有太大区别，甚至可以说基本一样，它们所不同的是在各大城市的网络分布密度、店面所处地段以及产品排列组合方式，并由此带来了不同类型消费者对不同商家的偏好。

在目前市场上也存在这样一些知名品牌，所经营的产品实际上同时含有五六种不同的功能，但他们为了显示自己的专业化，并强调产品细分群体的独享性，将同一产品细分成五六种包装，按照不同的产品线进行销售，而且相互间还存在较大的价格差异。这一方式看似没有技术含量，将简单问题复杂化，而从市场反应情况来看，销售效果却要远远好于产品单一包装模式。

以上谈的都是非常简单、易行和常见的技巧，是大公司早已玩得非常熟练的方法，但对草根创业者来说更为实用，可以解决项目定位过程中的很多困惑，弥补由于研发和创新不足而带来的劣势。比如同样是酒精类产品，就首先细分出来一个玻璃水产品，定位为擦玻璃专用的，有人又在此基础上开发了家庭专用和汽车专用两大类别，还有人将汽车用产品进一步细分为去虫胶、防静电、防尘土和冬季专用等几个种类。每一次概念上的细分，都为新进入者开辟一片天地，都会产生一个相对优势的品牌。事实上，无论概念如何炒作和细分，本质上都是乙醇和水的混合溶液，都具有清除虫胶、防电防尘、防寒抗冻的功能。这种创新无非是概念上的创新，这种差异化实际上更多的还是概念上的差异化。尽管产品本身并没有实质性创新，但总归给创新者提供了立足之地。

在产品本身同质化严重的情况下，还可以通过包装规格上的变形来实现消费者认知上的差异化。比如在食品和饮料领域常见的，针对儿童这一消费群体设置小包装产品，并加上适当的卡通图案，来打造儿童专享品牌概念，方便面、果汁饮料、面包、果干、豌豆、花生都比较适合这么做。

长沙的一位小学老师，经过仔细观察，发现了一个现象，社会人员承包的学校食堂给学生打的盒饭量比较大，大多数人根本吃不了，每顿饭都要剩很多，日久天长，还造成了巨大的浪费。而这些承包商，受传统思维影响，认为做学生的生意就应该价低量大，没有过多考虑小学生这一群体的具体情况。于是这位老师就突发奇想，认为将一份饭的量改小，而将盒子改成各种时尚的卡通图案和造型，一定好卖，决定投资运作这个项目。结果项目一上马，生意就火得不得了，以高于正常价20%的价格去销售，还是大受欢迎。

通过产品组合进行创新，借以打破同质化困局的例子在我们周围也比较常见。譬如将常用的几种厨具做成几种不同组合的套装进行销售，将尺码不同的服装组合在一起开发成情侣装或亲子装进行推广，将电热水壶、茶壶和茶杯组合成套装进行推广等。

作为创业者，最为重要的不是抱怨，而是考虑在现有的框架和条件下，如何最大程度规避不利因素，对现有资源进行整合、变形和提炼，在实质并没有发生多大变化的基础上，与现有市场主体展开差异化竞争，为自己争得一席之地。其实，只要多些"蓝海思维"，多一些创意和创举，我们同样可以从惨淡的红海中全身而退，成功实施"同质化突围"。

"同质化突围"，就是开辟出一条有自己特色的路，让自己长着一张不一样的脸，以便在众多的产品中可以一眼就认出来。

美国商业银行就走出了一条"同质化突围"的蹊径。

当其他银行纷纷扩充产品线、提高利率吸引客户时，它却把自己定位成"全美最便利的银行"。全年365天日夜无休；排队等候时，你可以顺便办一张贷记卡；在雨天，银行服务人员会撑着伞，把你送到车上；银行免费提供咖啡和报纸，并在大多数分（支）行设有免费使用的硬币清点机，颇受储户欢迎。因此，尽管产品选择有限，储蓄利率也是同类市场最低，但顾客仍然趋之若鹜，而且成长惊人：1999～2004年间，分（支）行从120家增加到319家，存款额从56亿美元飙升到277亿美元，贷款也从30亿美元增加到94亿美元。

将视角从传统的领域移开，向旁边看一看，往往就可以看到一片新的天地。美国商业银行之所以能够异军突起，就是因为它所选择的定位与众不同，自然也就决定了它所走的路线与众不同，独特的风格与吸引人的优质服务，自然成为它独占鳌头的撒手锏。

"同质化突围"，关键在于找准自己的定位，树立自己独特的特点，并在这个区别于别人的特点上下足工夫。工夫下到家了，开辟"同质化突围"的工程自然也就成了。

创始初期的IBM只是一家生产打孔机的小企业。

1952年2月，IBM内部从事研制电子数据处理系统的有关人员只有85人，那时IBM最高决策者、身处第一线的专家们都认为，公司最初生产的两种计算机若能销售5台就能满足市场上的需求。只有企业的总经理、参加过二战的小托马斯·沃森不顾其他经理的劝阻，坚持转向电子数据处理系统。小托马斯反复劝导他们，使他们站在自己的同一战线，并力主推进由穿孔卡片系统转向电子数据处理系统。

转入计算机产业后，IBM觉察到美国政府将要实行的新政策会引起办公的自动化革命，于是小沃森决定改进霍勒利斯统计会计机，为此不惜投入大量的研制费用，在经济不景气时期发疯似的扩大生产。结果，当美国政府实行新政策，随着事务工作量的激增而需要机器处理时，只有IBM能够提供充足的具有高效能的机器，IBM由此取得了巨大的成功。

经济环境一变再变，企业发现，想要掌握商机、追求最大获利目标，要靠释放全体组织激情，加强对内对外的协调联系、分工合作，让运作系统更有活力。也就是说，让每个员工用新的工作态度，用诚意交谈、沟通，交换创新的"电子"，使企业的每个环节动起来，活力四射。

领导具有强烈的创新意识，员工的观念进行了创新，那么，实现组织最终的创新还需要一个环节——技术的创新。对生产效率和产品质量的要求不断增加，使得技术上的创造和革新成为必然。

目前，许多企业缺乏创新文化，很大一部分原因是经营者对创新和自身位置的不确定。实际上，经营者是要有一点创业精神的，用老板式的思维来思考问题，往往能够产生新的观念，为自己带来收益的同时，也可以为企业创造价值。

具有创业精神，要求我们必须主动运用知识，而不光是被动地接收资讯。我们不能再像过去的信息传送员一样，把收到的资讯放一阵子再送出去；有时候就算传送的方向不一样，价值也不会因此而提高。我们必须具备并利用工具与技能来掌控、分析及运用资讯，以增进它的价值，靠它来协助顾客、改善营运以及探索新契机等。

具有创业精神，便决定了我们在创新的过程中要与他人密切合作，营造以团队为主体的灵活环境。我们要学会尊重不同的意见，当自己的主张被他人否定时，也要有从容面对的能力。观念的冲突可以激发出创新的火花，而且当这类火花出现时，不管它是从何而来，优秀的经营者都应该感到很高兴。不过，我们当然也必须懂得如何评估这些想法，因为并不是意见箱中的每个点子都有办法创造出价值，这些，都是具有创业精神的经营者所应该做到的。

铁律 10
全心全意地去做自己熟悉的行业

> 你需要一心一意、全心全意地去做你熟悉、懂行的行业，千万不要人云亦云，盲目跟风，不要好高骛远，也不要打一枪换一个地方。如果能做到这一点，你创业就很可能会赚到钱。否则，你只有站着观看的份儿，弄不好"海"没有下成，反而喝了一肚子"海水"。

不同的行业有不同的特点，正所谓隔行如隔山，每个行业都有其独特的规则和规律。当创业者刚进入创业阶段的时候，进入一个不熟悉的领域，就如同进入一片没有道路的森林，很容易失去方向感，不知从何做起。刚刚起步的创业者在很多方面都经验不足，如果又选择了不熟悉的生意，无疑给自己制造了巨大的障碍。创业者最好不要做自己不熟悉的生意。

流行的产品总是不断推陈出新的，跟随流行提供产品的方法虽然不能全盘否定，但风险却是显而易见的。产品盲目追赶流行，不但不见得好卖，甚至还会带来危机。所谓"流行"的产品，必定周期很短，能够长期持续在卖的都是"经典"，而非"流行"。如果看到市面上某种产品特别好卖，就急着引进，等到真正开始贩卖的时候也许这种产品已经过了流行期，开始走下坡路了。不管产品怎么赶流行，最终抓到的只是流行的余波，而不是浪头。除非有足够的经验和实力，能够引导流行的趋势，否则对于刚起步的创业者，经营最熟悉的才是正确的策略。

小本经营者，尤其是创业时期，探索自己喜好和熟悉的领域是非常重要的。现在很多大学生选择了自主创业，但是由于初入社会，商业知识和社会经验都比较缺乏，对于自己要从事的创业项目都是很茫然的，不知道到底该做什么。其实无论是什么背景的人，创业最好要从自己最熟悉的行业开始。进入熟悉的行业就不用在一个陌生的领域从头学起,而在不熟悉的领域"交学费"是在所难免的,刚起步的小企业是经不起这样的折腾的。

在竞争如此激烈的社会中,一个行业内的行家里手想要取得成功也并不是那么容易的。在任何一个行业中,内行的钱是很难赚的。任何生意都有风险,然而初涉商场的小本经营者如果选择了不熟悉的生意,风险就更大了。对于不熟悉的生意,优点在哪里、缺点在哪里、什么地方该注意什么问题一无所知。因此在与供货商交流的时候很容易被误导。

要想在一个行业获利,首先要对这个行业熟悉,如果是外行就要先变成内行。做生意要有长远的打算和规划,任何项目、任何行业都不是三天两天可以摸透的。如果把一个行业想得太简单,是无法从中淘到金的。相关的行业经验非常重要,如果你对某个领域不熟悉,无论看到别人赚多少钱都不要眼红、盲目跟风,那样到头来可能就是做了别人的垫脚石。

林先生在一家电脑公司做销售,工作压力比较大,一直希望能够自己开店。正好一个朋友的店铺出让,他就接手下来开了家咖啡厅。林先生觉得产品基本都是一样的,没有太大的差异,能够卖得好是因为销售人员做得好。于是在咖啡厅的产品研发方面,他并没有投入太多资金和精力,只是将工作交给新来的厨师,自己把心思花在招揽顾客上了。然而咖啡厅卖的毕竟不是速溶咖啡,开水一冲就好了。对于咖啡的品种选取、如何研磨、冲泡,林先生根本一窍不通,顾客抱怨咖啡的口感不好,点心也不对味。开店之后的顾客主要都是以前的合作伙伴和朋友的帮衬,一个月下来的营业额连支付房租都不够。一次订购时还被蒙骗,花了优质咖啡豆的钱拿到的却是劣质咖啡豆,损失惨重。朋友提醒他,你原来不是销售电脑的吗,为什么要做咖啡呢?一语点醒了林先生,他立刻将店铺进行改装,与以前合作过的生意伙伴联系订购等事宜,专门经营电脑及周边产品,生意逐渐开始好转,扭亏为盈了。

如果在学校里对一个领域不熟悉,仅仅是不懂而已,并没有什么严重的后果,但在生意场上,就意味着血本无归了。每个行当都有自己的核心内容,如果不熟悉就掌握不了这些东西,也使店面丧失了基本生存条件,无法具备充足的竞争力。不熟就意味着在同业竞争中就处于劣势,所以不管做哪一行,一定是坚持不熟不做的原则。

小本经营本身就是以收益为第一位的,如果对一类生意熟悉、懂得,做的过程中遇到问题时,就能自己解决,省去咨询别人的成本和风险,还能很好地预测以后的市场行情走势。同时熟悉意味着在该行业已建立了人际网络,在生意往来和客源方面有一定的基础和保障。企业要在稳健中求发展,在作任何一项投资前都要仔细调研,自己没有了解透、想明白前不要仓促决策。很多人在网上开店卖服装,一些人就想当然地认为自己绝对有实力做服装生意,但是等真正开起了服装店却发现什么都不懂,尺码到底怎么划分、当下的流行款式是哪些都不了解,怎么可能赚得到钱呢?

还是那句话，生意本身是不分好坏的，只有适不适合，不熟悉的就不适合做。如果把不做不熟悉的生意理解为墨守成规、不懂得创新就错了。在一个行业做熟之后就能掌握规律和要领，对其他类似的相关的行业就有了变通的基础。小本经营就是要在熟悉的基础上，慢慢将不熟悉变为熟悉。无论选择哪种行业创业都要控制风险，投入资金不要超过自己承受的范围。当进入一个新的行业，要经过详细的市场调查，看在自己熟悉的基础上能够应用的比例有多高，完全生疏的行业是绝不能涉足的。

比如著名的奔驰汽车公司，就是由世界上最早的两家汽车生产商在自身的基础上合作发展而成的，正是在熟悉领域的深入发展才造就了奔驰汽车的辉煌。再如比尔·盖茨，作为信息业的巨头，无论是在车库里办公的小公司还是今天影响广泛的微软公司，他从未涉足其他不熟悉的领域，而是不断在自己熟悉的领域取得更大发展。

因此创业者最好从自己熟悉的行业做起。因为你对这个行业的资金周转率、应收账款情况、固定设备和流动资产投资额，对投资效益如何、最大费用在哪里，都有比较完整清晰的认识，对可能遇到的问题风险都有一定准备，能少走许多弯路。选择熟悉的行业来创业，能有效规避风险、节省时间、减少行业的间距，有利于横向发展。有很多人觉得自己的企业经营不善是因为运气不好，事实上往往是因为离开自己熟悉的领域，涉足那些热门的、流行的领域想要"一夜暴富"，那是很不实际的想法。在资本不够充裕、实力也不雄厚的时候，不要去盲目追赶流行，开发新的领域。流行的产品都要经过一定磨合期并且要花费大量的人力、物力、金钱，而市场的占有率如何也是未知的，不是所有人都能承担这样的风险的。从最熟悉的领域入手，往往能够事半功倍。

许先生原来在一个箱包配件公司做销售，在积累了一定的资金和人脉后，他选择了箱包配件这一熟悉的行业创业。在做了一段时间的代工之后，他逐渐掌握了做完整箱包的能力，慢慢开始加工完整的箱包。在占据了一定份额的市场，拥有了知名度之后，许先生开始扩大生产，聘请设计师成立自己的品牌。现在许先生的箱包品牌在消费者和业内人士中都享有美誉，销量大大增加。

所以，对于想要创业又希望比较有把握的人来说，尽量要选择最熟悉的行业，发挥个人的优势，不要光凭想象觉得哪个行业流行就选择哪个行业。能将所学专业与市场缝隙相契合，创业的成功率肯定要高一些。如果是刚毕业的大学生，可以尽量从自己的专长着手，这并不仅仅是说学校所学的专业，也包括个人的兴趣爱好。

如果暂时找不到市场和专长的结合点，可以先培养对将要从事的行业的兴趣，将不熟悉变为熟悉。如果是有一定工作经验的，可以从本行业发展，比如做推销的，就不要冒险做培训，可以从产品代理做起；如果曾经是个厨师，就不要轻易放弃专业涉足美容行业，继续发展餐饮业才是明智的选择。最好从小做起，找准切入点，这样才更容易成功。这对于那些已经有一定经验的企业同样适用。

有这样一家手工定制服装店，在流水批量生产的服装充斥市面的时代，店主一直坚持手工制作，每一件衣服都量身定做，独一无二。然而由于制作时间长，价格又比市面上的服装昂贵许多，销量一直不好，店主开始怀疑难道非得要卖知名度高、大批量生产的服装，生意才能做得下去？但是由于独特的设计是自己的专长，店主并没有轻易放弃。店主决定定期发放服装设计目录，内容包括设计的效果图，以及阐述设计理念和制作过程。慢慢地，那些追求个性与品质的顾客对这家店的关注多了起来，生意开始好转。

如果这个店主放弃了自己熟悉的设计领域，而贸然转向不熟悉的代理知名品牌的领域，既违背了自己的心意，也不能保证店铺生意的好转。不盲目追随流行，坚持将自己熟悉的做到最好，甚至自己来创造流行，每个经营者都至少要有这点志向！

总的来说想要创业赚钱的关键，就在于对这个行业的熟悉程度。如果对这个行业比较熟悉，了解它的规律，具备比较成熟的业务关系和启动资金，那么创业的成功几率会大大增加。

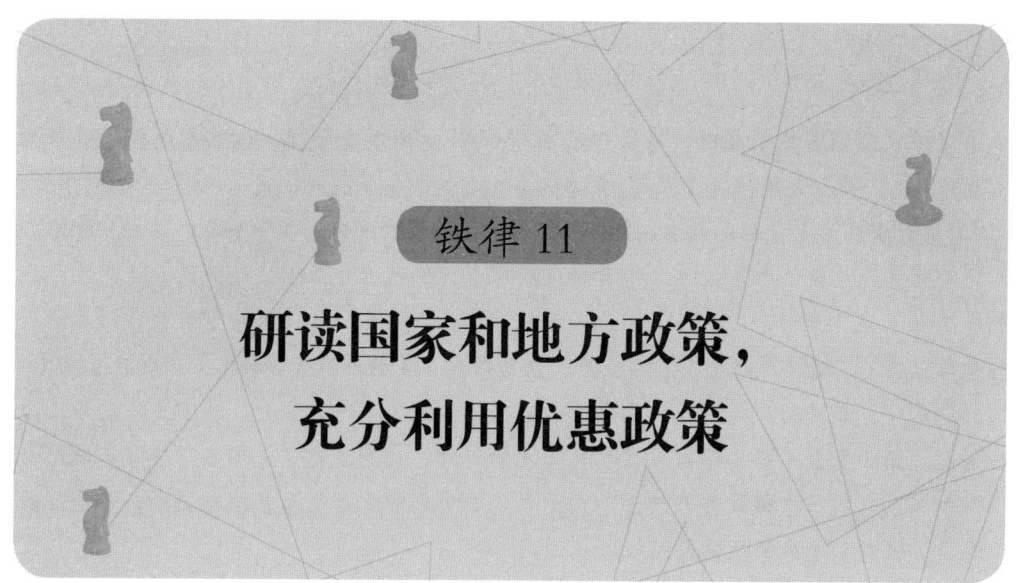

铁律 11

研读国家和地方政策，充分利用优惠政策

> 对很多创业者来说，政策似乎很枯燥乏味，但他们往往忽略了这样一个道理：如果政策嗅觉灵敏，可能会从中抓到难得的商机。有心的创业者勤于思考并抓住它，或许就能改变自己的创业命运。

自古以来，政治与经济便是一对紧密相连的孪生儿。在世界上任何一个国家或地区，政府所作的重大政治决策或者发生的重大事件往往会对商业产生深远的影响。中国也不例外：中国的改革开放政策，让成千上万的农民、工人成为企业主；市场准入制让许多有眼光的民营企业家进入原来无法企及的投资禁区……对一般人来说，一项新的政策只不过是一些或被关心或不被关心的新闻，而对优秀的商人来说，这些政策中则隐藏着无限的商机。一些既没有雄厚资本也没有强硬靠山的草根商人，就是凭借比别人更会利用政策的能力而成长为大树，进而创造出一个又一个经营奇迹。

被美国《福布斯》杂志评为1991年度十大富豪之首的亿万富翁、福海实业集团的老总罗忠福将自己发家的"秘密"归结为：领先政策赚钱。他说："要说我有过人之处，那就是我比别人更会利用政策。"

市场经济时代，创业的机会无处不在。一个产业的淘汰就是另一个产业兴起的商机。当前，中央提出科学发展观，始终把环境与生态保护作为一种可持续发展的战略，这对一些有害于环保的产业来说可能是严酷的考验，但另对一些保护环境的绿色产业来说却是一次难得的机遇。因此，在经济发展中，创业者应始终关注国家有关政策，把握住国家宏观经济的脉搏，这样才能觅得更多的创业机遇。

如果商家们能够时时刻刻关注政策的调整与变动，注重研究政策规定，善于借用鼓励性、支持性优惠政策，就会获得许多商业机会，抢得经营发展的先机，甚至夺得市场竞争的独占优势和地位。商家应利用政策的张力和空间，做到收放有度、赚钱合道。

李宏杰刚到重庆创业时，身上仅有3000元钱。由于资金少，李宏杰选择了做炒干货生意。

"那时重庆的干货都是散卖，口味和品种少。如果能使味道丰富一点、品种多一点，肯定有生意。"虽然李宏杰的瓜子卖得比别人贵，但销售火暴。关键原因就是李宏杰在瓜子上做了点"手脚"，他买了一台小型的包装机，按照一斤、半斤等类型，将瓜子进行简单包装。"这样看起来上档次，市民情愿每斤多花两毛钱，扣掉5分钱的包装成本，同样的瓜子，我的利润是别人的两倍。"后来，积累了一定的资金，李宏杰决定自己办炒货厂。由于资金不够，李宏杰借了几万元的贷款，在家乡租了一间300平方米的厂房用做加工厂，买了机械设备开始干。由于李宏杰特别能吃苦，而且消息灵通，善于跟着政策走，他的厂子很快就发展起来。

随着市场的扩大，300平方米的厂房已经不能满足产品的发展需要，第二年李宏杰又购置了4亩土地修建标准厂房，其中一半出租给了别人，获取了更大的收益。也就是这次出租厂房的经历，使李宏杰又看到了新的商机。"重庆直辖以后，经济肯定会大举发展，随着市场发展速度的加快，特别是一些中小企业往往来不及自建厂房。"李宏杰认真分析了重庆直辖以后的快速发展形势，立即抓住这一发展机遇，决定在修建厂房出租经营上大干一番。

说干就干，正好一个朋友告诉他说当时的沙坪坝双碑有土地转让，他听见消息，当天就去考察，立即敲定并办理了一切手续，在双碑投资上百万元买了10亩土地，修建了4000平方米厂房，自己安装了变压器等。厂房还没有修好，就有企业主动找上门来求租。

就在出租厂房的同时，李宏杰根据当时的政策做了一件事情——转手网吧牌照。"当时手头有些闲钱，不知道投什么，恰好看报纸得到消息，说国家可能会停止审批网吧牌照。"李宏杰觉得其中隐藏着巨大的商机，于是自他就开始四处收购网吧，卖掉废旧设备只保留牌照，从中李宏杰获得了极大利润。

从李宏杰的创业经历中，创业者可以得到这样的启发：创业要保持灵敏的政策嗅觉，懂得看清形势。创业生涯上的得与失，让李宏杰看到了政策的重要性："现在我不看市场形势分析报告，一分钱都不会投。只有顺应了经济发展政策，才能赚到钱。"

"政为名高，贾为利厚"是国人的传统观念，所以很多人一直认为政、商所追求的目标不一，两者界限黑白分明，不可兼容并蓄。然而事实并非如此。历史上有名望的商家总是热情而主动地参加政府和主管部门组织的有关活动，仔细听取他们对商界各项工作的意见和建议。在有些情况下，也可以反映自己在经营中取得的成绩和存在的困难及要求。一般来说，由政府提供的有利于社会公益事业的活动，那些商界名人总是会积极主动地参加。

其实，在一定意义上可以说，政府是有力的推销员，商人是有钱的政治家，在现代社会中，商人的生产经营活动绝非是自行其是的孤军奋战，更不是不负责任的为所欲为。作为一个创业者更应该懂得政商联合的道理。

事实上，商业和政治可以达成成熟的互惠关系。商人已经认识到了政治在商业中所占据的重要地位及其所发挥的重要作用。经营者都有一个共识，那就是做企业的一定要搞清楚政府的政策导向。政府鼓励什么、抑制什么，对于企业的发展是极其重要的。一定要根据政府的政策来调整自己的发展战略。

谢炳桥，温州瑞安人，体重不到 45 公斤，故别人戏称他为"小不点"。他在商海里几下几上、几起几落，多少带有点传奇色彩。

他 16 岁闯天下，16 岁破产，从万元户倒过来，一下子负债 20 万元。

1991 年，经过"八年抗战"的谢炳桥终于还清债务并有了一定的原始积累。于是，他在北京、青岛等地开辟了食品加工、旅游用品和眼镜专柜等项目，但这些只能挂靠在别人的名下，生意运作十分不便。他一心想在北京注册一个属于自己的公司，参与市场的公平竞争。但那时，个体户这个字眼还没有被社会接受，尤其在首都，老百姓听到"个体户"就像听到"狼来了"一样，所以他频频受挫。

1992 年春天，谢炳桥南下广州进货，正巧遇上邓小平南行。平时爱读报纸的他在广州《羊城晚报》上看到一篇题为《东方风采满眼春》的文章，读过之后，兴奋不已，将报纸装入口袋，掉头就回到北京。他的爱人问他从广州进了什么货，他掏出那张《羊城晚报》说："你看，全在这。"之后的几天，谢炳桥就拿着这份报纸跑遍了崇文区审批商业执照的职能部门，但还是被拒之门外。

当时北京市正在整顿公司，根本不可能再申报新的公司。谢炳桥去工商所死磨硬泡，拿出《羊城晚报》给工作人员看，念给工作人员听。

后来他的第一个公司终于在北京合法注册。

一个学问不高的普通商贩，竟能及时地理解了邓小平南行讲话的重要意义，及早地意识到了邓小平南行讲话对中国经济发展即将起到的作用，这不正说明了政策对经商者的重要性吗！

由此可见，作为商人，绝不能断然拒绝与政治的关系，只有紧紧把握政治的潮流，才能比别人走得更远、更稳。

政策里面有黄金，就看你怎样发掘；政策里面有机会，就看你能否发现。透过政策变化抓商机，就是要在政策的变与不变中发现空档，乘隙而入，利用政策的张力和空间，做到收放有度、进退得体、赚钱合道。可以说，用活一项政策可以救活一个濒危的企业，用好一项政策可以使一个企业迅速发展壮大。

在我国社会主义条件下，党和国家的政策对整个国家、社会和每一个人都有深刻影响，特别是在改革开放中，新政策不断出台，新机遇也就不断出现。国家政策能给企业带来发展机遇，经营者应不失时机地利用这一机遇。

首先，经营者应抓住机遇，选择"突破口"并迅速行动。如在前几年中央宏观政策调整，资金向效益好的大中型企业集中的政策出台后，安徽合肥荣事达集团决策层，果断抓住发展大中型企业的绝好机遇，迅速调整市场发展战略和产品结构，使企业的经营更具竞争力。

其次，经营者要吃透政策、用足政策、抓住机遇，不让机遇从面前滑过。作为企业的经营者，也应充分运用国家赋予企业的权利，放开经营，大胆深化改革，抓住一切发展机遇，搞活经营。

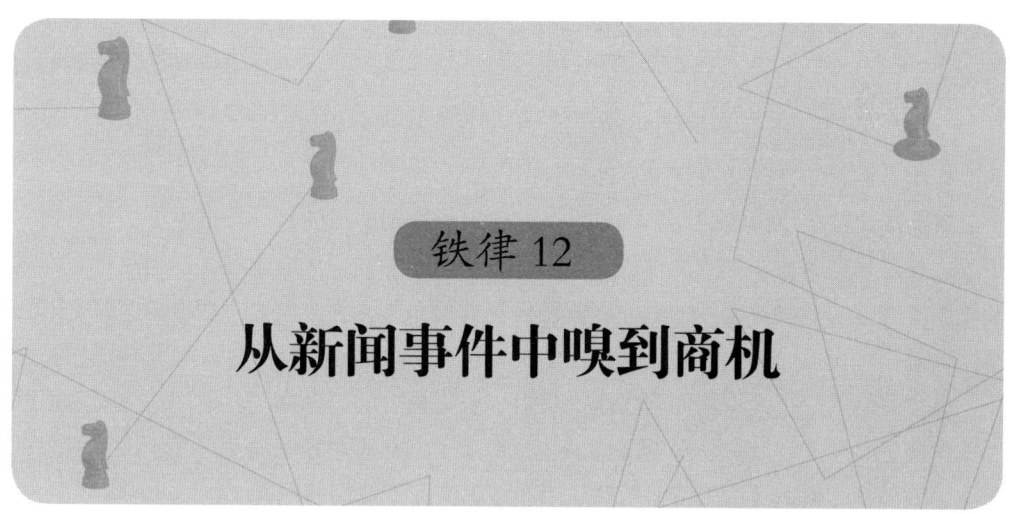

铁律12
从新闻事件中嗅到商机

> 作为商人，你可以不看财经报道，也可以不看《焦点访谈》，如果你不是做石油和外汇的，甚至你都可以不去管国外任何的局势，但是新闻一定要关注，因为它指导着你下一步的投资方向。

当今是一个信息时代，创业者只要留心，报纸、杂志、广播、电视、网络等媒体每天发布的大量新闻信息中往往蕴含着一定的商机。

新闻是对客观事实的报道，创业者如果能练就一双"新闻眼"，能从新闻中看出门道来，对报道的事件的发展趋势有比较准确的判断和预测，做到未雨绸缪，就能抓住商机捷足先登，成功创业。

2003年，关于"非典"的报道成为几乎中国所有城市的新闻焦点，其强度和热度甚至一度超过了美国与伊拉克的战争事态的报道。就在全国人民谈"非"变色之时，国内一些企业纷纷抓住"非典"这个具有强烈感染力的社会时事，迅速推出了新型产品和与之配套的宣传战略。

作为保健品业界策划水平一流的养生堂公司就是其中的一个。2003年4月23日，养生堂公司率先向国家卫生部捐赠价值500万元的新产品——成人维生素，同时向一些隔离区的医护人员大批量赠送其代表产品——龟鳖丸。同时，电视、报纸等媒体每次的广告宣传中，养生堂都紧打这张公益牌，争取社会各方面的支援和信任，在全国上下的媒体进行消费教育和消费观念引导后，短短几天之内，龟鳖丸曾一度卖断货，其新产品成人维生素也取得较大的市场份额，同时，也真正拉开了国内维生素市场大战的序幕。这为养生堂的新产品成人维生素进入市场无疑节省了一大笔广告费用。

养生堂之所以得到了长足的发展，就是因为它们嗅到了新闻时事中可以捕捉的机会，并开展了各式各样的公益活动来进行宣传，通过宣传战略巩固了企业的形象，并笼络了消费者的心。

"非典"时期，很多企业都利用这一突发的新闻事件抢先迈出了一步，既为抗击"非典"作出了贡献，自身又得到了品牌提升。

李嘉诚说过："精明的商家可以将商业意识渗透到生活的每一件事中去，甚至是一举手一投足。充满商业细胞的商人，商机可以是无处不在、无时不在。"当某种事物或潮流将要来临的时候，聪明的创业者就已经提前预知了，并且做好一切准备等着它的到来。这是一种积极的赚钱方法，能够让创业者在波涛汹涌的商海中始终立于不败之地。

成功的商人把每天看新闻列为毫无借口、坚决执行的"军规"。他们认为要想把握经济命脉，必须关注政局。对新闻的关注，形成了创业者敏锐的商业目光，成就他们审时度势的思维、灵活转变的经营策略，当然这也决定了他们的财富。

温州人是深知新闻事件往往蕴藏着巨大的商机和财富的，他们坚信，没人的地方，水草最丰美，回报最丰厚。这个规律显然适用于开采政治"矿藏"。

1977年，中国恢复高考。温州苍南县金乡一名姓许的中年汉子觉得这是一个挣钱的好机会，他的脑子里开始拨起了算盘珠子，勾勒出了一幅创富的蓝图。

老许脑子里的算式是这样开列的：首次高招人数不会太多，但按全国招收40万学生计算，就是一项大生意，大得足以办起一个厂。一人一枚校徽，全国就要40万个，在校的教职工也有10多万。白校徽、红校徽加起来就是50万个，一个卖上两毛五，就有12.5万元的进项。12万元，在那个年头，对于一个家庭可以说是一个令人晕眩的数字。蓝图虽大，还要靠一步步落实，靠吃苦，但温商从来都是想得到做得到的，老许也是说干就干。于是他揣了点盘缠就出了门，到全国各地高校招生办公室索要简章，还用照相机拍了各校的校牌。

不久，老许的儿子也设计出了校徽图案，剩下的事便是向全国各大高校发出合作函。虽然事情并不像老许想的那样简单，但他的收获也不少。据说当时杭州一所名牌高校的办公室主任正为几千枚新生的校徽发愁，恰巧就看到了来自温州金乡的信函，打开时看到的正是他求之不得的校徽设计图——设计美观，设计稿上的校牌字体也无误，价格更是便宜，他没有理由拒绝，于是欣然回函，确定了此事。

老许从新闻报纸中"嗅"出了生意的味道，这一招教会了苍南金乡不少的父老乡亲。成功的尝试极大地鼓舞了金乡后生们走出家门，开始了走南闯北的推销生涯。敢想敢干的温州人甚至把定制纪念章的业务信直接寄到了中共中央办公厅和外交部，而且温州金乡的徽章业务已经开展到了美国的海陆空三军，甚至到了联合国。

在中国，办高等教育，建高等学府，从来都被认为是政府部门的事。正因为如此，

2000年春天，当一所叫作"建桥学院"的民办大学在上海浦东拔地而起、宣告诞生的时候，立刻产生了一股很强的冲击波，而他的创始人叫周星增。

周星增出生在浙江乐清一个农民的家庭。他能吃苦、有志气，学习上刻苦努力，终于成为村里的第一个大学生。

1983年夏天，周星增被分配到贵州工学院任教。1992年，当邓小平南行讲话发表，中国掀起了改革开放的大潮，这让周星增有了莫名的躁动，就在学校即将任命他为系副主任时，他却毅然决然地递交了辞职报告，选择了民营企业，成为一名商海弄潮儿。在公司，他勤恳实干，不断给自己提出新的更高的要求。从财务部经理到销售中心总经理、董事长助理，他最终进入了企业集团的领导核心层。

1999年6月，国家召开第三次全国教育工作会议，提出要把教育当作大产业来抓，鼓励社会力量办学，敞开多元化办学之路，走教育产业化的路子。当从《新闻联播》上看到这一新闻时，周星增眼前一亮，觉得新的机遇来了。他意识到，发展民办大学是弥补国家高等教育资源不足的必然途径，是高等教育事业未来发展的大趋势，一个念头于是在他心中萌发：创办一所民办大学。

1999年7月，周星增决定弃商办学。1999年下半年，他与几个朋友及温州国际信托投资公司，共同投资3亿元人民币，要在上海浦东康桥开发区兴办上海建桥学院。

1999年8月10日，是周星增终生难忘的日子。这一天，上海建桥学院举行了隆重的奠基仪式，上海市、浙江省有关领导专程前来祝贺。

经过10个月的紧张施工，一座崭新的现代化学府矗立在了黄浦江畔。学院的基础设施建设创下上海民办高校的3个之最：规模最大、投资最多、设施最好，为"建桥"创一流学院奠定了可靠的基础。

2001年4月份，经上海市教委、上海市人民政府批准，建桥学院又被破格列入国家计划内招生序列，成为上海市第四所列入计划内招生并有独立颁发大学文凭资格的民办大学。2003年7月，学院首批毕业生1000多人，就业率达到91%。目前，学校的在校生已近万人。

好多商机其实很多人都发现了，但为何成功的只是少数？因为做事要成功是需要门槛和条件的，比如开公司、办厂子都是需要大量资金的，还有一些行业被政府限制或者已经被别人垄断，要想插上一脚更需实力，不是人人都具备这些条件的。一般人就会说：算了，自己没有那个命，然后看着财富从身边溜走也只有干瞪眼。但英豪们不会这样想，他们在想：现在我没有这种条件，我要去创造这种条件，那样我不就抓住这个机会了！

总之，在现代社会中，新闻无时无刻不充斥着我们的生活。对于大多数人来说，新闻也仅仅是新闻罢了，但对商人来说，新闻中往往蕴含着大量的商机，新闻是承载商机的百宝箱。我们要做的，就是抓住商机，实现梦想的成功。

铁律 13

创业初期，尽量"把鸡蛋放在一个篮子里"

> 在很多老板的思维当中，多元化经营是迅速做大做强的一个捷径。我们虽然不能说多元化策略一无是处，但对创业者而言，却不是一件好事，因为这样非常容易导致资金、资源、精力分散，在任何一个领域投入力度都不够，与理想渐行渐远。

曾几何时，不能将鸡蛋放在一个篮子里的思想风行于神州大地，并被大大小小的企业经营者奉为真理，并用一个又一个经典案例来论证其正确性。但没几年，对多元化的讨伐声又是一片排山倒海。

多元化是对是错，搞得很多经营者晕头转向，不少创业者更是无所适从。其实，作为一种经营管理思想和模式，多元化本身并没有什么是非对错，只有在同具体情况相结合的过程中才能做出比较适当的价值评判。

对一些类型的企业而言，多元化是没有办法的选择，它们在坚守主业的同时，必须通过其他的短平快项目来弥补先天性不足。其中比较典型的就有专业化的冶金建设、电力建设类公司。冶金、电力等行业的项目建设具有非常明显的周期性，像钢铁产业。冶建、电建行业火的时候，项目多得忙都忙不过来，而当处于低谷之时，几年下来没有一个项目也是非常正常的事情。这其中就涉及以下非常重要的问题，当行业处于低谷周期，靠什么来维持企业的正常运营，拿什么来养活大批员工？即使底层劳动力可以根据项目需要临时招聘和遣散，但占相当比例的员工队伍还是要稳定的。

为了在市场化条件下解决这个不可逃避的难题，他们一般会选择这么几个努力方向：第一，就是选择在全球范围内拓展业务，利用不同国家行业周期的不同步性来部分破解这个困境；第二，发展房地产、宾馆、快速消费品项目，或者成为风险投资主体，以备主业进入低谷状态下顺利支付人员工资等日常性费用；第三，进入楼盘承建市场，相对于专业性很强的建筑领域而言，房地产施工领域的周期性要平缓很多。

另外，如果你现在已经在行业当中居于领军地位，而且你的多元化项目在新的领域能够做到行业前5位，这样的多元化经营也未尝不可，或者你本身做的就是资本运作。与此同时，当企业规模发展到一定程度，出于战略上的考虑，为打通产业链而实施相关性很强的多元化经营，也算得上是一个不错的选择。

然而，对大多数创业者来说，事业都远未发展到上面描述的那几种状态。创业初期往往意味着什么呢？意味着资金缺乏、人手不足、经验不太丰富、大多数事情需要老板亲力亲为。这也就是说，即使将所有的资源都集中在单一项目上，依旧存在很多欠缺，如果资源分摊到2～3个项目之上，又会是一种什么结果呢？那就是每个项目所能分享到的资源会更加短缺，每一个项目无论在规模上还是在特色上，都要远逊于自己的竞争对手，无疑人为加大了创业难度。换言之，与其盲目追求多元化，不如选准自己的目标，把鸡蛋放在一个篮子里。

十几年前，当其他企业认为"不能将鸡蛋放在同一个篮子里，需要多产业发展，广区域布局"时，王石发现，万科利润的30%来源于房地产，在他看来，房地产这一块并非最大，但是它的发展速度最快。

王石认为，将来市场发展趋势是"专业化"。于是他只专注于住宅，开始做减法。他当时的"减法"几乎囊括万科所涉足的零售、广告、货运、服装，甚至还有家电、手表、影视等数十个行业。最终，万科成为行业内的龙头老大，其规模之大令其他企业一时难以抗衡。

哲学家奥里欧斯有一句话："我们的生活是由我们的思想造成的"，思想上的超前，必然带来行动上的超前，个人发展如此，企业发展更是如此。在市场竞争激烈的今天，良好的目标意识，为企业的执行指明方向，有助于企业在市场竞争中取得优势。

一个有理想的企业，或者说一个可持续发展的企业，在多元化发展的同时，应该一直有目标放在那里。

1990年，澳柯玛集团在详细的市场调查基础上果断地提出了内部挖潜改造、自我约束、量力而行，走内涵或低成本扩张道路的经营战略目标。通过企业的产品调整、技术创新和管理创新相结合，设计和开发出BD-150型家用小冰柜，填补了我国家用小冰柜市场的空白。

1996年，澳柯玛集团开始了第二次创业，他们针对内外环境的变化，调整了经营战略，确定了建立国际化大型企业集团的战略目标，制定了规模化、多元化、集团化的经营方式，树立了"大、强、新"的经营思路，并设定了合理的短期目标，使集团在更高的起点上再次飞跃发展。

在1998年上半年全国家用电器产品市场占有率统计中，澳柯玛洗碗机、电冰柜分列同行业第一名，微波炉列第二名，电热水器列第三名，澳柯玛电冰箱已跻身同行业产销量前10名。另外，澳柯玛集团已分别在俄罗斯、新加坡等国家和地区设立了澳柯玛系列产品经贸公司。许多产品已远销南美、中东、南非等国家。

从资不抵债2700多万元、前后37次被告上法庭，到总资产为63亿元、成为中国家电企业七强之一，澳柯玛集团在9年间经历了两次创业，为集团达到世界先进水平打下了坚实的基础。

澳柯玛集团给了我们一个重要启示，即确立明确合理的企业发展目标，然后将目标进行分解，并实行严格的目标管理是企业得以飞速发展、跻身领先地位的重要前提。

由此可见，制定合理的目标对企业经营有巨大的作用，目标就是指南针，能够指引企业一步一步迈向成功。高明的创业者都明白这个道理，他们总是不失时机地把目标引入管理。

当然，从目前的创业实践来看，在一开始就直接定位于多元化经营的项目并不多，大多数多元化运营还是发生在创业进入深水区，遇到各种未曾想到的重重阻力后，为摆脱压力和迷茫而进行再次选择之时。实行多元化经营，想当然地认为下一个项目会更好，但结果往往是使自己陷入更为被动的僵局之中。

还有一些人，在某个项目上取得了成功，就将自己的能力在想象中人为地放大，认为自己能力超强，干什么都会成功。他们在保持原有行业的基础上，新选择一些热门行业，认为会来钱更快，但当真正去运作的时候，才慢慢发现根本就不是那么回事，几个项目来回争夺人力、物力、财力以及精力，都不太允许作为普通创业者的自己平衡好这些关系。

盲目多元化，会致使涉足的项目太多，而每一个项目都缺乏必要的运作经验。这就会导致项目虽然很多，但每一个项目单拿出来，无论从规模还是从特色上来看，都显得非常平庸。整体上算下来，根本就不是什么强强组合，而是弱势叠加。因此，对创业初期的创业者来说，从成本的角度来看，集中看管一个篮子总比看管多个篮子要容易，成本更低。

铁律 14
找最适合自己的而不是最赚钱的项目

> 创业者若想在市场上获得成功,不但应该知道市场中需要什么,还要了解关键购买因素是什么,以及市场竞争中的优劣势。只有这样你才能找出新创公司竞争需要具备的优势是什么,并可以根据要做成这一优势所需条件来设计商业模式。

有的创业者总是不断抱怨自己命运很差,做一个项目,不行,再换一个,又不行,连续换了五六次,还是没有从失败的泥淖中挣扎出来。

大多数人做项目,其实选择的都是适合自己的领域,模式也是常规的一些模式,在大方向上不会有太多问题,主要是如何与市场磨合与早日度过导入期。在这种情况下,如果将资源集中投放在该项目上,努力坚持下去,就容易形成聚焦效应,成功的概率也大大提高。

创业是一门大学问,看似热门赚钱的行业未必人人都可以做得来,创业项目本身并没有好坏之分,关键就在于适不适合。以股票市场为例,如果你是一个资深股票投资者,你应该知道,在股票市场上,除非出现一些比较大的意外情况,股票的交易屏上每天都有飘红的股票,甚至涨幅在 5% 以上的股票几乎在每个交易日都有。面对如此令人欣喜的场景,有个初涉股市的青年说:"挣钱比捡钱还要容易。"其实,真正了解股市的老股民都清楚,在股票市场上赚钱的永远都是少数真正懂股票投资的人。国外有位投资理论家说过,在股票市场上,10% 的人在赚钱;20% 左右的人能打个平手,到最后能全身而退;而 70% 的人都在赔钱。所以,即使是股市上的老手,也有可能赔得一塌糊涂,更何况初涉股票市场的新手呢?

股票市场如此,创业其实也是如此。经商创业需要发挥自己的优点,需要扬己之长避己之短。选择创业项目时,一定要仔细斟酌自身的优劣势所在,切忌看到某个项目最赚钱，就头脑发热，扎进自己不擅长的领域而不能自拔。如果对餐饮业比较擅长，就踏踏实实地做餐饮业，而不要去经营汽车配件；熟悉建材业，那就将建材业作为主要发展目标，而不要看到眼下经营化妆品的生意很赚钱就去经营化妆品。在进行创业设想的阶段搞清了这一点，对你以后的创业会大有好处。

在寻找商机的过程中，自然不会有人告诉你哪里有钱赚，因此，要想寻找到适合自己的创业项目就得靠自己。因为，良好的创业项目，不是你到街上走一趟回来就能够发现的，而是要经过长期的考察加上系统的分析才能够发现的。在寻找适合自己的创业项目时，切记关注以下几点：

1. 搞清楚你面临的市场是什么

寻找适合自己的创业项目，首先需要搞清楚你面临的市场是什么，然后就是你所做的项目在市场中的价值链的哪一端。只有提前确定好自己的市场位置，才能了解是谁在和你竞争，你的机遇在哪里。

2. 对市场作出精确的分析

确定好你的市场位置之后，接下来你就要开始分析该市场了。你首先应该分析这个市场的环境因素是什么；哪些因素是抑制的，哪些因素是驱动的。此外还要找出哪些因素是长期的，哪些因素是短期的。如果这个抑制因素是长期的，那就要考虑这个市场是否还要做，这个抑制因素是强还是弱。只有经过对市场的正确分析，你才能进一步作出更好的选择。

3. 找出市场的需求点

经过一番细致地对市场的分析，你就很容易找出该市场的需求点在哪里，然后对该需求点进行分析、定位，对客户进行分类，了解每一类客户的增长趋势。如中国的房屋消费市场增长很快，但有些房屋消费市场却增长很慢。这就要对哪段价位的房屋市场增长快、哪段价位的房屋市场增长慢作出分析，哪个阶层的人是在买这一价位的，它的驱动因素在哪里。要在需求分析中把它弄清楚，要了解客户的关键购买因素。

4. 及时了解市场的供应情况

在了解了市场需求后，应该及时地了解市场的供应情况，即多少人在为这一市场提供服务？在这些服务提供者中，有哪些是你的合作伙伴，有哪些是你的竞争对手？不仅如此，作为一名创业者，你还要结合对市场需求的分析，找出供应伙伴在供应市场中的优劣势。

5. 寻找如何在市场份额中挖到商机的方法

作为一名创业者，在了解了市场需求和供应后，所应该做的下一步是研究如何去覆盖市场中的每一块，如何抢占更多的市场份额。对市场空间进行分析的最大好处是发现创业机会，在关键购买因素增长极快的情况下，供应商却不能满足它，而新的创业模式正好能补充它，填补这一空白，这就是创业机会。这一点对创业公司和大公司是同样适用的，对一些大公司成功退出也是适用的。对新创公司来讲，就是要集中火力攻克的一点，这也是能吸引风险投资商的一点。

6. 根据自身的资本进行项目选择

资本中等的创业者可以选择依靠或者依托别人的现有资本、生产材料等方式创业。如现在很多的国有企业效益不是很好，你可以租赁他们的车间，或者在他们的企业附近生产制造同类的产品。因为你的规模比他们的小，成本自然会低些，自然价格比他们的便宜，这样顾客很有可能会选择购买你的产品，或者选择你为他们的生产提供辅料、配件等。

资本雄厚者可以选择那些同类产品少、远期前景很好的项目，如环保行业、保健行业、妇幼行业等。这些行业市场的需求很大，但是产品很少或者不够完善，存在很大的发展空间。

7. 根据性格进行项目选择

创业者的性格是创业是否成功的关键因素。如果创业者的性格是急躁型的，并且一时半会儿修正不了的话，适合做贸易型的项目。或许不能选择生产型的项目，因为生产项目需要很长时间的市场适应期，需要具有坚强的耐力，需要在市场上磨炼，需要一个市场对创业者品牌的认知过程。为了确保项目的生存和可持续发展，需要不断地扩大规模，创业者可能忍受不了那长得令人难以忍受的考验，一旦创业者撑不住的时候，创业者的设备、半成品就一文不值了，创业者必然陷入累累纠纷的泥潭之中；也不能选择娱乐服务型的项目，因为现在的客户越来越挑剔，有时候刁钻的客人会让创业者暴跳如雷，那样客户将越来越少，最终的结果必然是关门大吉。以上两类项目适合具备温柔耐力型性格的人。当然，创业者如果有合伙人，并且他们的性格能够互补，也是可以选择自己性格不允许的项目的。反之，千万不要冒险。

8. 根据专长进行项目选择

创业者的特长、专业、才智、阅历在某种情况下会成为选择项目的主要根据。这有利于创业者一开始就进入娴熟的工作状态，使创业者的初始创业成功率高出很多；当然，创业者如果具备较高的才智和较丰富的阅历，确认自己能力非凡，哪怕没有什么学历，也可以选择很好地适应创业者的初创项目，也不一定要选择自己熟悉的东西，事在人为，因为创业者会在短期内就会熟悉那个行业的，这样的成功案例也有很多。不主张一个人抛弃自己的专业特长来选项，要知道具备专业特长且不失才智和阅历的人比比皆是，他们在业内才是真正容易成功的。

所以，对创业者来说，项目的选择直接或间接地决定着其所创事业的将来，所以，创业者在进行选择时，一定要仔细斟酌，结合自身条件，选择一个适合自己创业的项目。

总的来说，创业者应该找准适合自己的行业项目，千万不可人云亦云、盲目跟风，否则面临的可能就是创业失败。作为一名创业者，选择项目是一件可能会决定其创业成败的关键环节。尤其是对一名初次创业者来说，所选项目的合适与否至关重要。在面对众多的创业项目信息时,创业者不要不愿意舍弃。要从市场以及自身实际条件出发进行选择。很多项目确实很好,但是其对投资者自身的要求已经超过了投资者自身能力范围。这样的选择就得不偿失了。

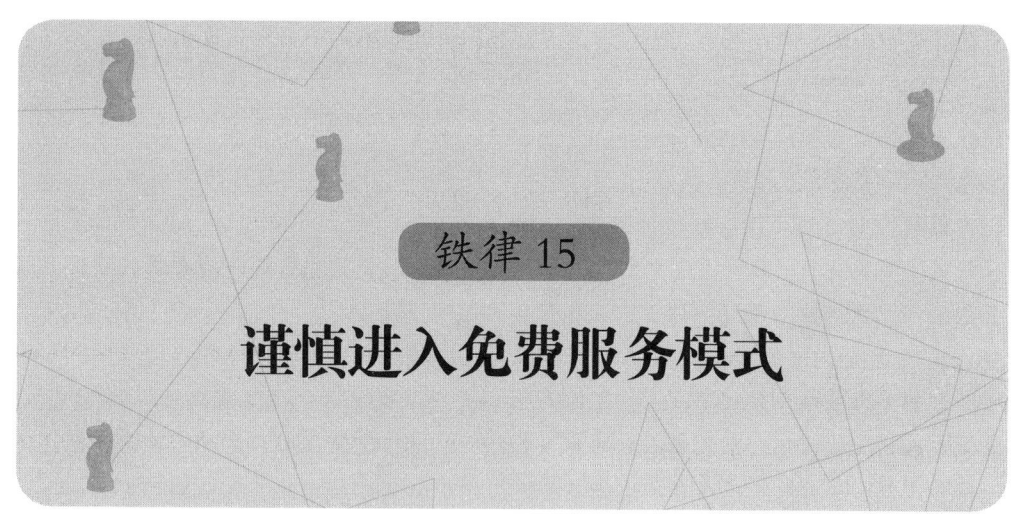

铁律 15
谨慎进入免费服务模式

> 在很多创业者那里，免费服务正越来越成为切入市场的重要砝码。但免费服务也存在一个弊端，就是随意性强，缺乏来自外界和内心的约束力，自己的能力和服务质量提高缓慢，进而影响到业务模式的成长和真正成熟。

免费模式是商业模式的表现形式之一。以免费报纸为例，其兴起打破了原有报纸的商业模式。1999年3月，英国首份免费报纸《伦敦都会报》面世，令报界一片哗然。它一上市就颇受读者欢迎，一些较晚到达地铁站的人就拿不到报纸。

随着免费报纸风潮的出现，许多传统报纸的发行量纷纷下降，有的甚至下降了30%多。可见免费报纸的市场冲击力是多么大，市场空间和发展后劲是多么足。

报纸的免费模式彻底颠覆了传统报纸的商业模式。传统报纸的收入主要依靠两方面：发行收入和广告收入。发行量又和报纸质量、报纸销售价格紧密相关。而免费报纸唯一的商业模式就是广告，所以不管是内容还是版面设计，都是要把读者导入到广告诉求上来。

从两种商业模式的比较来看，免费报纸容易突破销售瓶颈，但前提是报纸内容不能太差，而且必须有足够的资金支持，否则维持下去也很艰难。免费的商业模式需要在一个成熟的市场才能成长起来。尤其在互联网时代，信息共享成为人们的共同诉求。免费的背后，是商业模式的完善和成熟。腾讯的发展过程就是一个商业模式不断完善和成熟的过程。

腾讯从一只亦步亦趋的小企鹅，现在已经发展成为一个航母级的大平台，目前已稳坐国内互联网企业市值的头把交椅。目前QQ在国内外拥有注册用户过亿，且以几何速度每日递增。"QQ之父"马化腾正带领着自己的团队一步步创建起自己的企鹅帝国。

1998年年底，马化腾开始创业。腾讯在创立初，和其他刚开始创业的互联网公司一样，面临着资金和技术两大问题。1999年2月，腾讯开发出第一个"中国风味"的ICQ，即腾讯"QQ"，受到用户欢迎，注册人数疯长，很短时间内就增加到几万人。随着用户量的迅速增长，运营QQ所需的投入越来越多，马化腾只有四处去筹钱，借助海外的风投，腾讯公司终于在艰难中生存下来，也渐渐建立并完善了属于自己的商业模式。

免费的QQ只是招摇的红手帕，而QQ本身也从广告、移动QQ、QQ会员费等多种领域实现了赢利。天下没有免费的午餐，免费的背后是用户习惯和消费群的确定。随着QQ用户的不断增长，腾讯推出了各种各样的增值服务。

（1）互联网增值服务。

互联网增值服务包括了QQ会员收费、QQ秀、QQ游戏等全线互联网服务。随着"QQ幻想"和"QQ华夏"以及"地下城与勇士"、"QQ炫舞"和"穿越火线"等游戏的相继推出和完善，网游这个蛋糕给腾讯带来了不少的收益。另外还有拍拍网上的QQ币等虚拟商品的销售额也在火暴增长。

（2）网络广告。

在门户网站阵营中，QQ.COM流量排名第一，已将新浪甩在了脑后；网站收入排名第三，全面超越了网易。QQ.COM的门户流量，已经奠定了威胁新浪等以广告收入为主的门户网站的基础，即将再次成为腾讯家族后发先至的成功典范。

（3）移动及电信增值服务。

移动及通信增值服务内容具体包括：移动聊天、移动游戏、移动语音聊天、手机图片铃声下载等。当用户下载或订阅短信、彩信等产品时，通过电信运营商的平台付费，电信运营商收到费用之后再与SP分成结算。

以IM为核心依托，以QQ为平台，借助免费的QQ软件和良好的用户体验，QQ开始以低成本迅速扩张至互联网中几乎所有领域。2005年，马化腾大举进军休闲游戏；接着又斥资进入大中型网游；2006年，马化腾又进入电子商务领域，在拍卖和在线支付上亮出利刃。

如今，马化腾执掌的腾讯公司已经围绕QQ创立了中国最大的三家综合门户网站之一、第二大C2C网站、最大的网上休闲游戏网站，拥有全球用户数最多、最活跃的互联网社区，其市值在世界互联网产业内仅次于Google和Amazon。

腾讯科技商业模式的特点是以IM（即时通讯）为核心依托，以QQ为平台，低成本地扩张至互联网增值服务、移动及通信增值服务和网络广告。这种商业模式对应的原理是平台经济学。免费的QQ软件为腾讯带来的最宝贵的资产，是庞大的活跃用户群体，是互联网上的客流。拍拍网、SP、休闲游戏、网络游戏以及之后的一系列产品，是开在闹市的旺铺。有庞大的QQ用户做支持，腾讯的扩张之路几乎是撒豆成兵，"插根扁担都能开花"。

世界上有一种路，是一个人走出来的；商界有一种模式，是一个企业创造出来的。马克思为写《资本论》在大英博物馆地毯上踩出的路，就是他一个人走出来的；腾讯科技的"商业模式"是创出来的，腾讯的QQ之路，是马化腾走出来的中国式互联网之路。

展望未来，一般规律是：平台免费，增值收费；产品免费，服务收费。免费只是招摇的红手帕，通过免费的形式，企业可以快速聚拢一部分的客户群体，为企业的持续赢利创造机会。

但是免费需要一个成熟的市场才能成长，初创企业在设计商业模式的时候一定要明确哪些环节是利润贡献较大的，哪些环节对公司利润贡献最小，甚至是没有利润贡献的，从而有针对性地设计商业模式，用最优秀的资源优化最关键的环节，形成企业的相对竞争优势，从而铸造独特的、富有竞争力的商业模式和赢利模式。

作为一种营销方式，免费的目的是让顾客在试尝、试用了之后，产生对产品质量的信任，并进而作出购买决策。而试尝、试用的成本由购买了产品的顾客来承担，这种张三享受服务让李四来给钱的方式绝不是我们所讨论的"免费"模式，只有当免费的过程本身创造新价值，只有当免费过程的所有参与者都能获得这份新创的价值，真正的免费才是可行的、赢利的。真正免费不在于用零价格获得一个商品或服务，而在于是否从一个商品或服务里获得不支付成本的利益，其本质在于通过低于竞争者的价格，低于平均成本来获得竞争优势。

完全免费（即未付出任何成本就获得产品或服务）只是价格低于平均成本的一个特例，商业模式和商业竞争不存在完全免费，而在于比竞争对手的产品哪怕低一分钱而获得的竞争优势和市场份额。这也是免费的本质目的。因此，现在，整个社会已经被"免费"所萦绕，免费营销比以往的营销手段更强烈地吸引着消费者，各类免费产品、免费服务以及免费体验蜂拥而至。

在西方发达国家，每个消费者都有这样的常识，那就是没有免费的午餐，想要好的服务，那就为好的服务付费。如果哪一个公司过分强调"免费服务"，那只能说明它的产品不够好。或者只有那些为了赚取客户资源的网络公司做免费服务，而在这种时候消费者也知道，网络公司提供的并不是免费服务，网络上无处不在的N多广告就是他们必须付出的代价，这就像免费的电视剧中间是N多广告一样。所以，很多消费者宁愿选择付费电视，也不愿意享受免费但有N多广告的电视。

但免费服务模式以及这一模式的极端推行者的做法，与这种国际化的收费模式正好是背道而驰的。实际上，"免费服务模式"是一种很好的手段，但不可以推向极端。否则服务就会成为销售硬件的附赠品，服务就会沦落到"不值钱"的从属地位，最后导致从事服务的人所提供的价值得不到公正的评价，从而扭曲了服务的价格信号。这种扭曲的价格体系，导致的是整个行业竞争要素的错位，与国际化趋势背离，是管理升级、技术升级与组织制度升级的滞后。

同时,"免费"的成本是巨大的,它可以帮助许多资金雄厚的企业掌握市场,使许多小企业逐渐失去竞争力,这也导致了垄断现象的出现,破坏了企业进步与生存的竞争机制。由于消费者不需要花费任何的成本,从而导致消费者可以毫无节制地随意使用这些资源,从而也导致了资源的浪费。鉴于此,创业者要根据自己的情况进行评定,是否可以进入免费服务模式。

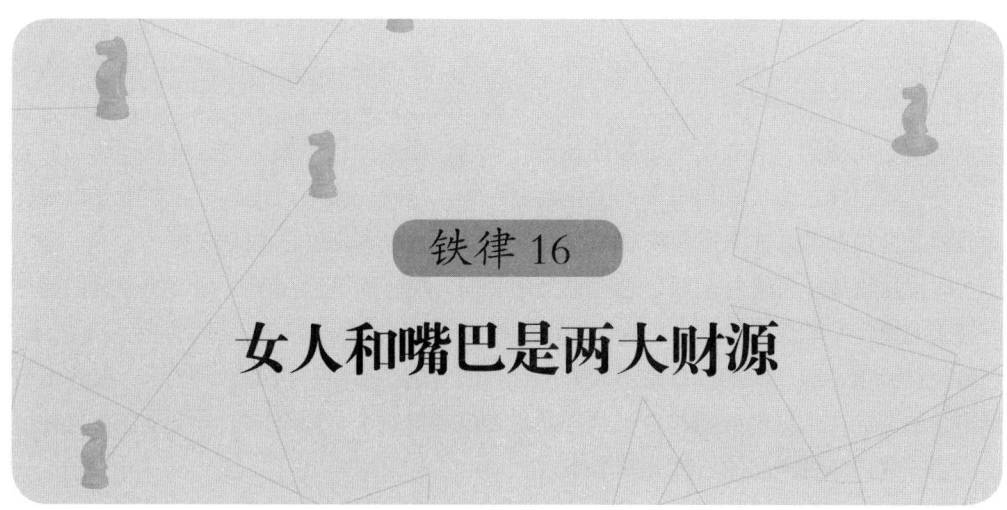

铁律 16

女人和嘴巴是两大财源

> 有调查显示，社会购买力 70% 以上都是由女人掌握的。商人发迹的另一个财源，就是人类的嘴巴。可以说，嘴巴是消耗金钱的"无底洞"，当今世界上有 60 多亿个"无底洞"，其市场潜力非常的大。

从某种意义上说，金钱的实际拥有者是女人。一个有经济头脑的商人，如果瞄准了女人，就一定能赚取很多的钱。

看看满大街经营的各种商品吧，漂亮的戒指、钻石，各式各样的女式服装，女人的别针、项链、耳环……多半是和女人有关的，而这些东西的价格一般都比较高。所以，商人只要运用聪明的头脑，让女人为你心甘情愿地解囊，那么，大沓大沓的钞票就会流水一般自动流进你的口袋。

商人施特劳斯是一个运用"女性生意经"的好手，他靠这种独特的经商法则使他的"梅西"公司成了世界最有名的高级百货公司。

施特劳斯从当童工开始，后来当了小商店的店员，他在打工生涯中注意到，女性顾客占绝大多数，即使有男士陪着女性来购物，决定购买权也都在女性。

施特劳斯根据自己的观察和分析，认为做生意盯着女性市场前景更光明。当他积累了一点资本的时候，就开了一家以经营女性时装、手袋、化妆品为主的小商店"梅西"。经过几年经营后，果然获得了丰厚的利润。他继续沿着这个方向，加大力度，扩大规模，使公司的营业额迅速增长。施特劳斯总结了自己的经营经验，接着开展钻石、金银首饰等名贵产品的经营。他在纽约的"梅西"百货公司，总共 6 层展销铺面，展卖钻石、金银首饰的占一层，展卖化妆品的占一层，展卖时装的占两层，其他两层是展卖综合的各类商品。可见，女性商品在"梅西"公司占了绝大多数。经过 30 多年的经营，施特劳斯把"梅西"公司办成了世界上最有名的高级百货公司,这与他选择女性市场是分不开的。

要赚女人的钱,关键就是要抓住女人的心理。有人说,女性有很强的触摸欲。在购物时,这种欲望表现得更为强烈。以购买衣料为例,如果她们不亲手摸一下,是绝不可能下定决心购买的。买衣料等跟身体触觉有关的东西要先用手摸一摸这可以理解,但衣服之外的每一样东西,她们也要用手先鉴定一番,这就让人不可理解了。不管怎么说,女人就是喜欢触摸,如果东西没有经过触摸,她是绝对不会放心购买的。

即使是给孩子买吃的东西,她们也会用手捏一捏,而不会用嘴去品尝的,她们通过触摸来鉴定产品的优劣。反之,不管包装袋的外观设计得多么精美,如果包装袋不透明,销路往往会很一般,主妇们总是不敢去进行新的尝试。明白了这点原因之后,那些销售量不佳的商品,可以借此检讨自己的产品是否包装得过于"周全"了?要是存在这种情况的话,建议你将产品的一部分露出来。

要想赚取女人的钱,首先要抓住女性消费的心理。只要真正掌握了女人的消费心理,就可以使你轻而易举地赚到女人的钱。

1. 追赶潮流的心理

女人是善变的,她们的欣赏眼光总是随着潮流的发展不断改变,只要你赶在潮流的前面,你就抓住了最大的商机。

2. 注重形象的心理

在别人看不到的地方,女人可能是不修边幅的;一旦出门,却总是不惜花费更多时间把自己装扮得光鲜亮丽。从女人的衣着打扮入手,是个创业的好方向。

3. 恋爱期的消费心理

俗话说:"女为悦己者容。"处于恋爱期的女性最喜欢打扮自己。而且恋爱期的女人有更大的魅力让男人为之掏腰包。

4. "视觉第一"的心理

女人大都凭感性消费。女人一旦看上某件东西,不惜重金也要拥有。因此在经营女性产品时,要注重产品的视觉和美感,哪怕仅仅是因为欣赏,很多女人也会心甘情愿地掏腰包购买。

但话又说回来,女人的钱并不是想赚就一定能赚到。难道只有聪明的商家,就没有聪明的女人吗?创业者不要忽略,不论是大方的还是小气的,女人都有一个共性:上一次当后可以自认倒霉,但绝不会再上第二次当。

小苏是一个特别爱购物的女孩子,一天,她在熟人那里花了150元买了一双鞋子,后发觉在其他的店里只需100元就能买到,在痛呼上当后,她就再也没有"旧地重游"过了。

因此,聪明的创业者要想让女人掏腰包,而且长期在你这里消费,绝不能使用拙劣手段，要从高层次上满足女性的需求，使她们心甘情愿地解囊。否则，做一个，少一个，最后只有关门大吉。只有认真研究女性对商品品位的需求，并在质量、款式、价格上真正地去迎合女性，才是赚女人钱的"正道"，女人才会成为你的"财源"。

除了女人这个财源外，嘴巴也是一大财源。想想卖出去的东西，通常当天就会被消费掉，这种东西除了食品以外，还能有别的东西吗？人类的生存总是需要连续不断吸收能量、消耗能量才可以支撑，而只有食品能提供人体所需要的能量，人要继续活下去，就要不断地消费食品。为此，商人设法经营凡是能够经过嘴巴的商品，如粮店、食品店、鱼店、肉店、水果店、蔬菜店、餐厅、咖啡馆、酒吧、俱乐部，等等，举不胜举。

食品有一个最大的优点，那就是它能够获得长久的利益，因为口腹之欲是人要生存的最起码条件。人的胃口是一个永远也填不满的黑洞，更没有一样消费品能像食品这样需要天天消费，让人一点儿也不能马虎。所以，很多经商者认为做食品生意一定赚钱。

辛普洛特是当今世界上100位最有钱的富翁之一，他靠经营土豆发了财，被誉为"土豆大王"。

二战爆发不久，辛普洛特获知了美国部队在前方作战需要大量的脱水蔬菜。他认为这是一个非常好的赚钱机会，于是毫不犹豫地买下了当时全美最大的一家蔬菜脱水工厂。他将这家工厂买下以后，专门加工脱水土豆供应军队。从这以后，辛普洛特找到了发财的金钥匙，走上了拾金敛财的道路。

20世纪50年代初期，一位化学师研制出了冻炸土豆条的方法。当时有很多人对这种产品并不重视，但辛普洛特同样认准了这种新产品很有潜力，即使冒点风险也值得，于是，高薪聘请了那位化学师，生产了大量的冻炸土豆条。果然不出所料，冻炸土豆条上市后深受消费者的欢迎，他也因此赚了很多钱。

再后来，辛普洛特发现炸土豆条并没有把土豆的潜力完全地挖掘出来。因为，经过炸土豆条的精选工序——分类、去皮、切条和去掉斑点，每个土豆得到利用的部分大约只有一半，剩余的一般都会被扔进垃圾堆里。辛普洛特想，要是能够将土豆的剩余部分再加以利用，不是更好吗？没过多久，他想出了一个很好的办法，将这些土豆的剩余部分掺入谷物用来做牲口饲料。

这样辛普洛特构筑了一个"庞大的土豆帝国"，他每年销售15亿磅经过加工的土豆，其中卖给麦当劳快餐店做炸土豆条的土豆就有一半。他从土豆的综合利用中，每年取得数亿美元的高额利润。

古话说"民以食为天"，因此，我们可以从嘴巴上下工夫，做嘴巴的生意。犹太人认为，饮食业是永不枯竭的金钱来源，他们很早就认识到了这一点，并能够抓住机会，使得数不尽的金钱乖乖地钻进了他们的口袋。《犹太法典》说"嘴巴是消耗金钱的无底洞"。无论富贵还是贫穷，人们对食品都是一点儿也不马虎，总会在自己能接受的经济条件下选择营养、美味的食物享用。所以，犹太人认为做食品生意一定赚钱是有一定道理的。

在经营"嘴巴"的生意上，中国人也很在行，很多海外富有的华侨以及国内的许多企业家，最初都是靠小饮食店起家的。现在，无论是在美国还是欧洲，华侨开的餐馆随处可见。据行家测算，高级饭店的利润率在80%，一般酒店、饭店的利润率在50%，会经营的人利润率更大。

当然，要想做好任何一种生意，生搬硬套地去套用生意常规是不够的，它还需要创业者具有聪明的头脑和深透的洞察力。"嘴巴"生意也不例外。

此外，商家一定要注意几个误区：不要因为女人和嘴巴的钱好赚就降低质量和服务，无论销售给什么样的人群，质量永远比任何华丽的说辞来得有效；开发不要仅仅流于表面，要跟随时代步伐，探寻消费者内在的真实需求；女人和嘴巴的市场同样需要细分，要对女性群体进行细致的划分和研究，找到其中共性的东西和差异的东西，并针对最适合的细分市场开发适合的产品和服务，而不是去指望所有的消费者都会喜欢你的产品。女人和嘴巴是未来商业的两大财源，它们可以轻松决定商家的兴衰成败，要想赚钱，同样需要细致的调查准备和优质的服务。

铁律 17

不能做到第一，尽量要做到唯一

> 在这个充满竞争与挑战的时代，所有创业者都会感觉到如今生意难做、钱难赚。在这种情况下，如果你不能先行一步，那就得棋高一着，靠自己独具匠心的产品和服务吸引顾客的眼球。

有什么方案可以一举两得，让事业和家庭兼得呢？在家创业，成了王佳的不二选择。但是"到底该从事什么行业？"终于有一天她灵光一闪："老二出生时，礼物像雪片般飞来，贩售礼物应是个不错的生意。"于是，王佳利用网站开了一家"爱的礼物"专卖店。

卖礼物，王佳不是第一个，但是她不仅卖礼物，还卖"贴心的感受"，为了让上网的客户可以宾至如归，王佳铆足劲儿地"讨好"客户。网站刚开张时，"爱的礼物"专卖店还特别与平面流行杂志合作，在上面刊登广告，以招徕人气；此外，为了吸引网友上网一游，第一个月适逢父亲节，王佳就设计了一个"父亲节礼品设计企划比赛"，让网友直接上网比拼，最近"爱的礼物"专卖店更别出心裁地推出"纪念日通知"的免费服务，上网的网友可以任选15个纪念日，登录在网站里，届时"爱的礼物"专卖店就会在纪念日到来的前一周，预先寄发提醒函，提醒你纪念日即将到来，而且登录在案的网友，还可以收到一张9折折扣券。

王佳的"爱的礼物"专卖店之所以能够成功，是因为她在产品和服务这两点上都做到了标新立异：

（1）产品新颖。王佳每天都会上网更新商品，为了使得网站上的礼品常保新意，她特别与居家附近的便利店合作，引进不少绝版的商品，供网友选择。

（2）贴心服务。提供网友上网登录纪念日的服务可谓是一举两得，既可以给网友方便，也可以顺带收集客户资料，只要和客户建立密不可分的关系，即使别的竞争者想进场，也必须耗费较多的时间，才能跟上脚步。

目前，市场竞争日益激烈，卖同样东西的商家比比皆是，要使顾客成为回头客，非得有一些特色不可。生意的特征，好比每个人的特点，没有特色，就变得毫无品位。只有有特色地经营，才能在众多商家中脱颖而出。

有的商人擅长打"特色牌"，即便是马路边卖粥，也会想方设法与众不同，在粥中融入自己的特色。难怪，有人感叹，温商一碗稀饭也能卖18万。

王红与丈夫双双下岗后，夫妻俩在家附近摆了一个烟摊，起早摸黑地苦干起来。过了几年，他们靠卖烟攒起来的钱已有20多万元。后来因为赔得精光，还背上了20多万元的债务。

面对如此打击，伤心欲绝的王红整日以泪洗面。债主们三天两头跑到她家讨债，闹得家里鸡犬不宁。王红夫妇精疲力竭，不禁相对流泪。王红想，现在唉声叹气也没用，还是想办法从头再来吧！只要我们有一双手，脚踏实地地干，总会有翻身的一天。可拿什么去翻身呢？"一分本钱都没有了，就是卖稀饭，也要本钱呀。"丈夫叹息着说。

稀饭？这两个字像一盏明灯，一下子照亮了王红混沌的脑海——我们为什么不可以从卖稀饭开始呢！卖稀饭基本上不需要什么投入，虽然与卖香烟比起来利润极其微薄，但只要有利润，我们就可以做啊！于是她一本正经地对丈夫说："对，我们就卖稀饭！一碗稀饭就算赚几分钱、一角钱，只要量上去了，还是可以赚钱的。"

那年春天，王红夫妻俩决定先在机场附近的县城卖稀饭。接下来，他们跑破脚板，磨破嘴皮，才在县城中路找到了一个只有6平方米的门面，办完各种手续，他们的钱已用光了。丈夫只好又悄悄回到老家，向自己的亲戚好说歹说借了1.5万元钱，稀饭店总算开张了。稀饭的确不好卖，两口子起早贪黑地干，但生意并不见好。开张3个月，就亏本3000多元。面对这一切，王红急得寝食难安。她明白，再这样下去，不但赚不到钱，反而又要增添新债。

一天，一位工商局的同志来到她的小店，王红向他倒苦水。那个同志只说了一句话就把她镇住了："开稀饭店啊，一定要改变经营理念，要有创新意识才行。"

王红虽然并不太懂什么"理念"、什么"创新"，但王红慢慢想明白了，要变才行，不变只有死路一条。现在生活好了，人们对大鱼大肉吃腻了，喝点稀饭爽爽口是一种"必要"；如果把稀饭当成正餐来吃，就必须增加一些特点，"素稀饭"肯定不能满足需要，只有推陈出新，改良稀饭品种，推出营养又可口的"荤稀饭"才行！比如"鱼稀饭"、"腊肉稀饭"、"斑鸠稀饭"、"肥肠稀饭"，等等。另外，还可根据稀饭的特点配置各种各样的菜品。这样，就把大餐的饮食特点结合进来了，卖稀饭也就不可能再是微利行业了。

于是，王红在当地电视台做了一系列广告，大胆提出"改变稀饭传统喝法，把稀饭当成正餐，把稀饭当成营养餐"的新餐饮理念。这一招还真灵，许多老人和妇女纷纷赶来"王红稀饭大王"店想尝尝鲜。

新品稀饭正式营业那天，一大早，夫妇俩熬了5锅不同类型的稀饭，免费给顾客品尝。客人们吃完后个个赞不绝口，都觉得稀奇，因为他们从来都没见过稀饭也可以做出这么多花样来。这样一传十、十传百，没过多久，小店的客人就比原来多了好几倍，并且点名要品尝那些特色稀饭。此后，前来品尝稀饭的客人便络绎不绝，每天的客流量达到上百人次，营业额有时竟高达两三千元。

面对生意的喜人局面，王红并没有满足。为了保住稀饭这块牌子，她在稀饭的名字上大做文章，推出了"蒌龙花粥"、"金玉满堂粥"、"龙须银耳粥"、"珍珠翡翠粥"等一系列滋补、养脾、美容粥，结果大受顾客欢迎。她迅速到有关部门注册了"王红稀饭大王"的商标。后来，王红又添加了中餐和小吃等项目，由于味道正、价钱合理，同样让顾客喜欢。"王红稀饭大王"每天的营业额有时高达7万元。

成功之后的王红感叹地说："做生意，既要有精明的头脑，同时又要有踏踏实实能吃苦的精神才行，缺了这两点，生意是做不好的。"

人无我有，人有我优，人优我特，这12个字是很多创业成功者总结出的秘诀。做生意就一定要做到独特，亦步亦趋，永远跟在别人的后面是做生意最忌讳的。创业者要想财源滚滚，首先必须标新立异，吸引住顾客，靠什么吸引顾客呢？要靠经营上独特的个性和少见的手法，靠经营商品的新奇与稀有。

商店林立，怎样招徕客人？很多特色店不仅是在它所在街道上的"无重复商店"，而且在整个城市都是仅此一家。把生意做成了独一份，自然也就红火得不得了。

在创新的社会，唯有与众不同才能出奇制胜，唯有风格独特才能在竞争浪潮中立于不败之地。

在美国得克萨斯州的第二大城市达拉斯有一家小有名气的牛排店，名叫"肮脏牛排店"。牛排店取名为"肮脏"，岂不令人倒胃，谁还愿光顾？事实与人们想的相反，这家店的生意红火，老板因此发了大财，它还成为备受赞誉的成功企业呢！

"肮脏牛排店"看来是"名副其实"的，店里不使用电灯，点的是煤油灯，显得灰暗。抬头看，店里的天花板全是很厚的脏灰尘（是人造的，不会掉下来）；四周的墙壁粘有乱七八糟的纸片和布条，还挂有几件破旧的装饰品，如锄头、牛绳、印第安人的毡帽和木雕等；里面的桌椅都是木制的，仿古色的，做工粗糙，椅子一坐上去还会吱吱作响；厨师和侍者穿的衣服像是从没换洗过的。

最醒目的是"肮脏牛排店"有明文规定：顾客光临不准戴领带，否则"格剪勿论"。有些好奇或持怀疑的顾客偏要戴上领带进去试个究竟，岂料真的有两位笑容可掬的小姐迎面而来，她们一人持剪刀，一人拿铜锣，只见锣响刀落，试探者的领带已被剪下一大段。站在一旁当班的经理立刻递给被剪掉领带的顾客一杯美酒，敬酒给他压惊，并表歉意。

这杯酒是不收费的。那段被剪下的领带,则很快连同该顾客签了名的名片,被贴到墙上留念。被剪了领带的顾客,无论是好奇者、试探者或不知这里规矩的,绝不会因这一举动而生气,相反觉得好笑。这里墙上粘满的纸片和布条,原来就是这样的纪念物。

"肮脏牛排店"虽是以伪装肮脏陈设为特色,但其供应的牛排食品却是美味至极,使人难以忘怀。正因如此,这家店终年门庭若市,生意应接不暇,收入丰厚,其店名亦广为传播。

绝大多数的餐馆都是以优雅动听的店名和精致的装修布置招徕顾客的,这是人们的共识。但在日新月异的现代社会,假如你邯郸学步、亦步亦趋,终将会被淹没在创新的洪流之中。以"肮脏"二字命名牛排店,确实让人大跌眼镜,但这就是一种创新,不落窠臼,激发了人们的好奇心,反而起到了很好的广告作用。

现代社会是创新的社会,只有那些敢于创新的人才能在激烈的竞争中脱颖而出,才能不断地延伸和拓展职业时空,才能在一定的职业环境和条件下更好地生存与发展。

铁律 18

将资源配置到赢利能力强的业务上，放大自己的竞争优势

> 一个企业最为核心的东西应该是赢利最强的业务，其他营销、广告、公关、品牌等手段，确实能够起到锦上添花的功效，但如果忽视赢利最强的业务，就有点舍本逐末了。没有利润，即使其他方面做得再好，也是无水之源、无果之花，难以长久。

将资源配置在赢利能力最强的业务上，从而放大自己的竞争优势，是企业持续赢利的重要原则。

事物越发展，人们越容易被派生出来的东西所迷惑，而忽略了原本更为重要的东西。就企业经营而言，最为原始和最为基本的，还是主打业务，营销、广告、公关和品牌，是随着市场竞争程度的提高而逐渐出现的，虽然其重要性有逐渐提升之势，甚至在特定条件下还能发挥非常关键的作用，但不管怎样，这些东西只能依附在产品之上，而不能独立存在。换言之，在缺乏派生手段之时，主打业务照样能够销售，甚至可能不是太差；如果主打业务自身存在很大瑕疵，即使其他派生手段都做得非常到位，最终还是难以逃脱倾覆之命运。

过分迷信营销、广告、品牌和公关的力量，而主打业务存在严重瑕疵的例子，在我国 20 多年的企业经营史上并不鲜见。

初创企业在设计自己的赢利最强的业务时，要注意分清主打业务和派生业务。毕竟一个企业的精力是有限的，企业进行多元化的扩张，不仅要考虑资金实力的问题，更重要的是要想一下你的企业是否具有多元化扩张的管理体制。现在有些企业，自己的主业还没做好就急于向其他领域发展，没有钱也要借钱往里扔，结果统统被套牢。多元化成

了企业发展的大"陷阱"。

无论在企业的任何发展阶段，企业一定要清楚自己的发展重心。成功的企业，大多数只投资一个行业，如同重拳出击一样，在这个行业里夯实自己的根基，然后再图谋扩张。

把发展重点放在具有竞争优势的业务上，稳定而具有相当竞争优势的主营业务是企业利润的主要源泉和生存基础。企业应该通过保持和扩大自己熟悉与擅长的主营业务、尽力扩展市场占有率以求规模经济效益，把增强企业的核心竞争力作为第一目标。

商人但凡做得优秀的，应该懂得《孙子兵法》。他们的很多做法和当年孙子用兵时的思维是高度契合的。比如说专注。孙子说："无所不备，则无所不寡。"（《孙子兵法·虚实第六》）意思是说："处处防备，就处处兵力薄弱。"言外之意是要发挥自己的长处，而不是掩饰自己的短处。而已经成为业内翘楚的许多商人就是专注发展的典型代表。

2007年，万科的新标志取代了伴随它走过19年的老标志。这时人们都已经淡忘万科曾经是一家以电器贸易起家的多元化公司。1993年，万科的业务曾遍及十多个行业。当时万科希望到香港发行B股却因为业务线过长而受到讥讽。然而这样一个苦苦探索的企业，在选择了一条正确发展道路后终于获得了成功，万科董事长王石可谓功不可没。

王石曾感慨地说："从海拔8848米的高度俯瞰能看到什么？其实，登顶那天云雾弥漫，可见度很低，啥都看不到。做企业比登山更难，两者的不同在于，一个是丈量自己的高度，一个是丈量企业的高度。两者相同之处在于，在信念和目标下，定位自己的脚步，选择正确的路线前行。"

1993年春节后，王石带领万科的管理层找了个安静的地儿召开会议，大家既不谈指标，也不谈利润，而是提出了将房地产作为公司的发展方向。

这个发展方向在业内引起广泛争议。而王石始终认为将来市场发展趋势是专业化。他一步步减掉万科正在赢利的各种业务：零售、广告、货运、服装、家电、手表、影视等数十个行业。曾经长袖善舞的万科选择轻装上阵，单盯着一条住宅开发的路往下走。2008年，在他提出专业化发展的第十四年，万科成为中国房地产行业内的龙头老大，其规模之大令其他企业难以抗衡，王石也成为最有影响力的商界人物。

对企业竞争战略理论做出了重要贡献的哈佛大学商学研究院著名教授迈克尔·波特认为："如果企业的基本目标不止一个，则这些方面的资源将被分散。"因此，许多企业在商战中选择和确定了自己的专一化发展战略，并且运用这种发展战略取得了明显的经济效益。

在全球经济一体化的今天，所有企业都面临着高新技术、信息化、全球化的挑战。市场的竞争频次越来越快，市场留给企业调整的时间越来越少，企业犯错误的成本越来越大。

要想抗拒带刺玫瑰的诱惑，企业管理者就要清醒认知自己的长处在哪儿，并发力于自己最擅长的领域。企业只有专注于一个领域，才能劲往一处使，从而长久保持自己强大的市场竞争力。

尼西奇公司起初是一个生产雨衣、尿布、游泳帽、卫生带等多种橡胶制品的小厂，由于市场不景气、订货不足，企业生存艰难，面临破产。

面对不容乐观的市场形势，尼西奇公司总经理也很是焦虑。然而，在一个偶然的机会，总经理从一份人口普查表中发现，本国每年约出生250万个婴儿。这一普通的调查数据却给了总经理巨大的启发。试想，如果每个婴儿用两条尿布，一年就需要500万条。如果尼西奇公司能在尿布市场取得较高的占有率，那还何愁订单不足呢？

于是，尼西奇公司果断决定放弃尿布以外的产品，实行尿布专业化生产。一炮打响后，它们又不断研制新材料，开发新品种，不仅垄断了本国尿布市场，尿布还远销世界70多个国家和地区，成为闻名于世的"尿布大王"。

采用集中化市场战略的企业，一般集中力量推出一种或少数几种产品，采用一种或少数几种市场营销组合手段，对一个或几个市场加以满足的策略。企业采取集中化市场策略时，主要着眼于消费者需求的差异性，但企业的重点只放在某一个或少数几个细分市场上。

集中力量为某一市场服务，有利于企业发挥特长，增强竞争力；同时，实行专业营销也可以大大节约营销费用，相对提高市场占有率。当然，不足之处便是市场风险大。因为该策略把企业生存、发展的希望全部集中在一个或几个特定市场上，一旦这一目标市场情况恶变，如顾客需要和偏好发生突变或者出现了更强有力的竞争对手，就可使企业陷入毫无回旋余地的困境，甚至会面临全军覆没的危险。

因此，这种策略适合于一些资源有限、实力不强、不可能分头出击与大企业相抗衡的小企业。对于一些大企业，初进某个市场也可采用此种策略。对尚处于创业初始阶段的中小企业来说，资金实力难以与大企业相比，常常是顾东顾不了西，顾西就顾不了东，在派生方面花费较多，势必会影响核心领域的投入；在核心领域花费得多了，同样也会影响派生方面的投入。在这种情况下，经营者与其将资源分散，在任何方面都难以取得理想效果，倒不如采取聚焦策略，把各种资源主要集中在一个方面，匹配到最赢利的业务与模式上。这样做，整体看来成本会处于比较优化的状态，长远上也更有利于积累企业的无形资产，为企业将来的发展奠定基础。

铁律 19

目前，网络创业的压力已经多于机遇

> 创业者因自身的经济及经验等条件的不足，传统创业难度较大，成功率也低。而借助新经济的兴起，网络创业是不错的选择，但是，从目前网络创业的形势看，网络创业已经不再是中小创业者的理想选择。

近些年来，草根阶层通过网络创业的人数越来越多。有关数据显示，在2010年11月11日"光棍节"当天，淘宝商城联合100多品牌的5折大促销活动，吸引了数千万的用户参加，当天淘宝商城的交易额达到9.36亿元，已经超过香港一天的社会零售总额，其中有两个商家单日销售超过2000万元，5个商家超过1000万元，180多家超过100万元。在网购已经成为主流消费人群的重要生活方式的今天，其内容已经不仅限于购买衣服、数码产品、化妆品等小件商品。更多人装修房子的建材、家居用品都会在网上购买。

这样的业绩让很多做实体企业的老板都会感到十分眼红，但据对网上创业的经营情况的了解，绝大多数的创业者连最起码的访问量都保证不了，不少人也是用尽了方法，但起色还是不大，而且越是新近开设的网址或者店铺，越会出现这样的情况。同样是网络创业，之所以会出现压力多于机遇的情况，其原因是非常复杂的。

以网页游戏为例，在网页游戏发展前期，玩家对网页游戏了解不多，依靠这样的宣传手段在短时间内确实可以拉拢一定数量玩家的关注和诱导点击，但同时，靠诱导广告带来的无效点击和流失注册比例也是极高的。相比与纵横中国游戏市场近10年的客户端网络游戏，网页游戏因为方便快捷，不用下载客户端，任何地方、任何时间、任何一台能上网的电脑只要能打开IE浏览器即可进入游戏等诸多特点，短短几年内便告风靡。

但是，随着盛大、巨人、九城等老牌网络游戏商加入，网页游戏市场出现空前繁荣的场面，随之而来的便是中小企业感受到的压力，加之网络市场不够规范，网页游戏行业弊端便不断暴露出来。

一是网页游戏市场门槛低，许多技术型网络公司蜂拥而入，产品同质化严重，迅速的资本投入和游戏产品扩张下，市场包装策略方面显得疲软。没有相对成熟的宣传路径，面对繁重的注册压力，正规的效果广告服务平台也暂告缺失，使许多中小型游戏厂商选择了通过视觉冲击吸引注意的方法，这种形式的广告已经形成一定规模的导向误区。

二是因为在网页游戏高速发展的今天，"广告内容和游戏内容几乎不相关"的情况引起玩家极大反感，玩家很容易对这种宣传产生视觉疲劳、免疫甚至厌恶。经过调查，大多数玩家看到类似广告的第一反应是垃圾软件、病毒等。

根据市场研究，未来将会有更多单机游戏、传统网络游戏的玩法和形式被移植到网页当中，网页游戏用户会越来越多，市场也会越来越大。社交网络（SNS）媒体将成为新的推广方式，精品定位和细分市场是未来的必然趋势。

不仅网页游戏面临这样的困境，很多网店也是一样进入创业瓶颈期。这是因为经营网店很多东西是与实体店相通的，比如业绩好坏往往和所经营的领域、种类丰富程度、款型和花样、商品名称、品牌组合等诸多因素有很大关系。比如，IT产品、图书、服装、化妆品、光盘等相关产品，特别是品种齐全、款式新颖的店铺，业绩往往会好很多，而很多偏门的土特产，特别是地域局限性很强的商品，效果自然要差一些。无论是实体店还是网店，创业者的眼光和市场的磨合需要有一个过程。

与传统的商贸经营一样，网店的经营效果在很大程度上与能否找到优质货源有着很大关系。一般而言，创业者越接近初始货源，或者越接近产业集群地，自己商品的丰富程度和价格越具有竞争优势，在互联网比价相当便捷的情况下，自然会具有一些先天优势。比如在淘宝网上开店比较成功的一些案例，绝大多数是自己独立创意设计，或者是来自于产业集群地，或者传统物流集散地，比如广州、深圳、北京、上海、杭州、义乌这样的地方。

经过7年多的发展，淘宝网已经出现了一批"品牌化"的店铺，同时商铺数量也越来越多，几乎海量。淘宝网尽管定位于电子商务平台，但其本质上仍属于媒体。在供给信息呈几何级数增长的同时，创业者新开户的信息，被用户和受众有效发现的概率基本上越来越低。本来在信息传播领域就存在着明显的"马太效应"，而淘宝网店铺点击率、用户评价、商铺等级、信用评估等一系列规则，在客观上又进一步强化了"马太效应"发挥作用的力度。这些都造成了店铺开得越晚、开的时间越短，越难以突破传播规律上的临界点，在淘宝这样的平台上创业，所需的导入期越长，在导入期上所要花费的时间和精力，不比在小区门口开一家便利店或者服装店要少。别的暂且不说，光做各项指标的优化，就是一个十分耗时耗力的事情，其难度之大，往往会超出创业者最初的想象，非常考验一个人的意志力。如果要选择淘宝网创业，动手越晚，就越要做好打持久战的心理准备，要有百折不回的境界。

任何事情都是一把双刃剑，在网络上创业也一样。网络经济是一个非常典型的注意力经济，尽管作为后来者，在导入期内会承受常人所难以想象的艰辛，而且想通过这个渠道来支撑自己事业的难度越来越大，但只要不畏艰难险阻、努力坚持下去，一旦突破临界点，业绩就很容易出现几何级数的增长，做大做强的周期要比传统模式短得多。

现在社会上越来越多的人认为在网络创业是低成本创业的一个非常现实的途径。本文的意图不是打击创业者们通过网络创业，而是希望朋友们能够非常理性地看待这个问题，选择一种更为适合自身情况的方式去创业。一旦选择网上创业模式，就要抛弃原来各种不切实际的幻想，一步一个脚印，把路子走踏实了，去迎接真正的曙光。而非抱着迅速暴富的心态而来，坚持上一年半载之后承受不了打击就选择放弃。一分耕耘一分收获，很多事情都贵在坚持，不要以急功近利的心态来看待网上创业。

铁律 20

传统工艺和产品中蕴藏着巨大商机

> 中国传统工艺是指世代相传、具有百年以上历史以及完整工艺流程，采用天然材料制作、具有鲜明民族风格和地方特色的工艺品种和技艺。随着工业化的大力推进，很多为老百姓所喜闻乐见的传统工艺以及产品，越来越难觅踪迹，这也意味着冷门做大的可能性。

每个人都知道，但凡有需求就有商机。传统工艺与产品孕育着大商机，但是，市场需求在哪里呢？怎样寻找市场需求？在这一点上陈丽华有独特的过人之处。

在《福布斯》中国内地 100 富豪榜上，60 岁的香港富华国际集团董事长陈丽华排名第六位，身价 6.4 亿美元，媒体追捧她为"内地最富有的女企业家"。

以前，陈丽华家里有许多诸如架子床、八仙桌、太师椅之类的老家具。那时，年幼的她非常喜欢这些古香古色的老家具，经常擦拭这些家具，她伴着这些家具一起长大，和它们有着说不出的感情。

当陈丽华还是个小女孩时，就有了个了不起的梦想，那就是恢复中国传统的紫檀雕刻工艺。但那时她并不知道，从乾隆时代起，紫檀木在中国就被砍伐光了。

紫檀是非常名贵的，在我国，很早以前古人就了解它。古语"百年紫檀，寸檀寸金"，说明它非常昂贵。

要寻找紫檀，没有重金肯定是不行的。当时陈丽华的钱并不多，她除了靠一台缝纫机给人做衣服外，还尽可能地兼干其他的工作，一分分地积攒资金。在做了数不清多少衣服后，她开始为她的紫檀梦付诸行动了，尽管那时她连紫檀木是什么样都不知道。

陈丽华曾 8 次冒着 40 多度的高温，穿行在野兽出没、人迹罕至的原始森林里。别说是找东西，就是旅游，也没多少人愿意去那些地方。历经千辛万苦，陈丽华终于找回了一些她日思夜想的紫檀木。她和工匠一起动手，开始尝试加工第一批紫檀木。

经过一系列地摸索、实践，陈丽华率领工人们终于制作出了第一批作品。

然而，他们制作的作品与传统的艺术品相比还是有很大的差距。正当陈丽华为此苦思冥想时，故宫博物院向她敞开了大门，让她去看里面的紫檀收藏品。头天晚上得知这个消息，她激动得一宿没合眼，不知道用什么语言来形容当时的喜悦心情，她觉得这是对她一生中最大的帮助。经过故宫博物院专家们的指点，陈丽华与工人们设计出了新的作品。这些作品的每一个造型、每一处细节，都凝聚着陈丽华的思想与灵感。随着工匠们雕刻制作技艺的日趋成熟，他们的作品也越来越多，越来越精湛、典雅。这些紫檀作品为陈丽华带来了丰厚的经济收入和深厚的艺术造诣。1999年国庆前夕，陈丽华耗资2亿元建造的中国紫檀博物馆在京城落成，坐北朝南、一式的明清风格、恢弘气派。

消费者的需求就是最好的商机，只要你细心观察，找到人们的需求所在，商机就在眼前。在找到商机后，要一直持有为顾客服务、为顾客提供方便的态度，只有这样，当别人跟进的时候，你才会在不断寻求新的商机中一直领先。

也许有创业者会认为，复活这些传统工艺和产品，赚不了多少钱，与做大做强的梦想愈行愈远。其实不然。君不见柴鸡蛋、小磨香油都很有市场吗？此外，一些顶级的手表和汽车品牌，其产品依旧保留着纯手工打造的工艺，人家同样实现了做大做强的梦想。与此同时，不少人之所以选择创业，并没有多少远大理想，仅仅是为了生存而已，在这种情况下，适应细分消费者的需求，复活传统的工艺和产品，最起码可以使自己在竞争异常激烈的社会中站住脚跟，达到养家糊口的目的。

众所周知，烧饼一度是人们喜欢的食品之一，随着人们热情的减退，烧饼也渐渐没落。但是，善于发现商机的温州人，却找到另一种能挣钱的"饼"，那就是"手抓饼"。

如今，在温州民航路、西城路、下吕浦等地一下子开出了8家"台湾手抓饼"店。3元一个的手抓饼外层金黄酥脆，内层柔软白嫩，深受人们的喜爱。

温州手抓饼店的负责人之一陈先生之前做了七八年的美式快餐连锁生意。后来，他看到手抓饼后，就感觉到会受人们的欢迎，于是就先在温州第一桥开了第一家手抓饼店。"第一桥这家店开了差不多9个月了，现在客源稳定。"陈先生说。开第一家店就像一个实验品，它的成功说明了手抓饼有市场。

在这中间，手抓饼原料、技术被严格保密，他们还特地请来了台湾当地的师傅共同研发制作，所以产品不容易被模仿。陈先生表示，针对特色小吃口味单一，一旦过了新鲜期，很多人会失去兴趣的特点，他们考虑给手抓饼加上生菜或黄瓜，去除油腻味，不断开发新产品，不断吸引消费者。

用另类的眼光打量着市场，会在纷繁拥挤的市场中找到自己的那块蛋糕。近30多年来，为了适应大规模、远距离、长时间存储，以及数千里之外的人们能消费到自己的产品，企业在生产过程中，不得不改变传统工艺，并进行工业化生产。尽管按照这种模式生产出来的产品具有自己的特色，但时间一长，人们总是感觉这些工业化产品与传统工艺生产出来的还是存在很大差别，自然难免心存怀念，而更多的是苦于这种需求没有地方能满足。社会上纯手工擀面、用粮食喂养所产的鸡蛋、牛肉、猪肉、牛奶，还有传统的炒菜用铁锅，之所以会大受欢迎，尽管价格比工业化产品高不少，还是供不应求，这些都跟社会上这种现实的需求有着很大关系。另外，传统方向上的很多项目未必就不能做大做强，关键还是看具体的运作思路。

铁律 21

从细节中挖掘财富，有需求就等于有生意

> "泰山不拒细壤，故能成其高；江海不择细流，故能就其深。"要说创业的成功是由许多细节累积而成的，有的创业者或许不以为然。事实上，只要对你周围的人与事稍加注意，你就会发现细节是多么重要。

对于个人而言，无论是说话、办事还是做人，任何一个小细节都可能产生巨大的影响。一个不经意的细节，往往能够反映出一个人深层次的修养。展示完美的自己很难，需要每一个细节都完美；但毁坏自己很容易，只要一个细节没注意到，就会给你带来难以挽回的影响。

刘备曾说："勿以善小而不为，勿以恶小而为之。"任何创业者的成功都必须从小事做起，从细节处入手。所以古语才有"一屋不扫，何以扫天下"之说。有些创业者整天只琢磨干大事业、做大事，不鸣则已、一鸣必要惊人，不仅浪费了许多时光，到头来也是一事无成。与其好高骛远，不如尽力做好细节。细节做好了，小事也能做大，事做大了，成功就是水到渠成了。

无论是生活还是工作中，每个人都离不开细节，细节是成败的基础，是成功的引导者。在创业上，细节的重要性也是非常大的。一些成功的创业者就是从细节中挖掘到一笔笔财富的。

阅读是李嘉诚的习惯，特别是塑胶行业类的杂志，他一定不肯放过。1957年初的一个晚上，李嘉诚正埋头在灯下阅读新一期的英文版《塑胶》杂志，突然，一小段消息让他兴奋起来：意大利某公司利用塑胶原料制造塑胶花，全面倾销欧美市场。这给了李嘉

诚极大的灵感，他敏锐地意识到，人们在物质生活有了一定保障之后，必定在精神生活上有更高的追求。而种植花卉等植物，不但每天需要浇水、除草，而且很快会凋谢，这与当时快节奏的生活和工作方式很不协调。如果大量生产塑胶花，完全可解决以上的问题。于是李嘉诚预测塑胶花肯定会在香港流行，马上亲自带人赴意大利的塑胶厂去"学艺"。

回来之后，李嘉诚不仅牢牢占据了香港的塑胶花市场，他还开拓并逐步稳固了欧洲市场。趁着这股风靡全球的塑胶花浪潮，还将眼光转向北美地区。塑胶花为他赚得了人生的第一桶金，他也因此赢得了"塑胶花大王"的美誉。

杂志上的一小条消息，却催生出了上千万的大生意，这是常人发掘不了的。凡事做有心人，不放过细节，是李嘉诚教给我们创业者的又一条生意经。

现实中的一个个实践都是由细节积累起来的，创业者们只有注重细节，把一点一滴都注意到了，自然而然，也较容易获得大的成功机会。正所谓"细节决定成败"，所以，对于一名创业者来说，无论从事什么项目，都应该从点滴入手，从细节入手，拥有一双善于从细节中挖掘财富的眼睛。

创业项目的选择，无疑是摆在每个创业者面前的一道难题，选择好的创业项目对创业成功非常关键。好的创业项目要能满足客户的需求，只要有需求就有生意做。

前些年，世界现代营销之父科特勒的一句话启动了商界变革："市场营销最简短的解释是，发现还没有被满足的需求并满足它。"消费者愿意掏钱，那是因为购买的产品或者服务能满足他的需求。

只要顾客有需求，聪明的创业者都不会错过机会，而不管这需求看起来多么奇异，这就是赚钱的秘诀之一——关注他人的需求。

说到白加黑，很多人就会立即想到它的广告语："白天服白片不瞌睡，晚上服黑片睡得香。"白加黑的产品功效确实具有差异化特征，但是，在感冒类药品市场上，讲究功效差异化的产品并不少，白加黑为什么能够脱颖而出？主要是因为它发现了上班族治疗感冒的一个关键细节：现在，上班族都面临着巨大的工作竞争压力，每个人都不希望因为感冒而影响工作，不希望因为吃药造成的瞌睡而使自己的工作业绩受影响。因此，处于感冒中的他们迫切需要一种白天能够使他们正常工作、晚上能够保证睡眠质量的感冒药品。

在这种环境下，白加黑应需而生。白加黑把自己的产品功效特征与城市上班族的关键需求紧密地联系在一起。在它的广告中，凤凰卫视主持人在感冒期间仍能精力充沛地高效工作，这个广告情境向上班族传达了这样的效果诉求：有白加黑，再沉重的工作压力也能像往常一样从容应对。这个效果诉求符合了上班族的心境和期望，从而将他们吸引了过来，白加黑由此奠定了在感冒类药品市场上的领先地位。

什么是白加黑吸引住顾客选择的万能胶呢？显然，是满足顾客的需求。顾客不会忠诚于某一产品或者企业，他只会忠诚于自己的需求。只有从解决顾客的需求入手，用更好地满足顾客需求的策略占据顾客的心，才能让顾客把自己的企业放在优先选择的位置，对竞争产品进行有效拦截。

由此可见，从细节中发现顾客的关键需求，创造出他们期望得到的且竞争对手尚未提供的顾客利益，创业者才能创造出真正的竞争优势。否则，一切都是隔靴搔痒，都是空谈。

有位企业家说过，看到了别人的需要，你就成功了一半；满足了别人的需求，你就成功了。那么，怎样寻找他人的需求呢？你可以从以下几个方面入手：

1. 多关注他人的意见

其实，人们的需要只有一小部分得到了满足，大部分的需求不是没被发现，就是没有引起重视。所以，多听听别人的意见甚至是牢骚，或许就有好的机会和新的想法。有农民提意见说希望能有一台机器洗地瓜，某洗衣机生产商就马上推出能洗地瓜的"洗衣机"，这种"洗衣机"一上市，销售便一片火暴。

所以，积极关注他人的意见，满足他人的需求，会让你的创业之路更加顺利。

2. 努力发掘"潜在"的需求

对于消费者的需求，既要看，又要听，还得思——能挖出其潜在需求。但思的前提是按照消费者的生活要求来判定这种潜在需求是否存在。

舒肤佳香皂的成功自然有很多因素，但关键的一点是它根据消费者的生活要求，发现了潜在的需求——洗得干净，就得除菌。

3. 紧追时尚个性潮流

现在是"酷品牌"时代了，要关注个性和时尚，紧跟潮流，你才有可能成为财富新贵。易趣前中国区副总裁发现了一个成功的秘诀：酷的核心是"顾客至上"，要积极了解新兴消费群体的消费需求和心理，就要对时尚潮流进行密切关注。要有多渠道的信息来源，关注流行趋势：什么是热议的，什么是热门的，等等。

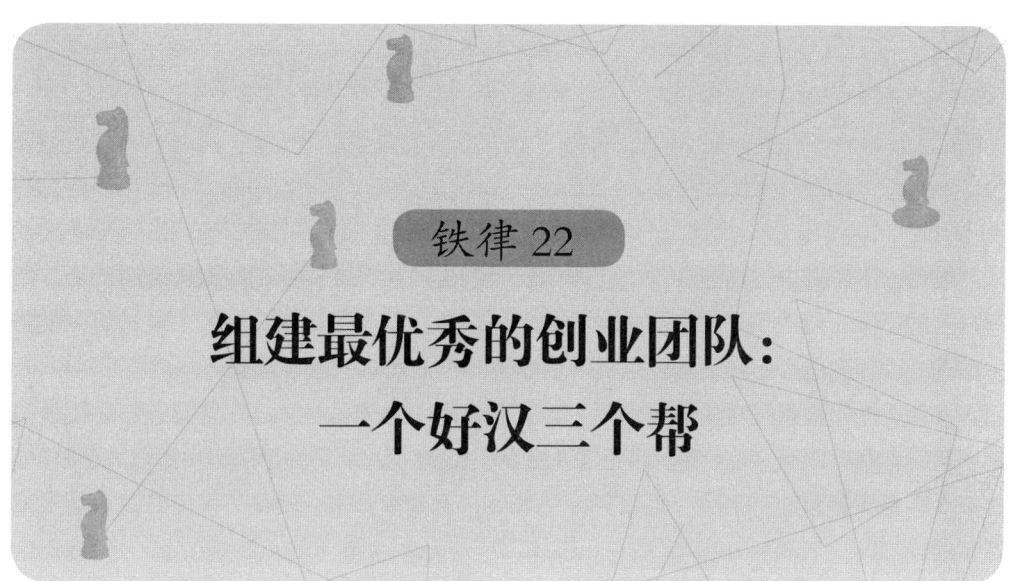

铁律 22

组建最优秀的创业团队：
一个好汉三个帮

> 一个好汉三个帮，红花也需绿叶扶持。不管创业者在某个行业多么优秀，都不可能具备所有的经营管理经验，而借助团队就是拿来主义，这样可以拥有企业所需要的经验，例如顾客经验、产品经验和创业经验等。人际关系在创业中被放在一个很重要的位置，人际关系网络或多或少地会帮助创业者，是企业成功的因素之一。通过团队，人脉关系可以放得更大，可提高创业成功的几率。

俗话说："三个臭皮匠，顶个诸葛亮。"团队精神在企业管理中也占有重要地位。微软集团在用人的时候就非常注重团队精神，理由是即使你才华横溢，有超群的技术，可是如果你不懂得与人合作，那么就不能发挥出最好的成绩。只有把企业内部有着不同的文化背景和知识结构的各种人才有效地联合起来，创业者才能更好地成功创业。

在"我能创未来——中国青年创业行动"活动中，客串主持人的牛根生给在场的俞敏洪提了一个问题：创业路上，有唐僧师徒四人，如果只能从这4个人中挑选自己的创业成员的话，你会挑选哪些？

俞敏洪首先选了孙悟空，"孙悟空有信念，知道取经就是使命，不管受到多少委屈都要坚持下去。也有忠诚，不管唐僧怎么折磨他都会帮助他一路走下去。还有头脑，在许多艰难中会不断想办法解决。有眼光，能看到别人看不到的机会和磨难"。

一个"孙悟空"的力量毕竟有限，单凭个人的力量无法顺利创业的时候，就需要考虑找个志同道合的合作伙伴来共同分担。王强，新东方里典型的"孙悟空"型队友，他是新东方学校"三驾马车"之一，被尊为"美国口语教父"和"语音的完美主义者"。

徐小平，新东方"牛人"老师之一，毕业于中央音乐学院，是新东方留学、签证与出国咨询事业的创始人。这样的"牛人"在新东方有很多，他们每一个人都可以在新东方独当一面。俞敏洪说，新东方最初的创业成员，个个都是"孙悟空"，每个人都很有才华，而且个性都很独立，他就是要选择这帮"孙悟空"般的"牛人"作为创业伙伴，并且真的在一起做成了大事，成就了一个新东方传奇。从这一点来说，选择"孙悟空"做创业队友是一个正确的选择。

杰克·韦尔奇告诉创业者："优秀的领导者应当像教练一样，培育自己的员工，带领自己的团队，给他们提供机会去实现他们的梦想。"企业的成长是人才成长的一个集中体现，创业者能否走得更远，取决于创业者和创业团队的基本素质。

找创业搭档就跟找对象一样重要，对方是你事业上的另一半，在共同的创业过程中是否会与你福难同当、同舟共济是至关重要的。比如"拳头"，一个拳头由5个手指组成，如果5个指头握紧地打出去，可以打碎一块砖，但分散开来，用每个手指去戳，是很难弄断的。

在硅谷流传这样一个"规则"，由两个哈佛MBA和MIT的博士组成的创业团队几乎就是获得风险投资人青睐的保证。当然这只是一个故事而已，但是从中创业者可以看到一个优势互补的创业团队对于创业者创业成功的重要性，技术、市场、融资等各个方面都需要有一流的合作伙伴才能够成功。

为什么团队创业成功的几率要大大高于个人创业？原因很简单，因为没有人会拥有创立并运营企业所需的全部技能、经验、关系或者声誉。因此，从概念上来讲，如果想要创业成功，就必须组成一个核心团队。团队成员对创业者来说将发挥不同作用：他们或是合伙人，或是重要员工。他们不可或缺，有了他们，可以解决创业过程中可能出现的一些问题。

某位管理学专家曾经对国内众多企业家进行过一次问卷调查："未来的企业家应该具备哪些素质？"其中有这样几份回答：

UT斯达康前CEO吴鹰认为：第一，有宽广的心胸；第二，具有国际化的能力；第三，有亲和力和凝聚力（个人魅力）；第四，有眼光。

摩克迪集团创始人兼董事长张醒生认为：现代企业家首先应该是有能体谅下属的胸怀和站在人前人后的修养，要先有信服才能有追随，这也是为什么人们常说做企业如同做人，企业家的素质赋予企业灵魂。

美国欧文斯科宁公司大中国区销售和工程总经理李雷认为：企业家应该具备3个素质。首先，他是一个预言家，他的愿景和信念是鼓励员工的源泉，是制订战略计划的蓝图；第二，他要有Leadership，也就是具有包括决策能力的领导力；第三，他勇于承诺与兑现，在资源分配、个人诚信与平等方面负起主要责任。

从上面我们可以看出：凡是成功创业的企业家，总拥有一个优秀的核心团队。5P 模型反映了一个组织核心团队建设中必须注意的要素，非常值得后来的创业者借鉴：

5P 模型，即目标（Purpose）、计划（Plan）、人（People）、定位（Place）、权力（Power），这 5 个因素构成了优秀的团队。

1. 目标（Purpose）

在团队建设中，有人作过一个调查，问团队成员最需要团队领导做什么，70% 以上的人回答：希望团队领导指明目标或方向；而问团队领导最需要团队成员做什么，几乎 80% 的人回答：希望团队成员朝着目标前进。从这里可以看出，目标在团队建设中的重要性，它是团队所有人都非常关心的事情。有人说："没有行动的远见只能是一种梦想，没有远见的行动只能是一种苦役，远见和行动才是世界的希望。"

团队目标是一个有意识地选择并能表达出来的方向，它运用团队成员的才能和能力，促进组织的发展，使团队成员有一种成就感。因此，团队目标表明了团队存在的理由，能够为团队运行过程中的决策提供参照物，同时能成为判断团队进步的可行标准，而且为团队成员提供一个合作和共担责任的焦点。

2. 计划（Plan）

对于一家新创企业来说，制订一套完善的计划更为重要。发展计划要远远高于解决聘用问题、设计控制系统、确定上下级关系或确定创始人的角色等事项。发展计划明确的公司能够经受组织的混乱和创业者无能所带来的考验，而再完善的控制系统和组织结构也无法弥补计划上的缺陷。

企业发展计划的最大使命就是保持企业行驶在正确的航道上。如果一个企业的发展计划出现了致命失误，最终会出现南辕北辙，即便是拥有强大执行力的组织队伍，也终会一无所获。检验企业发展计划是否出现偏颇的角度有：计划与企业的长期目标是否一致；计划与企业的竞争优势是否一致；计划是否突出了企业的目标市场和消费群体；计划目标是否被更多的子目标所分解。一般而言，企业发展计划会与企业的长期目标一致，能够发挥出企业的竞争优势，为企业确定出最容易获得利润的目标市场，并且被分解成阶段性目标和众多子目标。

3. 人（People）

在知识经济时代，人是企业最重要的资产，也是企业可持续发展最核心的生产力。企业经营的基础是人，要造物先造人，如果企业缺少人才，企业就没有希望可言。可以毫不夸张地说，在竞争激烈的市场环境中，人才决定企业命运。因此，在一个组织中，任何决策都不会比人事决策更重要。德鲁克认为，人事决策是最根本的管理，因为人决定了企业的绩效能力，没有一个企业能比它的员工做得更好。人所产生的成果决定了整个企业的绩效。

而企业要用人，就必然要选人，要招聘人。然而很多进行人事决策的创业者，并不真正懂得选人。很多人都自认为自己是优秀的创业者，当创业者以此为前提选人时，就可能犯下严重的错误。卓有成效的创业者必然明白，自己不是别人的评判者，不能凭自己的直觉和感悟来雇佣员工，必须建立一套考查和测试程序来选人。

4. 定位（Place）

选用人才，能力固然是首要考虑的，但一个人的能力必须与相应的职位相结合，这就是对人才的定位原则。用人不能只看能力大小，更要看其适不适合某一职位。最好能做到人尽其才，既不能大材小用，也不能小材大用。物尽其用、人尽其才是每一个创业者都孜孜以求的，这涉及一个人才及岗位价值的最大化问题，与企业用人标准密切相关。

5. 权力（Power）

创业者面临的各项事务纷繁复杂、千头万绪，任何管理者，即使是精力、智力超群的创业者也不可能独揽一切，授权是大势所趋，是明智之举。授权的目的是让被授权者拥有足够的职权，能顺利地完成所托付的任务，因此，授权首先要考虑应实现的目标，然后决定为实现这一目标下属需要有多大的处理问题的权限。只有目标明确的授权，才能使下属明确自己所承担的责任。盲目授权必然带来混乱。要做好按预期成果授权的工作，必须先确定目标、编制计划，并且使大家了解它，然后为实现这些目标与计划而设置职务。

对于团队建立无从下手的创业者，大可以从这5个角度建立起自己的梦幻创业团队。

铁律 23

合作要以
"江湖方式进入,商人方式退出"

> 中国企业最常见的聚散模式就是"哥们式合伙,仇人式散伙"——公司创办之初,合伙者们以感情和义气去处理相互关系,制度和股权或者没有确定,或者有而模糊。企业做大后,利益开始惹眼,于是"排座次、分金银、论荣辱",企业不是剑拔弩张内耗不止,便是梁山英雄流云四散。

冯仑对合伙创业者的历程总结就是"江湖方式进入,商人方式退出"。在创业初期,兄弟姊妹、朋友以江湖聚义的方式进入,坐有序而利无别,当企业做大,必定面临分家局面,以商人方式退出,公平合理划分势力范围。

1995年3月,万通六兄弟进行了第一次分手,王启富、潘石屹和易小迪选择离开;1998年,刘军选择离开;2003年,王功权选择离开,至此,万通完成了从6个人到1个人(冯仑)的转变。

虽然是商人方式,但万通发生巨变之时,冯仑等人只是对资产进行了分割,但仍保留了传统的兄弟情义。走的人把股份卖给没走的人,没走的人股份平均增加,把手中的某些资产支付给走的人。

分手后,万通六君子都实现了各自的精彩。冯仑、潘石屹和易小迪成为地产界的大鳄,王功权成为知名的风险投资家,王启富和刘军也在其他领域开创了一番事业。在中国改革开放后的商业史上,万通六君子"以江湖方式进入,以商人方式退出"的事件则成为一段佳话。

企业要想活得久，就要"亲兄弟明算账"，在这一方面，"万通六君子"是一个榜样，正泰集团也是一个绝好的例子。

1990年，正泰集团创办人南存辉通过合资及引入股东完成了正泰大厦至为关键的基础构建工作。其中合资人是南存辉的妻舅黄李益，股东有胞弟南存飞、外甥朱信敏、妹夫吴炳池，及远房亲戚林黎明，南存辉的股权占60%，其余4人分享剩余的40%，黄李益以合资后转贷的形式。正泰集团通过第一次股权改造，构筑公司核心创业管理团队，明晰产权关系。从1991年至1993年，南存辉以股权为资本，将30多家外姓企业纳入正泰麾下。至1994年2月正泰集团组建时，成员企业已达38家，股东近40名。

但是，集团化仅在产品配套、资源共享、资金流动方面给了正泰以帮助，真正的科学决策则根本无法做到。因为48个出资人使集团凭空多出了48个管家，人人都想占山为王，人人都对正泰集团有支配权，集团化更是形散神也散，才引出了正泰集团从1996年开始的集团股份制重组。

1996年正泰集团提出了"产权多元化"的口号，当时如何在一个家族企业内部建立所谓的现代企业制度并没有先例，稍有迟疑，将会使企业"失血过多"。

最重要的问题是，如何让家族人心甘情愿地被稀释，而且稀释到什么程度是极限。南存辉提出两点要求：第一，必须弱化家族持股的绝对数量，以便使新的股东进入；第二，保证恰当的股权级差，变家族企业的相对控股为创业者的相对控股，以保障决策顺畅和未来上市后的权益。

确定了产权改革的基本原则，接下来还要清晰产权的现状。在细致地清产核资之后，正泰集团在4个层次上进行产权调整。

在集团内部，以全资子公司温州正泰电器为主体，以清产核资为基础，淘汰破旧、损坏、质量低下的生产资料和不合格的人员，对债务进行剥离，将有效的资产以等价股份的收购或兼并纳入集团本部，并严格遵守消灭其法人资格的原则。这部分占集团资产的大头，大概60%以上。

对非低压电器生产但有很好发展前景的企业投资项目，按照清产后的结果进行同业的横向合并，并由集团投入大量资金控股，支持发展，遂形成了"正泰仪表仪器有限公司"等非低压电器生产的知名企业。这一部分占集团公司资产的20%。

对于资产规模较小，没有资格进入正泰集团和控股子公司经营范围的子公司，正泰以少量资金参股，但不经营，并允许这些企业使用正泰的品牌和销售网络。而一些与正泰主业无关的子公司，则被劝退。

经过这番出人意料的调整后，正泰形成了有序、多元的组织结构，不仅有利于管理和生产效益最大化，而且便于日后根据公司环境、外部环境变化及时做出进一步调整。

温州正泰集团现在是中国低压电器行业最大产销的家族式民营企业。企业年销售收入达到 60 多亿，员工 13000 名，从 20 世纪 90 年代初，该企业坚持以产权制度改革为核心进行企业创新，先后经历了股份合作、公司制、集团制、（控股）集团公司 4 个发展阶段；形成了以集团公司为投资中心，以专业总公司为利润中心，以基层生产公司为成本中心的母子公司管理体制；建立了真正意义上的现代企业制度，实现了"家族企业"向"企业家族"的跨越。

正泰在企业解决了结构体制问题的基础上，从人才结构和人才资本进一步优化，建立起健康、良性的激励机制，吸引并留住大批优秀技术和管理人才；同时聘请国内外专家、学者为集团的独立董事和高级顾问，形成自己的智囊团和决策委员会，以更强的发展后劲和更大的气魄参与到新一轮的国际化竞争中。

正泰集团由一家小规模的家族式企业发展为低压电器世界知名的企业，走的是一条体制创新、管理创新、产业报国、艰苦创业的成功道路。南存辉的管理思想是民营企业家学习的榜样。

俗话说"共患难易，共享福难"，当企业发展到一定规模时，企业成员就会开始关注自身待遇问题。如果处理得不好，就会使整个企业处于管理的混乱状态，进而影响公司的整体运作，使得管理成本加大，企业效益下滑，最终企业会逐步失去活力甚至倒闭。因此，在私营企业尤其是合作式企业，要想得到真正的长远发展，必须要"以江湖方式进入，以商人方式退出"。

铁律 24

与狼共舞，学会竞合之道

> 中国人习惯于非此即彼的思维方式，对自己人要尽量偏袒照顾，对竞争对手则赶尽杀绝。在早期，中国的企业经营者中很少有人会认为在竞争的过程中，除了输赢还有第三种可能，那就是共赢。其实在商业社会中，竞争与合作是可以转化的。那种靠消灭竞争对手取得胜利的做法已经过时，现代企业家要学会"与狼共舞"，跟对手深度合作，实现"双赢"乃至"多赢"。

人类的发展充满战争与和平的轮换轨迹，这也是自然界竞争法则的一个缩影。商场如战场，虽然没有硝烟却危机四伏。企业要发展壮大，商人要追求利润，竞争自然不可避免。如何在竞争中获得机会，在发展中获得支持，在这方面，具有现代经营理念的李嘉诚为我们树立了榜样，他说："没有绝对的竞争，也没有绝对的合作，因为二者是可以转化的。"

李嘉诚从来不进行恶意竞争，不管这其中的利益有多大，他也从来不搞无原则的合作。在他这里，竞争往往成为合作的契机。

九龙仓不是仓库，而是香港最大的货运港，它是九龙货仓有限公司的产业，包括九龙尖沙咀、新界及港岛上的大部分码头、仓库，以及酒店、大厦、有轨电车和天星小轮。九龙仓历史悠久，资产雄厚，可以说，谁拥有九龙仓，谁就掌握了香港大部分的货物装卸、储运及过海轮渡。

但是一直以来，九龙仓的经营者固守用自有资产兴建楼宇，只租不售，造成资金回流滞缓，使集团陷入财政危机。为解危机，他们大量出售债券套取现金，又使得集团债台高筑、信誉下降、股票贬值。

李嘉诚非常看好这块宝地，他认为九龙仓是一块蒙了灰尘的宝玉，只要细心呵护，一定能够重新焕发光彩。基于这种考虑，李嘉诚不动声色地一直在收购九龙仓股票，他买下约2000万股散户持有的九龙仓股，意欲进入九龙仓董事局。但不料九龙仓股被职业炒家炒高，九龙仓老板不甘示弱，组织反收购。与此同时，船王包玉刚也加入到收购行列。包玉刚是何方神圣？他可是大有来头，据1977年吉普逊船舶经纪公司的记录，世界十大船王排座次，包玉刚稳坐第一把交椅，船运载重总额1347万吨；他拥有50艘油轮，一艘油轮的价值就相当于一座大厦，真是财大气粗。

他的加入，一时间使得强手角逐，硝烟四起，逼得九龙仓向汇丰银行求救。于是汇丰大班沈弼亲自出马周旋，奉劝李嘉诚放弃收购九龙仓。李嘉诚考虑到日后的发展还期望获得汇丰的支持，即使不从长计议，如果驳了汇丰的面子，汇丰必贷款支持怡和，收购九龙仓将会是一枕黄粱，于是趁机卖了一个人情给沈弼，鸣金收兵，不再收购。

李嘉诚权衡得失，已胸有成竹，决定把球踢给包玉刚，预料包玉刚得球后会奋力射门——直捣九龙仓。

于是，香港开始上演一幕传奇故事。

1978年8月底的一天下午，李嘉诚密会包玉刚，提出把手中的1000万股九龙仓股票转让给他。包玉刚略一思索，不禁感叹：这真是只有李嘉诚这样的脑袋才想得出来的绝妙主意！包玉刚在心里不禁暗暗佩服这位比自己年龄小但精明过人的地产界新贵。

因为李嘉诚这一招可谓一箭双雕：从包玉刚这方面来说，他一下子从李嘉诚手中接受了九龙仓的1000万股股票，再加上他原来所拥有的部分股票，他已经可以与怡和洋行进行公开竞购。如果收购成功，他就可以稳稳地控制资产雄厚的九龙仓。而从李嘉诚这一方面来说，他把自己的九龙仓股票直接脱手给包玉刚，一下子可以获利数千万元。更为重要的是，他可以通过包玉刚搭桥，从汇丰银行那里承接和记黄埔的股票9000万股，一旦达到目的，和记黄埔的董事会主席则非李嘉诚莫属。

于是两个同样精明的人一拍即合，秘密地签订了一个对于双方来说都划算的协议：李嘉诚把手中的1000万股九龙仓股票以3亿多的价钱转让给包玉刚；包玉刚协助李嘉诚从汇丰银行承接和记黄埔的9000万股股票。

自己退出"龙虎斗"，却通过包玉刚取得与汇丰银行合作的机会，在此番商战中，李嘉诚是最大的赢家。

曾有记者问他与包玉刚、汇丰银行合作成功的奥秘，李嘉诚表示：奥秘实在谈不上，他认为重要的是首先得顾及对方的利益，不可为自己斤斤计较。对方无利，自己也就无利。要舍得让利使对方得利，这样，最终会为自己带来较大的利益。他还说母亲从小就教育他不要占小便宜，否则就没有朋友，他认为经商的道理也应该是这样的。

多一个朋友就会多一条路，无论什么身份的人都希望自己能够有贵人相助，在关键时刻遇上熟人提携。胡雪岩说"花花轿子要人抬"，就是这个道理。多一个朋友，就少一个陌生人，有时候甚至是少一个敌人。

　　J. P. 摩根是美国经济发展史上一个重要的人物。他对美国经济的发展有着不可磨灭的贡献。他经过艰辛奋斗，在强手如林的金融界站稳脚跟，并一一击败对手，终于发展成为纽约市华尔街第一号人物，荣登美国经济霸主的宝座。1869 年，摩根插手闻名的萨斯科哈那铁路之争，是化敌为友的典范。

　　萨斯科哈那铁路是联结美国东部工业城市与煤炭基地的大动脉。它起于纽约州首府奥尔巴尼，止于宾夕法尼亚州北部的宾加姆顿，全长 220 多公里，这条铁路南接伊利铁路，西达美国中部重镇芝加哥，匹兹堡的钢铁和产油河的石油都可经此运抵纽约。所以，萨斯科哈那地方铁路的战略价值非常巨大，简直就是条黄金之路。

　　1869 年 8 月，围绕这条铁路的所有权问题，华尔街的投机家们展开了一场激烈的争夺战。争夺是由在投机业上独霸华尔街的年轻投机者乔伊·古尔德发动的。为了夺取萨斯科哈那铁路，他联合年轻力壮的吉姆·费斯克一起行动。他们聪明地利用华盛顿的金融紧缩政策，在渥多维剧场印刷虚有的公司交换债券，使铁路半数左右的股份落入自己手中，同时行贿司法人员，在萨斯科哈那铁路股东大会召开前，查封了萨斯科哈那总公司。纽约州法院同时下令，免去萨斯科哈那铁路总裁拉姆杰的职务。

　　拉姆杰决心雪此奇耻大辱，他接受别人的建议，向 J. P. 摩根求救。摩根经再三考虑后答应帮助他，条件是他要成为这条铁路的股东。经过周密协商，摩根兄弟帮助拉杰姆恢复了总裁职务。但他们最担心的是即将召开的股东大会，古尔德和费斯克的惯用伎俩是以武力威胁股东，以实现自己控制公司的目的。

　　果然，股东大会那天一大早，费斯克就带着全副武装的手下气势汹汹地赶来。就在这时，会场大厅入口传来一声断喝："费斯克，不要动！"随即，四周冒出许多身着灰制服的奥尔巴尼郡警察，费斯克呆若木鸡。随后，费斯克被逮捕。由于费斯克被捕，古尔德破坏股东大会的计划泡汤，股东大会顺利举行。摩根被选为萨斯科哈那铁路的副总裁。事后人们才知道，那些警察都是摩根雇来的，那戏剧性的一幕完全是摩根一手导演的。

　　股东大会后，摩根实际掌握了萨斯科哈那铁路的实权。摩根所采取的第一个举措就是：立即将萨斯科哈那铁路出租给了特拉华·哈得逊运河公司，而该公司正是古尔德伊利铁路公司的后台老板——拉杰姆的死对头，年利率 7%，租期 99 年。这样的结果的确让人莫名惊诧，难道摩根和古尔德是一丘之貉，他要将已得利益拱手让人吗？

　　事实原来是这样的：摩根首先清除了费斯克，从而使自己成为萨斯科哈那铁路的股东，这样他不但用减法消除了未来的竞争对手，而且用加法扩大了自己的利益；随后他把铁路租给对手的靠山，这样就能化敌为友，表面看是减弱了自己的利益，但实际上却扩大了他的合作范围，表面是减，实际是加；最后，他实际上只是把萨斯科哈那铁路看作他战略设计中的一颗棋子，摩根后来建立了庞大的金融帝国，并最终托管了包括古尔德及其老板的铁路在内的大量铁路，他自然而然地获得了萨斯科哈那铁路的经营权和所有权，结果就是，他把那条铁路租给了自己。

摩根的过人之处就在于：他懂得合作的双赢之道。这种超越常人的谋略，让人叹为观止。

现代商人要信奉"商者无域，相容共生"的商业哲学。采用让利法则不仅实现了既得利益，还能够招来更多的合作伙伴，使你的财源滚滚而来。竞争与合作的平衡统一是获得成功的重要秘诀。

市场不是孤岛，我们的企业只有与其他企业相互配合，各尽所能，才能实现共赢，在共同发展中实现超速增长。任何一方作难，都将造成一荣俱荣、一损俱损的局面，这就是商场上的生态互补模式。

企业是否会建立合作关系，首先要看合作关系给企业带来的好处是否大于企业为此而支付的成本。虽然不同企业、不同行业中的合作关系原因多种多样，但归纳起来，企业建立合作关系的主要动因包括以下两个方面：

1. 开拓市场

这个动因是最普遍的。因为企业的首要目标就是开拓市场、占领市场，而跨国公司之间建立战略联盟是开拓国际市场的有效方法之一。

为进入国际市场而建立的合作关系也常见于国内公司和外资公司之间。这种合作伙伴关系很有用，可以将资源和能力集中起来，做跨越几个国家市场的业务。例如，美国、欧洲等地有些公司想在快速增长的中国市场上确立自己的立足点，于是它们无一例外地寻求同中国的公司建立合作伙伴关系，来帮助它们处理与政府的关系，来提供有关当地市场的信息，来为其针对中国消费者的产品调整提供指导，建立当地的制造设施，协助分销、市场营销和促销活动。

2. 有利竞争

公司之间建立起来的合作关系不但不会抵消竞争优势，而且可以使得合作公司更能将它们的竞争能力对准它们的共同竞争对手，而不是相互之间对准。谁和谁结成伙伴关系将影响行业竞争的模式。很多二流公司，由于想保持它们的独立性，减少同一流公司之间的竞争差距，所采取的策略是建立合作而不是合并——它们依靠同别的公司进行合作来提高它们自己的能力，开发有价值的新战略资源以及有效地参与市场竞争。行业创业者追求建立合作关系的目的是为了更有力地反击那些雄心勃勃的竞争对手，开辟新的市场机会。

国际战略联盟的出现使传统的竞争方式有了一个根本的变化，企业建立战略联盟可使其处于有利的竞争地位，或有利于实施某种竞争策略。

但是，商业合作必须有三大前提：一是双方必须有可以合作的利益，二是必须有可以合作的意愿，三是双方必须有共享共荣的打算。此三者缺一不可。

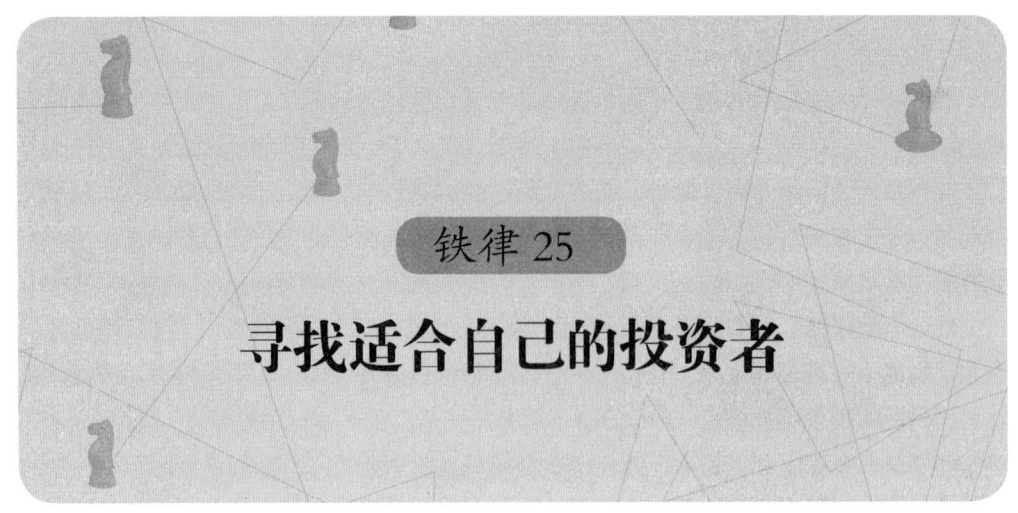

铁律 25

寻找适合自己的投资者

> 在创业期的企业都希望找到一个合适的投资者,可并不是每个企业都能如愿以偿。有的企业能拿到投资者上千万美元的投资,有的只能望"钱"兴叹了。寻找到一个适合你的投资者,对于创业者来说,最重要的是要看他是不是一个优秀的投资者,适不适合做你的投资者,这应该是创业者最关心的问题。

对于创业者来说,好的投资者可以给企业带来很多的价值。无论是本土的投资者还是国际的投资者,他们对创业项目、团队的衡量标准应该都是一致的。

一般意义上来讲,优秀的投资者可以帮助创业者完善企业的商业模式,使其赢利模式更加清晰、可持续,另外还可以帮助完善创业团队。有些创业者在刚开始创业的时候,存在团队成员的分工不明以及团队整体凝聚力不强等问题,投资者可以帮助创业者优化团队建设。而且投资者还可以通过其人脉关系,为创业者团队扩充优秀人员。如天使投资人邓锋在正式投资"红孩子"后,"北极光"为"红孩子"聘请了一位沃尔玛卸任的全球副总裁担任独立董事。

其次,优秀的投资者还可以促进创业者发展和拓展业务。投资者可以起到敲门砖的作用,投资者见多识广,人脉资源非常丰富,创业者如果觉得和一些大的公司合作会对企业的价值有很大的提升的话,就可以借助投资者的敲门砖,获得和该企业高层对话的机会。

优秀的投资者体现价值的另一方面在于,他可以带来一些具有品牌效应的东西,如红杉资本、IDG 投资者等,由于这些投资者机构有自己的品牌优势,并为大多数企业所认同,所以创业者在获得这些投资机构的融资时,也同时享有了这些品牌所带来的价值。

从总体上来说,优秀的投资者可以给创业者带来的帮助在于商业模式、团队建设、业务拓展、品牌提升4个方面。创业者在确定好优秀投资者的同时，也要明确这个投资者适不适合做你的投资者。

对于创业企业来说，了解风险投资公司的投资趋向很重要。"现在各种投资机构很多，不同的机构有不同的风格和能力。你一个10万元的项目不可能去找做1000万元项目的投资人，反过来，你1000万元的项目找到只能投几十万的投资人也是没用的。"倪正东说。利用各种专门的研究资料是了解风险投资公司投资趋向的一个有效办法。另外就是参加些投资论坛会议，在论坛上企业可以直接与风险投资人面对面地沟通。

利用第三方的"外脑"对于创业企业来说也相当重要。企业家的专长毕竟是做企业，而不是擅长于资本运作。企业找一家创业投资服务公司来打理比自己做要省时省力，更能够找到适合企业的投资者。这种服务公司有自己的专业优势。他们做长期的研究，时时关注最新动态，更为有利的是有很多的投资人的资源。

通常，投资者加入创业企业后，能够从多个方面，如资本运作、战略把握、改善管理、拓展业务、平衡关系等对公司施加影响，但并非所有的创业企业牵手风投资本都能成功。

当风投和创业者的蜜月期过后，矛盾重重乃至撕破脸的也不在少数。造成问题的原因主要有：一是变革的压力。风投资本介入，最终目的是通过企业的成长实现资本的增值，因此企业变革是其中必不可少的一步棋。管理团队的调整、架构的重组，都会给创业者造成冲击。二是目标冲突。无论如何，风投公司和创业企业的目标不可能完全一致，有些时候甚至会比较激化，比如一方看重长远利益，另一方看重短期利益，等等。

因此，在选择合适的风投的时候，创业者一定要考虑是否能够承受投资者的压力。投资者的工作是给出资人创造回报，要实现这个目标，他们就要去发掘能成为羚羊的企业。所以，对于一些有出色技术和稳定团队的公司，不要轻易接受投资者的钱。假如公司只需要很少的资金就可以起步、成长，或者由于产品的特性、面临的竞争、商业模式的限制、市场容量的限制，被并购是一个更可行的出路的话，那么远离投资者，找周围的朋友筹一点钱是更好的选择。

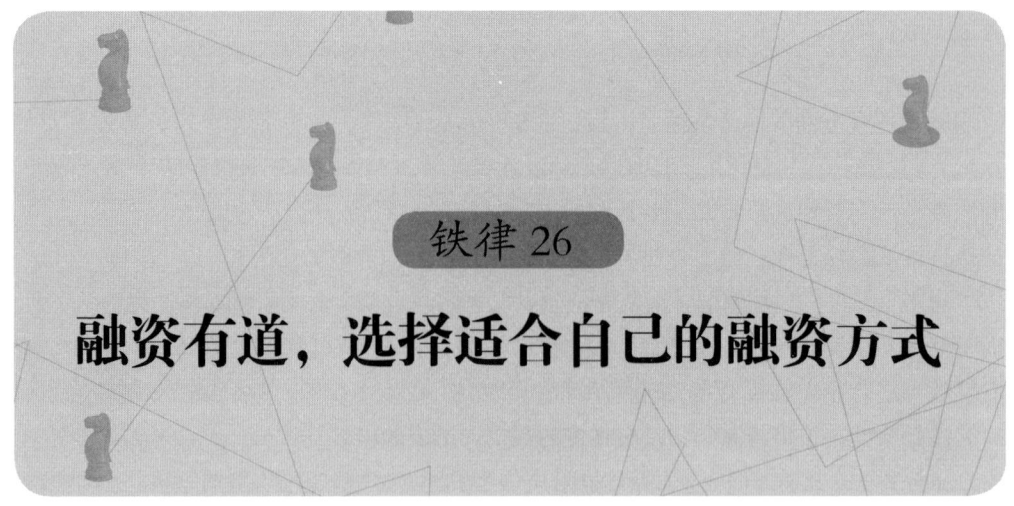

铁律 26

融资有道，选择适合自己的融资方式

> 对创业者来说，能否快速、高效地筹集资金，是企业能否站稳脚跟的关键。对于创业者来说，取得融资的渠道很多，如风险投资、民间资本、银行贷款、融资租赁等，这些都是不错的融资渠道。创业者要根据自己的实际情况，选择合适的融资渠道。

如今市场竞争使经营利润越来越低，除了非法经营以外很难取得超常暴利。为求得发展，融资是企业获得资金的一种可靠方式，但广大创业者在融资时一定要选择好自己的融资渠道。融资渠道有以下几种：

1. 风险投资

风险投资是一种股本投资，风险投资家以参股的形式进入创业企业。这是一种长期投资，一般要与创业企业相伴5～7年；这是高风险、高回报的投资，它很可能血本无归，而一旦成功则大把大把地收钱；这是在实现增值目的后一般要退出的投资。风险投资，对创业者可以起到"维生素C"的作用。

风险资本最大的特性是对高风险的承担能力很强，与此相应，它对高回报的要求也非同寻常。很多有融资经验的创业者会说："风险资本对创业企业的帮助相比其他的资本来说是最高效的，但是想让风险投资人掏出钱来也是很难的。"在这种情况下，创业者的任何想法和打算，都会被风险投资家反复考虑和权衡。

好的项目、优秀的商业模式再配合良好的创业团队，风投公司自然会投来关注的目光。对创业者来说，寻找风投是一件艰难的事，一般创业者有两条途径可以争取风险投资的支持：一是直接向风险投资商递交商业计划书，二是通过融资顾问获得风险资本的资助。

对于初创企业来说，从种子期到成长期直至上市，是一个复杂又漫长的过程，融资顾问会给创业者搭桥引线，使得创业者与风险投资人达成初步的意向。接下来，三方会就融资进行细节谈判。另外融资公司提供的全面解决方案，可以帮助创业者从种种困难与瓶颈中解放出来，为创业企业与风险投资双方构建一个有效沟通的平台。融资顾问对于不知融资过程的创业者来说有全程帮助作用。

对于某些正在寻找风险投资的创业者来说，寻找天使投资也是一个不错的融资渠道。天使投资是自由投资者或非正式风险投资机构，对处于构思状态的原创项目或小型初创企业进行一次性的前期投资。天使投资人通常是创业企业家的朋友、亲戚或商业伙伴，由于他们对该企业家的能力和创意深信不疑，因而愿意在业务远未开展之前就向该企业家投入大笔资金。一笔典型的天使投资往往只有几十万美元，是风险投资家随后可能投入资金的零头。

下围棋的人都讲势，投资、融资亦讲"势"。顺势而为，可以事半功倍；逆势而作，很可能徒劳无功。现在，风险投资的"势"就是这样：投入长性而不投可能性。因此如果创业者在寻找风投失败的情况下，而又认为自己的项目是一个好项目，不妨先将项目做起来。如果公司真的发展状况和市场前景良好，风险投资自然会来找你。创业者与其徒劳无功地在那里张望，不如静下心来，踏踏实实做些事情，做出个模样来。行动胜于言语，这样融资成功的可能性会更大一些。

2. 民间借贷

民间借贷是白手起家的创业者最常用的方式。这种创业者多是一切从零开始，甚至看不清楚以后的发展前景。在前途不明朗的情况下，处于早期创业阶段的公司很难从银行及其他金融机构得到资金，这时，就只能靠创业者自身通过各种方式来寻找投资了。

由于创业者与家人、朋友等彼此了解、关系亲近，因此，从家人或朋友处筹得的资金就成为优先选择的方式，而且这种方式显得较为容易。许多创业者在起步阶段依靠的都是亲戚、朋友或熟人的财力。这些资金可以采取借款和产权资本的形式。不仅是个人之间，企业之间也会有资金充裕者将钱借给短缺者进行周转、收取一定的利息的情况，这种资金融通方式即民间借贷。

一位从事快餐行业的黄先生，从刚开始创业至今，十几年来从没向银行贷过款，做生意全靠自有资金和向朋友临时借，或者企业之间相互拆借。在他看来，民间借贷一般写张私人借据即可，利率由双方自行协商，期限很灵活。如果向银行贷款，还需要审查财务报表，还要按时结算本利息。对于经营快餐行业的他来说，多道审批下来，实在很浪费时间和精力。而且由于黄先生的快餐店规模并不大，一般的金融机构无法满足中小企业短期、灵活、便捷的资金需求，后者只好"望贷兴叹"，转而寻求民间资金的支持。

向亲戚朋友借一些钱作为初始资金投入，是许多创业者的起点。目前国内的绝大多数民营企业，包括那些已经做大的企业，很多都是靠民间借贷发展起来的。当企业发展到一定规模后，创业者才利用扩股等其他形式筹集资金。

创业者从家人、朋友处获得的资金最好是以借贷的方式，这样创业者才能拥有更多股份，有利于创建和完善公司的经营决策。从这个方面考虑，创业者最好不要接受家人或朋友以权益资金入股的形式。当家人或朋友的资金是以权益资金形式注入，家人或朋友就是公司的股东。如果他们既不懂公司的经营管理，又要干预公司的日常经营活动，就会对公司的发展带来不利影响。

为避免一些潜在问题的出现，创业者应当全面考虑投资所带来的正面和负面影响及风险性。创业者应严格按照公司管理规范管理公司，以公事公办的态度将家人和朋友的借款或投资与贷款或投资者投资同等对待。民间借贷的基础是信用。

3. 银行贷款

银行贷款被誉为创业融资的"蓄水池"，由于银行财力雄厚，而且大多具有政府背景，因此在创业者中有很好的"群众基础"。

相对于其他融资方式，向银行贷款是一种比较正式的融资方式。但事实上，创业者要想获得银行贷款的确不容易，但也不是完全不可能。综观大部分创业失败的原因，无论失败的根源在哪里，最后都会体现在"钱"上——资金链断裂又筹措不到钱。因此对于创业者来说，无论你是创业初期需要融资，还是在创业中期扩大生产需要银行的资金援助，银行的作用是非常重要的。创业者要想顺利得到银行的贷款，还必须对银行借贷的形势和流程有所了解。

如今银行的贷款种类越来越多，贷款要求也不断放松，如果根据自己的情况科学选择适合自己的贷款品种，个人创业将会变得更加轻松。创业公司应重视银行贷款融资的多种方式，不断加强与银行的合作关系。

4. 租赁融资

租赁融资，又称设备租赁或现代租赁，是指实质上转移与资产所有权有关的全部或绝大部分风险和报酬的租赁。资产的所有权最终可以转移，也可以不转移。

租赁融资适合资源类、公共设施类、制造加工类企业，如遇到资金困难，可将工厂设施卖给金融租赁公司，后者通过返租给企业获得收益，而银行则贷款给金融租赁公司提供购买资金。制造企业可通过该项资金偿还债务或投资，盘活资金链条。

从国际租赁业的情况看来，绝大多数租赁公司都是以中小企业为服务对象的。由于中小企业一般不能提供银行满意的财务报表，只有通过其他途径来实现融资，金融租赁公司就提供了这样的平台，通过"融物"实现融资。

由于租赁物件的所有权只是出租人为了控制承租人偿还租金的风险而采取的一种形式所有权，在合同结束时最终有可能转移给承租人，因此租赁物件的购买由承租人选择，维修保养也由承租人负责，出租人只提供金融服务。

在租金计算原则方面，出租人以租赁物件的购买价格为基础，按承租人占用出租人资金的时间为计算依据，根据双方商定的利率计算租金。它实质是依附于传统租赁上的金融交易，是一种特殊的金融工具。

金融租赁不仅可以使企业获得资本融资，节省资本性投入，无须额外的抵押和担保品，而且可以降低企业现金流量的压力，并可用作长期贷款的一个替代品。金融租赁已经成为成熟资本市场国家与银行和上市融资并重的一种非常通用的融资工具，成为大量企业实现融资的一个重要和有效的手段，并在一定程度上降低了中小企业融资的难度。

同时，金融租赁和其他债权、股权以及信托等金融工具的结合，产生了大量的金融创新。目前全球近1/3的投资是通过金融租赁方式完成的，是发达国家设备流通的主资金渠道之一。

但是由于我国金融租赁业还处于初期阶段，市场活跃程度不高，业绩不大，加上租赁企业资金严重不足，根本不能满足这些庞大的需求，所以目前我国金融租赁市场严重供不应求。因此，创业者在寻找金融租赁的时候，也要根据租赁公司的实际情况，尽量挑选那些实力强、资信度高的租赁公司，且租赁形式越灵活越好。

5. 股权融资

股权融资属于直接融资的一种。长期以来，人们都认为股权融资是大企业的事，与中小投资者、小本创业者不相干，其实情况并非如此。股权融资是指企业的股东愿意让出部分企业所有权，通过企业增资的方式引进新的股东的融资方式。股权融资所获得的资金，企业无须还本付息，但新股东将与老股东同样分享企业的赢利与增长。这种融资方式对于创业者来说，也是一种较为现实和便捷的融资方式。

方兴未艾的股权融资，在短时间内得到越来越多的认可，成功案例不断出现。对于创业者来说，来自股权融资的资本不仅仅意味着获取资金，同时，新股东的进入也意味着新合作伙伴的进入。但是在进行股权融资时，创业者需要注意的是对企业控制权的把握。

创业者也可以选择分段融资的方式，将股权逐步摊薄。这样做有两方面的益处：首先是融资数额较少，比较容易融资成功；其次，可以保证创业者对公司绝对的控股权，而且在每一次融资的过程中，都可以实现一次股权的溢价和升值。但是，这对创业者的企业和项目要求都很高，必须是优质的企业和项目才能为创业者争取到发言权。

股权融资的另一个结果就是投资者以股东的身份加入公司，因此创业者还要妥善处理好和投资者的关系，尽可能选择好合作伙伴。投资者和创业者的根本目的以及对企业的理解程度不容，导致在看问题时角度和出发点会产生根本的不同，因而容易引起和激化矛盾。因此选择一个好的合作伙伴对创业者是至关重要的，可以起到如虎添翼的作用。创业者在决定采用股权融资的时候，建议最好选择对本行业有一定的了解，或者与本企业同处于上下游产业链中可以降低交易成本的战略投资者。

任何一种股权融资方式的成功运用，都首先要求企业具备清晰的股权结构、完善的管理制度和优秀的管理团队等各项管理能力，所以企业自身管理能力的提高将是各项融资准备工作的首要任务。

一个企业一旦决定要进行股权融资，创业者也可以尽早让一些专业的中介机构参与进来，帮助创业者包装项目和企业。除要进行一些必要的尽职调查外，还要根据本企业的实际情况，设计相应的财务结构及股权结构，同时在股权的选择上要仔细推敲，如是选择普通股还是优先权，创业者切忌采取拍脑袋的方式来代替科学决策。而且融资是一个复杂的过程，这个过程涵盖企业运营的方方面面，为了避免走弯路，减少不必要的法律风险，创业者要借助专业的中介机构。

6. 创业投资基金

创业投资基金是指由一群具有科技或财务专业知识和经验的人士操作，并且专门投资在具有发展潜力以及快速成长公司的基金。

创业投资是以支持新创事业，并为未上市企业提供股权资本的投资活动，但并不以经营产品为目的。它主要是一种以私募方式募集资金，以公司等组织形式设立，投资于未上市的新兴中小型企业（尤其是新兴高科技企业）的一种承担高风险、谋求高回报的资本形态。在我国，通常所说的"产业投资基金"即属于创业基金。

创业基金支持的项目是要符合国家产业政策、技术含量较高、创新性较强的科技项目产品；有较大的市场容量和较强的市场竞争力，有较好的潜在经济效益和社会效益；项目应具备一定的成熟性，以研发阶段项目为主。

创业者要想顺利获取创业投资基金，必须对创业基金支持的方式及申请程序有一个清晰的了解。

资本金投入以投资公司自有资金投入为主，数额一般不超过企业注册资本或申请人准备投入的50%。同时投资公司还会从公司注册手续的办理、企业税务的代理、经营中的管理培训及相关政策的把握等各个方面给予申请人新设的企业以支持。

近年来，我国的科技型中小企业的发展势头迅猛，已经成为国家经济发展新的重要增长点。政府也越来越关注科技型中小企业的发展。同样，这些处于创业初期的企业在融资方面所面临的迫切要求和融资困难的矛盾，也成为政府致力解决的重要问题。

有鉴于此，结合我国科技型中小企业发展的特点和资本市场的现状，科技部、财政部联合建立并启动了政府支持为主的科技型中小企业技术创新基金，以帮助中小企业解决融资困境。创业基金已经越来越多地成为科技型中小企业创业者融资可口的"营养餐"。

铁律 27

盘活资本，不让金钱在银行里过夜

> 财富的积累需要储蓄，但如果一直储蓄，不思投资，那么活钱就会变成死钱。你虽然不会为没钱的生活而忧虑，但你也永远不可能成为富翁，因为钱就像水一样，只有流动起来，才能创造出更多的价值。《塔木德》里讲："钱，只有进入流通，才能发挥它的作用。"

精明的商人不喜欢储蓄，在他们的心目中，把钱放在银行是为银行打工，所以，投资是最好的以钱生钱的途径。他们热衷于投资，无论是天上飞的，还是地上跑的，能和投资沾边的他们都会沾一沾。

在成功的商人眼里，投资是每个人必须学会的本领之一，要学着用钱去赚钱。他们永远不会满足于手中拥有的金钱，他们喜欢不断地追逐金钱。

有一个人叫多金，由于夫妻俩每月省吃俭用，所以银行存折中的数字直线上升。但是当这个消息传到犹太富商凯尔的耳朵里时，凯尔对多金夫妇如此注重储蓄的行为非常不欣赏。

一天，多金向凯尔请教："凯尔先生，对我来说，如果没有储蓄，生活等于失去了保障。您有那么多钱，却不存进银行，为什么呢？"

"那些认为储蓄是生活上的安全保障，储蓄的钱越多，则在心理上的安全保障程度越高的人，如此积累下去，永远没有满足的一天。这样，岂不是把有用的钱全部闲置起来，使自己赚大钱的机会减少了，并且自己的经商才能也无从发挥了吗？你再想想，有哪一个人能凭着省吃俭用一辈子，光靠利息而成为世界上知名富翁的？"凯尔不慌不忙地答道。

多金虽然无法反驳，但心里总觉得有点不服气，便反问道："您的意思是反对储蓄了？"

"当然不是彻头彻尾的反对。"凯尔解释道，"我反对的是，把储蓄当成嗜好，而忘记了等钱储蓄到一定时候把它提出来，再活用这些钱，使它能赚到远比银行利息多得多的钱。我还反对银行里的钱越存越多时，便靠利息来补贴生活费，这就养成了依赖性，而失去了商人必有的冒险精神。"

凯尔的话很有道理，有很多人认为只要把金钱存放在银行里，就已经实现了理财。事实上，利息在通货膨胀的影响下，实质报酬率几乎接近于零，这也就意味着钱存在银行里等于是没有理财。

对待金钱，经营者要始终持有一种观念，那就是"钱是在流动中赚出来的"。人的生命在于运动，资金的生命也在于运动。资金在市场经济的舞台上害怕孤独，不堪寂寞，需要明快的节奏和丰富多彩的生活。因此，你应该在金钱的滚动中，在资本的运动中，发挥你的才智，开启你的财商，使自己最终成为一个成功的富商。

与其把钱放在银行里面睡觉，靠利息来补贴生活费，养成一种依赖性而失去了冒险奋斗的精神，还不如活用这些钱，将其拿出来投资更具利益的项目。《塔木德》这样告诫世人："上帝把钱送作为礼物送给我们，目的在于让我们购买这世间的快乐，而不让我们攒起来还给他。"

一个主人有一天将他的财产托付给3位仆人保管与运用。他给了第一位仆人5份金钱，第二位仆人两份金钱，第三个仆人1份金钱。主人告诉他们，要好好珍惜并妥善管理自己的财富，等到一年后再看他们是如何处理钱财的。

第一位仆人拿到这笔钱后进行了各种投资；第二位仆人则买下原料，制造商品出售；第三位仆人为了安全起见，将钱埋在树下。一年后，主人召回3位仆人检查成果。第一位及第二位仆人所管理的财富皆增加了一倍，主人甚感欣慰。唯有第三位仆人的金钱丝毫没有增加，他向主人解释说："唯恐运用失当而遭到损失，所以将钱存在安全的地方，今天将它原封不动奉还。"

主人听了大怒，并说道："你这愚蠢的仆人，竟不好好利用你的财富。"

第三位仆人受到责备，不是由于他乱用金钱，也不是因为投资失败遭受损失，而是因为他把钱存在安全的地方，根本未好好利用金钱。

要想捕捉金钱、收获财富、使钱生钱，就得学会让死钱变活钱，千万不可把钱闲置起来，当作古董一样收藏；而要让死钱变活，就得学会用积蓄去投资，使钱像羊群一样，不断繁殖和增多。在犹太人眼里，衡量一个人是否具有经商智慧，关键看其能否靠不断滚动周转的有限资金把营业额做大。

做生意要合理地使用资金，千方百计地加快资金周转速度，减少利息的支出，使商品单位利润和总额利润都得到增加。

做生意总得要有本钱，但本钱总是有限的，大企业靠的是资金的不断滚动周转，把营业额做大。

普利策17岁时到美国谋生。开始时，他在美国军队服役，退伍后开始探索创业路子。经过反复观察和考虑后，他决定从报业着手。

为了搞到资本，他靠运筹自行做工积累的资金赚钱。为了从实践中摸索经验，他到圣路易斯的一家报社向该老板求一份记者工作。开始老板对他不屑一顾，拒绝了他的请求。但经过普利策反复自我介绍和请求，老板勉强答应留下他当记者，但有个条件，半薪，试用一年后再商定去留。

普利策为了实现自己的目标，忍受老板的剥削，并全身心地投入到工作之中。他勤于采访，认真学习和了解报馆的各环节工作，晚间不断地学习写作及法律知识。他写的文章和报道不但生动有趣，而且法律性强，吸引了广大读者。面对普利策创造的巨大利润，老板高兴地吸收他为正式工，第二年还提升他为编辑。普利策也开始有点积蓄。

通过几年的打工，普利策对报社的运营情况了如指掌。于是他用自己仅有的积蓄买下一间濒临歇业的报馆，开始创办自己的报纸——《圣路易斯快邮报》。

普利策自办报纸后，资本严重不足，但他很快就渡过了难关。19世纪末，美国经济开始迅速发展，很多企业为了加强竞争，不惜投入巨资搞宣传广告。普利策盯着这个焦点，把自己的报纸办成以经济信息为主的报纸，加强广告部业务，承接多种多样的广告。就这样，他利用客户预交的广告费使自己有资金正常出版发行报纸。他的报纸发行量越多广告也越多，他的资金进入良性循环。即使在最初几年，他每年的利润也超过15万美元。没过几年，他就成为美国报业的巨头。

普利策初时分文没有，靠打工挣的半薪，然后以节衣缩食省下极有限的钱，一刻不闲置地滚动起来，发挥更大作用，他是一位做无本生意而成功的典型。这就是犹太人"有钱不置半年闲"的体现，是成功经商的诀窍。

商业是不断增值的过程，所以要让钱不停地滚动起来。有句话说："花钱如流水。"金钱确实流动如水，它永远在不停地运动、周转、流通，在这些过程中，财富就产生了。

在当今飞速发展、竞争激烈的经济形势下，钱应该用来扩大投资，使钱变成"活"钱，来获得更高的利益。这些钱完全可以用来购置房产铺面，以增加自己的固定资产，到10年以后回头再看，会感觉到比存银行要增加很多，你才会明白"活"钱的威力。

懂得周转资金的生意人，能尽快取得利润，以利润抵消开支。他们会想办法，及时处理库存商品，使店中货物常进常新，以保障常有可动用的现金，并且不会让记账的金额太高，尽可能收取现金。

资金转得快，钱来得快，在经营中，一定要加快资金的周转，及时处理积压商品，及时购进流行商品，使店铺永远跟得上时代的脚步，这样自然就可以吸引大批新老顾客，财富也就会源源不断。

在公司的运营过程中要提高现金的流动率，需要从以下几个方面着手：

（1）流动账户：在你往来的金融机构设立多个流动账户，利用多出的现金结余获得利息。资金可以自动过账，或者闲置时转入一个有息账户，需要时再自动转回到你的营业账户。

（2）管理费用：评估你的间接成本，看看是否有下降空间。降低间接成本会直接有益于赢利能力。管理费用，包括租金、广告、间接人工和专业费用，是直接材料成本和直接人工外用于商业运营的间接支出。

（3）非生产性资产：假如你累积了一些非生产性资产，这时候应该清理它们。只有当资产，比如楼宇、设备和交通工具，能够产生收入时，你才应该花钱购置它们。

（4）应收账款：对应收账款实行有效监控可以确保你无误地向顾客发出汇票，并让对方尽快付款。

（5）应付账款：同你的供应商协商延长付款期限，尽可能推迟资金过账时间。

（6）所有者开支：对从公司提取用于非商业用途的资金额度进行监控，比如所有者开支。支取过量资金会造成公司不必要的现金外流。

（7）赢利能力：审查你的各种产品和服务的赢利能力。评估在正常基础上是否有可能提高定价，从而维持或增加赢利能力。

铁律 28
做一个周全的融资计划

> 公司的初创阶段,往往都需要一笔不小的创办经费和资本,这笔资本越充分越好,以便于创业者创业时游刃有余,也可以避免在创办早期因各种不可预测的缘故造成周转不够,落得中途而废。因此,这就需要创业者制订一个周全的资金筹集计划,为日后的发展作准备。

许多人在创业初期往往求"资"若渴,为了筹集创业启动资金,根本不考虑融资成本和自己实际的资金需求情况。鉴于此,广大创业者在融资时一定要做一个周全的融资计划。融资计划的制作是一个复杂的过程,千万不要在融资前草草地拟订一个。

小赵大学毕业之后,针对学校地处中原、学生爱吃面的习惯,想创办一家面馆。经调研发现,用新鲜的菠菜、南瓜、番茄、白菜、胡萝卜等蔬菜汁,和着面粉做成的五颜六色的"蔬菜面"深受食客喜爱,于是决定加盟一家蔬菜面店。

由于刚毕业,资金成为小赵面临的首要瓶颈,但被创业的兴奋刺激着的小赵,大概估算了一下未来小店发展的状况,就开始热火朝天地大干起来。先联系加盟店,然后想店名、选址,忙着去工商局登记……等忙活一阵子之后,小赵发现加盟费、设备、店面等都需要资金,而自己的资金却寥寥无几。小赵失落了,他不知道自己该怎么做?

其实,资金是制约创业的重要一环。任何创业者在创业之前,都应该有一个周全的融资计划。

一个周全的资金融资计划,应该包含以下几个方面的内容:

1. 计算回收期

投资回收期就是使累计的经济效益等于最初的投资费用所需的时间,可分为静态投资期和动态投资期。投资回收期的计算方法是将初始投资成本除以因投资产生的预计年均节省数或由此增加的年收入。

2. 计算现值和终值

现值就是开始的资金，终值就是最终的资金。

3. 计算融资成本

企业因获取和使用资金而付出的代价或费用就是企业的计算融资成本，它包括融资费用和资金使用费用两部分。

企业融资总成本＝企业融资费用＋资金使用费用

4. 融资渠道

融资渠道主要有：国家财政资金、专业银行信贷资金、非银行金融机构资金、其他企业单位资金、企业留存收益、民间资金、境外资金。

5. 融资方式

融资方式主要有：吸收直接投资、发行股票、利用留存收益、向银行借款、利用商业信用、发行公司债券和融资租赁。

6. 融资数量

（1）融资数量预测依据：法律依据、规模依据、其他因数。

（2）融资数量预测方法：因素分析法、销售百分比法、线性回归分析法。

7. 融资可行性分析

（1）融资合理性：合理确定资金需要量，努力提高融资效果。

（2）融资及时性：适时取得所融资金，保证资金投放需要。

（3）融资节约性：认真选择融资来源，力求降低融资成本。

（4）融资比例性：合理安排资本结构，保持适当偿债能力。

（5）融资合法性：遵守国家有关法规，维护各方合法权益。

（6）融资效益性：周密研究投资方向，大力提高融资效果。

（7）融资风险性：企业的融资风险是指企业财务风险，即由于借入资金进行负债经营所产生的风险。其影响因素有：经营风险的存在、借入资金利息率水平、负债与资本比率。

总之，创业要精打细算，这是再明了不过的事儿。而制订详尽的融资计划对于创业者而言，不仅可以节省许多不必要的开支，还可以减少创业之初遇到的各种麻烦。若创业者制订融资计划时将以上各方面的内容考虑在内，会是一个很好的开端。

就目前而言，所融资金的来源及其途径多种多样，融资方式也机动灵活，从而为保障融资的低成本、低风险提供了良好的条件。但是，由于市场竞争的激烈和融资环境以及融资条件的差异性，又给融资带来了诸多困难。因此，创业者在制订融资计划必须坚持一定的方针，具体有以下4项：

1. 准确预测需用资金数量及其形态方针

公司资金有短期资金与长期资金、流动资金与固定资金、自有资金与借入资金，以及其他更多的形态。不同形态的资金往往满足不同的创建和经营需要。融资需要和财务目标决定着融资数量。相关人员应周密地分析创业初期的各个环节，采取科学、合理的方法准确预测资金需要数量，确定相应的资金形态，这是融资的首要方针。

2. 追求最佳成本收益比方针

创业者不论从何种渠道以何种方式筹集资金，都要付出一定的代价，也就是要支付与其相关的各种筹集费用，如支付股息、利息等使用费用。即使动用自有资金，也是以损失存入银行的利息为代价的。资金成本是指为筹集和使用资金所支付的各种费用之和，也是公司创建初期的最低收益率。只有收益率大于资金成本，融资活动才能具体实施。资金成本与收益的比较，在若干融资渠道和各种融资方式条件下，应以综合平均资金成本为依据。简言之，创业者筹集资金必须要准确地计算、分析资金成本，这是提高融资效率的基础。

3. 风险最小化方针

融资过程中的风险是公司融资不可避免的一个财务问题。实际上，创业过程中的任何一项财务活动都客观地面临着一个风险与收益的权衡问题。资金可以从多种渠道利用多种方式来筹集，不同来源的资金，其使用时间的长短、附加条款的限制和资金成本的大小都不相同。这就要求创业者在筹集资金时，不仅需要从数量上满足创建和经营的需要，还要考虑到各种融资方式所带来的财务风险的大小和资金成本的高低，作出权衡，从而选择最佳融资方式。

4. 争取最有利条件方针

筹集资金要做到时间及时、地域合理、渠道多样、方式机动。这是由于同等数额的资金，在不同时期和环境状况下，其时间价值和风险价值大不相同。

创业者制订融资计划，必须研究融资渠道及其地域，战术灵活，及时调剂，相互补充，把融资与创建、开拓市场相结合，实现最佳经济效益。在创业企业制订融资计划的过程中，为了保证融资的成功率更高，小本企业创业者应当注意以下一些方面：

1. 只有创意还不行，还要有竞争优势

单有好的创意还不够，你还需要有独特的"竞争优势"，这个优势保证即使整个世界都知道你有这样一个创意你也一定会赢。除了有好的创意或者某种竞争优势还不够，公司人人能建，但你会经营吗？如果你能用不多的几句话说明上面这些问题，并引起投资商的兴趣，那么接着你就可以告诉他你计划需要多少资金，希望达到什么目标。

2. 不要空泛地描述市场规模

有些创业者最常犯的一个错误是对于市场规模的描述太过空泛，或者没有依据地说自己将占有百分之几十的市场份额，这样并不能让人家相信你的企业可以做到很大规模。

3. 先吸引投资商的注意力

也许你会在公共场合偶然遇到一位投资家，也许投资商根本不想看长长的商业计划书，你只有几十秒钟的时间吸引投资商的注意力。当他的兴趣被你激发起来，问起你公司的经营队伍、技术、市场份额、竞争对手、金融情况等问题时，你要已经准备好了简洁的答案。

4. 与投资者讲价钱

投资者对创业企业的报价往往类似于竞价拍卖，如果投资者真的很看好这家企业，他会提高对企业的作价，到双方达成一致意见为止。另一方面，创业企业在融资时的报价行为类似于降价拍卖，通常刚开始时自视甚高，期望不切实际的高价，随着时间的推移，企业资金越来越吃紧，投资意向一直确定不下来，锐气逐渐磨钝，结果只能接受现实的价格。

5. 强调竞争对手

有些创业者为了强调企业的独特性和独占优势，故意不提著名的竞争对手，或者强调竞争对手很少或者很弱。事实上，有成功的竞争对手存在正说明产品的市场潜力，而且对于创业投资公司来说，有强势同行正好是将来被收购套现的潜在机会。

6. 合理预测

预测的一个常见错误是先估算整个市场容量，然后说自己的企业将获得多少份额，据此算出期望的销售额。另一个值得怀疑的方法是先预计每年销售额的增长幅度，据此算出今后若干年的销售额。

过于乐观的估计会令人感到可笑。例如有人这样估计营业额：有人发明了一种新鞋垫，假设全国人民每人每年买两双，那么市场容量有 26 亿双，我们只要获得这个市场的一半就不得了了。

比较实在可信的方法是计划投入多少资源，调查面向的市场有多少潜在客户、有哪些竞争产品，然后根据潜在客户成为真正用户的可能性和单位资源投入量所能够产生的销售额，最后算出企业的销售预测。

7. 关于先入优势

需要注意的是，先入者并不能保证长久的优势，如果你强调先入优势，你必须能够讲清楚为什么先入是一种优势，是不是先入者能够有效地阻碍新进入者，或者用户并不轻易更换供应商。

8. 注重市场而不是技术水平

许多新兴企业，尤其是高科技企业的企业家都是工程师或科学家出身。由于其专业背景和工作经历，他们对技术的高、精、尖十分感兴趣，但是投资人关注的是你的技术或产品的赢利能力，你的产品必须是市场所需要的。

技术的先进性当然是重要的，但只有你能向投资商说明你的技术有极大的市场或极大的市场潜力时他才会投资。很多很有创意的产品没能获得推广是因为发明人没有充分考察客户真正需要什么,没有选准目标市场或者做好市场推广。投资家是商人,他们向你投资不是因为你的产品很先进,而是因为你的企业能赚钱。

铁律 29
牢牢掌握控股权才能掌握主动权

> 控股权意味着对企业资源的支配权,掌握控股权是主导企业的产品、管理、市场甚至是企业未来的必要条件,甚至关系着企业的存亡。无论是民营企业的艰辛成长还是合资企业的利益纷争,都表明了一个道理:谁掌握了控股权,谁就掌握了资源与市场,掌握了企业未来的发展。

股权,对于股份制公司来说是一个敏感话题,在企业发展的过程中,股权在各个阶段起到不同作用。对于经营者来说,只有掌握住控股权,才能够掌握企业的决策控制权。

在企业的初创阶段,股权应当集中在一人手中,实行一个人决策;企业成长到中等规模的时候,就要靠一个小的集体来决策;等到企业再大了,就要按照上市公司的规则;而最终一个企业上市了,就必须按照社会化的规则,让社会上成千上万的人持有它的股份。对于民营企业而言,初创阶段的控股权尤为重要,开创初期不能实行股权分散,究其原因,与股份制公司的特点息息相关,即能共患难而不可共富贵。具体说来,在创业的初期,资金短缺,只有大家众志成城才能将企业做大。然而,企业成长起来并累积了一定的利润之后,分享成果与利益的时刻也就到了,这个时候权力大的人自然得到的利益就多,斗争便开始了,往往会有两种情况产生:一是部分创始人出走,要么另谋高就,要么另起炉灶;二是公司到此为止,分崩离析。不少企业的垮掉并非是因为长期不赚钱,而正是因为赚钱导致的"窝里斗",才造成了公司结构的不稳定而最终垮掉。因此,股权集中的重要性不可动摇。

巨人集团董事长史玉柱在谈到自己的创业经历时认为,对于公司的股权,只有牢牢掌控,才能抓住企业的根本,不至于陷入被动的境地。

1989年8月底至9月初,经朋友介绍,史玉柱招聘了3名员工,然而到10月份时,其中一名员工提出了每人分持股份、共同占有企业利润的要求。而史玉柱不同意，主张继续打广告，并告知员工，股份的事情可以商量，但每个人各占25%是不可能的。

由于软件是史玉柱自己开发的，并且启动资金也是由其贡献，因此他认为自己至少应该得到控股权，对于几位员工可以给每人10%～25%。但是，两位员工嫌持有股权太少，意见一直不能达成统一，最后引发了很大争执。这次经历对史玉柱的影响很大，他坚持认为，以后所有的"根公司"必须自己一人独资。而对于公司高管，史玉柱也改变了分享利益的模式，不再许诺股权，取而代之的是高薪加奖金的模式。

在这种模式下，高管得到的薪水与奖金甚至比之前他们通过股份分红得到的钱更多。史玉柱的公司之后再也没有发生过内斗的问题。

这也正是万通董事长冯仑所说的：企业第一阶段都是排座次问题，第二阶段是分经营问题，第三阶段是论荣辱问题。一开始产权相对集中，有利于企业的稳定发展。

把握住企业的控股权不仅是企业发展初期所面临的问题，随着企业的发展，吸纳资金、技术等是企业发展扩大的有效途径，而在这一过程中，控股权更要牢牢把握住。

对于我国的企业而言，要实现飞速发展，仅仅依靠自身的实力是不够的，必须融合更多社会资源。而与国外企业合作，不仅能获取国外的资金，更为重要的是可以引进其先进的管理、技术等无形资产。但是，在合资公司中，一个最棘手的问题就是控股权。只有真正驾驭企业，才能使外资为我所用，而不是把企业拱手让给外资企业，成为外资企业在中国赚钱的工具。

企业能够牢牢把握控股权，是企业背后的硬实力在支撑，正如坚持"铁的原则"要有"钢的后盾"。自主品牌的保护，最终是要用实力说话，如果企业本身的实力过硬，往往在合作中掌握控股权就不那么顺利。事实上，当前很多企业在行业中并不能达到应有的地位，但绝不能因此就委曲求全，以牺牲控股权为合作代价。

首先，在企业与外资合资之初，不能因为急于要把国外的项目和资金引进来，就以放弃控股权"示好"，更不能因为没能掌握谈判的技巧和交易的筹码，或是迫于谈判中的被动地位，就在组建合资企业时，不敢理直气壮地争取控股权。一旦企业发展壮大起来，才发现对企业控制力的微弱往往为时已晚，此时再要争取控股权会更加困难。一般来说，随着企业的规模逐渐扩大、不断发展、竞争不断地深化，控股权也会显得愈发重要和迫切，因此，与外资合作之初切勿妥协。

另一方面，对于那些中外共同组建企业，更把握好这个"百分比"。湖南有一家与韩国、荷兰的公司共同组建的合资企业，在当初组建时出资比例为49%，而控股权却掌握在由韩国企业和荷兰企业各出资50%所组成的合资企业手中，因为这两家的出资额之和恰为51%，尽管中方是其中出资额最高的，却以2%的比例之差不情愿地被外方拿到控股权。也有的企业在控股权方面与外方形成了各占半壁江山的局面，而最终结果是这种势均力敌的格局带给企业的是明争暗斗的较量。从长远的角度而言，如果某一产业的控股权全部控制在外资手中，长久来看，可能这个产业就会完全控制在外资手里，而这恰是我国不少企业家都担心的。

对于当前众多实力还相对薄弱的民营企业而言，怎样做才能在与外资打交道的过程中牢牢将控股权握在手中呢？核心技术是掌握控股权的关键，而实际控制权是掌握控股权的途径。可以用一位老总的话来概括："当我们与对手实力悬殊时，我们在控股权问题上往往是被动的。但当我们在发展中拥有自己的核心技术时，就有了争取控股权的时机。控股权能争取时要尽量争取。"

具体而言，企业在初始不掌握控股权的情况下，掌握企业的实际控制权是实现在今后取得控股权的有效途径。具体而言，民族企业在合资谈判中不能一味妥协，因为外商必定是看中国内民企的优势资源才决定合资的，企业可以利用这些资源优势为自己争得一席之地。比如，利用这些谈判优势在企业经营管理权限上、人事安排上特别是关键职位的安排上提出掌握一定实权的条件。而中方民企掌握实际控制权的同时，则要做好两方面的工作：一是将自身的优势资源保持下去，提高谈判地位，防止对方不断扩大自己的控制权；二是应努力掌握合资方的核心技术，在此基础上不断研究发展，将外方的优势资源转化为自己的资源，使己方在企业发展中居于主导地位，在机会合适时将企业的控股权重新掌握在自己手中。

铁律 30

与银行保持良好的沟通，不要失信于银行

> 银行是企业的重要融资渠道，与银行建立良好的沟通，企业才能保证资金渠道畅通。与银行建立起融洽关系，要"对症下药"、"投其所好"，以平等的心态遵循诚实信用的原则，特别是不能失信于银行。无论是创业企业、微型企业，还是有一定规模的企业，都要与银行积极建立起关系，"走出去，引进来"是途径。

对于企业而言，特别是创业企业，银行是非常重要的财源，在企业的资金周转当中会起到重要的作用。使银行对自己有信心，是融资的关键，这就要求企业在与银行业务往来的过程中不能失信于银行。

企业在与银行打交道的过程中，首先要明白银行看重的是什么，做到这些，更容易得到银行的信赖。一般来说，银行主要从以下 5 个方面考查企业：

1. 性格

这里的性格是经理人的个人特征，尽管从理论上来讲银行应当对企业的财务信息更为感兴趣，而实际上银行对经理人个人也十分感兴趣。经理人的性格会影响到银行与企业合作的态度，因为银行都喜欢品质良好的人。

2. 资本

为了规避风险，银行总是希望自己是众多的投资人之一，而不是企业唯一的投资者。这样就要求企业有一定的风险承担能力，并且银行还想知道企业是否有足够的信心。

3. 能力

毫无疑问，能力是一个硬指标。这里的能力当然指的是企业的借款能力，它受以往

的信用记录和企业的经济基础影响。如果是初创公司，则借款能力就比较有限，因此开始和银行建立关系并逐步培养自己的借款能力成为此时公司的关键。

4. 条件

这里的条件指的是企业所在行业的经济现状和商业条件。经济状况会影响到每个人，构成信用条件的一部分，也是与银行打交道的重要一点。通常经济低迷时期要比经济高涨时期更难获得贷款。

5. 抵押

抵押对于有一定经验的企业来说是再熟悉不过的了，银行不是冒险家，所以自然要求有抵押品来保证贷款的偿还。事实上抵押是金融业的一个惯例，在我国，抵押可以说是很多企业融资的一道坎。当公司的现金流量足以支持偿还贷款时，可以和银行交涉收回抵押。

以上所说的是银行看重的方面，而与银行打交道中最忌讳的是什么呢？就是失信于银行，按照下面5个准则来做，会使企业给银行留下诚实信用的好印象。

（1）千万不能对银行撒谎。企业可以让银行得知关于自己的一切情况，但已经告知的就必须是真实的。

（2）企业的年终结算上报银行必须及时，应当在经营年度后第三个月交给银行。

（3）对于企业经营中遇到的各种问题，一旦银行从各种途径得知后，企业就应当及时向银行汇报这些情况，不得有所隐瞒。

（4）不要轻易向银行承诺。因为一旦企业不能完成所承诺的指标，银行就会认为企业缺乏远见和判断力，夸夸其谈。

（5）请将自己置于银行的位置，站在银行的角度根据各种信息评价公司的经营情况。

以上几点原则，无论是初创企业还是有了一定发展的企业，都要遵守，而《浙商》的鲁博士在谈到企业如何和银行打交道时，也将诚信列为基础，同时他谈到，处理银企关系的一个关键，就是企业要摆正心态，更改一些错误的想法。

非常重要的一点就是，企业与银行应当是平等的。企业应该以平等的心态去看待银企关系。从本质上来讲，银行也是独立的企业，同样要追求利润、承担风险，企业与银行之间是平等的关系，并不存在谁依靠谁的关系。现代新型银企关系的特征是：互惠互利、平等合作、双向选择、联盟发展。有几种想法是错误的，比如，有些企业老板认为银行就是要钱的地方，甚至有种占便宜的想法，即只要把贷款拉过来，银行就没有办法了。另外就是，现在的企业与过去不同，并非政府叫银行贷款给谁就给谁，银行规避风险是很正常的行为，甚至现在银行都可以派监管员进驻企业。在这种趋势之下，企业不讲诚信骗贷将是自讨苦吃，企业不惜牺牲自己的信誉换取蝇头小利，往往也得为此付出沉重的代价。当银行认为企业信用缺失时，会一直提防企业，这很可能给企业带来致命的硬伤。

心态固然重要，而企业的经营绩效则是践行承诺的硬实力。很多企业因为资金链断裂而破产，往往把板子打在银行身上。企业要处理好银企关系，经营好企业才是根本。同时鲁博士还建议，企业与银行打交道时，应该主动与银行搞好关系，而这里的关系，不是与银行领导搞好关系，这种低水平的用不合法手段拉关系会损害国家利益与银行利润。企业应该与银行搞好关系，说的是企业应该主动把经营情况全面详实地反映给银行。银行如果不知道企业的经营状况，当然会惜贷。如果企业的经营状况良好，那么银行自然会给予支持；如果企业的经营状况不好，那么银行会提出合理的投资建议，使企业避免盲目投资带来的不良后果。

对于和银行已经建立了一定关系的企业，维持良好关系自然相对简单一些，而对于创业期的企业来说，跟银行建立起关系，可能就比较困难了，下面是一些经验总结：

首先，企业要积极向银行展示自己。跟银行打交道实际就是一个沟通的过程，好像合作一样，只有你了解他的需求、他知道你的情况，双方才有合作的可能。要想获得贷款，首先得了解清楚银行对企业的要求是什么，什么能够打动银行，银行最担心什么？然后走出去对症下药地向银行相关部门推介你的企业的各个层面，如经营理念、经营业绩、规划、产品技术和市场前景，等等。

在这个过程中，企业本身的弱点也无须特别地避讳。这是因为，将企业的弱点、面临的风险或困难展示给银行，可以让银行觉得企业更为坦荡，从而更容易获得它们的信任和支持。而银行关心的风险也正是企业自己的风险，将各种信息全面介绍给银行有助于它们了解、认可企业，还有利于获得银行的贷款，更为重要的是对企业自己的经营也有好处。企业最好将贷款比例、资产负债率、现金流量、担保比例、主营业务收入增长率等指标都控制在银行的要求范围内，还有企业的财务制度、财务报表、财务结构等都要根据银行的正规要求作出调整，这些都有利于银行对企业的经营状况进行评估。

除了积极的展示之外，如果有机会，最好邀请银行相关工作人员到企业参观，进一步展现企业良好的经营实力和潜力，正所谓"眼见为实"。而企业的战略、规模，近期发展、长期规划、经营理念，甚至良好工作作风、员工精神面貌，等等，都可能成为为企业加分的因素。企业文化在这里具有特别重要的意义，它展示着一个企业的伟大抱负与情操，表明企业的市场竞争力、赢利水平以及企业对客户、合作伙伴的态度。这些都有助于企业获得银行的认可。

企业还可以在此基础上做更深一步的"引进"，比如在必要时邀请银行参加企业董事会。在企业的董事会上，企业的财务营运、经营状况反映得将更为真实，这无疑体现出企业诚实信用的品质，更容易得到银行的垂青。

企业需要注意的是，尽管按照上述所做，企业与银行打交道的过程中也并非是一帆风顺的，特别是在当今的环境中，微型企业更是面临融资难的问题。正如一位微型企业的董事长所说："企业越小，就越要与银行保持良好沟通，取得银行的支持。"

爱尔眼科医疗集团从一家小医疗机构成长到如今中国最大规模的眼科医疗机构的成

长经历就说明了微型企业与银行打交道的艰难之路。

爱尔眼科从一家小医院开始，成长为首批登陆创业板的上市公司，10 余年的发展道路并不平坦，其中跑贷融资问题就是创业成长期的一个严峻困难。企业掌门人陈邦曾经谈到："在我们还是微型企业时，去银行跑贷款之类融资的事情大概要牵扯我 30% 的精力。"

不仅如此，企业想要得到银行的连续贷款是更难的事情。陈邦坦言，有一次公司将一定数额的贷款连本带利还给银行后，想要再从该银行贷款时却遇到了阻力。作为企业老板的陈邦，在半年时间里跑了该银行不下 20 次，从贷款部门到风控部门等，他全部都跑了一遍，可是贷款依然放不了。可见，即使是公司有了一定的规模，贷款也绝非易事。

尽管目前一些微型企业很难从银行获得贷款，但对于银行，这些企业不能采取不闻不问的态度，正如陈邦所说："越是微型企业，越要与银行保持良好的沟通。没有金融支持，企业无法发展壮大。找银行也不要有太大的心理负担，这是企业快速发展壮大的必然一步。"

爱尔眼科也正是采取了"引进来"这一策略，爱尔眼科在与世界银行协商贷款时，公司充分与对方沟通，世界银行派出专人对企业进行长期调研之后，认同了企业的经营模式和品牌价值，贷款 800 万美元，且不要抵押品。

因此，陈邦也建议微型企业主除了与银行保持良好沟通外，还要将有关人员请到他们的企业中去，让这些人看到企业真正的价值。

铁律 31

决策果断，
市场反应速度决定企业命运

> 商战之中，"兵贵神速"，当一个企业拥有较为明显的速度与时间"势能"时，这个企业就无疑增加了一项市场核心竞争力。在这个快鱼吃慢鱼的经济时代中，经营者想得早一点、动得早一点，就可能率先抢占巨大的市场份额。而一个经营者的市场快速反应能力其实是综合实力的一种体现，建立在一定的组织基础之上，又要求企业的产品研发、采购、生产、销售、信息处理等各个部门相互配合。

《孙子兵法》中说"兵贵胜，不贵久"、"其用战也胜，久则钝兵挫锐"，意思是用兵打仗，贵在快速反应，而不宜旷日持久，旷日持久会使军队疲惫、锐气受挫。而这一原则也同样适用于当今经济。如今的行业竞争中，"快"已经成为竞争的重要法宝，当今的市场变换迅速，一个小小的突发性因素，都有可能造成市场份额的重新分配。这对企业来说既是危机也是机遇。因此，经营者需要具有快速反应的能力，能快速合理调整经营思路，及时谋划应对之策，抓住市场变化带来的机会，才能在日趋激烈的市场竞争中把握主动、捷足先登。从这种意义上可以说，经营者对市场反应的速度决定了企业的命运。

经营者如果能敏感地发现市场的潜在需求并果断决策，调整产品定位，则会更为容易地迎合市场需求，分享到市场的这份"蛋糕"。

2001年2月，在海尔举行的全球经理人年会上，海尔美国贸易公司的总裁迈克先生提出建议，说尽管冷柜在美国的销量非常好，但有一个用户难题是：传统的冷柜比较深，拿东西，尤其是翻找下面的东西非常不方便。他说能不能发明这样一个产品，从上面可以掀盖，下面能够有抽屉分隔，让用户不必探身取物。这时候，就在会议还在进行时，海尔集团的设计人员和制作人员便立即行动，迅速设计出新的产品，第一代样机就这样诞生了。

连迈克都感到震惊，他曾回忆起当时的情景："他们拍拍我的肩膀说给我个惊喜。他们把我带到一个小房间里，我看到一些盒子上蒙着帆布。他们让我闭上眼睛，他们掀开帆布。我睁眼一看，17个小时之前我的一个念头已经变成一个产品，展现在我的眼前了。我简直难以相信，这是我所见过的最神速的反应。"第二天，海尔全球经理人年会闭幕晚宴在青岛海尔国际培训中心举行。一台披着红色绸布的冷柜摆在了宴会厅中。在各国经理人疑惑的目光里，主持人揭开了绸布，当场宣布：这就是迈克先生要求的新式冷柜，它已被命名为"迈克冷柜"。而当天，这款迈克冷柜就被各国经销商订购。而正是这种对于市场需求的迅速反应为海尔集团赢得了经销商们的赞许，并最终占领了美国市场接近40%的份额。

而在医药行业，这种现象更为明显：

黑龙江某制药集团在得知国家明文规定禁用含PPA的感冒药后，果断认为这是一个重要契机，并认定这是抢占感冒药市场的好机遇。集团迅速制订新的产品方案，快速组织生产出以中药板蓝根为主要原料，疗效好、价格低、不含PPA的感冒药，而该药一进入市场就抢占了巨大市场份额，赢得了大量订单。

由此可见，对于变幻莫测的市场，经营者要有一颗敏感心，对身边发生的竞品变化、市场环境、媒介资源等许多动态甚至于相对静态的事物作出自己敏锐的判断，抓住市场的动向；要有一颗防范心，从市调的众多结果中寻找市场未来发展的一些趋势，防止市场的变化让原来的策略失效；需要一颗果断心，能够快速甄别出各种繁杂的信息，找出真正能够影响企业策略的，并能够立即行动起来。

而对于一个企业的经营者来说，对市场的迅速反应与果断决策是建立在一套完整的机制之上的，并且还需要企业的良好执行力。这种执行力是整个企业的各个环节共同组成的，想要达到对市场迅速反应的目的，需要整个企业各个部门的通力配合。具体说来，表现在以下几个方面：

1. 对信息的迅速反应

企业信息的来源主要有：客户反馈信息、销售时点数据、竞品与竞争对手信息、投资信息、行业预测、行业资料、国家政策等，企业要对收集上来的信息进行充分分析研究，并根据分析结果及时调整销售政策、研发或改良产品、改变企业战略等，发挥信息效益的最大化。在收集、分析信息的过程中，企业要对信息敏感，这样才能趁竞争对手没有反应过来时有效利用信息。同时，对于收集的信息，企业要有甄别信息真伪的判断力，对于真实有价值的信息，企业要敢于果断地利用。

2. 产品研发的迅速反应

产品是企业分享市场的关键武器，是企业利润的载体，产品能否满足消费者需求并实现销售，能否实现与竞品的差异化或比较优势，关键点在产品的开发上。因此，产品开发者应当及时发现并吸收市场需求的变化与反应，只有这样才能顺应市场的潮流，迎合消费者不断变换的需求。为了达到这种目的，产品研发人员应该做到以下几点：首先，产品研发人员要加强沟通，要经常走向市场，与客户、消费者多沟通，从中发掘潜在需求，并倾听客户或消费者对现有产品的不满以及提出的建议，从尚未满足的需求入手。其次，产品研发人员要多参加一些行业论坛、行业展会或新品发布会。在展会上增强与同行之间的交流，取长补短，明了行业发展的趋势，争取做行业中的领军者，捷足先登抢占市场。另外，将标准化设计与个性化设计相结合，尽管个性化设计会起到意想不到的效果，但是会增加产品原辅料采购的难度，同时也会延长产品的交货期，因此应当适量考虑标准化。最后，还要与营销人员沟通，这一点与第一点是相辅相成的，营销人员往往根据工作经验，对物资和品种、市场的情况都有很深的理解，与之沟通能够避免闭门造车的情况。

3. 采购的迅速反应

采购部门根据采购单迅速组织采购，并在最短的时间内使原辅料到位，对于产品快速生产并进入市场是十分重要的。对于标准化用料而言，企业应当对常用原辅料设置一个库存警戒，当库存达到警戒线时采购部门要及时安排采购，这样就可以避免采购常用原辅料浪费的时间。而个性化的原辅料的采购安排就相对困难，这就要求研发部门与采购部门就要密切配合，采购部门在产品研发阶段就要参与进去，这样就可以在第一时间去寻找或询价，从而最大化地保障产品的快速生产。同时还要建立起原辅料供应商数据库，这样既可以对供应商货比三家，又可以减少寻找供应商的时间，从而保证货期，不耽误生产。最后，对于供应商的生产情况要实施监督，一旦发现有特殊情况，可以迅速安排补救措施。

4. 生产的迅速反应

生产部门的迅速反应的重点就是要改变大批量、标准化生产的特点，现代市场的需求正在从大众经济逐渐转向小众经济，消费者的个性化需求更为强烈，如果企业不能满足消费者的个性化需求及小批量生产，就会失去消费者，失去市场。因此，生产部门要从根本上转变生产观念，从生产什么就销售什么的观念中转变为市场需要什么就生产什么上来，要更为积极地合理安排员工工作岗位。另外一个很重要的方面就是生产部门在安排生产计划时一定要了解每条生产线的产能，注重前后道工序的衔接，防止出现生产线闲置等问题。

5. 销售的迅速反应

这主要表现在两个方面，一是市场销售人员尽量要求客户在第一时间内提货，并在最短的时间内上市铺架，以最快的速度满足消费者的需求。二是对库存采取严格的管理制度，也就是对经销商仓库中自己企业的产品一定要设置库存警戒，一旦达到或低于库存警戒就要要求经销商补货，避免因为缺货造成双方的机会损失；一旦发现某一产品市场旺销或大部分客户要求补货，企业一定要积极应对，迅速安排加单生产；对于滞销产品，企业一定要迅速想法进行处理，避免滞销产品占据经销商过多资金和库位，为新产品让出资源。

除了企业各个部门的通力配合，企业中人人有快速反应意识之外，企业的组织制度框架上也要建立起快速反应机制，比如可以在市场部与销售部建立《市场问题反馈处理单》限时处理制度，让市场部和销售部建立一线市场和销售人员、各级各类经销商按照《问题反馈处理单》以文字形式处理，并通过监督监察机制保证《市场反馈问题处理单》的有效性，还可以结合核和奖惩机制让快速反应机制成为企业的一部分。

在现在的竞争时代，商业竞争已经不是"大鱼吃小鱼"的模式，大企业往往因为规模庞大难以迅速转变而被小企业超越，因此，现在的商战可以说是"快鱼吃慢鱼"的模式。因此，面对瞬息万变的市场，机会总是稍纵即逝，必须以快节奏、快速度抢占市场"空白点"，一步领先才能步步主动。在众多竞争对手面前，经营者要做到反应快捷，就必须建立灵活、科学的信息收集和处理体系，同时企业决策者应能以敏锐的观察能力和判断能力审视整个市场。

铁律 32

培养情报意识，在市场变化前就采取行动

> 情报，对于企业的发展有重大的作用，它来自于企业的竞争环境、竞争对手和企业内部本身，对企业今后面临的市场趋势以及竞争对手的发展状况起到分析作用。但是，情报本身具有隐蔽性，需要企业的经营者以及员工对于周围事物保持高度敏感并深入思考后才能得到。因此，经营者需要加强情报意识和有意识地培养以及加强情报工作。

情报意识，对于一个经营者来说至关重要，当今的市场风云变换，竞争也愈发激烈，企业不仅要跟上市场的步伐，更要先于市场发现行业的趋势，只有这样才能先于竞争对手打开更为广阔的市场。因此，企业的经营者要培养情报意识。

企业需要的情报具有以下特点：

（1）对抗性和针对性。企业所需的情报是整个处于竞争当中的市场环境中获得的，而情报的最终用途是针对市场需求而言的，因此企业要寻找的情报对于企业的经营来说具有针对性和对抗性。

（2）商业性。取得情报的最终目的是为企业的经营带来更大的经济效益，这些情报的标新形式虽然不同，可能是与专利有关、与产品创新有关，但都具有商业性，能给企业带来更好的收益。

（3）市场预测性。企业获得的情报应当能够帮助企业预测市场的走势，具有一定的预测性。

（4）综合性。所得的情报既有可能是有关产品技术的，又有可能是企业经营管理方

面的启示，还有可能是市场未来的发展，并非局限于经营的某一个方面。

（5）隐蔽性。企业所得的情报并非是直观的，需要企业经营者的观察、发现和深入思考，需要思维的加工分析。

（6）时效性。市场是瞬息万变的，尤其在当今这个经济全球化的时代，只有迅速获得准确及时的信息，才能够建立反应灵敏的战略决策支持系统。

（7）长期性。情报的获得和应用不仅是在创业的初期十分重要，研究和发展企业情报工作应当是一项长期的战略任务。

培养情报意识的一个关键就是要提高对市场甚至是周围各种事物的敏感度和观察力。一个企业的老板能否成为成功者的关键，恰恰就在于他对事物是否有感受能力。拥有较强感受能力的人更容易对所见的事物和现象有所印象，而且牢牢地刻印在大脑里，在恰当的时机会将头脑里的东西转化为有利于企业发展的新想法。这种经营者是有心人，会不断寻找新事业发展契机。而与之相反的是，有些人往往对于周遭事物采取麻木不仁的态度，他们观察事物也是漫无目的的或者是仅仅停留在事物表面上的，这样往往什么也感受不到。对于企业的经营者来讲，应当是有目的、有意识地去观察，并且把获得的信息当作是"情报"来接受，并且要由表及里地观察和思索，这样才能得到启示。

那么如何才能更深层次地观察事物呢？对于经营者来说应多想想"为什么"。"为什么呢？"这样的疑问，正是一个经营者最必要的感受方法。"为什么"的思考是探究、摸清事物的本质的出发点。只对眼前的事物照原样接受，是不能看穿其本质的。

一位成功经营咖啡店的经营者就有这样的经验。对于顾客来说，在咖啡店喝咖啡，觉得很好喝，很少有人思考"为什么"，即使稍微更有心的人，也至多是对朋友或亲人说："那儿的咖啡味道不错。"仅达到这样传播情报的程度。而经营者则就不能仅此而已了，要有"为什么"的思考，这样就会去探究那种咖啡为什么好喝，确认其是用什么煮的，并探究咖啡豆的种类和搅拌方法，有机会时他们会直接询问老板的秘诀。进一步探究的话，还会明白咖啡其本身的味道尽管如此，其实店内的气氛也有相当的影响。就这样，对"为什么"的思考挖掘下去，从感到咖啡好喝入手，自己会得到各种各样的情报。这位成功的咖啡店老板就是这样获取市场情报的，根据这些情报不断改进自己的产品，迎合市场的需求。

事实上，在商场上，深入思考能够带来的巨大不同就是这样的，差异会如实地在之后企业的经营之中凸现出来。有"为什么"的思考的经营者会发现异常现象，并且会力图去抓住其原因。他们更容易识破客户公司的经营危机，也更容易从部下的细微行动察知其生活上的异常。而对事物没有疑问的经营者，对能够给市场带来潜在危机或者机会的事物感觉迟钝，更不会采取先下手的政策，往往被置于被动。这样，便做不了经营者。不管怎么说，生意都是先下手为强。总之，新事业的契机常常缘于"为什么"的思考。

而能够深入思考的前提是能够发现，因此经营者要有一颗敏感的心，要保持对市场现状及变化趋势的强烈嗅觉。经营者要对身边发生的竞品变化、市场环境、媒介资源等许多动态甚至于相对静态的事物做出自己敏锐的判断。只有敏感，你才不会木然；只有敏感，你才不会保守；只有敏感，你才会放弃偏颇。你有一颗对市场敏感的心，你才会拥有对市场敏锐的目光和灵敏的嗅觉，你才能保证自己拥有敏捷的反应和明智的选择。

那么企业的情报工作可以从哪方面进行呢？主要从以下3个方面入手：

1. 企业的竞争环境

从企业的经营能力发展和目标市场入手，找出影响它们的因素，比如各种社会因素，包括社会文化、经济环境、政治法律、科学技术，等等，以及这些因素之间的联系。企业所处的环境是经营者需要关注的重点，企业所获得的情报将对企业制定或调整适应企业发展的战略规划以及保持和发展企业的竞争优势有很大的参考作用。

2. 企业的竞争对手

毫无疑问，竞争对手的有关情报在商战之中是经营者关注的焦点，这里的竞争对手既包括主要竞争对手，也包括企业的潜在竞争对手。情报主要是对手在技术研发、生产经营、管理方法以及销售方案的多方面的实力。除此之外，对手的市场反应力以及计划行动也是分析的重点。

3. 企业的内部分析

事实上，情报不仅是来自企业外部的，企业自身的分析也是一种情报，比如企业在竞争市场上的竞争优势，企业的优势与劣势、机会与威胁，以及现在的资源、战略的发展潜力等方面的研究。内部情报与外部情报一样重要，正如"知己知彼"。

加强情报意识，在市场变化前就采取行动对于企业来讲有重要的意义，企业可以从以下几个方面来建设情报工作：

1. 提高管理层以及员工的情报意识

正如上面所讲，企业中无论是管理者还是员工都要保持高度敏感与警觉，并且在观察的基础上深入思考，要充分意识到情报工作对于企业的重要辅助作用，认识到其价值所在，不能只关注企业的眼前利益。

2. 有必要时企业可以设立情报部门

现在大部分的企业没有独立的情报部门，获取情报的渠道和手段也比较单一，企业的情报工作体系不健全，作决策的时候就容易以经验判断为主。情报工作没有系统的规划，决策者的主观意识就比较浓重，缺乏科学性。因此，企业应当在一定基础上设置专门机构或者安排专人来负责情报工作。

3. 培养情报工作人员

尽管企业无论是管理者还是员工都应当对于市场敏感，但是由于个人禀赋的不同以及工作经历的限制，企业仍需要专门的情报人员，并且这些人员是经过专业的培训和实际锻炼，拥有一定的相关知识和技能，并且要建立一定的员工激励机制等吸引专业人员。

4.充分利用企业内部情报

企业不能只看重外部社会资源的利用,而忽略企业内部资源的挖掘与开发。企业内部人员也是企业情报的一个重要来源渠道,因此企业应当建立起高效有序的企业内部信息共享机制,以此发掘企业内部的巨大价值。这就要增强员工的情报意识,并鼓励其为企业积极收集竞争情报。

铁律 33

家族性创业团队
在创业初期具有更大的能量

> 在创业初期,创业企业往往会面临招聘困难和队伍不稳的问题,而采取家族性创业团队这一模式将能解决这一问题。但是,成员的个人能力差异与家庭政治也会给企业发展带来不稳定因素。因此,管理者更应处理好团队专业化以及利益分配者之间的博弈等问题,只有这样才能将企业做大做强。

在现代企业管理制度之下,家族性创业团队恐怕得到的重视更少一些,整个家族中的感情与利益纠葛问题可能是很多创业者不想看到的,也是家族性企业留给人们很典型的一个印象。然而家族企业并不必然是不符合"现代企业制度规范"的,并且家族企业在现代发达的市场经济国家也非常普遍,即使在美国家族企业也是经济主导力量:75%以上的企业属于家族企业;家族企业占国民生产总值的40%;在《财富》500强企业中有超过1/3的企业可以被看作家族企业;世界上最成功的一些企业就是从家族企业发展而来的,如强生、福特、沃尔玛、宝洁、摩托罗拉、惠普、迪斯尼,等等。而在我国现在规模比较大的一些民营企业当中,超过一半当年都有依靠自家亲属征战的经历。由此可见,家族性创业团队也是创业者可选团队类型,甚至它在创业初期具有更大的能量。

家族性企业尽管历史久远,但是在现代经济中也彰显出时代特色。形式上,家族性企业既可以是一人掌控,也可以是夫妻掌控、父子掌控、兄弟掌控,甚至是更为复杂的形式都有。这些不同的家族企业制度和组织形式与创业者个人或者创业者家族的理念的不同有关。只要是符合企业自身发展需求的,不管是哪种形式,都有可能成功,既有完全一人掌握股权的成功典型,也有不断地稀释股权,创业者最后只占个百分之二三的优秀范例。

家族性团队的最大优点就是可以弥补创业之初的人力资源问题。绝大多数项目在初创阶段，甚至在更长的一段时间内，公司规模很小、实力有限、待遇不高、前景不太明朗，很难从社会上招到专业素养较高的员工，队伍也处于极不稳定的状态之中，公司的员工流动性往往很大。创业初期，即使有一部分员工暂时留了下来，也一般都在寻找跳槽的时机，很难有人成为公司的"元老"。而人力资源对于创业企业来讲是十分重要的，任何企业要想真正发展，队伍稳定都非常重要，最起码也应该能稳定住一个核心圈。因此对中小企业而言，员工的忠诚度也往往比他们的能力更为重要。面对面向社会招聘员工困难且不稳定的问题，实施家族性团队策略对于创业者来说不失为一个好办法。尽管自己亲戚的能力比较有限，在管理上照样存在各种各样的问题，但由于创业企业初期从外招聘的人员素质也往往不会很高，况且操作一个家庭队伍还是相对要稳定一些，比较权衡之后，可以在自己能够把握的范围内选择最优。从某种意义上来讲，家族性团队是创业企业初期环境所迫下产生的一种折中办法。

但是，家族性创业团队也有其优点，这一点源自于家庭成员之间的感情因素。比如，在创业初期家族式团队通常表现得更为团结，利益一致，有着共同向心力。它比之社会上的股份合作伙伴、合伙人等一些形式体现的利益共同体，表现得更多的是专制与效力，而非民主。另外，家族企业中，家族成员间特有的信任关系和相对很低的沟通成本，也是其取得竞争优势的一个有力源泉。

与此同时，家庭间的情感因素也是一把双刃剑。效力的前提是必须有一个能够集中大家的思想和意见最后定结论的人，并且他能够赢得尊重与信任，只有这样才能够建立起创业团队的向心力。同时，如果家庭成员之间的沟通处理得不好，让家族政治进入到企业之中，并且进一步地让企业外聘人员也卷入到了家族政治当中，则会严重阻碍企业的经营发展，演变成家族斗争，最后一败涂地。

所以，一旦创业者选择家族性创业团队这种模式，必须处理好以下几个问题：

1. 要处理好成员的专业素养问题

家庭成员的教育水平与禀赋参差不齐，能力也各有差异，这对于创业团队的建设是一个较为困难的问题。管理者首先应当针对每个成员，通过一系列沟通活动，使他们意识到出于个人职业生涯良好发展的需要，必须努力提高自己的业务能力和专业化水平，认识到家族性企业也和其他企业一样，员工必须靠自己的能力为企业做出贡献，并且得到的回报与之成比例。创业者使其牢固树立报酬永远是和贡献成正比之观念，推动他们养成良好的职业习惯和内驱力。并可以考虑让他们以出资的方式适当入一些股，将大家的利益真正捆绑在一起。

2. 要处理成员的斗争意识问题

家族成员之间的依赖感以及一致对外的倾向会使企业中的家族成员在懒惰而缺乏斗

争意识这一方面表现出的问题与其他创业团队相比更为严重。最常见的表现就是家族成员总是倾向于做一些比较轻松的工作，不愿意承担更多的压力，乐于干辅助和内勤类的事情。而这类工作对于公司业绩的提升和今后的发展并没有很大的贡献，而创业型企业更为需要的是一线干将，能够对公司业绩提升产生直接影响。因此，团队管理者应当激励每位家庭员工树立起斗争的意识，强制他们进入到企业的一线去锻炼，只有这样才能真正发挥出家族创业团队应有的作用，为未来企业的做大做强奠定坚实的基础。

3. 要处理好成员之间赏罚分明的问题

家庭性创业团队的管理者更应当赏罚分明、不宜偏私、信守承诺，否则，不仅创业不成，连家庭成员间最基本的信任感都会消失。

某个老板由于缺乏技术人员，就将自己的侄女婿拉了过去，当时也没有把待遇谈好，只是口头上说"好好干吧，肯定不会亏待你的"。转眼间一年到头，他给人家兑现的待遇不但比其上家低很多，而且在同行当中都属于底线。导致他的侄女婿愤而离职，还影响了两家的关系。

更有一些缺乏管理经验的创业者，由于初期找不到人，将自己的亲戚拉过来，之后经营不佳，在本就承诺很少的工资基础上又不断克扣，最后整个团队不欢而散。这样不但无法调动家族成员的积极性，又使他们有一种非常强烈的羞辱感，渐渐萌生去意，同时还会导致亲属关系紧张。极端一点，还会产生众叛亲离的后果。因此，在创业之前，管理者就应当讲清楚利益分成，并恪守承诺，按照有股权又在公司工作、有股权但不在公司工作、没有股权但在公司工作以及没有股权也不在公司工作的四类家族成员之间，公平分享利益。

4. 处理好企业的继承问题

创业者往往会在第二代子女中挑选继承人，这便引发了家族成员内部的继承人的争夺。如果能够从家族内部找到德才兼备的候选人则皆大欢喜，但若家族企业面临着无法找到合适继承人或者继承人之间兵戎相见的僵局，这时候外聘职业经理人可以成为考虑途径。

除了处理好这些问题之外，另外一个很关键的问题就是不要让家庭政治与家族企业建设相互影响。在这里，为创业团队提出一些行之有效的方法：

1. 通过聘请外部专家来解决内部问题

正所谓"旁观者清，当局者迷"，可以通过聘请外部专家组建一个公司治理咨询委员会，帮助家族企业系统地诊断和有战略眼光地预防性处理这些问题，这样可以站在更为客观的角度上看问题。

2. 可以组建一个董事会

正如上市公司的董事会要在大小股东之间、股东和经理人及公司其他利害相关者之间起到一个利益平衡和关系沟通、矛盾化解的作用一样,家族企业董事会要负责整合家族计划和企业计划。董事会的成员设置可以设置成家族成员、职业经理人和独立董事各占 1/3 比例的模式。这个董事会将成为有关企业重大问题的集体自由讨论和决策场所,可以帮助家族企业的所有权人和经理人之间建立和发展信任关系,并能在一定程度上保证家族企业所有权人和经理人相互之间承诺的实现。

董事会在提高家族企业战略决策能力和提高管理决策质量以及家族企业接班人培养等方面都能发挥有效的作用。董事会成员可以为家族企业的下一代提供家族企业之外的工作和生活经验、关系网络,充当下一代事业发展的导师,等等。同时家族成员可以将自身关于企业建设、如何处理家庭消费与企业积累矛盾的相关建议提交家族董事会,这样可以避免家族成员之间干涉企业运营,进而可以在一定程度上预防和化解家庭政治对企业运作的影响。

总之,早期家族企业的成功源于家族创业团队的稳定、家族企业带头人的领导魅力、领导人对市场机会的准确把握等诸多因素。在家族企业创业的早期,市场环境的复杂性和动态性使得家族企业随时面临着夭折的危险,而以血缘为基础的家族式创业的团队为了能够更强地抵御市场的风险,必须以现代管理机制取代粗放的内部管理机制,同时通过引进战略投资者,优化家族企业的股权构成,或者通过设定合理的家族成员安置计划、解决历史问题等寻找到家族与企业的平衡点。

家族性创业团队在创业初期具有更大的能量,如果能够扬长避短,采用此种创业团队模式还是十分有利的。但是随着企业的不断壮大,就会出现企业利益与家族利益的冲突,演化为家族利益、企业整体利益和员工利益的三方博弈情况,因此,在企业发展过程中,始终要不断调整团队的利益分配。

铁律 34

在创业初期，先谈生存再谈发展

> 生存是发展的根基，企业初创时要有愿景，但是具体的伟大战略都是公司在市场上站稳脚跟、已经衣食无忧了之后才开始规划的。在企业初创阶段，让企业生存要比企业发展更重要。在创业之初第一个重要选择就是寻找一个适合自己的创业模式，管理力求简单务实，尽快打开市场，赚到第一桶金。

生存与发展是企业必须面临的两个问题，追求价值的最大化，是企业永恒的主题，中国有句俗话叫"胜者为王"，对于企业来说不如把它改为"剩者为王"更好。生存与发展两件事中，企业首先应当考虑的是生存的问题。只有在确保生存的基础上，才能求得更好的发展，如果生存都出现问题，何来发展？

当前我国的民营企业存在着一个问题，那就是创业者对自己的发展前途通常都非常看好，有的甚至把企业的"5年规划"、"10年规划"都设计好了，生存的问题还没有解决好，就盲目设计未来，准备进行企业的"大跃进"。有数据表明，中国企业平均寿命为7年，民营企业的平均寿命只有3年，中关村电子一条街5000家民营企业生存时间超过5年的不到9%。相当多的中小企业"出师未捷身先死"，而它们不是死在激烈搏杀的竞争对手手里，而是由于自身在创业初期没有打好生存基础就盲目发展。

比如，在现实中，一些创业企业常常有这样的计划：一个年投资十几万的餐饮店，却着手想使餐饮店达到"星级酒店水平"，这显然对它来说不合适；再如，一个十来个人的微型箱包生产企业，却打算去开拓欧美市场，这个打算对于创业期的企业实在不理智；又或者一家年销售十几万元的初创企业，有人建议它"技术领先"，成立"单片机"研究开发部门，去申请ISO国际质量认证，而事实上这个公司目前连个专业技术人员都没有；还有，商业计划书中的市场，10年以后的前景被描述得非常好，确实也不错，实际上企业能否度过初创的几年还是未知数。

比如这两年兴起的团购网站，一些团购巨头不惜血本将广告砸向地铁、写字楼、户外媒体、门户网站，甚至电视台。据熟悉内情的内部人士透露，整个团购网站广告投放计划超过 10 亿元。这些投放到广告市场的钱，都来自不同形式的融资。换句话说，资本市场一旦对团购失去信心，团购网站就面临断粮的困境。不幸的是，这种假设正在成为现实。这些团购网站在创业初期就想上规模、挣大钱。可是，不积跬步何以至千里？企业经营是一个积小胜为大胜的过程，赢利是一个从小到大的过程，小规模地挣钱都做不到，如何大规模地挣钱？

因此，企业在创业的初期，切勿把"发展成行业龙头"、"在本地区领先"、"构造有力的销售网络"、"科技领先"、"国际化经营"、"占领市场制高点"、"多元化经营"这类远大抱负当作目标，应当着眼于当下的生存状况，特别是在经营战略上，应当以保生存为目标，不要盲目套用大企业的经营方法。而在公司经营管理上，企业重点的思考方向应该是公司如何能够赢利，如何能够生存下去，如何能够取得自身独特的竞争优势。

在管理初创企业时，企业管理的首要目标应当是快速实现企业的经营利润，获得生存的资本，为企业的发展奠定基础，注入新鲜血液。为了实现这一目标，企业应当以顾客为导向，快速形成企业赢利的产品和服务、快速促成销售成功，其他工作不一定显得那么紧迫。对于企业管理者而言，不要急于把自己放在"老总"的椅子上，坐在办公室里发号施令，你可能有大量时间、精力要用在具体事务的处理上，比如一笔资金、一次采购、第一个产品、第一个顾客、第一笔交易、技术上的难题，有时哪怕这件事情很小。

另外，创业初期的另一个管理要点就是删繁就简，有条不紊、不断完善。由于创业初始，公司在资金、人才和实力等方面往往都不会具备优势，被大量不确定性事务驱动和疲于应付的状态在所难免，因此此时公司管理就应当有所调整，更加符合创业初期的公司情况。此时在建立初创公司管理条例时不要急于求全、求细，更不要把过多的经历放在管理条例的修订和改善上。对于初创企业来讲，管理制度不完善，有很多初创业者就会用书面上的组织理论、规章制度或者照搬照抄其他企业的规章制度，这无疑会埋下祸根。因此，企业应当坚定不移地着眼于公司的生存。

而在企业战略方面，初创期间的企业也应当采取一定的措施，首先，要转变对于企业战略的看法。现在在许多中小企业以及创业企业眼里，企业战略往往是大企业的法宝，只有大公司才有富余的人力、财力去制定，而小企业因为规模小、产品单一，面临的市场范围较小，影响企业的因素也相对较少，所以不需要什么正式的战略。既然以前的成功依赖某种"洞察"或"直觉"，以后至少在一段时间内也可以依赖这种天赋；而创业企业更是因为具有更多的不确定性，恐怕战略即使制定下来也是"计划赶不上变化"。事实上，这种观念显然是错误的，小企业的成功其实也是归因于当初的某种正确的战略选择。而与大企业的战略决策不同的是，小企业的战略选择并不是按照严格战略设计程序产生的战略，更多的是一种顺势选择。也即是说，它们的这种不同在于战略的侧重点不同。

其次，要确定企业战略目标的核心。对于初创期的企业来说，企业首要的目标是生存，所以其战略的核心应当是企业生存的核心，也就是产品。如何以合适的价格将适合的产品送到目标客户手中是此时企业战略要考虑的中心议题。企业有限的资源都要围绕这个目标来配置，配置的效率和效果决定企业未来的"生存质量"，此时，企业可以将一定的销售额和市场占有率作为衡量标准，将实现它们作为企业战略。

具体而言，企业在战略上制定上可以从以下几个方面出发：

1. 营销战略

营销战略应该使企业明白自己面向的"有效客户"和"潜在客户"的范围区域，对市场进行细分，根据产品特点及企业资源划分出目标客户群，理解这些客户的行为方式、购买习惯等，并在此基础上摸索自己的营销渠道和行之有效的销售手段，初步建立起相对稳定的客户群。

2. 产品战略

产品战略则主要考虑针对不同的目标客户群应当如何寻求产品定位。在产品基本功能之上，针对不同客户，以各种附加功能及服务的不同组合来满足不同的需求。在此基础上，尚需考虑新产品开发、产品线策略及品牌策略等一系列问题。

3. 储备资源战略

这种资源主要包括能力资源和人力资源。能力资源是指企业的创新能力，包括产品创新、管理创新或者工艺创新等，无论这种创新能力主要体现在企业的哪个方面，这种能力都有可能会发展为企业未来的核心专长，所以在能够初步识别的阶段，就应当有意识地予以培养。这种投资必然会在不远的将来为企业的发展增添持久的动力。人力资源作为保障企业达到目标的关键资源，更加需要悉心培养。小企业应当至少有一个3年或5年的发展目标，为了达到这个目标，要有意识地为企业内部的"可造之才"创造各种学习和锻炼的机会，为企业的顺利发展建立战略人才储备。

一个新生的企业，首要任务就是从无到有，把自己的产品或服务卖出去，从而在市场上找到立足点，并赚取初创资金，使自己生存下来。在创业阶段，生存是第一位的，一切围绕生存运作，一切危及生存的做法都应避免。企业在创业阶段需要特别避免的就是盲目扩大企业规模，制定不切实际的目标，一心想做一个市值几百亿的公司，一心想设计一个没有天花板的舞台，其结果只能是，"企而不立，跨而不行"。企业在分配资源时，包括人、财、物、信息、技术等资源，首先应用来确保企业生存所需要，在解决了生存问题的基础上再来考虑企业的投资与发展，切莫本末倒置，动摇企业的生存根基，"皮之不存，毛将焉附"？

正如孙陶然在书中写到的："我现在可以非常清晰地告诉你拉卡拉的中期战略,但2006年时绝对制定不出来这个战略,那时我们只是知道方向在哪里,至于具体走到哪里、怎么走,一定是在走的过程中逐步清晰起来的。"对于创业者来说,重要的是把眼前的事做好,而不是企求有好的企业远景规划。

铁律 35

不要"我认为",从市场出发定战略

> 企业的战略规划,不是根据战略理论所描述的美好前景去生搬硬套,而是要根据自身的情况与市场来制定,企业的发展就好比建筑楼阁,需要在坚固的地基上一层层、严谨有序地进行,每个步骤都应该认真对待,这样才能保证不会出现"豆腐渣"工程。

真正的商人凡事不是从"我认为"出发,而是从"市场信息反馈"中得知真正的需求。市场是最好的战略大师,真正的战略必然是促使企业不断满足市场需求的战略。

成功的创业者往往会深入地对市场进行观察,并认真分析消费者的需求、期望,以决定研发什么样的创新产品来满足市场。

2004年,史玉柱投资网络游戏,开发《征途》。他把玩家的需求放在第一位,曾与2000个玩家聊过天,每人至少两小时。这样算下来的话,总共用了4000多个小时。在4000多个小时的聊天过程中,他摸清了玩家的心理特点和需求特点,然后根据玩家的需要进行《征途》游戏的设计和创新。史玉柱将消费者当作最好的老师,消费者给予其丰厚的回报——《征途》游戏成为中国同时在线人数最多的游戏。

当年,在全世界的专家眼中,IBM公司的操作系统软件多项指标都比微软的略胜一筹,但是今天我们只听说微软的操作系统软件,却不知道IBM的。为什么呢?就因为微软操作系统的任何创新都以消费者为中心。

史玉柱和微软的成功说明了一个道理:只有实地考察市场才最能直观感受到消费者的需求,也最容易给管理者提供创新的灵感,使他们利用创新成果获得成功。

20世纪50年代初期,美国的劳拉·阿什雷创立了劳拉·阿什雷公司,该公司主要生产女性装饰用品,其新颖的产品唤起了美国女性的浪漫情怀,所以产品很受欢迎。尤其是在20世纪70年代人们普遍怀旧的情结下,公司通过其怀旧产品的推出,很快由一家小作坊发展到一个拥有50家专卖店的大公司,劳拉·阿什雷也成为国际知名品牌。

劳拉·阿什雷去世以后,她的丈夫伯纳德仍沿着劳拉所设立的经营方向,按照原来的经营模式、框架甚至制度规范继续发展该公司。然而,随着时代的发展,越来越多的女性开始走出家庭谋求工作,市场逐步倾向于职业饰物,因此女性装饰行业发生了巨大的改变。伴随着关税壁垒的逐步瓦解,精品店大多都将生产基地设到海外以削减成本,或者将生产全部外包。但劳拉·阿什雷公司却相反,该公司仍然继续沿着过去曾为其带来成功的老路,仍然生产着式样陈旧的老式饰物,并且以昂贵的成本自己生产,由此,公司的竞争力也日渐衰退。

20世纪80年代末期,一家管理咨询机构明确指出了该公司所面临的挑战,并提出了相应的应对措施。在认识到需要适应变化而采取措施后,劳拉·阿什雷公司的董事会物色了好几位总经理,并且要求他们中的每一位必须提出对公司进行改组和改造的方案,以提高销售和降低成本。所有的改革方案都被付诸行动,但都没能够改变公司的战略方向。

成功地制定和实施企业战略是企业卓越管理最可靠的保证。随着市场经济的深入发展,企业战略的管理也越来越呈现出动态化、系统化的特征,越来越急迫地要求我们用更新、更有效的方法来进一步审视企业战略的制定、执行、评价与控制的全过程。而这个有效的方法就是用市场需求来评估。

战略目标不是冒进的宣言书,而要切合企业发展的实际。

海尔公司经营战略的脉络是:首先坚持7年的冰箱专业经营,在管理、品牌、销售服务等方面形成自己的核心竞争力,在行业占据领头羊位置。1992年开始,根据相关程度逐步从高度相关行业开始进入,然后向中度相关、无关行业展开。进入核心技术(制冷技术)同一、市场销售渠道同一、用户类型同一的冰柜和空调行业,逐步向黑色家电与知识产业拓展。这种符合企业现实情况的战略规划,保证了海尔品牌的长青。

经营者不能把"战略规划"当成流行新装,因为企业只有一步一个脚印地发展,才能发展成参天大树。否则,假如企业设定了不契合实际的发展目标,必将付出沉重的代价,甚至被市场淘汰。企业的战略目标不应是空洞的策划、规划,而应该是符合企业发展规律和满足市场需求的科学决策。

战略的重要任务之一就是要帮助企业找出优势和劣势,以及如何扬长避短。成功的战略模式拥有的共同特点是:能够促使企业提供独特价值,这个独特价值能够将企业与竞争对手区别开来,为自己贴上个性标签;高人一等的战略模式是难以复制的;成功的战略模式是务实的,务实的含义就是把战略的制定建立在对市场需求的准确理解和判断上。

铁律 36

企业绝不能在高速运转下搞内耗

> 全球化是一种人类社会发展的过程。全球化目前有诸多定义,通常意义上的全球化是指全球联系不断增强,人类生活在全球规模的基础上发展及全球意识的崛起;国与国之间在政治、经济贸易上互相依存。企业在全球化背景下是在高速运转的,搞内耗会使企业在竞争中惨败。

现在的企业在全球化的背景下经营管理企业,所面临的竞争不仅仅限于国内,已经扩展到了国际市场,竞争激烈程度大大增强,整个世界经济高速运转,而企业作为其中一个小环节,也在高速运转之中。若周围的大经济高速运转,而企业止步不前,搞内耗,必然要被整个系统淘汰掉。

从个体而言,内耗是指个体之间由于不协调或无序而引起的互相干扰、互相抑制的一种现象。由于内耗往往是无规则或按照潜规则隐蔽地进行,个体全力通过阻碍、干扰其他个体而达到自己的目的,其结果是负面的,对个体而言,损人不利己,费时又费力,毫无益处,对企业则会造成长久的消极甚至是致命的影响。所以,在经济运行过程中减少甚至消除内耗是一项较重要的任务。

企业的经营管理者要善于充分认识内耗的特征及危害性,果断采取行动,杜绝内耗。

内耗所造成的危害是显而易见的:

(1)使整个企业内部不和谐。

(2)贻误时机,甚至导致决策失误。由于内耗的存在,往往使得决策的时间过长,机会就不断的错失。

(3)严重影响企业推动力,使企业发展受阻。

(4)严重影响员工的原动力,使整体工作效率降低。

要说外部竞争危机重重，就算是拼个你死我活还能为日后的发展积累经验。而恰恰相反的是，导致很多企业特别是民营企业垮掉或发展艰难的原因，不是来自于外部市场激烈的竞争，而是无休止的内部消耗。这种内耗，在企业管理中普遍存在，不痛不痒地、不清不楚地消耗企业的资源。这是企业家或老板们最为痛心的一件事！

那么，为什么会产生内耗效应呢？其原因主要有：

1. 由于认知不协调而引发的

由于群体内的成员生活空间、工作时间以及知识、经验，特别是认识能力、认知风格等不一样，因此对事物的认识就会不一样，哪怕是对同一事物也会有截然不同的观点。这些不同的认识观点就会经常造成相互间的误会，甚至情感方面的影响，从而产生冲突、对抗，引发摩擦、内耗，最终产生内耗效应。

2. 由于情感冲突而引发的

人都是有情感的，但由于人的认识不同、个性有别，因此，对事物或人所赋予的情感也是不同的。特别是在群体中、人际交往中，这种情感会表现得淋漓尽致，它对人的行为起着直接的调节作用。如果大家情投意合、感情融洽就会产生凝聚力，减少甚至没有内耗，如果大家关系紧张、情感分离或常常发生冲突，那么内耗就大，就不能齐心协力，就会引发内耗效应。因为冷淡、憎恨、悲观、仇视、嫉妒、猜疑、埋怨、急躁、责难、厌恶、烦躁等消极情感具有极大的破坏力，常常使群体产生冲突，甚至是剧烈的冲突，影响相互间的团结。因此，切不可"意气用事"或"感情用事"，防止内耗效应发生。

3. 由于行为方式与习惯不同引发的

由于生活环境和扮演角色的不同，常常会发生不同的行为方式与习惯。两种行为习惯不同的人在一起，如果不加以有效调节，内耗效应就易于发生。协调得好，就会产生互补效应。

4. 由于个性差异造成的

人的个性差异是普遍存在的。在群体中或人际交往中，这种差异更易于表露与观察体验到。这种差异的不同，就会导致对同一事物的看法不同，也会造成对这一问题的处理方式不同，这样就容易造成群体内的冲突、人群交往的冲突，也就容易引发内耗效应。

总之，内耗效应是由于认识因素、情感因素、行为因素与个性因素的不同而引发的。因此，要想克服内耗效应就必须协调上述的4种影响因素，尽可能做到统一，以减少内耗，避免负面效应。

协调造成内耗效应的影响因素可从以下几方面入手：

1. 优化管理体制和运行机制

通过建立健全完善的竞争体系，真正做到"干部能上能下，员工能进能出，薪酬能高能低"，择时加强企业文化建设，树立统一的核心价值观，增强员工对企业的认同感，强化员工对企业的归属感，从体制和文化两个方面减少内耗的产生。

2.互相之间多做交流、沟通，倡导充分发表意见

畅所欲言，让各方都充分表达自己的意见和观点，同时要求相关人员特别是主要领导做到仔细聆听，理解对方的观点和意图，对各方面的意见都进行认真讨论和分析，形成统一意见，最后确定行之有效又能兼顾多数利益的方案。

3.树立领导权威

树立领导权威和个人崇拜、一言堂又有根本的区别。作为领导，必须言行一致，做遵守各项规章制度的表率，并做到在执行各项制度中的人人平等。除此之外，在具体的实施中，领导者还应从提供安全的工作环境和提高员工劳动积极性等方面入手，保证干好工作、干成事业的人能得到肯定和重用。

4.倡导规范透明的决策机制

对于企业的重大决策，除做好详细的调查研究，制定可行性实施报告外，还应倡导规范透明的决策机制，推行权力的阳光运行。针对决策中存在的问题，纪检、监察部门要做到既打击违法违纪者，又保护支持改革者，既保护好反映情况的人，更要依法处置诬告者，树正气，驱歪风。

5.建立决策的风险抵押机制

以经济杠杆来控制决策风险，降低内耗产生的损失，减少决策失误。

铁律 37

项目一旦定位之后，就不要轻易调整

> 项目的定位一旦确定之后，就不能轻易改来改去、胡乱调整，特别是向截然不同的方向变动。那样不但会使受众觉得定位模糊不清，还会引起原来定位消费群体的误解和反感，造成资源投入的巨大浪费。

创业者选定了项目就要勇往直前，而且要不怕困难。成功的富豪都经过失败的历练，失败教会他们成功。

万向集团总裁鲁冠球儿时家境贫寒，他的父亲在上海一家药厂上班，收入微薄。他和母亲在贫苦的农村相依为命，日子过得十分艰难。初中毕业后，为了减轻父母沉重的生活负担，鲁冠球回家种地，过起了普通农民的生活。十四五岁本来是读书的大好时光，告别学校的鲁冠球内心是很痛苦，他暗下决心，一定要出人头地。

后来，经人帮忙，鲁冠球到萧山县铁业社当了个打铁的小学徒。此后，鲁冠球就干起了铁匠。打铁是非常苦的活，一个十五岁的乡下孩子起早贪黑地跟着大师傅抡铁锤，一天到晚大汗淋漓，而工钱却少得可怜。但鲁冠球却非常满足。然而，命运往往捉弄人，就在鲁冠球刚刚学成师满，有望晋升工人时，遇上了企业、机关精简人员，他家在农村，自然要回家了。鲁冠球感到自己又一次陷入了失意的境地。他知道，他必须寻找新的突破点。

鲁冠球的3年铁业社学徒生活使他对机械设备产生了一种特殊的情感，那是一种用劳动的汗水凝成的情感。当时宁围乡的农民要走上七八里地到集上磨米面，鲁冠球也不例外。久而久之他竟然不自禁地对轧面机、碾米机"一见钟情"。而且他发现，乡亲们磨米面要跑的路太远了，很不方便，如果在本村办一个米面加工厂，一定很受大家欢迎，而且可赚些钱。如果自己能买机器，既省了磨面的钱，又省了乡亲们的工夫。亲友们也很支持他，纷纷回家翻箱倒柜，勒紧裤腰带凑了3000元，买了一台磨面机、一台碾米机，办起了一个米面加工厂。但当时的政策是限制私营企业的发展，没多久，他的加工厂被迫关闭。

没过多久，他又成立了农机修配组，修理铁锹、镰刀、自行车等。后来，他的农机修配组的生意越做越红火。

机遇永远垂青于有准备的人。1969年，宁围公社的领导找到了鲁冠球，要他接管"宁围公社农机修配厂"。这个农机修配厂其实是一个只有84平方米破厂房的烂摊子。很多人担心鲁冠球会陷进去难以自拔，但鲁冠球以其敏锐的观察力认定可以以此作为创业的起点。于是，鲁冠球变卖了全部家当，把所有资金都投到了厂里。虽然这个工厂前程未卜，鲁冠球却把自己的命运完全押在了这个工厂上。

鲁冠球真正的成功是与万向节密不可分的。万向节是汽车传动轴与驱动轴之间的连接器，因其可以在旋转的同时任意调转角度而得名。当鲁冠球开始接触万向节时，全国已有50多家生产厂商，而且产品饱和，唯一有空间的市场是生产进口汽车万向节。一个乡镇小企业想生产工艺复杂的进口汽车万向节，在许多人看来无异于飞蛾扑火。而且，鲁冠球不惜丢掉70多万元产值的其他产品，把所有资源都集中在万向节上，让许多人难以理解。

万向节虽然生产出来了，但是1979年当鲁冠球为刚刚问世不久的产品寻找销路时，却遇到极大的困难。在计划经济体制一统天下的情况下，一个出自乡镇企业的产品很难取得计划经济体制的帮助。万向节必须自己闯天下。鲁冠球租了两辆汽车，满载万向节参加山东胶南全国汽车配件订货会，3万名客商，沿街的展销点，却没有鲁冠球的一席之地。3天过后，鲁冠球摸清了各路厂家的价格，毅然提出大降价的决定，市场顷刻之间发生了变化，鲁冠球站在了市场的最前面。

创业者要有坚强的意志和持久战的毅力，把创业路上的坎坷视为当然。一个人能否成为百万甚至千万富翁，可以依靠几年的好运和努力，或者一两次机遇就足够了。但一个人能否成为大生意人、大企业家，成就足以使他人和后人钦佩的事业，则需要持之以恒的努力和付出。一家优秀企业的形成，一份长久事业的形成，甚至一个优秀项目的形成，往往都不是一两年、三五年所能做到的，它更可能需要创业者的毕生心血。创业路上平常心很重要，坚韧的毅力是创业者应该具备的第一素质。

那么，创业者应该选择什么样的项目呢？很多创业者从表面上看，什么热门做什么，最为省心省力，是聪明人所为。但他们几乎都忽略了一个极为重要的现象，那就是每一次新的选择都意味着重新投入，这样极易导致资源的高度分散和浪费。对于资金本来就不太宽裕的创业者而言，不断更换项目，无异于一次次失血，是非常致命的。如果将不同项目上的沉没成本集中起来，继续在原有项目上追加投入，则可能早就度过了导入期，进入了飞速发展阶段。

行百里路而半于九十，固然令人遗憾，但接连不断行百里路而半于九十，更是令人遗憾的事情。这最起码说明你是愿意投入的，同时还是有办法持续投入，只是为了紧急止损，投入到自认为更有前途的项目上，说白了，就是这山望着那山高。

对创业者而言，与其更换项目，还不如集中资源弥补各方面的不足，将原有的定位强化起来，这样效果可能要比大幅调整定位好得多。创业与别的事情不一样，当你在项目运作过程中发现问题之时，切忌乱了阵脚，得病乱求医，慌不择路，东一耙子、西一耙子的，这样会造成资源的极大浪费，使你陷入更加被动的境地。而应当对自己的定位及资源配套情况进行重新审视，如果定位确实存在严重问题，即使坚持下去都没有发展起来的希望，我们就要有壮士断腕的勇气，当机立断；如果现有定位与发展趋势相吻合，可以通过调整和加强各种配套资源解决现存的一些问题，我们还是应当坚持下去，而不是一遇到问题就临阵脱逃。即使再好的项目，都有一个导入期，再准确的定位，都与市场之间有一个磨合期，存在问题是必然的。如果一遇到问题，就认为定位需要调整，恐怕永远也不能将定位确定下来。

试图通过不断更换项目来取得创业成功，不但容易造成资金上的极大浪费，无效投入倍增，还会使得创业者的能力无法得到真正提升，老处于"半罐子醋"的低水平状态之中，而自己却浑然不觉。这样历经沧桑倒是真的，但未必干练老到。这又是其事业发展道路之上的一大杀手。

特别应当提到的是，不随意跟风，其内涵有两个方面的意思，既包括不随意跟风进入某些项目，同时也包括不随意推出某些项目。即使当初确系跟风进入，但只要整个行业市场比较成熟，仍具发展空间，就有坚持下去的必要。因为一阵疯狂之后，大多数进入者由于种种原因会选择退出，而只要你熬过寒冬，春天就会向你招手，此时竞争环境相对宽松，同时你也积累了丰富的行业经验，这些都为项目真正成功创造了条件。

铁律38

在导入期，控制住成本就算一种赢利

> 对于中小企业来说，越是在外部经营环境困难、企业利润大幅下滑的情况下，成本控制的重要性越突出。比如遇到原材料上涨、市场萎缩的情况，成本控制的好坏往往会决定中小企业的生死存亡。

经营一家公司的目的应该是获利。而你知道今天、本月、本季的利润有多少？当项目产生30万的月营业额时，为何会有2万、5万、8万的不同利润结果？"营业额－成本－费用＝利润"是一家公司获利的基本公式，营业额的增加是开源面的探究，成本与费用是节流面的探讨，有了开源的极大化效应与节流的合理性控制，二体并存才可谓是经营永续的达成。

为了降低成本，各企业各出奇招：

（1）通过集中采购招标降低采购成本：中国移动搭建B2B电子商务平台，上半年集中采购金额为272亿元，比上年直接降低采购成本97亿元。

（2）通过强化资金管理降低财务费用：中航工业清理"内部三角债"近60亿元，节约财务费用3亿元。

（3）中国石化、保利集团等企业调整融资策略，充分利用发行债券、中期票据等融资渠道，优化融资结构，降低资金成本。

（4）中国五矿转变经营模式，调减资金支出预算，严控库存和预付款规模，年末存货、预付款同比减少52亿元。

（5）通过精益管理压缩可控费用。神华集团采取5700多项措施落实双增双节，上半年增收节支49亿元。中国华电推进全面预算管理，上半年可控费用比预算进度减少4.8亿元。兵器装备集团本部带头压缩费用，经费预算压缩10%，实际降低30%。

（6）通过技术创新、节能降耗降低生产费用。中国化工集团实施"零排放"管理，从源头上加强节能减排，上半年万元产值耗标煤同比下降7.55%，废水排放量同比下降15.8%。

家底丰厚的大企业尚且将成本控制到了"一点一滴"的程度。中小企业甚或刚刚创业的经营者又怎么能不精打细算呢？

在创业导入期的时候，我们最容易做到的就是控制成本，能不花的钱尽量不花，能省下的钱绝对要省，省就是赚，将宝贵的资金节约下来，以便用在更为需要的地方。在市场经济环境下，企业应树立成本系统管理的理念，将企业的成本管理工作视为一项系统工程，强调整体与全局，对企业成本管理的对象、内容、方法进行全方位的分析研究，从而达到降低成本、提高效益的目的。

美国钢铁大王安德鲁·卡内基说过："密切注意成本，你就不用担心利润。"对任何企业来说，节约成本开支、降低产品售价，都是提高竞争力、改善经营效益的关键所在。

低成本一直是戴尔公司的生存法则，也是"戴尔模式"的核心，但是戴尔的低成本和沃尔玛一样，是一项全方位的工作。戴尔公司的一切都围绕力求降低产品成本这个最高宗旨来运转。

戴尔公司的生产和销售流程以其精确管理、流水般顺畅和超高效率而著称，这也大幅度降低了成本，创造了产品低价。戴尔实现的零库存政策中，产品库存时间是不超过两小时的。相对来说，其他公司的库存时间则在80天左右。

为提高利润，戴尔还精于计算，将量化管理渗透到公司所有业务流程中。戴尔每种新产品在推出的各个环节上都需要严格计算成本，将成本始终控制在最低程度上。戴尔公司首席技术官兰迪·格道夫斯表示，戴尔公司通过零库存和直售，平均比对手降低了10%的成本。也就是说，戴尔同类电脑会比对方便宜50美元。

那么，创业者在导入期如何有效地降低企业的生产成本呢？具体举措有以下几个方面：

1. 第一次就把事情做好

在我国，有许多企业常常使用相当于总营业额15%～20%的费用，用在测试、检验、变更设计、整修、售后保证、售后服务、退货处理以及其他与质量有关的成本上，所以真正费钱、费精力、费时间的是生产低劣的产品。如果企业第一次就把事情做好，那些浪费在补救工作上的时间、金钱和精力就完全可以避免。

基于此，为了减少次品、强化质量，把产品一次性做到最好，生产部门的工作人员可以采取如下措施：

（1）做好事前控制，不合格的原材料不准投产，不熟练的工人不得上岗，不符合要求的机器设备不得运转。

（2）建立原材料标准、半成品标准、备件标准、工艺标准和检验方法标准等一整套标准，并严格贯彻执行。

（3）在企业内，必须普遍树立起"质量第一"的思想，要求全体员工都来关心产品质量，严格把住产品质量关。

2. 不要盲目地开发产品

有人认为开发出人无我有的产品，能够显示出企业强大的技术和经济实力，是抢占市场的独特优势。但企业在开发新产品时，切勿盲目。

技术领先并不意味着产品与市场需求合拍。当产品过于领先市场、领先消费趋势时，再先进的产品也难以成为畅销品；开发新产品先期投入高、风险大，失败后损失巨大。

譬如，铱星公司作为卫星手机开路先锋，推出了卫星手机，技术领先，人无我有，但由于价格昂贵，购者寥寥，致使企业资金链断裂，无法维持经营。

3. 多看、多听、多比较

所谓货比三家不吃亏。"出走管理"是当下盛行的经营模式，善用此法，将特价、折价品等适量适物地挪用在自己的店内，成本自然可降低。

4. 导入奖惩制度

当发现公司内从业人员大都朝"被动性"的属性走时，此制度就得顺势推出（事先可先完善备用），达到制定标准就施以奖励（如奖金、礼券、休假……），未达成（需明了原因）则给予薄惩（如减薪、记错……）。恩威并施可收较好效益。

5. 同业可以为师

此法较适用于连锁加盟行业，可利用会议、联谊活动及总部的资讯来源（当然必须是总部经营数字透明化的条件下），如此则可清楚知道同样经营形态的店铺是如何合理控制成本，进而取长补短地让自己获取更大的利益。

铁律 39
搞"大跃进",不如先试点再推广

> 很多满怀着雄心壮志的领导人,不明白"革命目标"需要分阶段实现,一定要把企业办成大企业,拼足全力往上攻,结果都摔了下来。其实,越是心急越吃不了热豆腐,事缓则圆。很多时候,如果我们搞"大跃进",反而会事倍功半。在公司的发展上,先试点、再推广,分两步走,往往速度会更快。

成功的核心在于两条:做对的事情,并把事情做对。企业也和人一样有生命周期,如同一个孩子从孕育到成长再到结婚生子的过程,这些环节只能一步步走,不能跨越。经营公司如同跑长跑,要快速启动、迅速行动,但是过程之中要一步一步来,设立了远大目标后要分成几个阶段,一个阶段一个阶段地跑。

很多的创业者在创业之前都有一个美好的目标和一个自以为周全的计划,然而实践起来才发现原来很多精心策划好的事情都会碰到这样那样的难题,创业经历可以称得上是多灾多难。在这种时候,没有良好的过程感的创业者往往很容易跌入低谷,甚至就此放弃创业的想法,这是很可惜也很遗憾的。而对于其他那些勇于面对过程中重重困难的创业者来说,遇到的难题只是锻炼他们应变能力的机会,即使这次失败,他们也会在过程中吸取足够的经验来日再战。

我们很多时候的挫折是源于过程感的缺失,尤其是成功之后再次起程时。产品出来后,需要做市场推广,企业也进入成长期。这时特别要注意两点:一是要做试点,二是不要迷信"外来和尚"。

不论是卖产品还是卖服务,不要一开始就大张旗鼓地在全国推广,一定要做试点。因为产品开发者对产品的理解可能并不是用户的理解,即便你也可能是用户。你也必须要清楚,当你开始进入研发状态的时候,你每天都沉醉在其中,对产品的熟悉程度远远超越普通用户，已经不是我们真正意义上的用户了。

"稳胜求实，少用奇谋"是一代中兴名将曾国藩多年实战经验的总结。做项目也是如此，一步一步、一个阶段一个阶段地发展，贪多嚼不烂，要想发展壮大，稳胜求实方为正道。

威廉·格兰特算得上美国商业史上的"少年英雄"，他白手起家创立的格兰特公司，由小本经营起步，发展成为美国屈指可数的大企业。威廉·格兰特生于1876年，19岁时就显示出了自己过人的经营才华，当时他掌管波士顿公司的一家鞋店。

1906年，格兰特拿出自己的全部资金在林恩市投资1万美元开设了第一家日用品零售店。两年后，他在美国其他城市开设了格兰特连锁店。到20世纪60年代，格兰特的年销售收入近10亿美元，跻身于美国知名大企业行列。

值得一提的是，格兰特公司定价策略的运用，是其成功的重要环节。在零售业竞争十分激烈的情况下，格兰特认真研究后，将其经营的日用品价格定位在25美分，高于"5美分店"和"10美分店"，但低于普通百货公司的价格，而格兰特公司的陈设格局又比廉价的"5美分店"和"10美分店"档次高。这一价格定位同时吸引了百货公司和廉价商店的顾客。

但是后来的盲目扩张却使格兰特公司最终走上了没落之路。格兰特公司不断发展连锁店，到1972年，公司新开办的商店数量就已经是1964年的两倍，但利润却没有随规模的增长而增长。到1973年11月，格兰特公司的利润只有3.7%，该年格兰特全年营业额达18亿美元，但利润却只有可怜的8400万美元，创该公司历史新低。

让人遗憾的是，它并没有放慢扩张的速度，1974年，格兰特公司的连锁店猛增到82500家，是10年前的1000多倍。与此同时，它的总债务节节攀升，在143家银行的债务达7亿美元，公司信誉急剧下降。1975年10月，格兰特公司不得不申请破产，使8万员工丢了饭碗，成为美国历史上第二大破产公司，也是美国零售行业中最大的破产公司。

有效的扩张可以造就一代企业枭雄，没有节制的扩张也可能是一场浩劫的开始。过快的扩张速度，会使企业面临巨大的不确定性。

企业在发展的鼎盛时期盲目扩张导致失败的例子不胜枚举。企业的高层管理者为了避免盲目扩张给企业带来灾难，在决策时应该深思企业要何去何从，要保持冷静的头脑。

推广之前必须经过试点，否则你无法知道是否应该坚决地推广，尤其是推广遇到阻碍时，是坚持还是调整，你根本无法决策。如果是经过了试点，答案就很清楚了。如果试点是成功的，那必须坚持；如果试点没有成功，那根本不应该推广。

试点是一种非常好的工作方法，现实工作之中，不管我们对一个方案如何有信心，都要先进行试点，把方案先做一遍，看能不能达成预期目标。如果能够达成，就要深入总结是如何达成预期目标的，总结出规律进行复制。如果不能达成预期目标，就要放弃预案。

一般情况下，试点要找一个有代表性的但又不是主要市场的地方展开，核心是验证想法是否可行，拿出有说服力的数据来。

试点是验证我们产品的最佳手段，不要认为你自己是产品的用户，当你开发产品的时候你已经不是用户了，你已经不可能理解普通用户的使用体验了。

聪明的领导者都擅长树立典范，即管理者先有了一个大胆假设，然后营销的核心是找到可复制的推广方法。

需要注意的是，在做试点时，一定要搞清楚我们试的是什么，一般而言，试点的目的有3个：

（1）验证方法是否可行。

（2）抓数据，量化方案。

（3）列单子，形成手册，让所有的人可以复制。

试点的要点：第一是一把手亲手抓，试点的方案必须是一把手亲自参与的、代表一把手水平的方案，否则没有意义；第二是方案必须是可复制的，如果试点成功了，马上可以复制推广。如果试点的方案不符合上述两个特点，宁愿不试。

此外，企业的创始人在这个阶段很容易迷信外来和尚，这本质上是不自信。创始人可能认为自己的队伍中没有熟悉这方面的人，所以要请一个高手来做一个全套的营销方案。但这样做的结果往往并不能如愿。所以，你一定要自信，你要相信你自己以及你现在团队里的人，就是做这件事情的合适人选。不要故步自封，也不要迷信什么高手能把这些问题都解决掉。

企业的高速成长期，每天都有更多的新订单，交易量也不断创新高，员工的士气都很高昂，这时候创业者的心态会发生极大的变化，陷入多元化、正规化、搞战略、请"空降兵"等多种折腾怪圈。

追求超常规的发展，必然会导致你的心态急躁，必然以超常规的投入为前提，这种过度投入是不可持续的，一旦投入停止了，发展也就终止了，并将导致全面崩盘。公司的成长是需要控制的，企业的发展速度并非越快越好，过快的增长必然是掠夺式的增长，一旦发展速度过快，你的管理能力、新员工的扩充，以及扩充进来的人跟你的文化融合等问题都会暴露出来。

如今在中国，浮躁的现象很普遍，也包括企业界。从心态上看，人们对钱、对上市，有一种特别强的冲动，大家都渴望以超常规的方式获得超常规的发展，直接导致催生了一些没有道德底线的东西。

从逻辑上看，企业发展有自身逻辑，一旦超越了这个逻辑，成长和繁荣不可能持续。现在有很多企业，设定的目标是今年400人，明年是4000人，今年3个分公司，明年

30个分公司,这是典型的掠夺式增长。

  企业的管理能力能不能跟得上?人才能不能跟得上?资金能不能跟得上?用户能不能跟得上?如果能跟得上,非常好,恭喜你获得了超越式的发展;如果跟不上,那就危险了。所以不要搞大跃进,大跃进的结果必然是大倒退,不管你的初衷多么好。

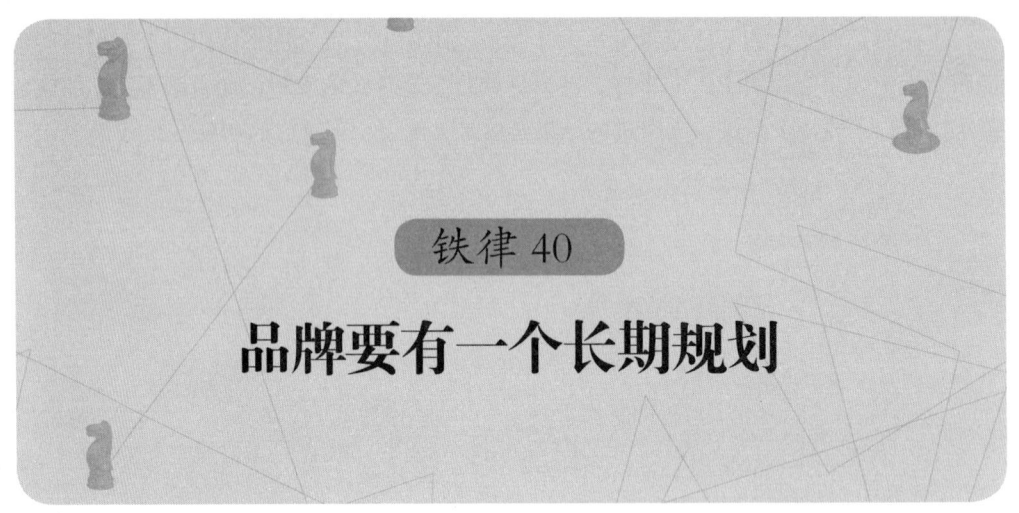

铁律 40
品牌要有一个长期规划

> 初创企业要想建立自己的品牌,除了做好产品和服务外,一定要沉下心,对品牌有长远的规划。在战略规划的指引下,将自己的品牌树立起来,让消费者产生信任感,从而带动企业的进一步发展。

中国的老字号恒源祥多年来一直拒绝为恒源祥旗下的某个产品做广告,它做的都是品牌广告,只为"恒源祥"3个字做广告。经销商总希望恒源祥的广告一打出去,马上就有大量的人去购买,而这样做的短期效果是让恒源祥的经销商十分焦急,因为他们想象的广告一上,销售成果就立竿见影的局面没有出现。但是,恒源祥集团董事长刘瑞旗却顶住压力,坚持这么做。

他曾说:"做品牌是需要耐心的,必须让用于做广告的钱全部用于打造恒源祥品牌上。"于是,坚持只为"恒源祥"3个字做广告成为他一贯的品牌策略,恒源祥坚持拒绝为旗下的各类产品做广告——做到这一点相当困难,因为恒源祥必须不断地说服经销商,同时还要对很多大牌的广告公司的建议视而不见。而刘瑞旗多年坚持的结果是,恒源祥品牌的知晓率在中国市场上达到93.9%。

在一项对世界100个最著名的品牌所进行的研究中,研究者发现其中有84个是花了超过50年的时间打造成功的。仅有16个品牌花了不到50年时间就成为世界品牌,而这些品牌中一种是由于产生了全新的技术变革,另外一种是连锁经营模式的发展造就了世界品牌。除此之外,其他品牌都花了50年以上的时间,这是需要耐心的。

从建立品牌、发展品牌、推广品牌到巩固品牌,是一项长期而艰巨的工作,建立卓越的品牌并非一朝一夕之功,也不是仅凭大笔金钱投入和短期广告轰炸就能实现的,需要恰当的定位、长远的规划和耐心的坚持,需要专注和执着,更需要贴心的设计和优质的服务。

中国另一百年老店同仁堂的历史见证了真正的品牌是如何炼成的。

同仁堂是中国医药界的一块"金字招牌"。350多年来，虽然经历风雨沧桑，但同仁堂一直生生不息，在今天仍然不断扩大自己的经营规模。同仁堂有什么奥秘使自己的"金字招牌"越擦越亮呢？

"吃同仁堂的药放心。"年过八旬的王大爷对此深有感触，"2003年北京爆发'非典'，我来这儿配一副增强免疫力的中药。等了老半天都拿不到，开始大伙都埋怨，还以为是他们要留着涨价。后来才知道人家是为了等到合格的原料到货后才给抓药。"王大爷又接着说，"就仗着这份仁义，同仁堂就能做天大的生意！"

而同仁堂的这份"仁义"是自古就有的。北京同仁堂是全国中药行业著名的老字号，创建于清康熙八年（1669年），自1723年开始供奉御药，历经8代皇帝。在300多年的风雨历程中，历代同仁堂人始终恪守"炮制虽繁必不敢省人工，品味虽贵必不敢减物力"的古训，树立"修合无人见，存心有天知"的自律意识，造就了制药过程中兢兢业业、精益求精的严细精神，其产品以"配方独特、选料上乘、工艺精湛、疗效显著"而享誉海内外。

百年老店就是在这样对质量和服务的执着追求中一步一步走过来的。只有这样才能产生真正的世界品牌。

全球很多知名品牌，都是在长期发展、进化的过程当中形成的。中国企业在打造全球品牌的时候，要有雄心壮志，但是不能太急，太急的话，打造出来的可能是一个很快就会被淘汰的品牌。

品牌也是一个管理的问题，既与企业的短期赢利行为有关，比如说与企业具体产品的营销，营销策略的制定、营销的执行；同时也与企业长远的发展，比如企业的战略、企业产品的战略有关。

品牌是一个产品形象，也是企业形象，它不仅是市场行为，也是一种文化积累。树立起一个知名品牌，往往比缔造一个企业难得多。国内外许多知名品牌，都是经过了几十年乃至几百年的努力才树立起来的。

品牌就是效益。凭着敏锐的商业感觉，温州商人如今也意识到，他们靠着千辛万苦地创业，靠着挖空心思地经营，打造出了优质产品。可他们又发现了一个问题：自己批发上百上千套服装所带来的收益，还不抵一套国际名牌西装零售带来的回报。这种场景的确令人尴尬，经过冷静反思后的温州商人总结出，在保质保量的基础上，只有走品牌之路。对此，全国五一劳动奖章获得者、温州永嘉县企业家王振滔有着深刻的认识。

创办于1988年的温州奥康集团，就是以品牌赢得市场的。如今，奥康皮鞋连锁专卖店遍布全国各大中城市。

当初，奥康集团的老总王振滔在各地推销皮鞋时，所有大商场都只认"上海货"，因为顾客认可"上海货"。有些精明的温州皮鞋企业与上海"联营"，同样的皮鞋，贴上上海厂家的商标，就畅通无阻。因此，王振滔对"牌子"这一市场的通行证有了新的认识，也产生了创自己的"牌子"的念头。

后来，他又见到不少报道说中国的产品出口到国外，明明质量与世界名牌差不多，可只能卖到人家价格的 1/10。而消费者还是宁可出高价买名牌，也不图便宜买无名商品。名牌的魅力是多么神奇、多么不可思议啊！

王振滔对品牌产生了浓厚的兴趣，不断搜集品牌方面的信息，吸取一些企业在品牌运作上的经验，开始了自己的品牌战略。

首先是从生产方式上，彻底改变家庭作坊的粗放生产初级模式，走规模化、集约化、现代化企业的发展之路。想法是正确的，实现却是困难的。盖厂房、进设备、引人才，样样都需要钱，钱从哪里来呢？他想到了搞股份合作制。1991 年，他以个人的信誉和企业发展的前景，说服了一些亲属及小企业主，以股份合作形式，开始了第一次上规模、上档次的生产扩建。当年产值就突破了 100 万元。1992 年，又进行了建新厂房的二次扩建，并在招收员工上，以招有文化的年轻人为主，这次又招股 200 万元，完成了新厂房扩建和老厂房改建。

1993 年，"奥康"跨上了一个新台阶，与外商合资建立了中外合资奥康鞋业有限公司，厂房、设备、人员已初具现代化企业规模。王振滔的作为，也引起了社会各界的广泛关注，他被评为温州市劳动模范。

1995 年，雄心勃勃的王振滔又联合 10 多家中小企业，组成了集团公司，成了名副其实的国内皮鞋领军人物之一。1997 年，该集团产值高达 18 亿元，企业拥有 2000 多名员工，下属分支机构 20 多家，并荣膺国家级无区域性大型集团公司。

借着企业进步发展的良好势头，王振滔专程赴意大利考察取经，世界著名鞋业王国的先进技术和先进管理手段更坚定了王振滔开拓进取的信心。正是由于这种信心作用力，1999 年底，一座占地 4 万平方米、建筑面积达 45 万平方米的具有现代化整套制鞋先进设备的厂房投入使用。"奥康鞋业"至此已经在国内国际上形成了一个真正的品牌。

回顾自己追求产品质量、打造品牌的艰苦努力，王振滔感触良多。这一回顾自然使他想到了早在 1990 年，他推出"奥康"品牌，一炮打响的战略。

当时，一些粗制滥造的厂家，慑于形势已退出市场，这正是难得的商机。他自信自己皮鞋的质量和款式会得到消费者的认可。"真金不怕火炼"，在这种形势下，正是打出品牌的好时机。果然，他这一奇招，在武汉大获全胜。消费者从试买到竞相选购，"奥康"之名不胫而走……

王振滔的这一谋略，正暗合了《孙子兵法》所言"凡善战者，以正合，以奇胜。故善出奇者，无穷如天地，不竭如江河"。一个品牌的建立不仅需要策略，需要长时间的锻造，更需要胆识和非凡的勇气。

当然，品牌塑造的目的是为了更好地实现销售，达成企业的经营目标，不是为了塑造而塑造。塑造一个品牌的真正意义不仅仅在于企业能通过品牌取得较大的经济利益，其社会效益也是深远的，例如解决就业问题、增加国家税收、刺激消费，等等。

每一个品牌的建立无不是企业通过其过硬的产品质量、完善的售后服务、良好的产品形象、美好的文化价值、优秀的管理结果等因素来实现的。企业经营者和管理者需要投入巨大的人力、物力甚至几代人长期辛勤耕耘，从而使消费者对其形成一种评价和认知。

品牌是需要规划的，比如公司计划推出若干新产品，是用现在的品牌还是用新的品牌，新的品牌和现有的品牌是什么关系，这些都是需要规划的；如果市场发生变化，如果消费者的偏好、消费者环境发生了变化，产品的品牌是否需要调整，公司的品牌是否调整，这都需要规划。

品牌规划要基于将来的趋势，要着眼于未来，要具有前瞻性。品牌战略的决策主要是由高层做出并且向下传递，品牌战略的规划要结合现在的情况，结合现有的情况、企业的实力做出系统分析，根据这种情况做出品牌战略规划，为组织提供清晰、完整的发展方向，保证品牌的培育和使用效益的最大化。

铁律 41
结合经营特色选择商业区

> 商业区是指区域性商业网点集中的地区，一般位于城市中心交通方便、人口众多的地段，通常围绕着大型批发中心和大型综合性商场，由数量繁多、不同类型的商店构成。不同的商业区会有不同的消费习惯和主要客户群，因此一个公司在选择商业区时需要做多方面的调查和分析，在所有影响商业区的选择因素中，经营特色起着决定性的作用。

经营特色，顾名思义，指的是公司所经营的产品或服务具有与众不同的特色，它可以表现在产品的设计、性能、质量、售后服务、销售方式等方面。公司的经营特色使公司在竞争中处于有利地位，使同行业的现有公司、新进入者和替代产品都难以在这个特定领域与之抗衡。选择商业区的时候，关键在于分析客户群的分布、商业区的氛围是否同自己的经营特色相符。如果公司选择不把自己经营的类别同当地实际情况联系起来，很可能会浪费了大量时间、金钱、精力却达不到预期的收益。相反，如果找对了适合自己特色的商业区，就掌握了赚钱的先机，可以利用商业区带来的各种便利条件和经济效应为公司创造业绩。

选对了商业区，公司可以渐渐产生规模效应，取得收益。而选择的商业区结合了公司经营特色显得尤为重要：一来该商业区符合本公司的文化氛围，公司所经营的产品或者服务满足了当地消费者的需要，因而取得较好的收益；二来公司可以发扬自己的特色，增强自己的竞争力，有力地打击了其他竞争者，使自己站稳脚跟，有利于长期发展。

比如说那些大型国际酒店的聚居地带，该地区多是以旅行、商务为主的消费者，不同于一些平价旅店聚集区的是，该地区内的消费一般较高，而这些短期停留的旅客不可能仅将酒店作为消费场所，因此以服务和娱乐为主的 KTV、酒吧等娱乐场所都会有比较大的发展空间；再如那些分布在郊区的别墅区、高级住宅区，租金相对便宜，同时地区内的居民不可能所有的消费活动都到市中心进行，因此准备经营大型生活用品卖场、精品服饰店、家用电器专卖店等的公司，都能吸引到周围的客户，外加充足的停车空间，附近社区的居民也会到这里消费；以大型商场、写字楼为中心，外围多为居民区的商业区，餐饮服务和银行服务较为稀缺，因此，开设快餐店、便利店和银行是比较合适的能解决很多消费者的需求。

某摄影公司的特色是以影视古装造型为主要风格的艺术摄影。这个公司没有像其他店铺一样选在影楼林立的"影楼街"开店，而是选择了城市中一处独特的仿古商业街。由于十分符合古装摄影的氛围，加上很多影视剧也会在这个街道取景，许多顾客慕名前来。同时这条仿古商业街是有名的旅游景点，许多游客在经过这个公司的时候也会被其特殊的风格吸引，在店内拍照留念。该摄影公司根据自己的特色，迎合了仿古商业街的需要，满足了消费者的需求，因此生意做得非常好，取得了极大的成功。

试想如果该公司选择在影楼街与众同行竞争，那么该公司可能面临的就是另一种命运了。由此可见，在公司选址时要充分考察选择的商业区的氛围是否与自己公司经营的特点相契合，结合经营的特色选择合适的商业区才能够带来更多的经济效益。

很多公司在选择商业区的时候，往往只看到商业区内的某个优势，就盲目地决定将那里选为公司的营业地址，这种未经全面考虑的决定最终只会给公司造成不必要的损失。要知道，流动人口多的地方不见得就是运营的黄金地段。同样，我们需要准确定位哪些商业区是符合自己公司的经营特色的。

这就需要对商业区有全面的认识和定位，首先确定商业区内消费群体的主要消费需求与本公司的经营业务是否相关，因为这对未来公司的客户流起着重要作用；然后鉴于行业与行业之间有积极作用或负面作用，如旅游业能在一定程度上促进摄影业的发展，而已有摄影公司的多寡则影响新的摄影公司的进入，因此应该调查该商业区内主要行业的类别；与之同等重要的是商业区的整体氛围，是否与公司的经营特色相融合，这将很大程度地影响公司未来的发展。

总之，公司在选择商业区时，应把本公司的经营特色与各商业区的特点相比较，选择符合自己经营特色的、能给公司带来有利影响、预期会使公司取得经济利益的商业区。

铁律 42

同行未必是冤家，公司要考虑集群效应

> 很多公司在选址时，都在想方设法远离同行，似乎这样能够减轻压力，为自己争得更多生存空间。其实，在同行业之间，竞争能够催人奋进，同类公司聚集容易形成集群效应。

中国有句古语叫"同行是冤家"，用以说明处于同一行业的企业或人，由于竞争的存在而使得利益受损，使得彼此各方为自身利益而剑拔弩张。同一种行业聚集的地方意味着竞争更加激烈，因此有的公司认为同行密集的地方不宜运营。然而世界往往就是这么奇妙，人人都说大家挤在一起生意难做，但偏偏要聚在一起，你争我夺、面红耳赤。天天喊着竞争太激烈了，生意越来越难做，但还是有后来者居上，居然做强做大。似乎争来争去，最终还是聚集程度越来越高，比如，先是几家汽配店挨着，随后就形成了汽配一条街，后来又形成汽配城，再后来就形成了汽车配件产业基地，最终又演化成了区域性汽配产业集群。这是为什么呢，难道他们不知道越集中竞争会越激烈？

实际上，同行密集客自来，也就是说行业的密集反而能带来更多的效益。这是因为当同类的生意扎堆的时候，生意会更加兴旺，容易形成品牌效应，因此同行未必是冤家，公司要考虑集群效应。

所谓的集群效应，指的是许多同行公司聚集在同一区域，通过产生外部经济性、联合行动、制度效应等为公司带来更多客户源，促进公司的发展。

处在同一区域的同行，既然属于同行，就必然存在着竞争，但首先这种竞争主要属于好的竞争。而这种好的竞争可以为公司获得并保持竞争优势。其次，可以提升整个行业的市场需求。很多情况下，市场会因对一个品牌的需求而增加对其他品牌的需求，比如说 IBM 打开了整个市场对电脑的需求，随之也增加了市场对其他公司品牌的需求。再者，可以协助公司开发市场并增加市场份额，降低公司的市场风险、改善行业形象、提升行业在整个经济体中的影响力。

从消费者和客户角度来讲，他们在某一方面可能非常专业，但在更多方面则只能是门外汉，他们客观上需要通过一些比较来作出对自己有利的选择。正所谓是"不怕不识货，就怕货比货"，而他们只有在某类店面比较集中的地方，才能更为方便地做到这一点。另外，人是非常奇怪的一种动物，你只给他一个选择，也许这个选择对他来说实际上是最好的，他也会觉得很不舒服，心头总会笼罩着一种强加感。同时，绝大多数人消费购物，还附带着一种潜在的特殊心理需求，就是欣赏丰富的式样，并从中找到一种快感。而你的公司，无论产品或服务有多卓越，若远离同行，就难以满足消费者这些附加的需求。

陈小姐是一家贸易公司的助理，公司常常需要给同事和客户送花。公司楼下就有一家大的花店，除了特别紧急的时候会光顾那家店，平时陈小姐都是去5公里外的一个大型鲜花市场去买，因为那里的摊位多，鲜花品种齐全，很多商家都有自己的种植园，保证了花的新鲜；同时由于是批量经营，价格也便宜得多。

可见公司完全不用害怕在同业附近开店，同行越多，人气就越旺，生意也会越好。在商业经营中，在某一些街道或地点集中经营同一类商品，商品品种就更齐全，服务配套也更完善。

许多同行聚集也容易形成商业街，比如北京的动物园服装批发市场、后海酒吧街、潘家园书市，等等。尤其是那些选择性大、选购数量多、耐用的商品，顾客为了货比三家，即使路途远，也喜欢去商业街选购。

对公司来说，聚集在一起，知名度更容易提高，客户源相对增多，生意也容易做大做强。若在远离同行的地方开业，失去集体效应的"庇护"，正所谓孤掌难鸣，很容易被遗忘忽视，难以发展壮大。

与同行近距离竞技，还有一个非常明显的好处，就是可以相互观摩和借鉴，促进自己在各个方面取得全面进步。如果我们对国内现有的一些风云企业进行深入研究，就会发现，他们目前操作模式当中的大部分细节都不是自己原创，而是通过向近距离同行借鉴和学习来获得的。

但是同行密集必然使竞争更加激烈，也必须承担更多的风险。在这里提供几种与同行竞争的方法，希望你的公司能够在激烈的竞争中脱颖而出。

1. 模仿对手

这个方法比较适合缺乏经验的创业者，当不了解成功模式的时候，不妨就去模仿。跟随竞争者的脚步，学习别人成功的模式可以减少市场风险，也可以减少摸索的时间。一个新公司开业时总是存在着很大的经营风险的，我们周围不乏一些小型公司开业不久就关门大吉的例子。如果能模仿出同行成功的基本模式，就能有效地规避风险。模仿手段很简单，商品内容、空间大小、公司内部设计、商圈位置都可以效仿同行。但是简单机械的模仿是没办法长远的，当一个成功赚钱的生意出现的时候，市场上很快会有一批新的竞争者一窝蜂地涌入，如果只模仿到了皮毛，很容易被这些后来者淘汰掉。在一个既定的市场中，成功的同行已经创建了一定的名声和客户群，模仿者很容易被贴上"第二"的标签。如果不能确定自己的核心竞争力，不仅不会取代成功者的地位，还会使自己陷入尴尬的境地。所以模仿不能只停留在表面，要学习成功的经营模式并创造自己独特的方法，小型公司才能不被更多的模仿者淘汰。

2. 适时躲避

这个方法比较适合经营了一段时间的小公司，因为小公司毕竟实力、资金都有限，当遇到同类的大型公司时，就要避免和较强的竞争对手相抗衡，躲开正面冲突，另辟蹊径。可以寻找不同的市场，不与主要竞争对手抗衡——例如竞争对手是经营西式快餐的肯德基、麦当劳，你完全不用去效仿对手的做法，可以利用你擅长的拉面、炒饭等打造中式快餐；在运作中可以躲避同一个客户群——比如同样是儿童英语补习班，同行的客户都是工薪阶层家庭的儿童，你可以专门针对高收入家庭的儿童，提供一对一的服务和教学；避免和同行提供一模一样的商品——当周围的美容院都以各种先进的美容仪器作为卖点时，你可以提供传统的中医美容。

3. 主动攻击

这个方法比较适合经营比较稳定、具备一定实力的公司。商业竞争，有时候单凭守是守不住的，如果遇到合适的机会就要敢于出招，主动攻击对方，强调对方的缺点，突出自己的优点。如果同样都是婚纱摄影，你可以强调别家的底片都需要付费，而你的摄影公司对于所有拍摄的底片都是百分百免费赠送。再如同样都是理发公司，你可以强调你的理发店使用的药水都是植物型的，不易伤发。

总之，同行聚集对于消费者方便，对于经营者也更有利。但是想要在同行密集的竞争中立于不败之地，就要提供更好的商品和服务，创造自己的特点吸引顾客。

市场上很难找到一种没有竞争对手的行业，正如一个学校内会有两三家便利店，一座写字楼周围会有四五家小吃店，一个火车站周围会有八九家旅馆。对于顾客来说，众多店面集中在一个地方，可以比较质量、价格，有更多的挑选余地，更加地放心、方便，公司选址在同行中间，也会产生类似的集群效应。可见，同行未必是冤家，公司有必要考虑集群效应。

铁律 43

找准定位，确定你的客户源

> 在创业过程中，确定客户源是极其重要的任务之一。简而言之，就是要确定产品的服务对象是谁。在创业之前，你必须准确定位自己的产品，详细分析消费者的年龄、性别、职业、收入以及文化背景等，随即根据这些调查结果确定你的客户源。

萝卜青菜，各有所爱。同理，并非所有的产品都适合所有的消费者，因此，若能找对客户源，则为自己的产品找到了相对固定的销路，创业者可以针对这些客户销售产品。

很多创业者在找到合适的项目后就立马开发产品，一门心思等着发财，压根不去了解市场形势和竞争对手，也不去调查自己具体的客户群，还妄想着把所有人当作是自己的客户源。例如，你想开家女性鞋店，目标顾客或许是白领丽人，或许是家庭主妇，也有可能是时尚少女。由于受众的不同，则鞋子的款式、店面的格调等肯定是有所不同的。要确定客户源，就必须对顾客进行细分。不同的标准，有不同的分法。按职业特点可分为：学生、普通上班族、政府工作人员、自由职业者等。按年龄可分为：老、中、青。不同的产品，有不同的受众群，对顾客进行了细分以后，就要根据自己的创业项目来确定主要的目标顾客。任何创业项目在经营时都要细分客户群、找准定位，这也是创业成功的重要因素之一。

林静开了一家颇具藏族文化特色的民族服装店，店里的每一件民族服装都是纯手工成品，都是她亲自走访村寨联络定制的，因此每件衣服的价格自然不便宜，而且还只此一件。她把自己店里的客户源确定为对民族服装有很大兴趣并且具备一定购买能力的人。确定了目标受众后，林静着重向每一位去过西藏或对民族文化有深厚感情的客人宣传当地的服饰文化，并向顾客展示手工刺绣的精妙与灿烂，以及向他们传授如何将民族服饰与现代服装结合穿着的诀窍，等等。

由于小店的货源不完全稳定，客源又十分有限，因此，林静觉得一定要与顾客保持频繁的联系。林静对于光顾小店两次以上的顾客都作了认真记录，留下了她们的联系方式，还细心留意每个顾客购买的服装风格。由于服装店的定位非常准确，加之服务热情周到，所以小店的生意一直红红火火。

故事中的林静，之所以可以将小店经营得风生水起，主要是因为她找准了小店的定位，确定了有效的客户源，并在经营过程还牢牢抓住了这些目标受众。

要确定客户源，一定的准备工作是少不了的，而且要掌握好方法，采取有效地措施才能精确客户源，有效积累客户群。

那么要如何确定客户源呢？

下面介绍几种行之有效的寻找客户源的方法，以供参考：

1. 普遍寻找法

其方法的要点是，业务员在特定的市场区域范围内针对特定的群体，用上门、信件或者电话、电子邮件等方式对该范围内的组织、家庭或者个人无遗漏地进行寻找与确认的方法。比如，将某市某个居民新村的所有家庭作为普遍寻找的对象，将上海地区所有的宾馆、饭店作为地毯式寻找的对象等。普遍寻找法可以采用业务员亲自上门、邮件发送、电话、与其他促销活动结合进行的方式展开。

2. 广告寻找法

这种方法的基本步骤是：

（1）向目标顾客群发送广告。

（2）吸引顾客上门展开业务活动或者接受反馈。例如，通过媒体发送某个减肥器具的广告，介绍其功能、购买方式、地点、代理和经销办法等，然后在目标区域展开活动。

3. 介绍寻找法

这种方法是业务员通过他人的直接介绍或者提供的信息进行顾客寻找，可以通过业务员的熟人、朋友等社会关系，也可以通过企业的合作伙伴、客户等。主要方式有电话介绍、口头介绍、信函介绍、名片介绍、口碑效应等。

4. 资料查阅寻找法

我们一直认为，业务员要有很强的信息处理能力，通过资料查阅寻找客户既能保证一定的可靠性，也能减小工作量、提高工作效率，同时也可以最大限度减少业务工作的盲目性和客户的抵触情绪，更重要的是，可以展开先期的客户研究，了解客户的特点、状况，提出适当的客户活动针对性策略等。

5. 委托助手寻找法

这种方法在国外用得比较多，一般是业务员在自己的业务地区或者客户群中，通过有偿的方式委托特定的人为自己收集信息，了解有关客户和市场、地区的情报资料，等等。

也有业务员在企业的中间商中间委托相关人员定期或者不定期提供一些关于产品、销售的信息。

6. 交易会寻找法

国际国内每年都有不少交易会，如广交会、高交会、中小企业博览会，等等，这是一个绝好的商机，要充分利用。交易会不仅能实现交易，更是寻找客户、联络感情、沟通了解的重要渠道。

7. 咨询寻找法

一些组织，特别是行业组织、技术服务组织、咨询单位等，它们手中往往集中了大量的客户资料、资源以及相关行业和市场信息，通过咨询的方式寻找客户不仅是一个有效的途径，有时还能够获得这些组织的服务、帮助和支持，比如在客户联系、介绍、市场进入方案建议等方面。

8. 企业各类活动寻找法

企业在公共关系活动、市场调研活动、促销活动、技术支持和售后服务活动中一般都会直接接触客户，这个过程中对客户的观察、了解、深入的沟通都非常有力，也是一个寻找客户的好方法。

确定客户源对一个公司的成功运营至关重要，因此公司要通过各种合理途径找准客户源。

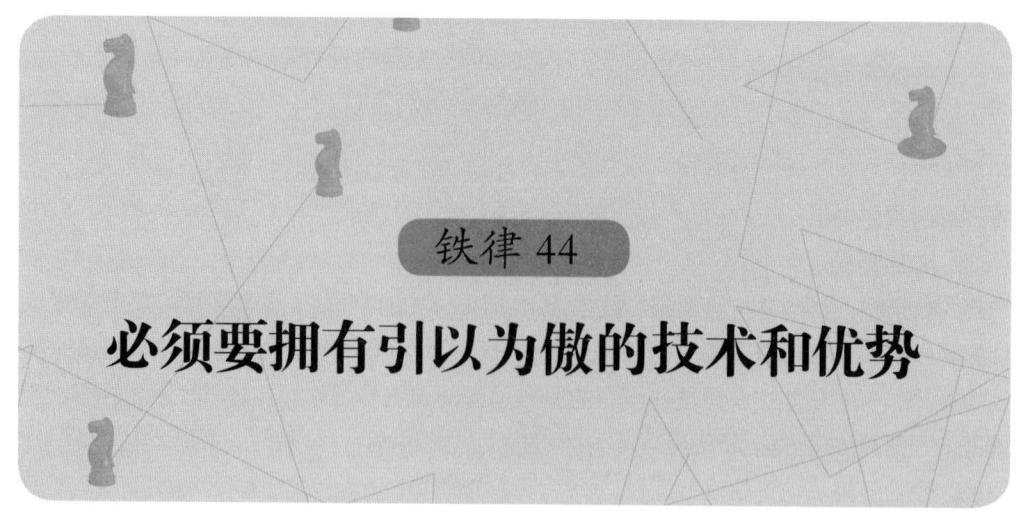

铁律44
必须要拥有引以为傲的技术和优势

> 营销大师科特勒说过:"每一种品牌应该在其选择的利益方面成为第一名。"在利润越来越透明的市场环境中,企业要想成为"第一名",则必须拥有引以为傲的技术和优势,不断的技术创新支持的差异优势是企业保持长久市场竞争优势的重要途径。因此,企业应把发展核心的竞争力——技术领先,放在最重要的位置。

创新是现代企业获得持续竞争力的源泉,是企业发展战略的核心。企业要想在日趋激烈的市场竞争中占有一席之地,必须从知识经济的要求出发,从市场环境的变化出发,不断进行技术、管理、制度、市场、战略等诸多方面的创新,其中又以技术创新为核心。

只有不断进行技术创新,企业才能不断向市场推出新产品,不断提高产品的知识含量和科技含量,改进生产技术,降低成本,进而提高顾客价值,提高产品的市场竞争力和市场占有率,并适时开拓新的市场领域。

2007年,乔布斯在Macworld上向世界介绍第一代iPhone。他说:"今天我们要推出三款革命性产品:第一个,带有触控的宽屏的iPod,第二个是一台具有革命性的电话,第三个是一个具有突破性技术的上网设备。"其实,这三个都是一个设备,也许这是单独看上去三个常见的技术可以实现的功能,但之前从来没有人想过要合而为一。对比当时已有的智能手机,包括诺基亚、摩托罗拉和黑莓等产品,它们拥有的是小屏幕、塑料键盘,一般来说是全键盘的手机,将电话、邮件和上网整合到一个设备中,iphone完全抛弃了这些传统智能手机的特征。

而今天,"苹果"将重新发明电话,苹果公司开发出了灵敏度极高的温度感应的触摸屏,而同时期的产品都是压力感应,苹果公司确实在这方面做出了很大的改进,它认为,最好的操作是我们的手指,因此,不需要手写笔,必须要键盘,只要你有手,通过多触点控制技术，就能操控你的电话。它独特的外观以及操作系统在技术上根本不存在难度，并且苹果公司在其电脑上曾经开发使用过这套系统，它的与众不同之处就是把大家没想到的事情想到了并且成功在手机上做到了。回顾iPhone1、iPhone3G、iPhone3GS、iPhone4和iPhone4S，技术的一点点进步，都让人们尤其是"果粉"兴奋不已。"苹果"是一个兼做软件和硬件的公司，它敏锐地捕捉到了市场的需求，引领市场潮流，开发的appstore让人们可以开发软件、购买下载自己需要的软件，每一台看上去一模一样的iPhone，打开之后都是独一无二的，而它们全触屏加home键的设计以及注册了专利的多触点控制技术更是改变了智能手机的格局，从此之后，全触屏手机风靡全球。

近几年来诺基亚的研发跟不上市场的脚步，高层基本都是硬件部门背景的，软件越来越不受重视，而在手机普及的今天，消费者越来越重视手机的功能和应用感受，诺基亚的新产品在技术上的革新没有什么大变化，让人感觉都是外壳在变，而内在一直都守着塞班系统这个已经让大众失望连连的手机系统一成不变。反观"苹果"，在优秀的营销技术下是手机软硬件技术的革新。不论是前文中提到的第一代iPhone的技术革新，还是后面几代图像处理技术的提升、数据管理与提取和记忆的运行方式也在大幅提升，软件的提升也是一代比一代强，最新的第五代虽然外观上没什么区别，但是其siri语音功能之强大是其他智能手机无法比拟的。应该说现在的苹果，是改变、引领手机潮流者，它对于"重新发明手机"之誉当之无愧。

"苹果"正是在技术上不断创新，不断保持其技术上的优势，大大提高了其市场占有率和市场竞争力。

企业管理者应该知道，通过技术创新赢得市场地位实际上比防守一个已有的市场地位要稳妥得多。只有技术领先，才可能实现持续领先。

尺有所短、寸有所长，每个人都有自己的缺点，也都有自己的优点。创业者用自己的短去比人家的长，结果必然是失败，但是如果能用自己的长与人家的短竞争，就一定能够成功。所以创业者需要扬长避短，以自身的优势创业。

卓越的技术技能和产品的创新，有利于提高企业的影响力；有利于增加市场竞争力、扩大市场覆盖面、创造稳定的市场和客户关系；有利于品牌认知度的提高，也利于企业声誉的提高，成为公认的市场领导者，拥有与竞争对手相比更好的产品质量，拥有富有吸引力的客户群体；具有价值优越性，即能按用户愿意支付的价格为用户提供根本性的好处或效用；具有战略价值，它能为顾客带来长期的关键性利益，为企业创造长期性的竞争主动权，为企业创造超过同业平均利润水平的超值利润。而且这类技术可以重复使用，在使用过程中价值不但不减少，而且能够增加，具有连续增长、报酬递增的特征。因此，核心技术是企业在市场中取得超额利润的主要原因。一个企业即使没有整体竞争优势，也可以通过少数几个关键技术或少数几个关键能力大获成功，这种竞争对手难以超越的关键技术和能力就是核心竞争力。

公司要拥有引以为傲的技术和优势,首先需要对公司进行定位。通俗地说,定位就是确定公司或产品在顾客或消费者心目中的形象和地位,这个形象和地位应该是与众不同的。随着市场的不断发展,如今越来越多的营销竞争实践表明,公司定位需要解决两个问题:第一个:找位,即选择目标市场的过程。在市场分化的今天,任何一家公司和任何一种产品的目标顾客都不可能是所有的人,同时也不是每位顾客都能为我们带来正价值。因此,我们没有必要在不会带来价值的顾客身上浪费太多的资金和人力。第二个:定位,即产品定位的过程,是细分目标市场并进行子市场选择的过程;对选择后的目标市场进行细分,再选择一个或几个目标子市场的过程。

公司定好位之后,对自己产品的技术和优势也有了明确的认识,接下来则应该利用公司或产品的技术和优势吸引顾客、扩大市场、不断创新,保持该技术和优势的独特和领先地位。总之公司应把发展核心的竞争力,即技术领先,放在最重要的位置。

铁律 45
创新体系要能为市场发展服务

> 创新体系是知识创新、技术创新、知识传播和知识运用的结合，在当今全球一体化、信息化的趋势下，每一个公司都应当努力建立合适的创新体系。但是创新不是一切，管理大师德鲁克说："企业的创新必须永远盯在市场需求上。"

创业者必须充分认识市场对创新的重要影响作用，甚至是决定作用，只有这样，才能提高创新的成功概率。因此，公司在建立创新体系时必须考虑到创新体系要能为市场发展服务。

并非所有的创新都能产生正面效果，创新并不是企业永远的制胜法宝，创新成果物化为受消费者欢迎、让消费者满意的新产品，就能够稳固并拓展更大的市场；市场丰厚的回报又可为自主创新提供坚强的物质保证，促进新的技术取得突破。创新不能超越或滞后市场需求的实际水平，不能忽视市场购买者的承受能力及其未来趋势。在创新中必须体现市场导向。创新成果最终需要在市场上检验，创新成本和收益完全由市场来埋单。企业创新体系说到底是为产品的市场竞争力服务的。在市场经济条件下，企业仅靠技术水平的先进是不能确保其在竞争中取胜的。如果创新忽视市场的变化，必然遭到失败。

评判企业市场反应机制、技术提升水平和协调管理能力等"综合素质"高低的一个重要指标，就是看其创新体系能不能为市场发展服务、创新成果能不能及时转化为产品的市场竞争力。特别是对于创业者来说，如果企业的产品不能适销对路，服务不能为市场接受，那么即使初创企业的科研实力再强，产品和服务再好，最终也会被淘汰。著名空调企业春兰集团在创新与市场对接方面曾有过教训。

20 世纪 90 年代初，春兰研制出了国内第一台变频空调，但考虑到当时市场对这种高端产品的需求不大，因而没有全面推向市场。实际上，这种高端产品的市场空间还是不小的，由于春兰当时没有全面推出，以致让后来的其他品牌的空调抢了先机。正是因为有了这样深刻的教训，春兰在此后的发展进程中加大了创新与市场对接的力度，把创新放在了十分突出的位置，并采取了3种对接策略。

一是市场需要什么就研发什么。市场需要节能环保空调，春兰就开发达到国家新能效标准、对环境无任何污染的节能环保空调；市场需要健康、静音空调，春兰就研发具备长效灭菌功能、最静音的"静博士"空调，做到始终与市场需求同步。

二是市场何时需要就何时提供。由于做到了预期研制和技术储备，因而，市场无论何时需要相关产品，春兰都能做到及时推出，确保供应。

三是加大技术创新，提高春兰空调的品质。开发高能动力镍氢电池，向节能环保方向发展；开发移动式与卡式空调，以及镶有触摸屏的水晶彩色面板豪华和超豪华空调，引导消费者向往具有时尚和个性化特征的新生活。

另外，服务方面的创新也是春兰空调一直领先的重要因素。春兰24小时金牌服务已经成为优质春兰空调产品的延伸，以快速、高效响应为目标。春兰一直致力于对这一服务体系进行卓有成效的改革，并创建了先进的电子服务平台。

广泛收集市场信息，及时分析、研究消费者提出的各方面意见和要求，为春兰科研人员的新产品开发注入了活力，这也是春兰自主创新体系能够高效对接市场的根基所在。

正是坚持"以我为主"的发展模式，始终把自主创新作为立业的根本，在掌握产品核心技术的前提下推动产业扩张，春兰从一个年产值不足300万元的小厂，发展成集科研、制造、投资、贸易于一体的大型现代公司。一项项世界科技前沿的课题，蕴藏着一个个呼之欲出的新兴产业，必将带来一个个巨大商机。随着动力镍氢电池研制成功、批量投产，今日的春兰集团，已"由量的扩张转变为质的飞跃"。

客户服务就是一个最能发现隐形需求的部门。很多公司的客户服务都做得非常不好，生怕顾客来找麻烦。但是一些聪明的大公司却恰恰利用客服这个途径来寻找更多的创新灵感，创造出全新的市场利润空间。

安徽省每年的5月，是当地特产龙虾上市的季节，龙虾是许多人喜爱的美味。每到这个季节，合肥各龙虾店、大小排档生意异常火暴，大小龙虾店就有上千家，每天要吃掉龙虾近2.5万公斤。但是龙虾好吃清洗难的问题一直困扰着当地龙虾店的经营者。因为龙虾生长在泥湾里，捕捞时浑身是泥，清洗异常麻烦，一般的龙虾店一天要用2～3人专门手工刷洗龙虾，但常常一天洗的虾，几个小时就被顾客买完了，并且人工洗刷费时又费力，这样又增加了人工成本。海尔针对这一潜在的市场需求，迅速研制开发，没多久就推出了一款采用全塑一体桶、宽电压设计的可以洗龙虾的"洗虾机"，不但省时省力、洗涤效果非常好，而且价格定位也较合理，只要800多元，极大地满足了当地龙虾经营者的需求。过去洗两公斤龙虾一个人需要10～15分钟，现在用"龙虾机"只需

3 分钟就可以了。

就在 2002 年安徽合肥举办的第一届"龙虾节"上,海尔推出的这一款"洗虾机"马上引发了抢购热潮,上百台"洗虾机"不到一天就被当地消费者抢购一空,更有许多龙虾店经营者纷纷交订金预约购买。这款海尔"洗虾机"因其巨大的市场潜力获得安徽卫视"市场前景奖"。

海尔根据消费者洗龙虾难,造出了"洗虾机";海尔还曾为农民兄弟设计了"洗地瓜机"。正如张瑞敏所说:"中国企业不能用时间来赢市场,唯一能做的就是创新。"

在洗衣机市场,一般来讲,每年的 6~8 月是洗衣机销售的淡季。每到这段时间,很多厂家就把洗衣机的促销员从商场里撤回去了。张瑞敏很奇怪:难道天气越热、出汗越多,消费者越不洗衣裳?后来经过调查发现:不是消费者不洗衣裳,而是夏天里 5 公斤的洗衣机不实用,既浪费水又浪费电。于是,张瑞敏马上命令海尔的科研人员设计出一种洗衣量只有 1.5 公斤的洗衣机——小小神童洗衣机。小小神童洗衣机投产后先在上海试销。结果,精明的上海人马上认可了这种洗衣机。该产品在上海热销之后,很快又风靡全国。在不到两年的时间里,海尔的小小神童在全国卖了 100 多万台,并出口到日本和韩国。

张瑞敏曾说:"我想任何一个企业做的产品,你卖的肯定不是这个产品,换句话说,用户要的绝对不是你这个产品,要的是一种解决方案……"张瑞敏是这样说的,也是这样做的,他总是根据用户的意见,从根本上把握消费者的真正需求,"永远不是为产品找用户,而是为用户找产品,真诚到永远"。

创新不是凭空而生的,新思想大多来自顾客。顾客的需求是多样化的,有些是显性的,我们看得见;有些是隐性的,我们看不见。很多产品之所以同质化,是因为厂商都盯着显性需求,而忽略了隐性需求。显性需求好比浮出水面的冰山,只是冰山一角,而真正庞大的那部分却在水下,需要靠创新去挖掘。

如果一个公司能够更快地贴近它的客户,能够更快地敏锐反应客户的需求,很多的创新就由此而来。之后的创新,更多的是一种行动,是一种实践,也是一种循环。没有行动的话,它就是一个创意,谈不上创新。

当今社会,人类认知水平在不断增长,人们的需求也在不断变化着,经济生活瞬息万变,公司应该随时关注顾客的消费需求,关注市场的变化,学会用世界的眼光从高处和远处审视自己、衡量自身,随时发现公司自身和产品本身的弱点和缺点,通过创新迅速加以克服,挖掘消费者内心真正的需求,抓住商机,从而有效占领市场。

铁律 46
营销绝不能替代产品本身

> 成功的营销对公司的产品或服务有着巨大的帮助和促进,可以节约大量的资源投入,但这些营销绝不能替代产品本身,不能脱离产品而独立存在。如果将太多希望寄托在这些领域,而忽视产品自身的提升,最终还是难以将公司做好。产品质量是根本,是一切的前提,因此公司在营销的同时应该把产品本身的质量放在首要位置。

市场营销作为一种活动,涵盖着以销售为目的所进行的所有工作,包括市场分析、政策研究、消费定位、价值判断、制定策略等一系列的工作。市场营销以消费者为中心,发现和了解消费者的需求是市场营销的首要功能;企业通过市场营销活动,分析外部环境,指导企业在产品、定价、分销、促销和服务等方面作出相应的、科学的决策;充分把握和捕捉市场机会,积极开发产品,建立更多的分销渠道及采用更多的促销形式,开拓市场,增加销售;根据不同目标市场的顾客,搞好销售后的各种服务,满足消费者需求。

营销的作用不可小觑,然而"万法不离自性",任何离开产品来谈营销都如同空中楼阁,虚无缥缈、华而不实,也是徒劳的。在市场经济日益发达的今天,质量对于一个企业的重要性越来越强,产品质量的高低是企业有没有核心竞争力的体现之一,提高产品质量是保证企业占有市场从而能够持续经营的重要手段。一个企业想做大做强,在增强创新能力的基础上,努力提高产品和服务的质量水平是重要的辅助手段。那些被市场无情淘汰的企业可能存在各种各样的内部管理以及外部市场环境恶化的问题,但毋庸置疑,许多企业是栽在了不注重产品质量这个环节。

质量在今天之所以变得比过去更加重要,是因为市场环境同商品紧缺时代相比已经发生了根本性的变化,只要能生产出来就能卖出去的年代已经一去不复返了。成功的企业无一例外地重视产品和服务的质量。质量改进是当今关系企业生存的重要问题,企业产品质量的重要性愈加突出。因此，注重产品的质量问题，也是当今企业发展必须考虑的问题。

李某在家乡开了家面馆，名字起得很有意思，叫"168荞面馆"，取时下比较时髦的谐音"一路发"之义，迎合了世俗的大众文化，既为自己和顾客图个吉利，也是为了方便记忆，能够打出自己的品牌，逐渐做大做强。他这家面馆从1997年就开始营业，10多年来也一直坚持了下来，虽然每年都在赢利，但利润不是太大，老是处于原地踏步的状态，不过还是积累了一定的信誉和客户，慢慢地也算是一个老字号了。到2006年，李某自己到另一地段又开了一家"168荞面馆"，将老店转让给了姐姐。本来这是一个现成的摊子，相对来说要好打理得多，只要将原有的一些东西坚持住就是了。

但事情往往出乎意料，李某的姐姐接手之后，一来这几年粮油蔬菜价格上涨比较大；二来她想提高利润空间，多赚些钱，在降低质量标准的同时，还新上马了莜面、烧卖、饺子、炖骨头等品种，但口味比较一般。同时，由于10年左右没有重新装修，店内已经显得有些破旧脏乱。刚开始，受李某多年苦心经营之惠泽，老顾客光顾较多，生意还算不错。但一年之后，生意就开始明显变差，由此进入了恶性循环，李某的姐姐天天抱怨生意难做，同时给的量变小了，价格也变高了。到了2008年年底，生意基本上处于惨淡经营状态，又支撑了半年多，到2009年秋季店面悄然关门，老板被迫寻找其他发展机会去了。

可见，光品牌等是不能使一个公司稳定发展的，关键还在于公司经营的产品或服务本身的质量。这就如一个人的姓名，你可以将它起得很有内涵和品位，但如果自己的素质、能力和潜力都非常平庸无奇的话，还是对自身发展没有多大帮助。

大多数朋友创业，都会想方设法为自己的公司和产品设计一套良好的营销体系，认为有了这些东西，产品也就成功了一半。然而，所有这些都是建立在一个共同基础之上的，那就是产品自身品质过关，并不存在明显的瑕疵，它们能起到的作用只能是锦上添花，而非雪中送炭。现在社会上各种各样的品牌价值评估非常多，逐渐给人的感觉是好的品牌可以直接带来价值，同时可以按照那个价格将牌子卖掉。其实这是一个比较大的误解，品牌是一个附着在企业、产品和各种资源配套之上的东西，去掉这些东西，品牌的价值就会大打折扣，甚至还可能会一文不值。

在自己传统领域非常强势的牌子，在介入新领域之后却遭遇巨大挫折的例子并不鲜见，还有一些曾经很有名气的牌子，因一些突发性事件，一夜之间品牌价值归零，被"三聚氰胺"事件击倒的乳品品牌就是如此。

在产品就是企业生命的今天，产品本身已成为一个企业在市场中立足的根本和发展的保证。产品本身如此重要，因此公司应该根据市场需求生产、改进产品。根据营销4P理论注释，产品是第一要素。它含有三部分：一是内核产品价值，二是附加产品价值，三是延伸产品价值。如化妆品产品质量，它的内核部分就是被消费者消费的膏体部分，即为内核产品；它的附加价值就是它的包材及外包装，此即为附加产品；延伸价值就是因消费者的消费而引出的尊荣与价值感，此为延伸产品。

要想保证这三部分的质量，迎合消费者的口味，须建立一套科学的决策机制，由需求原则而起，将市场信息进行反馈、收集、分析、总结，找出市场需求的卖点，得出市场需求的独特销售主张，根据独特的销售主张来确定研发方向、产品内包装、外包装及助销物。

产品是公司生存的基础，没有产品质量就不会生产出过硬、适合市场需求的优秀产品。鉴于此，我们每一个创业者，一定要破除对营销的幻想，即使你在这些方面做得非常好，在其他领域的努力还是不可或缺，特别是在涉及产品核心价值的质量上，最起码还是应该坚守底线，并要持续改进、不断创新，否则最终还是难以摆脱失败的命运。事实上，目前那么多响亮的牌子，都是从默默无闻的状态发展起来的，这期间花费了太多的资金、精力和心血，而在它们挟品牌优势进入新领域，同样会遭受艰难曲折，比创立一个新品牌难度小不了多少。这就如同一个人的名字，即使你明天改名为李世民、奥巴马、戴高乐，也并不意味着要比别人发展顺利，同样还是需要在自身方面坚持不懈地做出努力。

总之，在这个产品营销化的时代，营销和我们的生活有着密不可分的关系，渗透到生活的各个方面。但营销只是让质量好公之于众的助力剂，产品本身的重要性更不容忽视。一个产品能不能得到市场的认可关键在于消费者对其的态度，而影响消费者购买的首要条件就是质量。公司在营销的同时一定要注意产品本身的质量的提升。

铁律 47
自主研发才有产品创新的主导权

> 企业的自主创新，是企业可持续发展的内在推动力和竞争关键，而关键技术和核心技术的自主研发是自主创新的突破关键。企业只有通过自主研发才能牢牢掌握产品创新的主导权。

当今商战中，创新可以说是热点主题。商业模式的创新可以改变整个行业格局，让市场重新洗牌，从1998年到2007年，成功晋级《财富》500强的企业有27家，其中有11家都将他们成功的关键归功于商业模式的创新。而一些大企业，如沃尔玛、西南航空、亚马逊也是商业模式创新的典范。实际上，创新并非只限于商业模式的创新，技术创新在企业的发展中也是至关重要的，而研发作为自主创新的源头和基础，自然绝对不能忽视，对于企业而言，搞好自主研发才有产品创新的主导权。

一个企业要想可持续发展，就必须掌握作为发展动力和支撑的核心的竞争力，而可持续的核心竞争力须以技术创新为主导，而技术创新往往与自主研发联系起来。企业如果没有自主研发的能力，缺乏技术创新的主导，企业的竞争力，甚至整个行业的竞争力就难以长期维持。

例如，我国东南沿海的许多服装厂，尽管已经进入了国际市场，但是并不是靠着先进的技术，而是依靠低成本生产。而这些服装厂的赢利模式也只是承担加工或组装业务，工厂几乎没有任何技术创新，其核心竞争力是这些工厂的低成本制造能力。其经营模式就是通过原料和库存的不断周转，保证生产线不停运转；而在企业人才方面，并没有专业人才引入，只是通过快速培训，使任何人几乎都能在短时间内胜任其岗位等。但这样的核心竞争力缺乏独特性和持久性，因为技术不变条件下的成本控制是有限的。随着行业竞争的不断激烈与进出口环境的变化，这样靠低价取胜的策略难以维持企业的生存，更不可能进一步壮大发展。

举个例子来说：一只中国生产的鼠标，在美国市场的价格是 24 美元，其中品牌商能赚 10 美元，渠道商能赚 8 美元，而我国的制造厂商只能赚取 0.3 美元的利润。我们生产出口一台 DVD 售价 32 美元，要交给外国人的专利费是 18 美元，而制造成本为 13 美元，中国企业只能赚取 1 美元的血汗钱。全球最有价值的 100 个品牌，每一个品牌的价值都超过 10 亿美元，而这 100 个品牌中却没有我们中国企业的身影。一位浙商说："出口一件小家电赚不到 10 美元，而国外企业光专利使用费一年就能坐收几百万美元。"从上面这组数据中我们看到，一个企业如果没有自己的核心竞争力，也就无法树立自主品牌，这迫使产品总是处于国际市场价值链的低端。即使制造能力不断地增强，最终还是无法取得高额利润。

由此可见，没有自主创新的企业只能充当别人的"产品组装车间"。许多产品的核心技术部件尽管企业能够制造得出，却创造不出，只能将一笔笔高额的专利费拱手送出，自己只获得少量的利润提成。

因此，企业的一大任务就是要加强自主创新的力度，而自主创新的突破口是关键技术和核心技术的自主研发。这是因为，关键技术或核心技术在整个产品系统中起决定性作用，它们直接制约着产品的整体设计，对实现产品功能影响最大，它们决定企业产品的附加值的高低。如果没有关键技术和核心技术的支撑，只有产品方案和外围技术，企业就等于将产品的命脉交到了别人的手中，就会丧失产品创新的完全自主权，随时可能受制于人。同时，对于一个企业的产品而言，只有经历了整个研发过程，才能获得对产品系统的整体认识，更好地把握产品创新。所以，只有通过自主研发，在核心技术和关键技术上有所创新和突破，才能实现企业的可持续发展。企业的一大任务就是加强自主研发，而在这个过程中要注意以下几个问题，以免走入误区：

1. 要从产品模式的创新出发

产品的研发不能只停留于模仿、跟随、改变规格或外形、降低成本等表面层次上。要扭转产品一个一个规划和开发出来的模式，采取产品平台和通用化设计，提高重用率，提升产品开发效率。同时对于研发的投入和要求要更加提高，以提升产品的附加值。

2. 要克服核心技术的限制

企业应该加大研发部门的建设。在技术战略及规划的牵引下，把技术开发从产品开发中分离出来，建立专门的机构或团队专注于关键技术研发，以缩短核心技术差距。而适当引进技术、购买专利、合作研发、引进人才也是十分有帮助的。

3. 产品创新应当以质量作为关键

无论产品怎样创新，质量都是第一要务，没有产品质量的保证，再有新意的产品也只能是空中楼阁。所以，企业在自主研发的过程中要加强产品测试、技术评审、可靠性工程、中试验证、质量分析及预防、流程审计等质量控制及保证方面的工作。

4. 加强研发过程中的部门协调

职能化壁垒是制约产品研发效率的一大因素。尽管很多企业经常用项目组这一方式来改善这一问题，但最终还是治标不治本，各职能部门经理比较强势，项目经理往往有责无权或有责少权，只能起到有限的协调作用。一些公司试图建立矩阵结构来协调各职能领域，但未能采取综合的配套措施，结果也是收效甚微。而为了打破职能化壁垒，实施产品管理和产品经理制，建立以产品线为导向的矩阵式组织结构及运行机制是关键。为了有效运行矩阵结构，要求企业员工建立全流程意识和角色责任意识，产品研发团队必须对产品的市场成功负责，职能部门需要蜕变为能力中心，并采取相应的绩效评价及激励机制。

5. 自主研发要去依赖性

也就是说，产品的自主研发不能仅靠个别高人或者能手，否则企业将不得不迁就于人，产生一定的依赖性。这会制约公司推出更多成功的产品，同时也会影响企业研发管理体系的建设和研发人才的培养，对研发能力的持续提升产生很大的负面作用。企业要扭转这种带有依赖性的研发，关键在于建立研发管理体系，尤其是结构化的研发流程体系，并不断优化流程，实现从依赖个别能人到依靠流程的转变，通过跨部门的主干流程整合各职能领域的活动。

6. 注重自主研发团队的建设

创造出色的产品，先创造出色的人。建立起职业化的研发人才队伍，尤其是拥有复合性的产品经营型人才是企业迫切的任务。自主研发队伍的人才，应当是既注重技术又看重管理，对于产品兼顾功能与性能，并且有强烈的商品化意识，以客户为中心，而不是盲目创新，质量意识与成本概念淡薄。研发人员的职业化素质是制约企业自主研发的大问题。打造职业化的研发人才队伍，不仅要重视专业能力的培养，更要关注职业化素质的塑造。通过抓好研发人员的绩效管理、激励机制、任职资格管理、团队建设等关键环节，使研发人员的动力和活力焕发出来。

7. 调整自主研发投入

当今市场上的大企业，大多是拥有自己的领先技术为后盾的拳头产品和服务手段，进而在很大程度上拥有以创新争得市场竞争的主导权。因此，自主研发投入就需要更多的投入。一个能够生存下去的企业，研发费用平均约占其销售额的2%；要想获得更强势的竞争力，就应该提高到5%以上，甚至超过10%。而我国大中型企业的研发经费占其销售额的比重仅为0.5%，与之相比远远不足。大量的研发费用自然需要资金的不断流入，企业在创业阶段，资金有限，需要有政府的支持和推动，后来就要学会与科研部门合作，但更多的是靠企业自己。只有企业真正认识到自己在研发中的关键作用之后有了自觉行为，才能真正成为研发的投资主体，自主创新才能进入成熟的良性循环。

8. 在企业内部形成创新意识，为自主研发提供思路

要提高全体职工，尤其是专业人才对自主创新重要意义的认识，从而才会有自觉行动，才会有可能出现创新。因此，开拓创新的企业文化，才是推动企业成为自主创新主体的根本之道。

美国 3M 公司就以创新型企业文化著称。3M 公司拥有强大的技术开发队伍，在全球共拥有 70 多个实验室、7350 位研发人员，年营收总额的 7% 用于研发费用。3M 的创新源泉其实是"视革新为成长方式，视新产品为生命"的企业战略和文化，并在公司运作的每一方面得到落实。3M 有一个著名的"15% 规则"，是指团队中的任何人都可以用 15% 的工作时间去做与职责无关的任何事情来激发创意。与此同时，它又是始终鼓励创新、容忍失败的典型案例，3M 公司一向鼓励职工在岗位上提出改进工作的建议和行动，即使真的失败了，付出代价也不会追究个人责任，仍鼓励并支持其继续努力。反之，要是谁在其任职的 3 年期间"做一天和尚撞一天钟"，提不出任何改进工作的意见和行动，"不求有功，但求无过"，则在裁员时将成为首选对象。

总之，与发达国家企业相比，我国企业在自主研发上存在诸多不足，要从各方面全方位改善。创业者要大力发挥自主研发在企业产品创新中的巨大作用，从以上 8 个方面入手，加大企业自主研发力度，掌握产品创新的主导权。

铁律 48

利用资源整合，创造更大价值

> 资源整合，对于企业的成长起到至关重要的作用。如果将企业的成长比作是"爬楼梯"的话，资源整合就是"坐电梯"。资源整合是在看上去毫不关联的不同要素和领域间通过超常规的思维和方式，建立一种机制和系统，从而形成多方互利的局面，产生巨大的社会效应和经济效益。

犹太人有一句名言："如果你有 1 元钱，却不能换来 100 元甚至 10 元，那你永远成不了真正的成功人士。"怎样让 1 元钱变成 10 元、100 元？要利用整合！想让 1 元增值的方法很多，但最有效、最简单的无疑是整合，如果我出 1 元钱，别人出 9 元钱，就有了 10 元钱，用这 10 元钱就有可能帮你挣回来 10 元、100 元。资源整合是站在前人的肩膀上前行，在一定的程度上，资源整合起到的是四两拨千斤的作用。成功的创业者大多都是资源整合的高手，创造性地整合资源是他们成功的关键因素之一。

想要整合资源，发挥资源的价值，首先应该明确对于一个企业来说什么是资源，可以利用的资源都有哪些。广义上来讲，资源是指有助于获得成功的各种要素。这些资源，既有天生的，比如企业的必要资金、经营场所、人员等；又有来自天然的，如土地、江河、矿藏、动植物、水力、旅游景点等；还有后天的，比如企业增加的资金、扩大的经营场所、添置的经营设施、招聘的人才、所占的市场份额、拥有的技术、经营、管理、战略、产品、品牌、供应商、消费者等；以及来自他人或其他组织，如可利用的社会关系、物质、财富和人力等资源。一般来说，传统的经济管理理论中，企业的资源可以被分为 8 种，即人力、财力、物力、机力、技力、时力、情力、地力。需要注意的，资源并不是仅指有形的物体，比如资金、固定资产、人力资源，等等，像技术知识等也是重要的资源，甚至在各种资源中占据很重要的地位。

那么为什么一定要整合资源呢？资源整合来自于资源的稀缺。尽管企业可以应用的资源是多种多样的，但是资源如同市场一样，拥有成千上万的争夺者，更何况，资源的分布同样遵循二八定律，即20%的人控制着80%的资源，而80%的人只有20%的资源，中小型企业，特别是创业企业，正是处在这互相争夺20%资源的80%当中，怎么能说不短缺呢？除此之外，在企业发展的过程中，对资源的需求也会日益增长，同时，企业发展导致对资源的过度消耗，由此产生、加剧资源短缺问题。这是每一个企业，无论大小，都不可避免的问题。在这样一个自然资源和社会资源同样是极为不均衡的，人与人资源拥有量极其不平等的客观现实下，资源整合成为企业发展的必经之路。

对一切可利用的资源整合对于一个企业起到的作用相当于"他山之石，可以攻玉"。一个机构通过调查发现，一些对自己所取得的成就比较认可的人中，只有3%认为是"完全靠自己的努力获得成功"的，97%的人认为自己"借助他人的帮助获得成功"。美国阿迪达斯公司就通过资源整合打开了市场。

美国阿迪达斯公司最初在美国本土市场的占有率很有限，那时造鞋的公司几乎和穿鞋的人一样多，公司管理层苦思冥想，希望能找到一条打开世界市场的捷径，为此甚至向公司员工征集好点子。公司新员工迈克很想借这个东风向公司管理层展示自己的能力，他在与公司管理者沟通之后发现，目前困扰公司管理层的最大的问题就是如何在开拓市场的前提下有效降低成本。而此时阿迪达斯公司正面临着空前的竞争压力，除了耐克公司和锐步公司的步步紧逼外，还有很多公司虎视眈眈。同时阿迪达斯想要开拓海外市场，还要面临当地的同行竞争，这些当地的同行大打价格战，而阿迪达斯却要面临可怕的关税压力。在这重重压力之下，想要想出一个好点子，可谓难上加难。

迈克通过分析，觉得问题的关键在于价格。也就是说让价格降低，就完全有可能打开海外庞大的市场。可问题是，各国都会保护自己的民族企业，所以对境外产品都会征以很高的关税。一个偶然的机会，迈克和自己的朋友里瑟聚会。里瑟是一家大型机械装备的招标人，他刚顺利拿到了一个单子。里瑟告诉迈克，他向招标企业提供租赁服务，同时允诺免费派出技术服务人员提供讲解和维修。当客户完全掌握了技能后，再决定是继续租赁还是购买大型机械装备。很显然，客户在掌握了操作程序后，一般会为了免去租赁费用而选择购买这些装备。这就是"借鸡生蛋"的道理。

迈克茅塞顿开，也克隆出了"借鸡生蛋"的想法：如果在世界各国开设工厂，阿迪达斯公司只出资金和技术力量，而工厂主管和工人都在当地招募，这样既可避免关税，又可减少公司负担，这样一来，从多个方面降低了成本，阿迪达斯可以解决价格的瓶颈问题了。正是通过这种"借鸡生蛋"的方式，阿迪达斯公司打开了庞大的海外市场，阿迪达斯公司成为只有总部，没有厂房、工人，却是世界公认的运动鞋大王。

阿迪达斯公司在国际范围内进行了资源整合利用，本土资源对于公司来说成本过大，相对而言，阿迪达斯是资源"短缺"的，但是，把视野放宽到世界当中，整合所有可以利用的资源，公司就变成了廉价资源的利用者。

由此可见，整合资源，对于企业，特别是创业企业特别重要。从本质上来讲，创业就是不拘泥于当前资源条件的限制下对机会的追寻，将不同的资源组合以利用和开发机会并创造价值的过程。普通的创业者，往往都是白手起家，自身的实力弱、没有经营业绩、成长的不确定性等多方面因素又使得创业者陷入难以获得资源的窘境当中。毫无疑问，资源是人类开展任何活动所需要具备的前提，要把握创业机会，同样需要具备相应的资源。创业活动往往是在资源不足的情况下把握机会，这并不等同于不重视资源，相反，这样的定义恰恰是在提醒创业者必须创造性地整合资源。要想整合资源、创造价值，要注意遵循以下几点：

1. 寻找可以提供资源的对象

要想整合资源，要先寻找资源。一种方法是找到这 20% 的拥有丰富资源的潜在资源提供者，如大公司，而这要求企业有一定的人脉积累。对于创业企业来讲，这条途径比较困难，但无论如何，找到尽量多潜在的资源提供者是必需的。

2. 找到与资源提供者的利益共同点，寻求整合基础

资源掌控者自然不会将资源白白让渡出来使用，商业活动强调利益，要做到资源整合，需要认真分析潜在资源提供者各自关心的利益所在。有这样一个例子就体现了利益的紧密联系，促成了资源的整合。

一家国际商场毗邻一条车水马龙的道路，道路对面就是该地繁华的商业街。在国际商场刚开业时，门口并没有过街天桥，行人穿越道路很不方便也不安全，应该修建天桥。按照大多数人的想法，这个天桥应该由政府来修建，但是一位年轻人却立即找政府商量，提出自己出钱修建过街天桥，而且还不说是自己建的，希望政府批准，前提是在修建好的天桥上挂广告牌。这个年轻人拿到政府的批文，从政府出来后立即找可口可乐这些著名的大公司洽谈广告业务。就这样，这位年轻人从大公司那里拿到了广告的定金，用这笔钱修建了天桥还略有剩余，这就是他的第一桶金。

在这个案例中，年轻人赚到了钱，而大公司在如此繁华的商业街附近做广告自然也有赚头，可以说，双方得到共赢。一旦不同诉求的组织或个人之间存在共同利益或建立起紧密的利益联系，就成为利益相关者，将每一方的资源整合起来，就是价值创造。

3. 资源整合要按照让对方先赢自己再赢的机制

资源能够整合到一起，需要合作，合作需要双赢甚至是共赢。合作总要有一个开始，在没有合作基础的前提下，一开始就双赢不容易。让对方先赢，既表现出了自己的诚意也表现出自己的能力，在这样的基础上，合作必定能够更好地展开，对方也愿意贡献出自己的资源。

4. 锻炼在资源整合中的沟通能力

毫无疑问，较强的沟通能力是连接多方资源所有者的纽带，良好的沟通始终是合作的前提。资源整合强调建立社会关系，构建或加入社会网络，强化自身的社会资本。

实际上，资源整合本身就是一个很自然的过程，不少创业者先是把自己的积蓄投入到自己创建的事业中，即"自我融资"，然后，创业者会向家人、亲戚、同学、战友等寻求支持，获得帮助，并且利用一切可以利用的资源，这就是一个自发的整合过程。对于任何一个企业，如果能够巧妙地整合他人的智慧和金钱，就可能获得惊人的成就。在这个过程中，最忌讳的便是以个人构想为中心，漠视了其他人的意见，这样在无形中就把所有人的智慧抹杀了，倒退至一个人支撑的局面。

铁律 49

学会差异化，
但不要为了差异化而差异化

> 差异化，为在红海搏杀中的企业提供了打开新市场的途径，使用差异化战略能够使企业跻身到行业前列。当企业沉醉在差异化的黄粱美梦之时，一定要回归在差异化的根本目的上去——顾客需要的是什么？为了差异化而差异化，顾客是不会为产品埋单的，差异化应当立足于消费者的需求。

如今的市场已经有了翻天覆地的变化，消费者不断增长的需求以及潜在的欲望要求企业不断开发出新产品迎合消费者，差异化则成为产品开发的关键所在。在产品生产和发展模式都日益趋同化的生意场上，差异化经营能够使企业在激烈的竞争中独辟蹊径，主动差异化则是领导品牌建立起竞争壁垒、封锁跟随者的重要武器。

所谓"差异化经营"，最简单的解释就是：在一样的地方，做和其他人不一样的事情。一个企业要做的是远离激烈的争斗，投入真正可以制胜的领域。差异化的经营思维也被称为蓝海思维。一个企业要想避开强劲对手，就必须趁早设计出个性化的经营战略，实现与竞争对手的差异化。在一些必要的环节上，将资源集中起来进行突破，努力做到与对手不一样。成功的企业都懂得用差异化出奇制胜。著名的分众传媒正是靠差异化兴起的。

有一天，分众传媒总裁江南春外出办事的时候被一张电梯门口的招贴画吸引住了。大家抱怨电梯很慢，等电梯时间往往很无聊。等电梯人的一句话提醒了江南春："如果有电视，人们在等电梯的时候就不会感到无聊了，效果也会比招贴画好很多。"江南春一下子被吸引住了，他想：我在电视上播广告怎么样？如果有比看广告还无聊的时间，我想大多数人还是会关注广告的。

发现了空白，就必须马上填补空白。江南春开始实施他的"蓝海"计划。2002年6月到12月，江南春说服了第一批40家高档写字楼。2003年1月，江南春的300台液晶显示屏装进了上海50幢写字楼的电梯旁。2003年5月，江南春正式注册成立分众传媒（中国）控股有限公司，分众从此开始走上飞速发展之路。

短短19个月时间，江南春领导的分众传媒利用数字多媒体技术所建造的商业楼宇联播网就从上海发展至全国37个城市；网络覆盖面从最初的50多栋楼宇发展到6800多栋楼宇；液晶信息终端从300多个发展至12000多个；拥有75%以上的市场占有率。

2005年7月，分众在纳斯达克上市，股价全线飘红。分众传媒市值高达8亿多美元，拥有30%多股权的江南春，身价暴涨到2.72亿美元，一夜之间，江南春成了人们眼中的致富榜样。

随后，江南春得到软银等风险投资商的注资，他带领分众传媒展开了大规模的收购行动。2005年年底收购框架媒介，2006年初合并聚众传媒，之后收购凯威广告，2007年3月收购好耶网络广告公司。仅仅用了4年时间，分众传媒就快速成长为行业内的领导者。

江南春通过寻找需求的空白点完成了企业差异化的发展，从传媒行业中脱颖而出，实际上，在当今发达的市场下，各个领域都存在着激烈的竞争，几乎不存在一个完全空白的领域等待企业来开拓，此时企业为了在现有的激烈竞争中分得一杯羹，只有采用差异化，变红海为蓝海。

这样的例子不胜枚举，自管理大师迈克尔·波特提出差异化战略后，很多企业都迫切地寻找自己的独一无二之处，渴望用与众不同来打造自身的竞争优势，也的确涌现出了不少成功案例。美国西南航空以"低廉的价格、密集的班次、欢乐的服务"打破航空业一片萧条的局面。Glaceau 以13种口味的健康水饮品，配上五彩缤纷的外表，成功挤入巨头垄断的非酒精饮料行业。但是，请注意，尽管实施差异化战略的确能够有效避开同质化竞争，但任何事情都不能抽象教条，绝对不能为了追求差异化而差异化。

从根本上来讲，差异化的最终目的不是为了避开竞争，而是满足需求，即满足对手所没有满足的消费者的需求，这是差异化出发的原始点，比竞争更为重要。不能为了差异化而差异化，首先要明确的是顾客没有满足的需求是什么，这样才能使差异化给顾客带来价值。否则，即使企业实施差异化，但顾客觉得这个差异化没有意义，就得不偿失了。这样的例子其实也有不少。

比如，健力宝企业曾经重拳推出的第五季饮料。这个饮料品牌曾被健力宝集团轰轰烈烈地宣传过，无论是在产品名称上还是在包装上都采取了与常规不同的差异化战略，然而并不成功，消费者并不认可，最终惨遭市场淘汰。从产品表面上来讲，饮料的确是做足了差异化，一年只有四季，"第5季"这个名称确实够新鲜。但是，仅仅是名称差异化，品质并没有与竞争产品区别开来。尽管它的宣传很卖力，消费者也不会觉得这个差异化对自己有什么实质上的好处。

如此的差异化，脱离了顾客的真正需求，可以说是没有价值的差异化，没有抓住客户最想要的。客户最想要的是基本品类利益。所谓基本品类利益，就是针对市场上所有的同类竞争产品，绝大部分顾客在大多数时候最为看重的利益。客户不会单纯地因为一个企业的产品具备某些特性而大方地掏腰包。他们购买一种产品，是因为这种产品能够满足他们最基本的需求，并且这种产品拥有比竞争对手更多更好的品类利益。顾客真正想要的，是"更好"的产品和服务，而不是更多的差异化。成功的企业，懂得根据客户的需求制造差异化，而不是凭空创造。

比如，移动通讯提供商Orange知道客户最需要的是合理收费，于是推出了按秒计费、退还因网络故障而多收取的费用、免费对账单等服务；建筑工具生产商喜利得发现，中小型客户最需要的是能够简单便捷地买到它的产品，于是改变以往单一的直销方式，与建材零售巨头家得宝合作推出了"店中店"的销售模式；墨西哥水泥巨头Cemex了解到，客户最看重的是何时能把水泥送到施工现场，于是它向客户承诺，在预定的20分钟内把产品送到客户手中，不论天气如何恶劣，也不论交通如何堵塞。

再如有家乳业公司刚成立不久，刚开始并没有什么优势，但他们在差异化策略上成功了。当时，中国的牛奶市场存在着两大问题：一是利乐包牛奶虽然品质好却价格贵，诸多消费者可望而不可即，而且8个月的保质期，多多少少有不新鲜之嫌；二是巴氏杀菌奶虽然保质期短、新鲜，但品质不稳定，消费者也不是很满意。这家公司分析消费者对两种牛奶的不满后，果断推出了利乐枕牛奶，结果大获成功。因为，利乐枕牛奶也是超高温灭菌奶，具有一定的利乐包牛奶的品质，但保质期短，仅为45天，表面上让人感觉新鲜，而且价格比利乐包牛奶便宜。由于兼顾了两种牛奶的长处——新鲜、具有一定保质期，也避免了两种牛奶的短处——价格贵、不新鲜，所以消费者就愿意接受。

这就告诉还正处于寻找市场定位的企业，客户的基本需求是超乎想象的，即使在市场比较完善的今天，也会存在机会窗口。同时也提醒企业，如果只是通过标新立异来进行差异化而不是立足于需求，客户是不会被这些产品的黄金外表迷惑的，他们需要的是实实在在的功能。在差异化上，企业要注意到以下几点：

1. 要将顾客价值摆在第一位

这其实就是上面所说的，更进一步讲，企业要对差异化能够带来多少顾客价值有所估量。差异化的策划者不能简单地认为差异化总能或多或少地给客户带来一定的吸引力，这实际上是一种很牵强的估计，往往与市场不符。比如娃哈哈曾经推广一种叫作维生素水的饮料，虽然设计者认为含有维生素的水总比其他的更为健康，但实际上，消费者为了补充更多的维生素会去选择果汁饮料，结果推广失败。因此，要确实经过市场的调查。

2. 差异化尽量不要去直接开拓市场

差异化往往需要创新，但是创新就意味着创造市场上没有的，而没有的也是顾客不熟悉的，由此企业反而可能会付出更多的成本。差异化一定要考虑市场教育的难度和成本，最好不要去教育市场。可以考虑的策略是"站在巨人的肩膀上"，而不是去闯全新的蓝海，这是因为全新的蓝海往往需要较高的市场教育成本，而红海虽然厮杀得厉害，但红海毕竟是现成的大市场，集合了大多数消费者的基本需求，把红海装进蓝瓶子里！在现成的红海市场里做适度的创新，提供多一层的差异化价值，这才是最好的出路。

3. 差异化不能只停留在产品的表面层次，要有内在价值的真实支撑

很多差异化的创意都很不错，是个很好的概念，遗憾的是它仅仅停留在了一个差异化的概念，没有实实在在地支撑起来。比如上面所说的第五季饮料，只是在名字上、包装上有所创新，但是饮料本身的配料、口感上并无实质性的变化，没有实际的效用支撑。

铁律 50
降低价格绝不是要求降低质量

> 降低价格是企业打开销路常使用的工具,但是不能以降低质量为代价。降低价格的最正确途径是减少成本的耗用,很多企业对于价格、质量、成本之间的关系理解不够充分,也在成本管理上有所欠缺。现代企业应当将改善成本管理作为价格浮动以及质量提升的砝码,发挥价格和质量的共同优势。

低价格如今已经成为很多企业在市场上竞争的武器,企业之间的价格战更是常见,然而企业需要注意的是,在不断降低价格的同时,不能连产品的质量也一起降低,否则也只会让消费者觉得"便宜没好货",非但没有达到占领市场的目的,连原来的消费者的忠诚也消失了。

质量、成本、价格这三者是息息相关的。价格与质量的矛盾,实际上是成本与质量的矛盾。表面看来,质量和成本似乎总是对立面存在的,实际上在一些情况下好的质量确实意味着成本的提升,因为这里牵扯到使用更好的原材料、使用更好的生产设备、雇佣更专业的管理人员及更加严格地进行生产控制和检测。但是,质量与成本之间的关系比这个更为复杂。

在企业经营管理中有这样一个词——质量成本。所谓质量成本,指的是企业为保证产品质量而支出的一切费用以及由于产品质量未达到既定的标准而造成的一切损失的总和,包含了直接质量成本和间接质量成本。其中直接质量成本包含了内部故障成本、外部故障成本、鉴定成本和预防成本,间接质量成本包含了无形质量成本、使用质量成本、供应商质量成本和设备质量成本。当我们形成好的质量的时候,我们所有的质量成本中故障成本、无形质量成本等将减少。这些减少的成本在更多的时候比起另外一些成本的增加是更值得的。因为质量造成的损失在更多的时候是非常巨大的,另外无形质量成本的损失更是无法用金额来衡量的。由此可以得知，企业对于质量、成本、价格，并不是选择谁放弃谁的问题，而是要在管理中达到三者的均衡。

在竞争中，每一位企业家都应当认识到低成本战略不能以牺牲产品品质和服务为代价。降低成本必须通过不断提升自己的核心技能和竞争力，这样才能应对市场竞争环境的不断变化。世界很多知名企业都在成本管理上下苦功，才能在价格上有所优势。

1962年，山姆·沃尔顿开设了第一家沃尔玛商店，按照美国《福布斯》杂志的估算，1989年山姆·沃尔顿家族的财产已高达90亿美元，沃尔玛在世界零售业中排名第一。2001年《商业周刊》全球1000强排名里沃尔玛位居第6位。作为一家商业零售企业，沃尔玛能与微软、通用电气、辉瑞制药等巨型公司相匹敌，实在让人惊叹。而沃尔玛之所以取得成功，关键就在于商品"物美价廉"，对顾客的服务优质上乘。

沃尔玛在压低进货价格和降低经营成本方面下工夫，它们直接从生产厂家进货，想尽一切办法把价格压低到极限成交，始终保持自己的商品售价比其他商店便宜。沃尔玛公司纪律严明、监督有力，为防止采购员损公肥私，它严禁供应商送礼或请采购员吃饭。与此同时，沃尔玛也把货物的运费和保管费用降到最低。

该公司在全美共有上百个配货中心，全部设在离沃尔玛商场不到一天路程的附近区域。商品购进后直接送到配货中心，再从配货中心由公司专有的集装箱车队运往各地的沃尔玛商场。公司还备有最先进的存货和配货系统，配货中心与商场的POS终端机都和公司总部的高性能电脑系统相联网，通过收款机激光扫描售出货物的条形码，每家商场的有关信息都会被记载到计算机网络当中。当某一货品的库存减少到最低限时，计算机就会向总部发出购进信号，要求总部进货。商场发出订货信号后36小时内，所需货品就会及时出现在货架上。因为总部会在寻找到货源后，就派距商场最近的配货中心负责运输，一切安排有序。

在这里，沃尔玛主要是从高效的商品进、销、存管理下，迅速掌握了商品进、销、存情况和市场需求趋势，既不积压存货，销售又不断货，资金周转加速，降低了资金成本和仓储成本。

沃尔玛的例子告诉我们，为了降低价格却不降低产品质量，节约成本是必经之路。其实，这是显而易见的，并且大多数企业都能意识到这一点，而目前成本依旧是制约不少企业发展的因素，也是质量难以保证的一大诱因，这是为什么呢？实际上，这主要是因为众多企业降低成本的工作重点放在了那些容易被抓住和容易被"看见"的成本与费用上，如：降低物品采购价格、节省行政管理中的办公经费、业务招待费、差旅费，等等。而对于那些不易被抓住和似乎不易被"看见"方面的成本的降低，则很少考虑，如：减少管理工作失误、提高服务质量等，所以，降低成本新的突破口应该从这些似乎不易被看见的成本开始，也就是实施前面所说的质量成本管理。

在这里，我们质量成本的范围界定为与产品或者服务合格或不合格相关联的成本。它由3个方面组成：

（1）为预防不符合要求而开展的调查工作。

（2）鉴定产品或者服务是否符合要求。

（3）产品或者服务因不符合要求而引发的成本。

它的最重要的作用就是改进质量、提高利润、降低损失成本。

对于一个企业而言，虽然卓越的研究开发可使新产品导入市场，虽然营销的多样化可使产品在短期内增加销售量，但没有卓越的"质量"保证，就不能长久立足于市场。而这种"质量"汇集了包括生产、技术、管理、信息沟通、服务等各个方面的工作质量。例如：指令下达错误、信息沟通不畅、工作交接不当、服务质量不好而导致工作中存在的各种问题，等等，应该说所有的企业都或多或少地存在这些质量问题。尤其在制造行业，都存在着由于不符合性能标准而发生的操作，例如：加工现场表现在加工废品和返工。质量成本管理正是为了解决这些往往被我们轻视的质量问题所造成的各种损失，让损失降低到最低限度，以挖掘企业内部新的降低成本潜能，并获取新的增长空间。企业为了进一步节约成本，可以从以下几个方面入手：

1. 正确认识成本

现在企业的成本核算，指的是生产过程中实际消耗的直接材料、直接人工和制造费用，而对于整个企业来说，成本包含的范围应当更为广泛，绝不能仅看其制造成本，还要看其负担的期间费用多少，即要把构成企业利润的全部减项都纳入成本分析和控制的范围之内。这样才能最真实地反映企业的生产状况，建立起控制成本的意识。

2. 转变企业的成本效益观

企业要实现由传统的"节约、节省"向现代效益观念的转变。也就是说，以更小的成本为企业带来更大的经济效益，比如通过引进新设备可节省维修费用和提高设备效率，从而提高企业的综合效益；开发新产品及改进产品质量带动企业的市场竞争能力和生产效益。总结起来就是：产出一定，投入最少；投入不变，产出最多；投入增加，产出增加，但前者增幅小于后者增幅。

3. 最有效也是最根本的——开发并应用新技术，实现成本新突破

一方面企业可在经费有限的情况下，选择一些影响重大的项目进行重点管理，分解目标、责任到人，组织技术攻关，力争取得实质性突破。另一方面积极开发现代化成本控制系统，实施生产成本的全天候监控，实现节能降耗和信息流的科学管理，为及时、准确地进行成本预测、决策和核算，为有效地实施成本控制提供强有力的技术支撑。

除此之外，企业还可以从其他方面辅助加强成本管理，比如发动全员树立起降低成本的意识，纠正对成本管理的传统过时思想、方法，通过加强人力资源管理，挖掘"降成本"新潜力以及改变成本核算方法，等等。

铁律 51

经营者要记住，在企业内部只有成本中心

> 成本是企业经营的一个核心，无论是"财大气粗"的大企业还是中小型企业，抑或是创业阶段的企业，控制成本都是一项重要任务，"斤斤计较"的成本观念更是知名企业跻身行业前列的撒手锏。企业成本管理，当从全员树立起"斤斤计较"的意识出发，上行下效，从生产等核心环节扩散至每一个细节。

成本就如同企业的大后方，企业在不断攻克市场壁垒，费尽心机打开市场的同时，如果因为后方失控，造成严重的资本浪费，那么即使是辛苦打出来的市场也会毁于一旦。经营者要时刻铭记，在企业内部只有成本中心。巩固这个大后方所需要的精力与时间，应当与开拓市场等同甚至是更多。很多世界知名企业的成功，正是得益于有效的成本管理。

美国西南航空公司是一家非常注重成本控制的公司，它之所以能够在亏损严重的航空业中一枝独秀，与它们的成本控制理念有很大的关系。在美国航空行业中，它以自己鲜明的特色傲视群雄，成为美国最赚钱的航空公司。

西南航空公司有句名言，那就是"飞机只有在天上才能赚钱"，为此他们专门计算过，如果每个航班节省地面时间5分钟，那么每架飞机每天就能增加一个小时的飞行时间。30多年来，西南航空公司总是使用各种办法让他们的飞机尽可能在天上长时间地飞行。

西南航空公司的飞机，从来不设头等舱和公务舱，也从来不实行"对号入座"，他们把飞机当作公共汽车，鼓励乘客先到先坐，这样的安排大大缩短了乘客的登机等候时间，一般说来，这个时间在半小时左右。为了节省顾客等候领取托运行李的时间，他们

连飞行员都派上用场，人们常常可以看见西南航空公司的飞行员在满头大汗地帮助乘客装卸行李，这样顾客既节省时间又获得优质服务。

为了配合公司"国内线、短航程"的市场定位，西南航空公司全部采用波音737客机，这样做有一个最大的好处，那就是任何一名空乘人员都熟悉飞机上的设备，这使得机组的出勤率和配备率都处于最佳的状态。这一点也让很多大型航空公司难以模仿，因为它们的飞机型号非常齐全，长短途兼营，没有办法和西南航空公司一样享受机型一致所带来的优势。为了节省顾客的成本，西南航空公司能省则省，最大限度地降低飞机运营成本，并将这一结果转移给顾客，为顾客创造更多的价值。

西南航空公司并没有满足于成本的降低，它们把顾客当作自己的上帝，所有的成本降低措施最终都是为了降低顾客的使用成本，并在提供优质的服务中不断为顾客创造温馨的乘机氛围，让乘客觉得自己的花费物超所值，因为他们购买到了货真价实的好"产品"。西南航空公司的低成本战略，曾被同行嘲笑为"斤斤计较"，而现在已经成为全球各大航空公司研究和学习的对象。

西南航空公司的案例告诉我们，成本节约应当是全方位的，并且只有由公司上下各个部门相互配合才能行之有效。这一点在我国知名家电企业——格兰仕身上也有所体现。

格兰仕将企业内部的成本管理分为8大块：采购成本、技术成本、质量成本、消耗成本、能源成本、费用成本、财务成本和人工成本。并针对每一个模块采取相应的成本控制措施。比如，阳光下的采购——把一切采购环节都摊开在阳光下，绝不允许任何违规行为存在。依仗"阳光下的采购"，格兰仕采购成本连续多年每年降低10%，采购回来的原料还一直保持高质量，令人称奇；而对于技术和质量成本的节约，并不是克扣研发成本，而是反对超越自身实力去搞研发，理性地根据企业的发展需要，从利润中拨出合适的比例来进行研发；降低人工成本，格兰仕则认为关键是消除一切没有效率、没有质量的工作，不要无效劳动，而不是去降低、克扣员工的工资，企业采取提高工人工资来建立激励制度。

可见，整个企业各个部门的通力配合才是促使企业整体成本节约的途径，为了达到这个目的，企业应当首先树立起控制节约的意识，即全员从思想上就应当将"斤斤计较"的理念渗透到整个企业当中。这正如德鲁克所谈到的：企业家和管理者要加强组织成本控制，重要的并不是成本控制的方法，而是成本控制的理念。企业能不能有效地控制成本，取决于决策者和管理者建立了怎样的成本理念，绝大多数的成本问题都是观念上的认识差距造成的。

当前企业的一大成本管理困境就是很多管理者对成本控制的理念认识不足，他们认为这是财务部门的事，反正"事不关己，高高挂起"，这种错误的想法导致成本控制流于形式，部门之间难以协调，最终会大大影响企业的整体绩效。即使企业建立了完善的成本控制系统后，并不代表着就能达到控制成本的效果。这是因为成本控制并非一个人能达到的，而是要求全员参与，让企业的每个人头脑中都有控制成本的概念。因此，要对管理层和员工提出具体的要求。

对管理层而言，要对企业成本控制重视并全力支持，并要具有完成成本目标的决心和信心。同时要以身作则，严格控制自身的责任成本。除此之外，在实际操作中要有实事求是的精神，不可急功近利、操之过急，只有按部就班才能逐渐取得成效。

除了企业的管理层要加强成本控制的观念外，还要将这种观念灌输到员工头脑里，这就要求通过具体行动体现。首先要求员工具有控制愿望和成本意识，养成节约习惯；其次要员工有合作观念，并能正确理解和使用成本信息，继以改进工作，降低成本。

著名的石油大王洛克菲勒正是凭借"斤斤计较"的管理理念，将成本节约的意识渗透至生产的每一个细节当中，完成资本的原始积累的。

洛克菲勒曾在一家公司做记账员，他几次在送交商行的单据上查出了错漏之处，为公司节省了数笔可观的支出，因此深得老板赏识。后来，洛克菲勒在自己的公司中更是注重成本的节约，提炼加工原油的成本也要计算到第三位小数点。为此，他每天早上一上班，就要求公司各部门将一份有关净值的报表送上来。经过多年的商业训练，洛克菲勒已经能够准确地查阅报上来的成本开支、销售以及损益等各项数字，以此来考核部门的工作。

曾经有一次，他质问一个炼油的经理："为什么你们提炼1加仑原油要花1分8厘2毫，而东部的一个炼油厂干同样的工作只要9厘1毫？"洛克菲勒甚至连一个价值极微的油桶塞子也不放过，他曾给炼油厂写过这样一封信："上个月你厂汇报手头有1119个塞子，本月初送去你厂10000个，一月你厂使用9527个，而现在报告剩余912个，那么其他的680个塞子哪里去了？"洞察入微，刨根究底，不容你打半点马虎眼，正如后人对他的评价：洛克菲勒是统计分析、成本会计和单位计价的一名先驱，是今天大企业的"一块拱顶石"。

可见，公司的经营者只有将成本控制管理作为经营企业的根本，并从自身就抱有"斤斤计较"的严谨态度，才能达到上行下效，让成本节约意识成为企业文化的组成。对于当前我国的企业而言，特别是广大中小企业以及创业者，能省则省更是经营的关键。实际来讲，从什么地方能够节省成本呢？除了生产、销售这些核心环节需要制定复杂的成本管控机制之外，一些细节更不能忽视。即使像沃尔玛那样规模的世界级大企业，也非常注重节俭，在沃尔玛，赠送挂历的时候，一般都是公司员工充当模特，这样要比请专业模特省钱的多；即使是复印纸，也是两面都用，不是用了一面就浪费，等等。而在现实经营中，很多企业为了赶时髦，提升企业的时尚元素和所谓的企业规范，常会不计工本地搞一些华而不实的烦琐手续。而事实上，这些手续所发挥的效益不大，甚至会得不偿失。

但需要注意的是，虽然成本控制对企业而言十分重要，但并不是所有企业的所有发展阶段都需要进行成本控制，要因地制宜，对大型企业和小型企业、老企业和新企业、发展快和发展相对稳定的企业、不同的行业以及同一企业的不同发展阶段而言，管理重点、组织结构、管理风格、成本控制方法和奖励形式都应当有所区别。在新企业发展中，其重点是销售和制造，而不是成本；而当企业已步入正常经营后，管理的重点是经营效率，此时就要开始控制费用并建立成本标准；而在企业扩大规模后，管理的重点转为扩充市场，要建立收入中心和正式的业绩报告系统；规模庞大的老企业，管理重点是组织的巩固，需要周密的计划和建立投资中心。

铁律 52

节约的都是利润，
培养节约习惯和成本意识

> 在这样一个充满竞争的时代，所有的公司即将或已经面临微利时代的挑战，微利时代的到来是一种必然，公司之间的竞争已经不仅仅局限于业务能力的竞争。在经济全球化使公司之间的竞争越来越激烈的今天，谁拥有了成本优势，谁就能在竞争中胜出，就能获得最大的利润。鉴于此，节约是公司必须掌握的一门技能，因为它关系着公司的成败，公司应该培养节约习惯和成本意识。

公司不赢利就等于死亡，经营不赚钱就等于破产，这是每个公司经营者和员工都应当明白的道理。然而利润从何而来？一是增加经营收入，二是节约经营管理成本。公司要想在激烈的市场竞争中得以生存和发展，就必须谋求降低成本。在当今时代，节约已经成为众多公司降低运营成本的重要手段。

古今中外，从私人小作坊到巨大的跨国公司，无一不注重节俭的经营理念。很多名人、名企得以成功的背后都是与节约分不开的。

王永庆被誉为台湾的"经营之神"，1954 年，王永庆创建了中国台湾第一家塑胶公司（台塑），成为台湾最大的民间综合性公司。然而，作为国际工商界的传奇人物，王永庆并不像电影中那样富有传奇色彩，甚至说起来还很平凡，他致富的重要法宝之一就是——勤俭。

王永庆说："多争取一块钱生意，也许要受到外界环境的限制，但节约一块钱，可以靠自己努力。节省一块钱就等于净赚一块钱。"在降低成本方面，王永庆不遗余力。1981 年，台塑以 3500 万美元购买了两艘化学船，实行原料自运。在此之前，台塑一直租船从美国和加拿大运原料。如果以5年时间来计算，租船的费用高达1.2亿美元，而用自己的船只需要6500万美元，可以节省5500万美元。台塑把节省下来的运费用在降低产品价格上，从而使客户能买到更具价值的台塑产品。

王永庆认为，最有效的摒除惰性的方法就是保持节俭。节俭可以使公司领导者和员工冷静、理智、勤劳，从而使公司获得成功。

王永庆的经历向世人揭示了其成功的秘诀：凭借节约，公司可以创造尽可能多的利润。在生产性资源日益紧张的今天，厉行节约就显得更加重要。像台塑这么一个如此看重节约的公司，在微利时代，怎么可能会倒下，怎么可能不获得利润，怎么可能不成为具有世界影响力的公司呢？

在这样一个毛利率不断降低的时代，戴尔公司同样也是一个成功的典范。

美国戴尔公司的前首席执行官凯文·罗林斯称："在其他公司，如果你发明了一个新产品，你就会被当成英雄。而在戴尔公司，你要想成为英雄，就得先学会如何为公司省钱。"

为了降低成本，戴尔公司推行了强制性成本削减计划，要求在业绩上台阶的同时把运营成本降下来。戴尔公司采取双重考核指标，让各部门、各分支机构既要完成比较高的业绩指标，又要持续地降低运营成本。原本被很多人认为这是不可能的事情，在戴尔公司却要不折不扣地执行。2001年戴尔计划在未来两年到两年半的时间里，要压缩30亿美元的支出，这意味着其近3年时间内要压缩相当于经营成本的10%，即年均压低运营成本3%以上。

戴尔公司给经理人的任务是"更高的利润指标，更低的运营成本"。为确保合理的利润回报，戴尔公司要求下属机构在2001年将运营成本压缩10亿美元。当时降低成本的主要措施是裁员和出售不符合战略的业务。2002年，戴尔公司又下达了10亿美元削减成本计划，这次削减成本的重点方向是运营流程等方面。戴尔公司总部给其中国客户中心下达了在外人看来不能够完成的任务，这个任务的难度在于基数本来就很小，1998年戴尔公司在厦门建厂的时候，运营成本只有IT厂商平均水平的50%左右。在最近几年间，戴尔公司生产流程中的工艺步骤已经削减了一半。而戴尔的厦门工厂每年都很好地完成压缩成本的任务。到2003年，戴尔厦门工厂的运营成本跟1998年刚投产时相比，只有当初的1/3。而2004年财务报告显示，就其最新的一个季度而言，戴尔的运营收入达到了9.18亿美元，占总收入的85%；而运营支出却降到了公司历史最低点，仅占总收入的9.6%。2004年，戴尔厦门工厂在产品运输方面采取措施来降低成本，每年又节省1000多万美元。

戴尔靠什么赢得市场？有的说是靠直销，有的说是靠供应链的快速整合。实际上，戴尔赢得市场的根本武器是靠节约来降低成本。

公司经营的目的就是赢得利润，而要获得利润要求公司不但要学会开源，更要学会节流，努力降低各方面的成本。降低了成本，就等于提高了利润，节约一分钱就等于挖掘出了一分利，因此，公司在经营过程中必须将成本意识时刻牢记心中，尽力节约，以降低公司的生产经营成本。

公司的核心竞争力是公司获得持续竞争优势的来源和基础，公司如果想在经济全球化的大潮中立于不败之地，最有效也是最关键的一点就是提升公司的核心竞争力，只有全面提升自己的核心竞争力，才有可能在日趋激烈的市场竞争中取得利润。在这样一个到处都充满竞争的时代，节约已经成为公司的核心竞争力，因此要提高自己的核心竞争力，首先要在公司中传播一种节约的精神，让节约来增强公司的竞争力，使公司有所作为。

对于公司来说，节约的好处主要体现在两个方面：

（1）可以有效地降低成本，增强产品或服务的市场竞争力。厉行节约使得公司在发展过程中有效地降低了经营和管理成本，保证公司在行业内提供的产品和服务拥有价格的优势，而价格对于产品或服务的消费者的影响是巨大的，价格优势将维持原有的消费者，吸引到潜在的消费者。因而，公司的产品或服务的市场竞争力能得到大幅度的提高。

（2）提高公司的赢利空间，增强应对市场变化的能力。利润等于公司的经营收入减去经营和管理成本。节约能使被减项降低，在经营收入不变的情况下，公司利润上升，赢利空间得到扩展。市场瞬间万变，只有有实力的公司才能应对市场的变化，做到"风雨不惊"。赢利空间的扩展为公司增强经济实力提供了必要的保障。

培养节约习惯和成本意识固然重要，但是更重要的是将理念付诸于公司的行动，那么节约要求公司怎么做呢？

（1）降低成本不仅仅是生产制造部门的事情，在每一项价值活动中都会有成本控制的问题。要在各项价值活动中建立起成本控制的规划来，然后对各种活动进行自我比较，看看哪一项活动在改进成本方面取得的成效最为显著。同时，还要和竞争对手做比较，看看和竞争对手之间的差距或者优势在哪里。这样才有利于更加清醒地认识到自己在成本改进方面尚待提高的地方，然后积极努力地去提高它。

（2）在日常管理的方方面面，追求全过程的尤其是细节的节约。有的员工却认为自己所在的公司实力比较雄厚，那一滴水、一度电的小小浪费不算什么。可是要知道任何东西都是由少变多的，长期积累下来的结果是惊人的。公司要想赢利，消灭一切浪费是一条切实可行的路。节约每一分成本，消灭任何多余的浪费，把成本当作投资，就能引起每个公司对成本的足够重视。

（3）把节约打造成公司的核心竞争力，纳入公司的章程当中。这样一来，节约就像每个人身体里的DNA一样，伴随每一天的工作生活，在工作过程中，不断地、自觉地去挖掘可以改进的地方，寻找一切可能的机会，这样就能够把成本领先的精髓贯彻到每一项价值活动中去。一般公司在激烈竞争中,能维持10%的净利就算不错了,尤其在不景气的市场中,要想再成长,更是难上加难。然而,走进许多公司,触目所及,皆是浪费,简直可用遍地黄金来形容,若至少有30%能改善,所得到的便是净利增长。用公司的章程来强制要求厉行节约,能在整个公司起到良好的效果。

(4)培养公司的节约文化、成本文化。公司文化是一个具有更高层次影响力的软实力,它能使公司形成良好的氛围,增强公司管理层和员工之间的凝聚力,潜移默化中影响管理层和员工的意识和行为。公司文化包括许多内容,而节约文化和成本文化是任何一个要打造强竞争力的公司不能忽视的部分。

在市场竞争以及职业竞争日益激烈的今天,节约已经不仅仅是一种美德,更是一种成功的资本,一种公司的竞争力。节约的公司,能够在市场竞争中游刃有余、脱颖而出。节约是利润的发动机。只有节约,公司才能生存。在微利时代,公司只有一种必然的选择:节约!

铁律 53

厉行节约，控制采购总成本

> 采购流程是企业生产经营活动的起点，采购物品质量的高低，将直接影响产品的质量；采购物品价格的高低，将直接影响产品成本，进而影响企业的赢利水平。如果企业在采购过程中能够不断优化流程，厉行节约，就能使产品的成本水平大幅度下降，就能在市场竞争中占据制高点。

众所周知，一些知名的大企业，比如通用汽车、戴尔、惠普等，都精心打造出一支强大的采购"军团"，制定了完善精密的采购制度。世界上所有的优秀企业都对采购的对象——供货商保持着高度警惕，并对一切持怀疑态度。

这样做并非极端，而是工作所需。因为采购可以说是企业最大的支出和成本投入之一。采购部门的工作人员是大手大脚还是斤斤计较，是疏忽大意还是谨慎细心，是迁就对方还是坚守原则，这对企业收益影响很大。采购人员在采购过程中，如果在与供应商的价格之争中退一小步，或者是对采购物品的质量检验粗心马虎，或者是经不起市场促销的利益诱惑而损公肥私，那么就会给企业造成重大的经济利益损失。因此"优化采购流程，从源头抓节约"是建立节能型企业的重头戏之一。狠抓采购部门，对采购成本进行有效控制，是企业获得利润的第一关。

全球IT业巨擘IBM公司过去也是用"土办法"采购：员工填单子、领导审批、投入采购收集箱、采购部定期取单子。企业的管理层惊讶地发现，这是一个巨大的漏洞——繁琐的环节、不确定的流程、质量和速度无法衡量、无法提高，非业务前线的采购环节已经完全失控了，甚至要降低成本都不知如何下手！

1. 剖析1元钱的成本

摆在IBM公司面前的问题是运营成本如何减少？可能降低哪部分成本？于是公司切

开每1元钱的成本,看看它到底是如何构成的。这一任务经过IBM公司全球各机构的统计调查和研究分析,在采购、人力资源、广告宣传等各项运营开支中,采购成本凸显出来。

而自办采购的问题很明显,对外缺少统一的形象,由于地区的局限,采购人员不一定找到最优的供应商,而且失去了大批量购买的价格优势。

2. 由专家做专业的事

在深入挖掘出采购存在的问题后,IBM公司随即开始了变革行动,目标就是电子采购。从后来IBM公司总结的经验看,组织结构、流程和数据这三个要素是改革成功的根本。电子采购也正是从这三方面着手的。

变化首先发生在组织结构。IBM公司成立了"全球采购部",其内部结构按照国家和地区划分,开设了CPO(Chief Procurement Officer,全球首席采购官)的职位。组织结构的确立,意味着权力的确认。"全球采购部"集中了全球范围的生产和非生产性的采购权力,掌管全球的采购流程的制定、统一订单的出口,并负责统一订单版本。经过"全球采购部"专家仔细的研究,把IBM公司全部采购物资按照不同的性质分类,生产性的分为17个大类,非生产性的分为12个大类。每一类成立一个专家小组,由工程师组成采购员,他们精通该类产品的情况,了解每类物资的最新产品、价格波动、相应的供应商资信和服务。在具体运作中,"全球采购部"统一全球的需求,形成大订单,寻找最优的供应商,谈判、压价并形成统一的合同条款。以后的采购只需按照合同"照章办事"就可以了,这种集中采购的本质就是"由专家做专业的事"。

3. 工程师、律师、财务总监审定流程

貌似简单的采购流程,前期准备工作异常复杂。IBM公司采购变革不在于订单的介质从纸张变为电子、人工传输变为网络,而在于采购流程的梳理。

制定流程首先遇到的一个问题是采购物资如何分类,才能形成一张完整而清晰的查询目录?于是,通过调查反馈,IBM公司汇总全球各地所有采购物资,林林总总上万种。采购工程师们坐在一起,进行长时间的细致工作。听起来有些可笑:螺丝钉,在类目中的名称到底是什么?分为平头、一字、十字,共多少种?依靠专家们才智、经验和耐心才形成"17类生产性和12类非生产性"详尽的目录。这一步工作的目标是使来自不同地区、具有不同习惯、使用不同语言的员工方便、快捷地查找到所需要的"螺丝钉"。

工程师们讨论过后,律师们也要"碰头"如何统一合同,统一全球流程。从法律角度审查,怎样设计流程更可靠而且合法,怎样制定合同才能最大限度保护IBM公司的利益,又对供应商公平?还要对不同国家的法律和税收制度留有足够的空间,适应本地化的工作。之后,全球的财务总监还要商计,采购的审批权限如何分割,财务流程与采购流程如何衔接?

4. 突破顽固势力

目前IBM公司电子采购主要由4大系统构成,即采购订单申请系统、订单中心系统、订单传送系统（与供应商网上沟通）和寻价系统（OFQ），以及一个相对完善的"中央采购系统"。但系统在推广过程中并不是一帆风顺。特别是在IBM公司电子采购变革刚刚开始阶段，据IDC的调查，60%员工不满意现存的采购流程，原因是平均长达40页的订单合同，30天时间的处理。低效率的结果是，IBM公司有1/3的员工忙于"独立采购"，以绕过所谓标准的采购流程，避免遇到"官僚作风"，而这种官僚往往导致更高的成本。

新旧系统更替过程中，"传统势力很顽固"，因为他们毕竟面临着新的采购系统与原有生产系统衔接的问题。如何保障生产正常运转？如何更新原有的数据？公司认为提供过渡方案，帮助解决具体问题，才能稳定地平滑过渡。IBM公司普通员工的感受很能说明问题，"不知不觉中发生了变化，没有引起内部任何动荡"。

5. 一个季度成本降低2亿多美元

当"中央采购"系统随风潜入IBM公司内部，并平稳运转后，效果立竿见影。以2000年第三季度为例，IBM公司通过网络采购了价值277亿美元的物资和服务，降低成本2.66亿美元。大概有近2万家IBM供应商通过网络满足IBM公司的电子采购。基于电子采购，IBM公司降低了采购的复杂程度，采购订单的处理时间已经降低到1天，合同的平均长度减少到6页，内部员工的满意度提升了45%，"独立采购"也减少到2%。电子采购在IBM公司内部产生了效率的飞跃。

简化业务流程方案实施后，在5年的时间里，总共节约的资金超过了90亿美元，其中40多亿美元得益于采购流程方案的重新设计。现在IBM公司全球的采购都集中在该中央系统之中，而该部门只有300人。IBM公司采购部人员总体成本降低了，员工出现了分流：负责供应商管理、合同谈判的高级采购的员工逐渐增多，而执行采购人员逐渐电子化、集中化。新的采购需求不断出现，改革也将持续下去。

如何把好采购大关，最大限度地降低采购成本，是经营者和采购人员要注意的事。以下几个建议，或许能对采购工作的顺利进行提供一些帮助：

1. 至少将供货价格砍掉15%

产品的价格并不一定依成本而定，而是由市场承受力决定的。对很多商品而言，砍掉15%的价格是有可能的，而在服务业，可以砍掉更多——30%，供货商获得的利润往往比我们想象的要多，砍掉这么多，他们还是有钱可赚的。

怎样才能迫使供货商降低价格呢？通常可以试试以下几招：

（1）货比三家，对比价格。

（2）向供货商展示自己的实力，要让供货商知道你的企业是个大客户，可以长期并且大量要货。与此同时，要向供货商说明自己当前的困难，但要给他造成印象——现在的困难只是暂时的，因为企业很有实力，要学会自我包装。

（3）找出瑕疵，趁机压价。

低价是努力争取的，别指望供货商会主动给你最低价。

2. 找个"砍价能手"做帮手

"砍价能手"在采购流程中发挥了巨大作用，难怪国际采购专家盖瑟尔说："采购者对生产总成本的一半负责。"他们的砍价并非纯粹的砍价，他们的撒手锏不是"锋利"的嘴巴，而是智慧的头脑。砍价专家必须具备涉及工程技术、生产制造、成本会计、品质鉴定以及谈判技巧等多方面的知识。另外，他们还要了解产品的来龙去脉，更要知道整体和个别服务的成本。有时候，他们对产品的各种生产元素和整体运作的了解比供应商还深，所以，砍价专家可以将供应商的价格压到最低。

3. 堵住回扣的"黑洞"

在采购行业中，一些公司采购员会在采购过程中拿回扣，所谓"拿人手短,吃人嘴软"，总有一些采购员因为拿了回扣而假公济私，损害公司的利益。

如何尽可能防止采购员私拿回扣等，堵住回扣的"黑洞"呢？一些优秀企业提供了如下几点建议：

（1）公司根据库存情况，确定需要采购的原材料、办公用品等物品的需求量。

（2）采购经理根据采购员收集的资料和报价，确定几家合适的供应商，并对报价提出建议，建议谈判的价格范围。

（3）采购部根据物品需求量派出采购员去联系供应商。采购员的任务是联系供应商，收集供应商的报价，采购员没有谈判定价的权力。

在这样的严格操作下，回扣的"黑洞"就很容易被堵住了。

4. 学会核价

不管采购任何一种物料，在采购前要熟悉它的价格组成，了解你的供应商所生产成品的原料源头价格，为自己的准确核价打下基础。以此为基础有目地谈判，做到知己知彼，百战百胜。

5. 选择适合自己公司发展的供应商

中国有句古话"男怕入错行，女怕嫁错郎"，开发供应商亦如此。一个好的供应商能跟随着你共同发展，为你的发展出谋划策、节约成本，在管理供应商时会很省心；不好的供应商则为你的供应商管理带来很多的麻烦。

6. 批量采购的重要性

任何人都懂的道理，批量愈大，所摊销的费用愈低。采购计划人员需把好此关。

7. 建立企业的采购信誉

条款必须按合同执行，如付款你可以拖一次、两次，但你绝不能有第三次。失去诚信，别说控制成本，可能货都不会有人给你供。

铁律 54

用招标方式降低企业采购成本

> 我们都知道企业的成本管理要渗透到企业的各个环节，位于上游环节的采购直接影响企业的生产成本。作为一个企业的经营管理者，采取合适的方式有效降低采购成本是必修的功课。而招标采购是一个不错的选择。

让我们先从一个流传已久的故事说起。

在加拿大有一个海滨城镇，所有的人都以打沙丁鱼为生的。但是，让渔民们懊恼的是，沙丁鱼一出水面就死掉了，所以每个人卖的都是死鱼。但是唯独有一个人，能卖活的沙丁鱼！为什么？后来发现，这个让沙丁鱼活下来的人，是他在渔箱里放上沙丁鱼的死敌，专吃沙丁鱼的鲇鱼。鲇鱼一进去，就开始攻击沙丁鱼，沙丁鱼就东躲西藏、四处逃命，一条鲇鱼能吃多少鱼，吃不了多少，顶多两条就吃饱了，那么其他的沙丁鱼，因为有鲇鱼的威慑，所有的鱼都能够生存下来。

这个案例告诉我们，经营管理有时候要向那个渔夫学习，制造危机感！给员工以危机感！给客户以危机感！给你的供应商危机感！这样，你才能在激烈的竞争环境中生存下去。

招标比价采购是指，如果货源比较单一，则一定要改成两家或两家以上来进行比价采购。一般来说，采购3000元以上的商品，比价的单位必须不低于3家；采购5000元以上的商品必须不低于5家。而且，对于企业所需的主要商品、主要材料，最好能够每年增加一家。企业要不断地开发新的供应商，优胜劣汰后才能找出具有竞争力的供应商。因为有新的竞争对手出现，这些供应商都变得非常积极，以期降价以获得订单。这样我们总能够"打到活的沙丁鱼"，拿到最满意的报价，降低我们的采购成本。这个时候，这些新进来的供应商，就是我们使用的鲇鱼。所以要作的是：不断让新的竞标者出现，竞标、竞标还是竞标！

永远不要在没有了解状况的时候很快地做出购买决定。因为，在供应商面前，采购公司永远是上帝。公司在招标的时候，供应商所有的报价，采购部比较之后会转到审计部，审计部作最后的把关，然后砍价专家出手。就是说，砍价专家基本上不会看你过去采购的方式。砍价专家的供应商目录、供应商数据库开始起作用，他就再找 2 ~ 3 家，重新针对这 5 家供应商或者针对最后这一家，再作一次比较。价格的比较优势马上就出现了。

采购的过程中，我们强调的是把公司的采购扩展到全国，扩展到全球，哪里有优势和特长就在哪里采购，一切以降低公司的采购成本为原则。当然，这是以保证采购物品的质量为前提的。

公司要进行招标采购，必须对供应商的信息有完整而详细的把握。建立供应商档案是一个很好的方式。供应商档案的内容主要包括：公司名称、电话、地址、资本额、负责人、营业证件号、营业资料、产品特点、产品档次、产品定位、产品历史价格、与公司亲密程度，等等。

根据统计，采购人员从事供应商资料收集的时间大约占他们所有时间的 27%，在整个采购过程中信息的重要性不言而喻。采购人员采购信息的方法主要有 3 种：

（1）上游法。了解你采购的产品是由哪些材料组成的，全面分析它的制造成本。

（2）下游法。了解采购的产品都用在哪些地方，查询这一产品的需求量和售价。

（3）水平法。了解采购产品有哪些替代品，获得新供应商的资料。

采购信息的来源主要有：

（1）杂志、报纸等媒体刊登的信息。

（2）利用信息网络和产业调查服务业获得信息。

（3）积极发展与供应商、顾客及同行业的关系，从他们那里获得信息。

（4）积极参观采购展览会或参加研讨会。

（5）通过加入采购协会或公会，以获得组织内部的信息。

（6）采购人员实地考察获得的原始信息。

公开招标，又叫竞争性招标，即由招标人在报刊、电子网络或其他媒体上刊登招标公告，吸引众多企业单位参加投标竞争，招标人从中择优选择中标单位的招标方式。按照竞争程度，公开招标可分为国际竞争性招标和国内竞争性招标。对采购企业来说，公开招标有以下好处：

1. 增加有效供应商

有眼光的公司将会使其供应商不受本地域、本行业的限制，在全国范围乃至全球范围内寻找更好的供应商。

2. 透明采购流程

采购流程透明度的增加，有效消除采购中"人"的因素的影响。"人"的因素是很不稳定的因素，容易对公司的业绩表现产生巨大的影响，是利润水平起伏波动的主要原因之一。

3. 提高采购质量

供应商之间激烈的竞争将促使卖方为采购企业提供更高质量的产品，优质的原料能使公司保证自己提供的产品或者服务的高质量，增强公司的竞争力。

同时，公司也不能忽视公开招标方式的局限性：对于专业性较强的采购项目，具备资格条件的供应商较少，或者需要在较短时间内完成采购任务，公开招标方式显得无能为力，所以"因时制宜"很重要。对于专业性较强的采购项目，公司得采取其他方式来补充，建立与有限供应商的良好合作关系，对比供应商的报价与质量之后直接进行采购。

西北电网有限公司在招标采购时，根据项目实施部门提交的招标项目预算，依据各类定额，参考市场价格和近期类似工程项目的合同价格，编制各个招标项目的最高限价。对于竞争激烈的项目，投标价往往低于最高限价，最高限价不影响投标竞价；而对于缺乏竞争的项目，最高限价则起到了维护公司基本利益的作用。

从"750千伏示范工程招标"开始，西北电网有限公司就在施工和铁塔材料采购上试行了限价招标，以后又逐渐推广到设备、服务等项目招标上去。现在编制的最高限价，是以控制项目的合理造价为目的，由公司主管基建、生产技改和小型基建工程造价的技经中心（技经处）统一编制，编制基础是项目部门的提资、市场价格和各类定额。

西北电网有限公司2009年已组织进行了3次集中招标，共24个项目，其中21个项目的49个标包都采用了设最高限价的招标方式，且最高限价对投标价格的掌控力度在逐次增加。

第一次集中招标，共有19个设最高限价的标包，开标后没有全部报价超最高限价的标包；第二次集中招标，共有8个设最高限价的标包，开标后有一个标包的全部报价超最高限价；第三次集中招标，共有22个设最高限价的标包，开标后有生产技术改造项目的电流互感器和线路间隔棒两个标包全部报价超最高限价。对于全部报价超限价的标包，就宣布公开招标失败，进入竞价谈判流程，给所有的投标商当场提供第二次报价的公平机会。经过二次报价，大多数投标商的报价都降到了最高限价之内。上述这两个项目中标商的中标价与其原报价相比，分别下降了9.1%（电流互感器）和26.8%（线路间隔棒），直接为公司节约项目投资74.1万元。

在"750千伏平凉变电站"和"乌北变电站构支架"招标中，原预计投标商竞争激烈，未采用最高限价的方式。但开标后，投标商报价普遍偏高，超过了技经中心掌握的同期市场价。经请示公司领导同意后，采用了限价招标的方式进行第二次重新招标。结果，投标商这两个标包的中标价与其原报价相比，分别下降了 12.8%（平凉变电站）和 17.7%（乌北变电站），为公司节约投资 488.1 万元。

　　西北电网的案例让我们看到，推行最高限价的招标方式使电网获得了很大的收益：大大地降低了企业采购成本，提高了电网所提供产品质量，改善了售后服务。这些改进对于一个企业来讲都是至关重要的，它们共同构成了企业的竞争力。

　　通过招标采购，公司掌握了市场物价及其变化，降低了物料成本，有利于公司利润的上升；通过多家供应商同时比价竞标，使采购的过程公开透明，杜绝腐败现象的产生；由于整个招标采购过程是在公正和公开的环境中进行的，使得交货及时，质量提高。

　　虽然采购方式的选择远远不止招标采购这一种，但是从上文的分析中我们不难看出这种方式是优化的选择。因此，作为公司的管理经营者，必须积极采用招标方式进行采购，从而增强公司的竞争力，以此使企业能持久地屹立于市场！

铁律 55

优化资源配置来降本增效

> 众所周知，成本领先战略是管理学上著名的波特教授的三大战略之一。在学界和企业界都受到高度重视，关于有效控制成本的研究和探索从没有停止过。在资源有限的条件下实现优化资源配置则是经济学所要追求的目标。优化资源配置来降本增效涉及了管理学和经济学的问题，可见其重要性不容小觑。

任何一家公司如果赢得了总成本领先的地位，就可以获得更强的竞争力、更大的利润空间，以及赢得那些对价格敏感的顾客的青睐。在微利竞争时代，实现有效的资源配置，遵循"绝不多花一分钱，绝不多浪费一分钟，绝不多雇佣一名员工"的节约行政管理成本理念，已经成了企业获得竞争优势的撒手锏。

不管是对个人还是对一个企业来说，所拥有的资源总是有限的。如何用有限的资源实现有效甚至高效的配置是企业生存和发展的目标。

英国人在节约行政成本方面耍了一个非常实用的"小聪明"——把垃圾桶"请"出办公室。在把形形色色、大大小小的垃圾桶移出办公室后，人们要是想扔张纸，就要绕上好远的道儿，跑到唯一仅存的"中央垃圾桶"去扔。看似折腾员工的"小智谋"，其中却折射出见微知著的行政智慧。这个办法起作用的原因很简单：要是不愿意为扔张纸就折腾一番跑远道儿，您最好是把这张纸接着用，一直用到纸上没有空白为止。

世界上经济发展比较成熟的英国企业在行政成本方面的细小举动给我国的公司经营管理者上了严肃的一课。不管是由于管理文化的差异还是民族性格的不同，我国企业在行政成本管理方面的表现向来不那么令人满意，甚至遭到诟病，造成了许多资源的不合理配置甚至浪费。这应该引起企业经营管理者的高度重视和深刻反思。

行政成本的一般结构与功能可以分为 4 个层次来做如下描述：

第一层是维持成本。

这部分成本在整个行政成本结构中处于核心地位，功能是维持行政机构存在，基本构成包括人员的工资、津贴、福利等。

第二层是组织成本。

这部分成本是行政机构所谓的"开门费"，基本功能是适应行政机构内部需要，在组织建设、人员培训、物质技术手段配制上给以经费支持，包括办公费、组织活动费、人员培训费等。

第三层是公务成本。

这部分成本的主要项目有会议费、差旅费、通信费、交通工具使用费以及用于各种专门项目的费用等。

第四层是业务成本。

主要指属于上述事务之外的、行政机构介入经济活动的成本。

这 4 个层次的成本又可以归类为两大成本项目：即由第一层的维持成本和第二层的组织成本组成的"生理成本"，第三层的公务成本和第四层的业务成本组成的"功能成本"或者称"有效成本"，或者称"产出成本"。

"节流"对一个企业来说那么重要，那么如何着手优化资源配置，达到降本增效的目标呢？

（1）压缩生理成本、提高功能成本的产出率无疑是降低成本、有效节约的直接的重要途径。整个行政成本中的生理成本是一个企业要正常运转必不可少的，维持在必要的水平则可以了，过多的生理成本会造成企业资源的浪费。而整个成本中的功能成本直接关系到一个企业的核心收入来源，这部分资源的投入将直接带来企业生产的产品或者服务，因此提高功能成本的产出率至关重要。

（2）公司应该形成提高资源利用率是全公司上下的事，不要以为提高资源利用率只是领导们的事。很多人认为要"提高资源利用率"就必须引进更先进的机器设备、高质量的管理软件，单凭员工自己是无法办到的。事实上，正是这种错误的观念导致了企业极大的浪费。每个员工在工作过程中都掌握并使用着相当数量的资源，生产工人管理着机器、原材料，行政人员手中也握着多种办公资源。只要每一个员工都认真对待自己手中的资源，并能想尽一切办法提高这些资源的利用率，就可在保证工作质量的同时减少对资源的消耗，实现利润的最大化。

对于员工来说，节俭并不仅仅是节省一张纸、一度电的问题，更重要的是要提高自己所掌握和所使用的各种资源的利用率，用最少的资源创造出最大的效益，从而实现降本增效。

浙江正泰集团是一个生产低压电器的企业，员工在产品组装时，如果碰到一个零件稍微有一点变形，都会自觉地调整一下再把它安装上，从而极大地节约了资源。而在其他同行企业看不到这样的状况，在那些企业的流水线上，零件只要稍微变形，就算完全无碍也会被员工马上淘汰掉。这样一天下来，淘汰的零件就堆积如山了，而其中有很多零件只要稍微改变一下角度，就能安装上去，且不影响产品质量。但是在那些企业中，因为员工缺乏节俭意识，所以他们从来没有想过要去利用那些"次品"。这无形中提高了废品率，同时材料消耗也随之大幅上升。

另外，正泰集团的员工们将原材料进行分级处理，充分利用人力和机器的不同特点实现原材料最大限度的利用。如果碰上一些有附加要求的客户的特殊产品，正泰的员工会在生产线中间加工序。由于订单的多样性，如果使用固定的自动流水线生产将会耗费更多的资源，不经济。在正泰集团，全自动生产线只有12条，终端装配仍由员工手工完成。能用手做的，绝不用电力机械完成，正泰的员工们自觉地把资源——时间、原材料、电力、人力等的利用率提到最高。

正泰集团在2004年生产低压器所必需的矽钢片的价格涨了200%的情况下，没有提高售价，质量还没有缩水。这些都依赖于员工的节约资源的品质，这构成了正泰集团最大的竞争资本。

从正泰集团的案例中我们可以看出，企业的节俭要靠每一个员工在工作的各个环节、领域的努力，需要处处践行用最少的资源创造最大的价值，从而为公司的发展作出应有的贡献。只有这样，才能为企业创造出最大的竞争力。

（3）优化资源配置效率绝无"小事"，要引起经营管理者的高度重视，转变员工以为只有一万元以上的资源才值得去提高其利用率的观念。事实上，每个员工每天在做的每一件事，在举手之劳中就能提高很多现有资源的利用效率。比如，随手关灯、不占用公物办私事、在出差时自觉为公司节省差旅费，等等。所有这些举动，看似微不足道，但如果持之以恒并形成了企业文化，那么节省下来的资源是相当可观的。

一项来自权威调查机构的调查结果表明，在同等规模产品的生产成本中，日本企业的能耗是世界最低的，只有中国企业的1/5；德国企业的能源利用率排在第二位，只有中国企业的1/3；即使被称作"大手大脚"的美国企业所使用的资源也比中国企业少了30%；中国企业排在最后，能源利用率很低。这一结果多少会让我们中国的企业经营管理者惭愧。

那这背后的原因到底是什么呢？调查者认为，员工的能源意识差异是导致最终结果迥然不同的关键因素之一。日本企业的员工会自觉地开动脑筋，尽可能重复利用同一种资源，以提高资源的利用率。而相比之下，中国企业的员工则通常认为，一种资源用一次就无用了，结果浪费了大量的资源。因此，让每一位员工形成提高资源利用率的观念，是摆在管理者面前最重要的任务之一。

　　这是一个讲究效率的时代，哪个企业如果在行业内效率低下，在市场经济优胜劣汰的作用机制下，最终必然遭到市场和消费者的唾弃。只有从企业上到领导层下到员工都树立强烈的忧患意识，精益求精，将提高资源的配置效率融入到自己的工作中去，才能最终实现整个企业的降本增效，最终实现企业利润的快速提升，实现竞争力的不断增强，实现企业的可持续发展。

铁律 56

砍掉固定成本的诀窍——虚拟化经营

> 作为一个企业的经营管理者,购买固定资产,罪过大了。一般性建议是有钱别买固定资产,宁愿去做市场、做品牌、做客户!没钱更不能借钱买固定资产,宁愿去租别人的!有多余的固定资产,马上砍掉!而砍掉固定成本的诀窍就是虚拟化经营。

很多企业家都是把钱花到了固定资产上面去。他们忽略了一个问题,固定资产不是增加企业的利润,而是侵吞企业的利润。因为固定资产购买以后,你要承担"七宗罪":一是你的资产占用了大量的资金,这些资金不能用来做别的投资,机会成本的耗费太大了;二是不管使用不使用,它都要产生大量折旧,每天都在发生;三是固定资产不像其他资产,它要产生大量的磨损;四是一旦转产或者使用不足导致的损失,根本无法估量;五是固定资产本身在建造当中,比如说盖厂房、建生产流水线,还是需要大量的成本,同时还要耗费大量的时间;六是固定资产购买以后,若经常闲置会产生浪费;七是随着技术的影响,固定资产要不断更新,产生不断维护、修理的相关费用。7种浪费,就是你的"七宗罪"!

以下我们用简单的数字来说明。如果你的企业收入是10,成本是9,收入减成本等于利润,那么利润就是1。我们要增加固定资产,比如说要增加一辆汽车,我们从什么地方买?当然是到商场的汽车销售展示厅里买,而对于企业来说,就是要从利润里面买,现金流里面买。假如这辆车是100万,那这100万的现金就变成了固定资产。所以本来利润是1,但是你买了一辆车,变成了0。你花了100万,拿到了心爱的车,这100万已经贬值了,你不可能再以100万的价再卖出去。然而,噩梦才刚刚开始。你买车以后,你开始缴税,开始装饰,开始支付过路费、养路费,同时你还要请专职司机,于是你要养人,你就要有桌子、有办公场地,甚至还要有一个人去管他。这些养路费、修理费、维修费、折旧费，等等，会让你应接不暇。

想一想，为什么很多国际大公司，他们不买车，他们宁愿打车。租车，给人感觉是贵的，但实质不是，因为它是一次性开销，比起把固定资产变成了负债要好得多。

我们企业里的固定资产安置在什么地方不影响自己的企业发展？聪明的回答是：安置在别人的厂房里！我们知道，企业要降低成本，要扩大规模，但是实现规模经济，你首先要增加投资、扩大产能、加大投资固定资产。而一旦你购买了固定资产，你要承担各种费用，假使销售出现问题，固定资产会成为你的拖累，这样的问题很令人头疼。

广东有家生产微波炉很有名的企业，叫格兰仕，他们也遇到了这样的困惑，但是，与扩大生产线相反，格兰仕走的是虚拟联合、规模扩张的路子，不仅没有动用一分自有资金投资固定资产，还把别人的生产线一个个地搬到了内地，而且建这些厂用的还是别人的钱。

以微波炉的变压器为例，格兰仕开始时分别向日本和欧洲进口，从日本的进口价为23美元，从欧洲的进口价为30美元。格兰仕对欧洲的企业说："你把生产线搬过来，我们帮你干，然后8美元给你供货。"日本的企业在成本的挤压下倍感煎熬，这时，格兰仕对日本企业说，"你把生产线搬过来，我们帮你干，然后5美元给你供货。"于是，一条条先进的生产线都逐渐搬过来了，规模大了，专业化、集约化程度高了，成本也大幅度降下来。

与此同时，格兰仕每天实行三班倒24小时工作，使得格兰仕的一条生产线创造出相当于欧美企业的6~7条生产线的产能。不分昼夜狂奔的格兰仕，将对手远远地抛在了后面。

成本降低了，市场风险小了，没有了固定资产的拖累，让企业轻车熟路！过去的公司很不容易，必须成为"多面手"，就是说设计、研发、生产、销售等"技能"全得会。而如今情况要好得多，一个公司可以集中精力做自己的优势部分，将其他的工作外包给商业伙伴和"贴牌"生产者去做，因为他们具有既快速又便宜地进行生产的规模和专业能力。将产品外包的方式已经应用得越来越广泛，因为这种做法大大降低了生产产品所耗费的精力和成本，使企业能迅速投入新的市场，并建立竞争优势。

在一般人看来，企业要发展，资金、渠道、人才、技术都是不可缺少的要素，只有这5个要素都具备的时候，企业才能发展壮大。缺乏资源并不是发展的障碍，可以借助外部的资源来弥补自身的不足，只要自己有核心竞争力，努力维持自己的强项，把自己不擅长做的事情交给擅长做的人，就能达到大家都赚钱的目的，因此出现了外包这一模式。

在讲究专业分工的20世纪末，企业为维持组织竞争核心能力，且因组织人力不足的困境，可将组织的非核心业务委托给外部的专业公司，以降低营运成本、提高品质，集中人力资源，提高顾客满意度。虚拟经营是新的经营模式，它给企业带来了新的活力。

"虚拟经营"是西方常见的一种现代经营模式，它的特征是，产品设计、生产网络及广告宣传等由专业公司掌握，而将生产环节省略，委托给其他企业生产。按照这种模式，一个公司可以避免许多人、财、物方面的资源浪费，避免重复建设，从而可以最大限度地利用社会上其他生产单位的能力，使其最大限度地发挥企业的实力，也使自己的实力得以集中体现。

在以实力生产为风尚的温州，这一模式虽然一开始曾招致非议，但一位名叫周成建的青田人还是将这种现代经营方式引进了温州，创建了"美特斯·邦威制衣有限公司"。

创建于1994年的美特斯·邦威是一个做服装的企业。1995年，美特斯·邦威的销售额只有500多万元；1996年就增长了10倍，1997年超过亿元，8年后，美特斯·邦威的专卖店有1000多个。在不到10年的发展中，美特斯·邦威的发展速度近乎直线式，销售网络则扩展到全国26个省（市、区）的100多个城市。但是，你能想象美特斯·邦威是一家没有工厂的服装公司吗？

集团董事长周成建说："美特斯·邦威已有好几百家企业为他们公司生产加工，每年支付给生产厂家就有一二十个亿。"像美特斯·邦威能在短短的这几年迅速地发展起来，主要就是用了虚拟经营的生产方式。这种生产方式的特点是能避开大而全、小而全的这种重复建设，走专业化之路，是企业突破资金、设备、技术等限制，实现快速发展的有效途径。

其实虚拟经营也是一种借力，周成建说："作为个体工商户，在积累的资本非常有限的情况下，如果不采用虚拟运营这种方式，有可能就走不到今天这样的规模。这么多工厂都要自己去建的话，起码需要好几年的时间，更何况还有近千家专卖店呢？而且即便不算时间，每家生产企业至少要几千万元的投资，我们旗下有100多家生产企业，这算下来也是一个天文数字。"

目前，美特斯·邦威的所有产品均不是自己生产，而是外包给广东、江苏等地的20多家企业加工制造，仅此一项，公司就节约了2亿多元的生产基建投资和设备购置费用。

在销售方面，美特斯·邦威则采取了特许连锁经营的方式，通过契约将特许权转让给加盟店。加盟店在使用美特斯·邦威公司统一的商标、商号、服务方式的同时，要根据区域的不同情况分别向美特斯·邦威公司缴纳5万到35万元的特许费。目前，企业已经拥有800余家专卖店，除了约2%的直营店以外，全部都是特许连锁专卖店。

如果这些专卖店都是由企业自己投资建立的话，一方面需要较长的时间；另一方面也需要2亿多元的资金。通过这一项，公司不但节省了投资，而且还通过特许费的方式筹集到一大笔无息发展资金。

把生产和销售外包出去后，美特斯·邦威把精力主要用在了产品设计、市场管理和品牌经营方面。1998年，美特斯·邦威就在上海设立了设计中心，并与法国、意大利的知名设计师开展长期合作，把握流行趋势，形成了"设计师＋消费者"的独特设计理念，每年推出约1000个新款式，其中约有50%正式投产上市，取得了良好的经济效益。他们还在"中华第一街"上海南京路开设了近2000平方米的旗舰店，堪称国内服装品牌专卖店之最。"不走寻常路"的广告语成为家喻户晓的口号。

通过虚拟经营，这些企业，尤其是温州的服装企业的产量占全国服饰产量的十分之一。诸如"庄吉"、"报喜鸟"、"美特斯·邦威"、"拜丽德"、"森马"、"雪歌"、"好日子"等服饰，都站到了国内服装行业的前列，服装业销售额增长超过100%。由此可见，虚拟化经营带给温州企业的不仅仅是发展，更是财富。

虚拟化经营的好处主要体现在：
（1）避免组织过度膨胀，集中人力资源降低成本。
（2）利润提升，成本有效降低，资金利用效率大大提升。
（3）投资致力企业竞争力，提升效益与客户满意度。
（4）不受限既有的专业知识技能，企业运作更加灵活。
那么怎样把虚拟化经营做好呢？

1. 树立全新的企业经营理念

我国大多数中小企业在经营观念上存在目光短浅、思路狭窄等问题，成为影响企业发展战略的主要因素。要想利用虚拟化这一新的组织方式，就要树立全新的企业经营理念。虚拟企业的经营是超常规的经营模式，企业进行虚拟经营就要树立面向知识经济时代的全新的理念，使有关人员切实理解、坚持虚拟企业的战略和精神。首先，树立"以顾客为中心"的经营观念，即改变传统大批量、定制化模式下，企业以低成本、高质量为中心的经营理念，主动分析市场需求，从用户立场出发，以顾客为经营中心，整合多个伙伴企业的资源，围绕客户这个中心服务。要善于找准客户需求、挖掘客户潜在需求、引导客户创造需求。其次，树立"双赢"的企业合作观念，即克服传统的竞争观念，建立务实的合作观念，营造一种坦诚的"虚拟文化"，强调企业成员间的互惠互利，通过多层次、多角度的合作，谋求共同的发展，实现"双赢"。最后，树立"终身学习"观念，保持良好的学习氛围，要用互动的组织化学习取代孤立的个体化学习，通过内外部相互交流提高职工队伍的素质，增强组织竞争力。

2. 积极培育并不断增强自身的核心竞争力

中小企业能否在这场虚拟革命中取胜，关键看它是否有自身赖以存在的核心竞争力。虚拟企业之所以能实现联合，是因为彼此核心能力的互补和共享。中小企业要着力培育自身特有的、竞争对手难以模仿的核心能力，并重点予以保护。这种核心能力是企业的专有资源，它可以是企业拥有的品牌、技术、销售网络、人才等。技术进步和创新的快速发展使企业没有足够的能力在整个产品上拥有垄断优势，成员企业具有能够协调互补的核心能力是构建虚拟企业的必要条件，也是决定其成败的首要因素。每个合作企业的核心竞争力都会使整个虚拟企业更具有竞争力，并且通过把自己处于弱势的职能虚拟化，借助外部资源实现优势互补，从而获得更大的发展。

3. 培养学习型管理人才

虚拟企业之间没有领导与被领导的关系，只有共同的利益均衡点。虚拟企业的经理不再是命令的发布者，而是彼此的协调者，这种新的角色需要新型的领导者。他要以聪明智慧和人格魅力赢得虚拟企业的共识。许多成功的大型企业不乏领袖型领导人才，但对于广大中小企业领导层来说，自身素质的提高、人格魅力的养成就显得格外重要。对于中小企业管理人员来说，他们应该勇于创新，敢冒风险，具有自我奉献和牺牲精神；善于创建组织的共同未来远景，能通过组织内环境的创造性变革改变组织外部生存环境；善于沟通和激励，能清楚地向下属阐明目标与要求，鼓励下属为顺利开展工作提供建议、协助，为达到目标而努力。中层管理人员在虚拟企业中由考评、监督者的角色转变为教练的角色，为其所领导的小组顺利开展工作提供建议、协助、鼓舞和激励。虚拟企业是各合作企业核心竞争力的联盟，要求企业的所有员工应具有更多的知识和更强的适应能力。因此，中小企业建立学习型组织，营造终身学习的企业氛围是十分必要和有效的。

4. 构建好虚拟企业的信息系统

虚拟企业作为由不同企业组成的动态联盟组织，顺畅、高效、快捷、低成本的信息流是它顺利运作的基本保证。它的信息系统方面要适应业务流程不断变化的要求，满足成员企业动态变化的要求。因此，虚拟企业的管理系统必须具备开放性、兼容性、弹性、安全可靠等特点。对于中小型企业来讲，信息化建设是其实现事半功倍的必然途径。因此，中小企业一定要舍得在信息系统建设上投资，建立全方位的信息交互网络系统。

总之，在经济全球化、竞争激烈化的条件下，中小企业实现虚拟化经营是企业发挥后发优势，以小搏大、以弱胜强的制胜法宝。

铁律 57

科学管理库存，减少无形耗费

> 库存是企业为满足市场需求、保证生产的连续性而进行的一项必要投资，但库存管理不善却会带来较严重的经营问题，造成无形耗费。因此，科学管理库存是创业者要面对的一个关键问题。

一般生产企业的物料成本往往占整个生产成本的 60% 左右，但这只是有形成本。至于隐形成本，则指物料的储存管理成本。物料储存管理成本是指从物料被送到公司开始，到成为成品卖出去之前，为它们所投入的各种相关管理成本，如仓库管理人员的薪资、仓库的资金和折旧、仓库内的水电费、利息、管理不当所造成的损耗等。

因此，采用科学的库存管理策略，尽可能减少库存，甚至消除库存，对企业降低成本、提高适应现代市场能力、树立现代企业形象，最终提高经济效益有十分重要的意义。"零库存"这个概念便应运而生。

零库存的含义是以仓库储存形式的某种或某些物品的储存数量很低的一个概念，甚至可以为"零"，即不保持库存。零库存可追溯到 20 世纪六七十年代，当时的一家汽车生产商实行准时制（just in time，简称 JIT）生产，在管理手段上采用了看板管理，以单元化生产等技术实行拉式生产，以实现在生产过程中基本没有积压的原材料和半成品。这种前者按后者需求生产的制造流程不但大大降低了生产过程中库存和资金的积压，而且在实现 JIT 的过程中，也相应地提高了相当于生产活动的管理效率。而生产零库存在操作层面上的意义，则是指物料（包括原材料、半成品和产成品）在采购、生产、销售等一个或几个经营环节中，不以仓库储存的形式存在，而均是处于周转的状态。也就是说零库存的关键不在于适当不适当，这和是否拥有库存没有关系，问题的关键在于是产品的存储还是周转的状态。零库存追求的就是节俭在库存方面的理想状态，这也正是众多企业追求的目标。

戴尔的零库存直销模式享誉全球。

戴尔的营运方式是直销，在业界号称"零库存高周转"。在直销模式下，公司接到订单后，将电脑部件组装成整机，而不是像很多企业那样，根据对市场预测制订生产计划，批量制成成品。真正按顾客需求定制生产，这需要在极短的时间内完成，速度和精度就是考验戴尔的两大难题。戴尔的做法是，利用信息技术全面管理生产过程。通过互联网，戴尔公司和其上游配件制造商能迅速对客户订单做出反应：当订单传至戴尔的控制中心，控制中心把订单分解为子任务，并通过网络分派给各独立配件制造商进行排产。各制造商按戴尔的电子订单进行生产组装，并按戴尔控制中心的时间表来供货。戴尔所需要做的只是在成品车间完成组装和系统测试，剩下的就是客户服务中心的事情了。通过各种途径获得的订单被汇总后，供应链系统软件会自动地分析出所需原材料，同时比较公司现有库存和供应商库存，创建一个供应商材料清单。而戴尔的供应商仅需要90分钟的时间用来准备所需要的原材料并将它们运送到戴尔的工厂，戴尔再花30分钟时间卸载货物，并严格按照订单的要求将原材料放到组装线上。由于戴尔仅需要准备手头订单所需要的原材料，因此工厂的库存时间仅有7个小时，而这7个小时的库存在某种程度上可看作是处于周转过程中的产品。

零库存管理具体要求主要体现在这几个方面：
（1）对整个供应链系统的存货进行控制；
（2）强调对质量和生产时机的管理；
（3）采购批量为小批量、送货频率高；
（4）供应商选择长期合作，单源供应。

而要真正实现"零库存"，需要以下几个必要条件：一是整条供应链的上下游协同配合，仅靠某个企业是绝对不可能的；二是供应链上下游企业的信息化水平相当，并且足够高，因为零库存是与JIT精益生产相伴而生的，这样才能顺其自然地实现供应链伙伴间的"零库存"；三是要有强大的物流系统作支撑。

所以，"零库存"不是某个企业一厢情愿的事情，它不仅依托于整个供应链上下游企业的信息化程度，还需要有合适的产业环境、社会环境等。盲目追求形式上的"零库存"，只会使强势环节欺压弱势环节，最终破坏整个供应链的平衡。从现实需求和长远发展看，实现整条供应链的信息化联动，才能达到真正的零库存，从而实现减少耗费，做到有效节约。

这个时代，能生产出产品不算英雄，能卖得出去才是英雄！对生产型企业来说，库存的费用是巨大的，存货保险、仓库租金、管理员工资、库存合理损耗，等等，每一笔都足以让企业经营管理者头痛。而且，还占用了企业宝贵的现金。那么应该怎么处理这样的困境呢？

1. 做到零库存，将所向披靡

在产品过剩的时代，任何一种产品都是过剩的，所以，任何时候有库存都是愚蠢的。2005年的IT业界，有一件为国人津津乐道的事情。蓝色巨人——IBM，这个在全球不可一世的电脑制造商，居然把它的笔记本业务这一块卖给了中国的联想！这场"蛇吞象"大戏的上演可并不是IBM对联想的施舍，而是它的笔记本业务在举步维艰的情况下，不得已而忍痛割爱。IBM遇到了行业里最大的一个竞争者——戴尔电脑。在戴尔的攻击下，IBM缴械投降。可有人说，IBM的失败没有败在别的地方，而是败在库存上。

戴尔电脑叫板IBM，最有力的武器就在于零库存。所谓零库存，是戴尔公司采用的一种新型营销模式：先市场，后产品。我们常规的方法都是先做产品，产品出来再卖给消费者，而今天已经不是了。今天的时代，已经是以客户为核心的时代，产品早就过剩了。所以，戴尔自己不生产任何电脑，不加工任何电脑，不供应任何电脑元件，电脑外部的、内部的零配件都不做，它把精力、时间聚焦在一件事情上，以客户为核心。

网络，电话，直邮，戴尔只做三件事。了解客户，预测客户的需求，为客户量身定制，然后把客户的需求信息传递给它的供应商、制造商，制造商按照戴尔电脑公司发的指令制造出产品。之后，由供应商再传递给经销商，通过经销商再传递给客户。整个流程都在戴尔的控制下，但它不接手任何有形的产品，于是它做到了零库存，击败了IBM，所向披靡，无懈可击。

2. 要市场不要工厂

砍掉库存的最高境界是不要工厂。没有了工厂，自然你有可能连仓库都不需要。那么，不要工厂，我们要什么？还有很多的企业说起自己的实力，就是企业的产能有多大、员工有多少、厂区占地面积有多广，这些不是你值得骄傲和效仿的。

从目前的状况来看，从原材料产业，到产品加工，到整个销售，在这一产业链中，谁付出最多，谁挣钱最少？加工企业挣钱最少，付出最多！商贸企业和为销售作服务的企业，利润点都要大于加工业。明智的企业不会被厂房和生产线捆住自己的手脚和智慧！把投资厂房生产产品的资金投向市场，建立品牌渠道，带来品牌的增值市场的扩大，可谓上兵乏谋，打没有硝烟的战争，没有产品的战争。

耐克没有自己的工厂，所有的运动鞋、运动服都由劳动力成本低的企业生产，一双鞋子的成本也就百把元，但耐克的设计费用、广告费用、体育赞助费却多得惊人，这些在市场上的投入虽然看不见摸不着，但是变成了品牌价值，鞋子卖七八百元也不乏青睐者。

今天制造产品的公司多得很。可是，客户却在不制造产品的公司手中，大的知名公司通过它们的品牌、它们的研发、它们的服务、市场调研，把客户资源牢牢掌握着，它们不做生产，不用前店后厂、前店后仓，把库存砍到零，把成本降到了最低。

3. 要么客户埋单，要么你埋单

并不是每个企业都能像戴尔那么潇洒。如果你管理着一个生产型的企业，你必须面对库存的烦扰，你该怎么办？ 12字原则是"先客户，后产品；先感应，后回应"。

同时，要把库存和管理者的奖金利益挂钩，一个是营销副总，一个是生产副总，一个是库房管理员，库存和他们的奖金成反比。会产生有益的结果：他们之间沟通非常密切，相互配合，相互协同。

营销和生产两个部门，要定期召开产品说明会。生产部门先分析产品、产品的特点、成本、销售对象、市场状况，以及竞争对手的产品；销售部门针对产品发表意见，提供客户反馈的信息、利润，以及现在经销商的状况。这样，生产方面的人可以改进、完善产品，满足客户需要，销售方面的人也就更多地去了解产品、熟悉产品。他们沟通的重要成果是：生产部门只生产能销售出去的产品。

21世纪经济叫客户经济，客户等于利润。记住，你生产出的产品要么到客户身边去，要么就是我们自己留下来；要客户埋单，要么你埋单。如果你想埋单的不是自己，那就在为你埋单的人身上多打主意吧。

4. 告诉你一个最低的存货标准

有一个问题我们不能避免，就是我们在原材料采购方面的存货不是产品的存货，怎么样管理。产品的存货越低越好，只要能保证供应，而原材料的存货就不是越低越好了。

你总要有一定的原材料在手边，才能去做产品。怎么样做到既保证了企业生产经营的正常进行，又要保证尽可能少占用企业的资金，减少储存成本？你要确定一个安全的存货量和一个最低的存货量。确定这两个数字的计算公式很简单，就是：

安全存货量 =（预计每天最大耗用量 – 预计平均每天正常耗用量）× 预计订货提前期

订货提前期就是订货需要提前的天数，你提前多少天和供应商打招呼，他能保证给你送到货。

5. 降低企业库存的细则

从1977年到现在，高科技公司的库存绩效成倍增长，周转次数从2.5次增加到了5次。某些公司，如苹果公司，现今库存的运作时间甚至只有6～8天。那他们是怎么做到的呢？

（1）直接送到生产线。如果你的一些原材料是本地供应商所生产的，让他们根据生产的要求，在指定的时间直接送到生产线上去生产。这样，因为不进入原材料库，所以保持了很低或接近于"零"的库存，省去大量的资金占用。

（2）循环取货。对于供货量比较小而供应商较多的情况，将他们在运输过程中加以整合。让你的运货车每天早晨从厂家出发。到第一个供应商那里装上准备的原材料，然后到第二家、第三家，以此类推，直到装上所有的材料，然后再返回。

（3）聘请第三方物流。不同供应商的送货缺乏统一的标准化管理，在信息交流、运输安全等方面，都会带来各种各样的问题。还是那句话，用专业的人做这件事，聘请第三方物流。

（4）与供应商时刻保持信息沟通。让供应商看到你的计划。根据你的计划安排自己的存货和生产计划。如果供应商在供应上出现问题，你也要让他提前给你提供预警。

（5）通过与供应商建立良好关系，确保优先送货，从而缩短了等待购买的时间。

（6）供应商也会为某些库存付费，应该探索这种可能性。比如说，卖不出去退货，为了换取长期或优先考虑的承诺，他们往往愿意商讨类似的建议。

（7）订货时间尽量接近需求时间，订货量尽量接近需求量。改善需求预测；缩短订货周期与生产周期；减少供应的不稳定性；增加设备、人员的柔性，这种方法通过生产运作能力的缓冲、培养多面手人员等来实现。

（8）采取互惠政策，与其他非本地区的竞争对手共享库存（也就是遇到紧急情况时，把货卖给外地的同行，在成本价上稍微加一点儿并支付处理费用）。

（9）转移库存。对于那种有季节性特别是持续时间比较短暂的产品，在旺季来临时往往需要有大量的存货以应对骤增的销量，这就会对库存产生极大的压力，同时占用大笔流动资金。曾经有一个内衣企业，其解决办法就是：要求各经销商在旺季来临前如果提前两个月提货付款，内衣按原出厂价的 70% 计算；如果提前一个月提货付款，按原出厂价的 85% 计算；如果到了旺季时再提货，就必须按原出厂价的全价付款。这种办法只要折扣收益低于库存成本和资金成本，就有利可图，而且还一同解决了应收账款的难题，加快了资金周转。

铁律 58

提高闲置资产的使用效率

> 资产对于一个企业的意义之重大已经不用过多强调了，资产的数量和质量直接决定了一个企业的实力。作为一个企业经营管理者，肩负着提高资产的使用效率。如果把资产闲置着，那真是大罪过了。

经济学家认为，资本是发展中国家或地区的高度稀缺资源，资本的形成、规模、结构是影响和制约广大发展中国家经济增长的重要因素和基本约束条件。对于一个企业来讲，在资金外部环境既定的情况下，如何挖掘内部资金，特别是闲置资金的使用率将是关键性的问题。何谓闲置资产呢？闲置资产是指已停用一年以上且不需用的或者是已被新购置具有同类用途资产替代的资产。

同济科技股份有限公司下属有许多子公司和分公司，在货币资金的使用周转需求上往往存在着一个时间差。以前这种货币资金使用的时间差都由银行来调节。该集团树立资金统筹使用的理念后，制定了资金管理条例，要求各子公司、分公司每月编制资金供求计划，算出货币资金的收入、支出、多余或不足，由总公司统一安排，互相调剂，有偿使用，年终清算。例如，根据资金供求计划表反映A类公司有多余资金1000万元，B类公司资金不足500万元。于是，总公司计划财务部便把A类公司的闲置资金500万元供应给B类公司使用，按固定年利率计算；并由总公司计划财务部开出资金占用单一式三份，一份给资金供应方，一份给资金需求方，还有一份由总公司计划财务部保存，作为年终核对A、B公司有偿使用资金的结算凭证，做到事先有计划、事中有平衡、事后有考核，以降低筹措资金的成本。

从同济科技股份有限公司的案例中我们看到，企业在筹资和经营活动中，经常会产生大量的现金，这些现金在转入资本投资和其他业务活动之前，通常会闲置一段时间。这段时间往往不长，有时甚至只有几天时间。即便如此，如果对于这些暂时闲置的资金采取积极的现金管理，超短期也可以为企业创造可观的收益。如今很多企业的资金链绷紧并非因为绝对的资金紧缺，而是未能有效利用。只要合理地运用现金流，多数企业都可以摆脱资金链紧张的状态。

接下来我们来分析一下一般企业闲置资产的基本原因。

1. 企业改制或企业转换了产业结构，造成了原有的设备闲置

企业改制分流也带来了诸多的影响。

河南油田自2000年改制后，分成了上市公司与存续公司两大公司，E市公司与原公司剥离后，经济资源得到重新配置，分给上市公司的是高效、优良的资产，留给存续公司的是低效、闲置以及快要报废的资产。由于企业改制，有些企业原来的前进方向也随之发生了变化，如石化存续企业所属单位在未改制前大部分是企业的后勤单位、辅助生产单位，在改制后，大部分仍主要是为上市公司提供动力供应、设备安装、检修劳务、后勤服务等，社区更是由原来的"福利性"单位转变为"经营性"单位，随着上市公司的技术改造任务的减少和检修间隔时间的延长，存续公司内部的工作量明显不足，加上以前基本没有到企业外部去开拓过市场，造成了大量资产闲置；而有的企业的经营资质整体都发生了变化，原来所用的资产也就无用武之地了，成了闲置品，成了企业前进路上的包袱。

2. 对设备进行更新换代，原设备不再适用，形成闲置资产

如今的时代是经济高速发展的时代，社会日新月异，人民的生活蒸蒸日上，这一些都应归功于科技的发展，正因为科技的发展，才使我们创造了前所未有的新时代，科技的发展使企业的产品更新换代的间隔大大缩短。生产能力不断增强，产量大幅度增加，商品的流通速度加快，为此，企业产品更新换代的周期也大大缩短，但是在企业产品更新的背后，是企业的资产设备的更新与改造，与此同时，伴随的是企业原有资产设备的报废与闲置，此类设备虽然在生产上失去了它原来的地位，但在占有的场地上及人工的看管上却占有一席之地，企业还要为此负担一定的费用，对于此类闲置资产的处理已是一个急需解决的问题。

3. 工作量不饱和，市场份额缩小，造成资产闲置

由于现代市场竞争异常激烈，使得企业产品的市场占有率不高、工作量不饱和、产品生产量达不到设备原有的生产能力，使一些中小型企业所占有的市场份额逐渐缩小、产品大量积压、生产量逐年减少，有的企业在这种情况下，为了减少各项成本费用，避免更大的损失，就人为地将一条甚至几条生产线停掉，造成设备闲置。

4. 破产或倒闭，造成企业的固定资产闲置

由于企业内部管理存在缺陷以及财务结构不合理等原因，加之企业外部经营环境竞争激烈，这就使得企业的现金流是负数，只有支出，没有流入，长期下去，使得企业的营运资金难以为继，只有申请破产、倒闭，从而造成企业整体的固定资产闲置。

闲置资产给企业带来的负面影响主要体现在以下几个方面：

1. 财务信息失真

大量闲置资产充斥在企业中，使企业财务数据不实，在财务报告上往往表现为资产的"虚胖"，不能真实反映企业资产的运营状况，造成企业虚增资产、虚增利润，使对外提供的财务会计报告所反映的信息因此也失去其真实性，这不仅不符合会计核算的真实性原则，也有悖于稳健原则。

2. 管理成本高，包袱重

闲置资产的管理及人工成本耗费量大、不但使企业包袱沉重，而且造成大量资源浪费。首先对于大量闲置资产，企业不但要付出人工费对其管理，并且对于整体完好的设备，每年还要进行维修、保养。不仅这样，根据财政部新颁布的《企业会计准则》的规定，企业除对已提足折旧的资产以及单独作价作为固定资产入账的土地不提折，其余的所有固定资产均需要提取折旧费用。其次，闲置资产同时占用一定面积的场地，使占用面积的场地丧失了其投资机会。再次，每年企业的资产清查，都给工作人员带来了不必要的工作量，浪费大量的人力物力。

3. 减弱企业筹资能力，增加企业风险

由于现代市场的活跃，资本市场也蓬勃发展，为企业的筹资提供了广阔的天地，但是由于大量闲置资产的存在，长期以来，使得有些企业账面很好看，实际亏损得很严重，导致会计报表充斥水分，不利于股东、企业经营者、广大投资者、债权人以及银行等信息使用人的经营、投资决策。从而毁损企业在资本市场的声誉，进而影响企业的筹资能力，增加企业的经营风险与财务风险。

既然闲置资产的负面影响那么大，对于企业经营管理者来说，如何处理好闲置资产就显得格外重要。可以通过以下几种方式来处理：

1. 开展租赁业务，进行闲置资产的再利用

企业重组改制造成的闲置资产，可以通过寻找租赁市场，开展租赁业务，进行闲置资产再利用。资产租赁不仅可以解决重组后的存续企业和股份公司所面临的资金短缺问题，而且可以提高集团公司整体的经济效益，加快企业的发展。

2. 实行个人承包，减少企业投入

对于闲置的资产整体完好无损的、有可利用价值的，但对于企业生产的前沿产品来说已不需用的设备，以及因企业改制造成的不需用的房屋、场地等，可实行个人承包，减少企业投入。

3. 加强对外投资，寻找合作伙伴

对于企业内部不需用的但整体完好的、无损失的闲置资产，可以采取对外投资、积极寻找合作伙伴，尽量把闲置资产利用起来，并取得相应的投资收益。

4. 进行资源再配置，发挥最大效能

对于企业集团来说，母公司应起到桥梁作用，把各子公司不适用、不需用的闲置资产在企业集团内部进行互相调剂、相互调拨，起到优化资源配置的作用，充分利用企业资产创造经济效益，从而提高企业集团整体的生产能力，以增强抗风险能力。

5. 适当进行资产置换，节约货币资金

对于生产上需要的存货或设备，可以利用现有的闲置资产进行置换，以节约企业的货币资金。现代企业用资产换资产的非货币性交易已成为企业优化资产结构的一个重要手段。

6. 面向社会，公开拍卖

企业因破产或倒闭造成的资产闲置，可以通过中介机构进行拍卖，变现其价值，或者对于已经过时的，在企业的生产经营过程中不需使用的存货，也可以采取降价在市场中销售，把死钱变成活钱，增加企业的现金流量，从而使其在社会的大环境中进行资源合理配置。

7. 申请报废，确认损失

通过采取一定措施，仍不能给企业带来预期经济利益且无变现价值的闲置资产，可进行申请报废，以减少人工费、场地费的支出等。

在闲置资产的处理过程中，还要看企业当时所处的具体环境来具体对待，如果闲置资产处理好了，企业可以甩掉包袱，轻装上阵，使企业现有资产高速、高效运转，同时降低企业的经营风险，并使财务信息更具有真实性、可信性，以利于股东、企业经营者、债权人、投资者等信息使用人的投资、经营决策，从而树立企业的良好形象。

铁律 59

砍掉面子，客户不会为你的奢侈埋单

> 作为一个合格的企业经营管理者，要认真去分析所处的经营环境的文化，文化决定了企业采取的战略。在中国，面子文化根植于我国的文化之中，企业家要处理好自己的面子问题，还有企业家所管理的企业的面子问题。

美国哲学家爱默生说过一句话，金钱带来人的面子和尊严，金钱就是面子。面子问题由来已久，值得每一个社会人，并不仅仅是企业经营管理者的关注和重视。在现今的社会，对于一个企业家来说，不讲面子不现实，太讲面子更不现实，最好能做到低调一点。

作为企业的经营管理者，如果你已经在面子上花了很大的成本，你就应该好好反思一下，权衡为了面子所获得的收益和成本是否能够使企业获得发展！

出租车拐进了一条窄巷子，然后停了下来，街口竖着的路牌上写着"洪湖二街"，下了车是一个下坡路，10米左右处并排立着两个牌子，一个牌子标示着沃尔玛公司中国总部，另一个牌子上面写着停车收费的告示，两旁是陈旧杂乱的住宅楼。

电梯直接到四楼沃尔玛前台，右边的半层是洽谈室，外面是供应商等候区，很多供应商在忙着打电话或者填写表格。往里面去则被分成面积相等的格子间，是沃尔玛公司的采购经理们接见供应商的地方，走廊内堆着供应商带来的各种商品。格子间的一面挡板上张贴着沃尔玛公司的十大原则，以及提醒员工不要收受贿赂的告示。沃尔玛有实权的采购经理们全部集中在5楼办公，6楼则是公司各种运营部门所在地。楼道内、电梯中、员工格子间的外面挡板上到处张贴着沃尔玛各种各样的标语。5、6层的装修也特别简单，粗粗细细的管道都露在外面。所有员工用的都是电脑城里最常见的那种最廉价的电脑桌，连老板也不例外。有的连桌子边上包的塑料条都掉了，露出了里面的刨花板。

虽然你可能对沃尔玛的节俭有所耳闻，但是你所见到的绝对想象不到。

已经60岁的沃尔玛亚洲区总裁钟浩威,每次出差只乘坐经济舱,并购买打折机票。他有一个习惯,喜欢在乘机时问邻座乘客的机票价格,如果发现比他购买的机票便宜,公司的相关人员就肯定会因此受到质询。

沃尔玛的砍价杀手和供应商讨价还价,他们被认为是最精明、最难缠的一批家伙,但他们出差却只能住便宜的招待所。沃尔玛的一个经理去美国总部开会,被安排住在一所大学因暑期而空置起来的学生宿舍里。

所有的人都在盯着沃尔玛的庞大、沃尔玛对供应商的强势,但却少有人注意到,沃尔玛作为一个企业,其实和中国本土的企业有太多的共性——都是出身草根,都是白手起家,都是劳动密集型,都没有高科技外衣,都追求低成本。在我们想象中,作为一个全球巨头的老总,应该八面威风、气势逼人;作为一个地区总部,应该敞亮堂皇、坐拥繁华。可是,这样的简单、俭朴都不影响沃尔玛成为一个全球巨头,不影响它在人们心中的地位。

沃尔玛向我们展示了著名世界影响力的企业是怎样炼成的,它告诉我们,优秀的公司不会因为有点成就就沾沾自喜,而是坚持简单、简朴的企业文化,没有豪华铺张,没有大讲面子,同样可以在世界零售市场上闯出自己的一番天地!

作为一个企业的经营管理者,应该牢记:对于一个企业来说,合适的就是最好的,不合适的再贵重也仅仅只能成为企业的负担。

有的老总买了辆好车,就觉得没有司机不行;有了好车和司机,又发现出入一般的写字楼太掉价,搬进了甲级的写字楼;想想自己的办公室也不能太寒酸,有了大的办公室,你的装潢、布置一切都要追求品位和档次,不装潢感觉浪费了这么大的空间;之后,你就又开始觉得,一辆好车是不够的……欲望总是无止境的,由于盲目地做面子,公司的利润已经被消耗一空。这时候,引来的不是同情,而是员工纷纷的怨言:这些东西都是老板从我们身上剥削来的;引来的是供应商在夸你气派的同时,心里会说:他们公司从我们这里压榨了这么多的利润。当企业的利益相关者对企业的行为产生质疑的时候,问题进一步发展将影响到企业的生存。

作为一个企业的经营管理者,应该牢记:华而不实是企业的悲剧,实实在在经营才是真。

在商战中,悲剧和喜剧不断上演。很多悲剧的企业家,因为种种原因而走向没落,我们都为他们扼腕!但是,企业家因为华而不实、死要面子而葬送了公司的,却一点都不值得同情!

现实中一些公司的老总很容易受到公关公司、装潢公司、汽车销售商的广告误导,这些人会一本正经地和你说,你的外表就是公司最好不过的说明书,如果你看起来不像一个企业老总,你的公司看起来不像一个大企业,就不要困惑你们为什么不能够出类拔萃,不要责备客户不信任你们的产品。你们的外表在告诉别人:"我的公司不寻求卓越,不追求品位。"此时,作为一个企业的经营管理者,你应该理直气壮地告诉他们,你的公司不买他们的东西,一样是一流的企业、卓越的公司,你当然注重形象、注重外表,员工形象气质、打扮谈吐就是很好的明证,虽然你的员工在公司里可能几个人共用一个办公桌、一部电话。良好的企业形象是不需要用高消费来培养的!

不管是一个怎样的企业,要实现利润的不断提高、竞争力的不断增强、企业的可持续发展,实实在在地经营、踏踏实实地做事是必须做到的,任何虚的东西都只能把企业导向错误的道路。即使虚的东西能使企业风光一时,但是,企业并不是就存在于这么一时,从长远看,这是不明智的选择。

一些企业创业之初筚路蓝缕,再苦再累也毫无怨言,可谓艰苦创业。然而,一旦事业有成,便将当初的来之不易抛之脑后,大摆阔气、讲面子、讲排场、花钱如流水。这些企业为了追求表面的风光,不惜血本、疯狂造势,完全不考虑成本和效益,最终企业破产,饮恨退出了市场。

1995年秦池酒厂以6666万元中标。在当时,6666万元意味着3万吨白酒,足以把豪华的梅地亚中心淹没到半腰。1996年梅地亚中心再次召开广告招标大会,厂长姬长孔说:"1995年,我们每天向中央电视台开进一辆桑塔纳,开出一辆奥迪,今年我们每天要开进一辆豪华奔驰,争取开出一辆加长林肯。"最后秦池以3.2亿元成为"标王",那时的广告投标就如脱缰的野马,让人无从驾驭,到了发热、发狂甚至发疯的地步。一个外国记者问秦池老总3.2亿是怎么算出来的,他说:"这是我的手机号码。"投资的随意性由此可见一斑!3.2亿元相当于1996年全年利润的64倍,结果第二年秦池便一蹶不振,走到破产的边缘。

盲目地攀比、一味地奢华,使得许多明星企业由盛转衰、由强变弱,甚至消失得无影无踪。"富不过三代"的宿命像咒语一般缠绕着许多中国企业,尤其是家族企业。

讲排场、耍阔气、爱摆谱,这样的铺张浪费只会增加企业的生产成本,让企业背负沉重的债务,挫伤企业的市场竞争力,严重的有可能导致企业一蹶不振、濒临破产,多年的辛劳付之东流。因此,无论是企业的经营管理者还是一般员工,都应该在自己力所能及的范围内力戒奢侈,倡导建立节俭的企业文化,以保持企业持久、健康地可持续发展。

联想集团的办公室十分简朴,而且空间不是很大,除此之外,联想每栋楼的清洁工以及相关后勤人员的数目限定在5人以下,以节省人力成本。但是这些并没有阻止联想集团成为世界级影响的知名企业。

"节俭"为联想在今天这个微利时代赢得了不可企及的竞争优势,使得联想从1984年由中科院计算所投资20万元人民币、11名科研人员创立的规模,发展到2007年,联想控股当年实现综合营业额 1466 亿元人民币、总资产 681.57 亿元人民币，累计上缴税收 94.3 亿元人民币，员工总数超过 3 万人。

这让我们看到节俭并没有丢面子，反而挣到了更大的"面子"。这样看来，联想是智慧的。

节俭是中华民族的传统美德，节俭之德什么时候都不能丢。无论什么行业的企业，无论什么时候，都应该立足艰苦奋斗、勤俭节约。举艰苦奋斗旗帜，兴勤俭节约之风，永远是振兴企业的清醒剂。

一个企业如果过度追求面子，最终只会沦为虚荣和攀比的牺牲品，奢侈对于企业的长远发展来说是致命的。企业面对的消费者、企业的员工绝不会认可企业这样的做法。企业不是单一的存在，它是一个利益相关体，处在一个社会关系之中。没有来自企业消费者的支持，企业的产品和服务卖不出去；没有来自员工的努力工作，企业无法正常运营。所以，企业的经营管理者应该做的是：带领企业踏踏实实做实事，提高企业提供的产品和服务的质量，提升企业的品牌影响力。

铁律 60

聪明的管理者会从日常开支中节约

> 俗语云：成由勤俭，败由奢侈。勤俭之风一直是中华民族赖以维系的生存之道。对于管理者来说，勤俭意味着成本的节省和利润的增加，是衡量其成败的关键。一个聪明的管理者要懂得在日常生活中压缩开支。

管理既是一场人与人之间的对抗，亦是一场人与成本之间的博弈。控制了成本，至少可以表明：你不是一个失败的管理者。而成本的最小化，则会使管理者登上财富的巅峰，成为这场游戏的终极赢家！

美航曾以"小气"著称，想尽一切办法降低成本，节约一切可能的开支已经成为公司的习惯。美航的飞机除了代表其标志的红、白、蓝三色漆之外，几乎不涂其他颜色的油漆，这不但降低了油漆消耗，还节省了大约每年1.2万美元的燃油费。美航老板有一次在飞机上用餐，发现航班上提供的食物量特别大，便将没吃完的食物放入塑料袋，交给航班上负责餐食的主管。随后，他出台了一项政策：缩减晚饭分量！此举不但减少了航班上的食物浪费，更使美航每年减少了7万美元的不必要开支。

顶级企业尚且如此，那我们这些还未发达的企业又该如何呢？

任何一家公司恐怕都会有这样的现象：走进空无一人的办公室，电灯和空调都开着；下班后，总有一些电脑是运转着的；公司办公设备稍微出现一点小问题，就叫来维修公司的人，维修费用全部记在公司的账上；打印机附近的垃圾桶里，总有因操作不当而报废的纸张；崭新的签字笔刚刚没墨就随手扔掉；没人的时候，公司的电话旁总有人在兴致勃勃地煲着电话粥……这样的浪费现象处处可见，却不可小觑。如果能将这些浪费现象杜绝了，对于管理者来说，便是一笔不小的利润！

企业生存如居家过日子，企业员工若不会精打细算，不能量入计出，不能开源节流、杜绝浪费，企业的利润就无法增加。

如果企业经营者欠缺成本意识，就会无形中提高企业的经营成本。如果员工没有成本意识，那么对公司财物的损坏、浪费就会熟视无睹，让公司白白遭受损失，这样自然就会使公司的开支增加，成本提高。

一家机器制造厂的老板发现，装配工人在生产过程中对一些剩余的小零件总是不太珍惜，常常是随手丢弃，他多次提醒也不见效。

一天，老板走到工厂装配区的厂房中间，将一袋子硬币抛向空中，哗的一声，硬币四散滚落，散乱在厂房各个角落，然后他默不作声地走回了自己的办公室。工人们见状，莫名其妙，一边纷纷捡拾散落在地上的硬币一边对老板的古怪行为议论纷纷。

第二天，老板把装配工人招集起来开会，发表了他的观点："当你们看到有人把钱撒得满地都是时，表示疑惑。虽然都是硬币，却认为太浪费了，所以一一捡起。但平时你们却习惯把螺母、螺栓以及其他一些零件丢在地上，从不捡起来。你们是否想过，在通货膨胀严重的情况下，这些硬币其实不怎么值钱了，而你们所忽视的零件却一天比一天有价值。"

几乎所有的员工在听完老板的讲话后都幡然醒悟。从那以后，大家都不在乱丢零件了，这一点一滴的节约也给公司创下了一笔小的收益。

有些员工以为，在一个大的企业里，自己一个人在降低成本方面是起不了多大作用的。可是这种看法正是错误之所在。

赢利还是亏损，很可能就是由是否节约决定的，很多时候没有意义的花销看起来只有微不足道的几分钱，但长年累月众多名目的支出，累积起来就是一笔很大的开支。要想更好地获利必须节约，尽量减少不必要的开支。节约一分钱就等于挖掘一分利，一个具有节约意识的人或企业，在面对纷繁复杂的竞争和未来的不确定时，会具有更强的竞争力，会具有更强的实力，会有更大的获胜几率。

那么，如何在日常开支中节约呢？第一，不要寄希望于你的员工，不要幻想他们会主动帮你节约，因为这和他们的利益无关。第二，更不要企图以个人力量去杜绝种种浪费行为，因为你不可能有十足的精力去控制公司的每一个角落。第三，许多靠人解决不了的问题，往往可以通过制度的设立来实现。任何细节的地方都要制定规章制度，并且将其贴在最醒目的地方，让员工严格遵守。

1. 办公物品管理细则

（1）办公物品由专门的人员负责保管，定期发放至各部门。

（2）给物品标价，让每个人都建立起强烈的数字观念，这是节省费用的重要一步。

（3）小件物品的开销由员工自己承担。

（4）除正规文件外，所有纸张的正反面必须充分使用。

（5）建议内部员工不要使用一次性纸杯。

（6）复印机、打印机、电脑一旦出现问题，要先在公司内部解决，若公司内部人员无法解决，再请维修公司来协助解决。

（7）限制每个人的纸张使用数量，减少纸张的消耗。

2. 电话管理细则

（1）公司不负责任何人的手机购买事宜，若因职责需要，公司按标准报销手机费。

（2）公司内部座机只可拨打市话，若因工作需要打长话，需到部门经理处并拨打长途 IP 号码。

（3）月底打印出每部座机的话费详单，员工的私人电话以及未拨长途 IP 号码产生的额外通信费皆由部门经理承担。

（4）在员工内部培训中，着重训练员工打电话的技巧，即如何言简意赅地将自己的意图快速表达出来，减少不必要的通话时间。

（5）熟悉电信局的收费标准。电话响了 6 声时，若对方无人接听，需迅速挂断，6 声之后，电信局开始计费。

（6）打电话时如果对方正在与别人讲话，另约时间再打，或告知对方适当时候打回来，不要等待。

3. 公车管理细则

（1）严格控制每一部公车的耗油量，若耗油量超过公司规定的标准，超出部分由司机承担；反之，节省下来的油费将作为奖励发给司机。

（2）在指定的维修厂家进行公车维修。

（3）公司内部员工使用公车所产生的费用都应打到客户的合同里面。

（4）鼓励员工乘地铁、公交等公共交通工具乘车。

（5）若因业务需要打出租车，员工需在 24 小时内将报销单交到经理处，在经理确定当日的行程属实后，签字报销。

4. 经费管理细则

（1）各项费用开支及报销需严格遵守公司制定的流程，否则不予报销。

（2）报销单据要真实合法，完整填写，且金额正确。

（3）原则上不允许员工预支公司款项，员工因业务需要向公司借用备用金时，需准确填写《借款申请单》，且要在规定时间内销账；若有借款未还清，不允许再借款。

（4）员工因公出差费用应据实以报，在此期间应严格遵守公司制定的各项费用标准，超出部分由员工个人承担。

5. 水电管理细则

（1）相关部门对开源节流进行宣传，并在公告栏贴出公告。

（2）在用水、用电的地方张贴标语，时刻提醒员工节水、节电。

（3）员工下班前15分钟，提前将空调（或风扇）关闭；下班后关闭所有电源。

当然，要想成为一个铁腕的管理者，光靠上述制度的设立是不够的，让员工意识到其中的利害关系才是最重要的。在执行制度之前，领导若将其中的利害关系告知被执行者，不但可以时刻提醒他们考虑自己的利益，同时也可在制度不能发挥作用的时候采取"以子之矛攻子之盾"的策略，将被执行者的利益与团体的利益紧紧地拴在一起，管理者就不用再为制度不能得到有效实施而发愁了。

在保证公司的各项规章制度正常实施的同时，充分调动公司内部员工的积极性也是必不可少的。成本的节省并不是管理者一个人的事，任何一个员工都可以是公司的管家婆。销售冠军固然是公司的楷模，但节省冠军亦是公司的佼佼者！我们团队中的每个人都应该像个管家婆，在公司成长的每个细节中绞尽脑汁，不让成本白白流走。

节约成本的过程中，有些员工可能会因为损失的既得利益而对管理者产生反感，常常是"上有政策，下有对策"，因此，如果不能充分调动员工的积极性来节省成本，管理的难度将是难以估量的。想到在你的视线之外的任何时间、任何地点，有人在悄无声息地掠走你的利润，是多么可怕的事！

成熟的企业大都有对降低成本提出合理建议的员工进行物质奖励的机制，员工在付出一定劳力的同时，给予优秀者积极的引导，将会极大地调动员工的积极性，从而形成一种"人人管事，人人节约"的管理理念，确保形成一种良性的节约氛围。

铁律61

缜密地分析，把钱花在刀刃上

> 俗话说"小事精明，大事糊涂。"这句话道出了很多人错误的生活观。在日常生活中，人们常常为了一两角钱钩心斗角，尽情地展示着自己的"精明"，但在大笔钱的开支上，却总是犯糊涂。大多数企业也是如此，常常在一些琐碎的枝节问题上斤斤计较，但是对于资金的投入却麻痹大意，结果白白浪费了许多资金。企业的经营管理者一定要将企业的钱花在刀刃上。

创业者要具有敏锐的判断力，找出有价值的领域投入企业资金，创造最大的价值。下面这个故事就说明了对于一个企业来说要想赢利，资金的投入有着至关重要的作用。

第二次世界大战后的英国，食用油严重匮乏，因此，英国人就难得有油煎鱼和炸土豆吃。那时，有一位政府官员坐飞机视察了当时英国的非洲殖民地坦噶尼喀，认为那是种花生最理想的地方。政府听了他的建议，便兴冲冲地投资6000万美元，要在那片非洲的灌木丛中开垦出1300万公顷的土地种花生。

可是英国人哪里知道，当地的灌木坚硬无比，大部分的开荒设备一碰就坏。花了很大工夫才开垦出了原计划十分之一的土地。英国人除掉了一种野草，后来才知道它是能保持土壤养分的，失掉它就破坏了生态平衡。花生种子若稍迟种下，光秃秃的新土就会被风刮走，或被烈日灼烤而丧失养分。

原计划在这片新垦地上一年要生产60万吨花生，可是到头来总共只收了9000吨。人们见势不妙，又改种大豆、烟叶、棉花、向日葵等。可是在那"驯化"的非洲土地上，这些作物竟无一扎得下根。英国政府于1964年终止了此项计划，损失8000多万美元，每粒花生米的成本达1美元。

正是由于在投入资金之前的疏忽，导致英国投资者付出了沉重的代价。可见企业在作出投入资金的决定前，慎重地进行市场考察分析是多么的重要。

只有在投入资金前做好一切准备工作，对市场进行缜密的分析后，把资金投入到最具竞争力的地方去，企业才会赢得利润。肯德基炸鸡店的成功就是与缜密地选择钱所投放的"刀刃"有关。

美国肯德基炸鸡打入中国市场的成功，很重要的一条就在于它对中国市场进行了充分的预测。通过预测，广泛收集了相关信息，并在此基础上进行了科学的决策。

公司特地派出了一位执行董事到中国市场考察，这位董事对中国市场做了精心的调查和实测。

首先，他在北京的几个街道上用秒表测出人流量，大致估算出每日每条街道上的客流量。他还利用暑期，临时招聘了一些经济专业的大学生做职员，派出这些临时职员，在北京设置品尝点，请不同年龄、不同职业的人免费品尝肯德基炸鸡，尤其是在北海公园这座皇家园林，利用风景秀丽、游人众多的特点，来广泛征求各种意见。他们详细询问品尝者对炸鸡味道、价格、店堂设计方面的意见。不仅如此，这位董事还对北京鸡源、油、盐及北京鸡饲料行业进行了调查，并将样品数据带回美国，逐一做化学分析，经电脑汇总得出"肯德基"打入北京市场会有巨大的竞争力的结论。

1987年，美国肯德基炸鸡公司在北京前门正式开业。他们靠着鲜嫩香酥的炸鸡、一尘不染的餐具、纯朴洁雅的美国乡村风格的店容，加上悦耳动听的钢琴曲，赢得了来往客人的赞许。肯德基炸鸡店开张不到300天，赢利就高达250万元，原计划5年才能收回的投资，不到两年就收回了。这一切的得来，在很大程度上靠的是肯德基在决策之前的良苦用心——设置品尝点、征询众人意见，以深入细致地调查。

深入细致地调查之后，肯德基才决定将资金投出去，投在"刀刃"上，最后换来了肯德基的成功。

俗话说得好："把钱花在刀刃上。"只有把钱真正用到最具有竞争力的地方，这样才能够把资金打造成一把越来越锋利的快刀，帮助公司在发展之路上披荆斩棘、勇往直前。实力强大、资金雄厚不是一个企业可以跨入任何行业的理由，盲目地将资金投入到自己陌生的领域，脱离自己的主业，资金最终很可能打水漂，严重损害企业的竞争力。

面对越来越激烈的竞争，现在很多企业采取多元化的经营战略。而所谓"多元化"，是相对于专业化而言，同时经营两种或两种以上的产品或服务。而多元化经营，也称多样化经营或多角化经营，指的是企业为了获得最大的经济效益和长期稳定经营，兼营两种以上基本经济用途不同的产品或劳务来丰富组合结构的一种经营模式或发展战略。

企业采取多元化分散经营带来的主要优点有：

（1）经济效益的扩大。一般来说，联合生产的成本小于单独生产成本之和。还有，企业多项业务可以共享企业的资源，例如，在原材料方面，可以利用原有的供应商的合作；在销售方面，企业可以利用已有的顾客认知而节省了广告等的开支。

（2）分散企业经营风险。多元化经营的一个非常重要的目的就是通过减少企业利润的波动来达到分散风险的目的，基于此目的，企业能够避免经营范围单一造成企业过于依赖某一市场易产生波动的弱点。使企业在遭受某一产品或经营领域的挫折时，通过在其他产品或行业的经营成功而弥补亏损，从而提高企业的抗风险能力。

企业采取多元化分散经营带来的主要缺点有：

（1）企业资源分散，任何一个企业哪怕是巨型企业所拥有的资源总是有限的。多元化发展必定导致企业将有限的资源分散到每一个发展的业务领域。从而使每个欲发展的领域都难以得到充足的资源支持。与在相应的专业化经营的对手竞争中失去了优势。

（2）运作费用提高。多元化战略的不恰当实施：一方面，从一个经营领域到另一个经营领域发展，从投入资源、开始经营到产出效益，这中间有一个艰难甚至是漫长的过程，企业要摒弃已经熟悉的一切，而从头学习技术、生产、市场营销、管理运作和环境协调等，这个过程将会产生很多额外的费用而最终影响其效益。另一方面，企业从一个领域跳到另一个无关联的领域从事经营，有可能导致获得顾客认知的成本巨大。

比较多元化的优缺点和实际生产中企业的表现，随着企业规模的做大，企图在很多领域分一杯羹的企业盲目的过度多元化，掉入了多元化陷阱，非但没有最大化企业资金的效益，反而拖累了企业已有的竞争优势，最后成为企业的一个沉重负担。

因此，企业经营管理者对待企业的投资一样，要认真工作，认真研究，把资金投入到更具竞争力的地方去。企业在国内外激烈的市场竞争中，如何才能识别具有竞争力的地方，以保持长期稳定的竞争优势呢？准确的定位是关键，应该对现有资源和竞争力及其在市场中的价值加以系统考察，进而确认企业的核心竞争力。定位的标准有三个：

（1）具备顾客认可的价值，任何企业为顾客提供产品和服务，如果没有得到顾客的认可，那么所有的投资不管大小都是打水漂了。

（2）选择具备自己企业专业性和核心能力的领域，这些领域具有竞争对手难以模仿的独特性。但是核心能力的建立绝不是一劳永逸的，核心竞争力在培育应用之后也不是就万事大吉了，企业外部经营环境的动荡性决定了核心竞争力的时间性（动态性），原有的核心竞争力可能会演化成一般的能力而逐渐丧失竞争优势，因而企业必须时时关注企业核心能力的发展演变，并不断推进更新。如IBM公司依靠自己强大的销售能力所提供的市场容量，在软件和电脑系统结构方面建立了明显的竞争优势，但随着市场竞争的日益激烈，这种优势逐渐减弱，以至于公司不得不制定新的策略来发展和更新核心竞争力。

（3）选择具有未来成长性的领域。这要求企业的经营管理者具备前瞻性的眼光，认真分析企业面临的内外部环境，作出决策，只有跟上了时代的大趋势，企业才能顺风顺水，获得快速的发展。

铁律 62

改善企业人力成本，提高企业获利能力

> "21世纪什么最贵？人才。"从这句电影台词的流行度来看，人力资源对于一个企业的重要性可见一斑。也由于人力资源的重要性，企业花在人力资源上的成本也是日益攀升，越来越成为企业的一大成本。如何改善企业的成本、提高企业获利能力越来越值得企业经营管理者关注。

当今世界经济已进入了知识经济时代，人力资源成为社会最宝贵的财富之一。著名的经济学家舒尔茨认为，人力资本是促进现代经济增长的第一位因素。他指出，在美国，1909～1929年间物力资本对经济增长的贡献几乎是学校教育对经济增长的贡献的两倍，但在1929～1957年间，学校教育的贡献却超过物力资本。现代企业之所以还保持对劳动力的需要，已经不在于它是一种传统意义上的生产要素，而在于它是一种贡献越来越大的人力资本的物质载体。如果说传统企业是资本在支配劳动，那么在现代企业则应当是劳动（特别是知识劳动）在管理与支配资本。

什么是人力资源成本呢？人力资源成本是指组织为取得或重置人力资源而发生的成本，包括人力资源的取得成本（历史成本）和人力资源的重置成本。

人力资源成本是企业构建和实施人力资源管理体系过程中的所有资源投入。人力资源管理把"人"作为一种资源，通过培训等手段使其经验和价值得到增值，从而带给企业预期的回报和效益。人力资源成本按照其管理过程由6个部分组成：人力资源管理体系构建成本，人力资源引进成本，人力资源培训成本，人力资源评价成本，人力资源服务成本，人力资源遣散成本。

具体解释如下：

（1）人力资源管理体系构建成本是指企业设计、规划和改善人力资源管理体系所消

耗的资源总和，包括设计和规划人员的工资、对外咨询费、资料费、培训费、差旅费等。

（2）人力资源引进成本是指企业从外部获得人力资源管理体系要求的人力资源所消耗的资源总和，包括人员的招聘费用（广告费、设摊费、面试费、资料费、中介费等）、选拔费用（面谈、测试、体检等）、录用及安置费（录取手续费及调动补偿费等）。

（3）人力资源培训成本是指企业对员工进行培训所消耗的资源总和，以达到人力资源管理体系所要求的标准（如工作岗位要求、工作技能要求等），包括员工上岗教育费用、岗位培训及脱产学习费用等。

（4）人力资源评价成本指企业根据人力资源管理体系要求对所使用的人力资源进行考核和评估所消耗的资源总和，包括考核和评估人员工资、对外咨询费、其他考核和评估费用等。

（5）人力资源服务成本指企业根据人力资源管理体系要求对所使用的人力资源提供后勤服务消耗的资源总和，包括交通费、办证费、文具费、医疗费、办公费用、保险费等。

（6）人力资源遣散成本指企业根据人力资源管理体系要求对不合格的人力资源进行遣散所消耗的资源总和，包括遣散费、诉讼费、遣散造成损失费等。

下面是一个改善人力成本小组如何进行工作的具体例子：

史尼卡仪器表公司是一家家用电器制造厂，生产机电和电器控制产品。该公司坐落在纽约北部地区，它是位于加拿大多伦多市的北美控制器有限公司的子公司。史尼卡仪器表公司有职工900人，其中755人是计时工人，125人拿免税或非免税固定工资。

由于史尼卡公司的工作效率低、经营成本高，生产经理豪得决定制订一套有效的降低人力成本的方案。豪得过去曾任北美控制器公司在多伦多市某一经营部门的制造经理，于1978年9月调到史尼卡公司。他在北美控制器公司中曾成功地参与职工计划，因此很希望在史尼卡公司也建立一套相似的计划，他聘请了一些管理专家做他的助手。

豪得和他的高级助手举行了一个预备会议后，顾问们建议，进行一次形势分析，以搜集保证方案成功所需要的信息，并确定这一创造的成本降低计划在史尼卡内是否实际可行。然后成立一个高级方案委员会配合顾问们的工作，以后这个委员会就变成降低成本指导小组。这个委员会与顾问们一起，决定哪些资料有必要收集，使用哪些方法来收集这些资料。上层管理部门特别担心职工和管理部门之间的关系是否融洽，是否足以保证职工参与计划的成功。

豪得和他的高级助手们决定，在着手实行计划时，至少在初期，要把参加降低成本小组的人员限制在管理部门、监督部门和其他有固定薪水的人员范围内。

顾问们和项目委员会的委员们一起工作，修改了试行后的降低成本的总计划，使其符合史尼卡公司的具体情况。计划提出建立降低成本指导小组（由项目委员会的成员组成），建立两个降低成本试验小组，任命一个降低成本小组协调人（仅兼职一年），建立一个降低成本咨询小组（由财务部门、产品开发部门、数据处理部门和销售部门的代表组成）。这些部门的人员都是将来降低成本小组的成员，并确定 10 名今后的小组的组长。然后他们确定，1979 会计年度的成本降低目标为 60 万美元，同时还制订了详细的激励和沟通计划。

降低成本小组中所有有关的职位任命后，史尼卡公司开始进行一项有关如何运用创造性的方法来降低成本的集中训练。在训练初期，有 30 名职工参加，包括上述各有关机构人员和未来的组长。他们被编成两个班，每班 15 人，进行 24 小时的课堂教学。在培训期间，把已经过批准的活动计划做了进一步的补充，明确规定公司到 1979 年底节约材料处理费用 10 万美元。

到 1979 年底，史尼卡公司不仅达到了降低成本 60 万美元的计划目标，而且还多降低了 15 万美元，总成本降低额达到 75 万美元。这项计划在 1980 年继续进行，并获得进一步的扩大。

史尼卡公司对于员工的有效培训提高了员工的工作效率，员工工资没有降低，实际上是改善了人力成本。而公司的生产率却大大提高了，赢利能力也大大提高了。

企业经营管理者往往有这么一个认识的误区：企业的人力成本常常被认为是工资或是工资福利等的支出，其实不然。

（1）人力成本不等于工资。人力成本是指企业在一定的时期内，在生产、经营和提供劳务活动中，因使用劳动者而支付的所有直接费用与间接费用的总和。如果企业给员工支付 1000 元的工资，那么人力成本绝不会是这直接的 1000 元，还有其他的间接费用。

（2）人力成本不等于工资总额。有人说，既然工资不等于人力成本，那是不是工资总额就等于人力成本呢？当然不是。按照劳动部 1997 年《261 号文件》规定，人力成本包括工资总额、社会保险费用、福利费用、教育经费、住房费用以及其他人工成本。

（3）人力成本不等于使用成本。从人力资源的分类来看，人力成本可分为获得成本、使用成本、开发成本、离职成本，可见"使用成本"只是人力成本的一部分而已。有人常把人力成本管控当成劳资双方的"零和博弈"，其实不然。

从以上认识误区的分析中我们懂得，人力成本改善可以用以下三个不等式表述：

改善人力成本 ≠ 减少人力成本；

改善人力成本 ≠ 减少员工收入；

职工收入较高 ≠ 人力成本很高。

简单来讲，人力成本的改善不是要减少人力成本的绝对值，因为绝对值必然随社会的进步逐步提高。因此，对人力成本的改善是要降低人力成本在总体成本中的比重，增强产品或服务的竞争力；对人力成本的改善要降低人力成本在销售收入中的比重，增强员工成本的支付能力；对人力成本的改善是要降低人力成本在企业增加值中的比重，即降低劳动分配率,增强人力资源的开发能力。只有这样,才能有效改善企业的人力成本,提高企业的获利能力。

理念上的与时俱进加之有效的改善人力成本的措施,必将很大幅度地提高企业的获利能力。

铁律63

精简机构，让组织"扁平化"

> 托马斯·弗雷德曼在他那本风靡全球的著作《世界是平的》中谈道："我们坐在屏幕前就可以和纽约、伦敦、波士顿、旧金山的合作伙伴一起进行实时对话……我们发现世界正在变得扁平……"如今，"扁平化"已经成为所有商界人士关注的热点。

很多企业都存在人浮于事的情况，组织臃肿事情却没人去做，因为职责没有明确或清楚界定，一件事情既可以张三去做，也可能李四去做，如果张三责任心强，那么张三就去做了，否则有可能两个人互相推诿，工作被拖沓延误。这种情况所产生的后果可大可小，如果整个企业都是这种气氛，问题就很大了。对外来说，企业这样下去执行力很差，缺乏竞争能力，丢失客户是很自然的事情，企业是否能永续经营恐怕也没有什么把握；对内来说，这么多无效率的人，侵蚀了大量的企业资金，企业要为其付工资、买福利和支付种种费用。所以说组织扁平化管理是大中型企业领导者的梦想，因为规模扩大、机构膨胀的必然结果，就是管理层级增加、信息传递失真、决策链加长，组织效率自然大打折扣，管理成本也会大大增加。

自工业革命以来，英国经济学家亚当·斯密的劳动分工理论几乎一直成为传统的西方企业组织结构设计的核心，并由此逐步形成了具有绝对统治地位的传统的企业组织形式——科层制组织。这种组织形式，以提高劳动生产率为目标，特别强调分工。其组织结构形式，从纵向看，是一个等级分明的权力金字塔，组织被划分为若干层次，处在金字塔塔顶的高层管理人员通过管理的"等级链"控制着整个组织；从横向看，组织被分解为若干个并列部门，每一个部门负责一个专门的工作，按照部门的职能，各司其职，各自独立。

20世纪90年代以来，西方企业面临的经营环境也发生了巨大变化，多层次的金字塔形科层组织已显得笨重、迟缓而缺乏灵活性和人情味。而扁平化组织是组织模式的根本性改变，通过减少管理层次、压缩职能机构、裁减冗余人员而建立企业的纵横向都比较紧凑的扁平化结构，使组织变得灵活、敏捷、快速、高效，从而使企业在变化莫测的市场经济竞争中立于不败之地。正如著名领导力与企业文化专家约翰·科特所评价的那样："一个有更多代理即有一个平坦层次结构的组织，比一个在结构中层有臃肿结构的组织处于更有利的竞争地位。"

在新的经济时代，面对不断变化的外部环境，高耸型、多层次的企业组织已无法应对，只有通过减少管理层次、压缩职能结构，建立一种紧凑而富有弹性的新型扁平化组织，才能加快决策速度，提高企业对市场的快速反应能力，促进组织内部全方位运转。惠普的案例就是一个很好的说明。

惠普公司是美国硅谷最早的创业公司之一，也是世界上主要的计算机设计和制造商，在激光打印和喷墨打印机设计生产方面居世界领先地位。自20世纪90年代以来，公司一直保持着高速的增长势头。

惠普的企业文化核心之一就是"鼓励灵活性和创造新精神"，而惠普的横向组织结构为员工们充分发挥创新精神提供了有力保证。

在公司发展过程中，惠普起初采取分权的横向组织结构，并获得了很大发展。分权的横向组织结构是：企业组织按产品划分为17个大类，每个产品部门都有一个属于自己的研究开发部，各个产品部门都拥有独立运作的自主权。这种组织模式在惠普发展过程中一度发挥了重要的作用，使产品创新速度得到了提高。

但是随着企业的发展，这种组织结构形式造成各部门各自争取顾客，浪费公司资源，使整体战略定位变得模糊。

针对这种情况，惠普提出全面客户服务模式，将所有的组织重组，把条块打散，把众多的部门重新整合在一起，按照客户种类和需求进行划分。重组后的组织机构中将研发部门分为3个大的部门，分别是与计算机和计算机设备相关的计算系统部、与图像处理及打印相关的图像及打印系统部、与信息终端有关的霞飞电子产品部。由于重新划分的组织机构中，很多业务部门间实现了资源共享，技术力量因为集中而得以加强，横向组织内部由于建立了有效的横向系统而实现了紧密联系，优势倍增。

在市场经济环境下，企业的目标是追求收入的最大化，同时将成本降至最低点。它的实现需要相当高的生产率，必须把效率放在第一位。

一个组织结构能以最小的失误或代价来实现目的，就是高效率。也就是说以最小的投入获得最大的产出，或者说在投入一定的情况下使产出最大，或者说在产出一定的情况下使投入最小。

管理者一定要以客户为导向、利润为导向考核，并以此筛选机构。团队找不到合适的人，企业就宁愿合并或直接去掉这些部门。所以这里要强调的一个重点是，假设一个部门不能创造利润，不能带来价值，你就不要只等待、去拖延，你要快速决断，马上去掉。这也是你缩减机构的最佳时机。你去掉了它，就能为你节流；你不去掉它，就成为你的漏洞，然后一直失血，造成你的企业最后瘫痪。

管理者应该在对编制、岗位的充分调研的基础上，本着精兵简政的原则，对企业多余的机构、多余的人毫不手软地砍掉。这样的结果不仅仅是企业减少了成本的支出，对被砍掉的人而言，同样也是减少潜能未被充分开发利用而造成浪费。那么到底是多了多少人、谁是那多余的人呢，这就要求企业管理者从工作分析入手，因事定编，因事定人。工作分析要搞清楚：做好每件事情的规范工作程序和在此情况下完成它所需要的时间和人员数；在这样的背景下定编定价则要保证：每件事情都有合适的人做，每个人都应该有着与他工作潜能及法定工作时间相对的满负荷的若干任务。

原 MCI 电信公司总裁麦高文每隔半年便召集新聘用的经理开一次会议，在会议上他总会说："我知道你们当中有些人从商学院毕业，而且已经开始在绘制组织机构一览表，还为各种工作程序撰写了指导手册。我一旦发现谁这么干，就立即把他解雇。"

每次开会的时候，麦高文都会明确表达这样一种观点：每一位员工包括高级管理人员都不要为了工作而相互制造更多的工作。恰恰相反，他会鼓励每一个人对每一个工作岗位及每个管理层次提出质疑，看看它是不是真的需要被设立。比如，两个管理层次是否可以合并？每个职务的价值是否超过它的费用？这个职位的存在是否是在制造不需要的工作，而不是对生产有益？如果回答为"是"，那就合并或精简它。

麦高文深深懂得一个道理，那就是公司每增加一个管理层，实际上就是把处在最底层的人员与处在最高层的人员的交流又人为地隔开了一层，所以 MCI 公司力求避免这种情况。由于精简了管理层次，MCI 公司上上下下沟通畅捷、有效，每个人都在努力地做最有价值的工作，因而整个公司变得富有生气和积极性，公司的效率大大提高。

其实，不仅仅是 MCI 公司，其他一些管理完善、极富效率的优秀公司也都曾为此努力过，它们的特点大都是人员精干、管理层次少。比如，埃默森公司、施伦伯格公司、达纳公司的年营业额都在 3 亿～6 亿美元，而每个公司总部的员工都不超过 100 人。这些公司都明白，只要安排得当，5 个层次的管理当然要比 15 个层次的管理要好。

简化管理层次，鼓励人们减少不必要的工作，是优化管理的核心。一般来讲，企业规模越大，管理层次越多；在业务一定的情况下，管理层次越多，所需人员越多，企业运行成本越高。所以，在企业能正常行使其管理职能的前提下，管理层次越少越好。

管理层次减少表现为一种扁平化组织结构，这种结构具有更多的优越性，主要体现在以下 4 个方面：

（1）有利于决策和管理效率的提高。管理层次越少，高层领导和管理人员指导与沟通相对紧密，工作视野比较宽广、直观，容易把握市场经营机会，使管理决策快速准确。

（2）有利于组织体制精简高效。减少管理层次必然要精简机构，特别是一些不适应市场要求、能被计算机简化或替代的部门与岗位。

（3）有利于管理人才的培养。组织层次减少，一般管理人员的业务权限和责任必然放大，可以调动下属的工作积极性、主动性和创造性，增强使命感和责任感；也有利于培养下属独立自主开展工作的能力，造就一大批管理人才。

（4）有利于节约管理费用。管理层次减少，人员精简，加上发挥计算机辅助与替代功能，实现办公无纸化、信息传输与处理网络化，可以大幅减少办公费及其他管理费用。

最关键的是怎么做到精简机构，让组织"扁平化"，接下来我们看一看有哪些需要做的。

1. 要巨人不要侏儒

机构臃肿主要来自于三个方面的障碍：第一个障碍就是盲目扩大，动不动就增加人手。第二个是没有招聘到优秀的、能够独当一面的员工。在招聘员工的过程当中，始终用侏儒政策，总是在招低于自己水平的人，所以越招越低。第三个障碍是没有通过绩效量化，最关键的因素就是对员工、对团队没有形成利润中心、价值中心，这样，人多了就会形成恶性循环。

2. 砍掉专职的副总

创业者应该现在就挥起刀来，大刀向臃肿的机构砍去。尽量让企业的组织扁平化。扁平到什么程度？把你的组织砍到地平线！总经理下面不要有副总！如果需要有副总，让部门经理来兼职。部门经理兼副总，办公室主任兼副总。换个说法就是，与其专门雇佣或提升一个人做副总，不如再给你的部门经理一个大点的头衔，这样，表现出色的部门经理得到了个人满足，名义上得到了升迁，也给其他管理人员以努力的方向。同时，这样的副总更加熟悉他所负责的那一块业务，做到了更贴近现实。不要吝惜头衔，多给他们几个，他们会很卖力。

3. 把所有经理的椅子靠背锯掉

"上级不安排工作，下级就坐着等；上级不指示，下级就不执行；上级不询问，下级就不汇报；上级不检查，下级就拖着办。多干事情多吃亏，出了问题找借口，听从指示没有错，再大责任可分担。"

上级在办公室里坐等下级的汇报：任务虽已布置，但是没有检查、监督，不主动深入调查情况，掌握第一手资料，只是被动地听下级汇报，不做核实就作决定或者向上级汇报，出了问题，责任还可以往下级身上推。下级等待上级的回复："我已与上级联系过，什么时候得到回复我无法决定,延误工作的责任应该由上级负责,我只能等。"

一般企业的通病!很多工作是在多次检查和催办下才完成的,造成极大的浪费!出现这样的问题,管理者要负 100% 的责任!你的企业如果这样,已经危在旦夕。

这些"等待",是时间成本上的浪费,也是人力成本上的浪费。在激烈的市场环境里,你们想想,还有多少成本经得起这样的浪费!这样的情况经常发生,你还犹豫什么?

美国惠普公司也推行"周游式管理办法",鼓励部门负责人深入基层,直接接触广大职工。为此目的,惠普公司的办公室布局采用美国少见的"敞开式大房间",即全体人员都在一间敞开式的大办公室里办公,无论哪级领导,都不设单独的办公室,没有特例。这样既节省了办公空间,又有利于创造无拘束和合作的环境,少了大机构和官僚的作风。

4. 清空你的办公室

方法一,就是让行政部门每个人的工作内容做到"可视化"。就是说,任何一位行政人员都要熟悉其他行政人员的工作,做到能替代别人的工作,而不是非他不可。"这事只有 A 知道"、"负责人不在,我不清楚"这样的回答,坚决杜绝。

方法二,做好整理整顿工作,编制标准化流程,让员工的许多事情在不需要行政人员的帮助下也能简单完成,比如,仓库管理人在架上表明地址、库存数量,让哪怕是新人也能马上知道东西放在什么位置,不需要再去请教库管员。

方法三,培养行政人员的市场意识,让他们到现场去。有时候,到现场去看一看,比废寝忘食研究过去的数据,在纸上找答案,来得更准确、更简单。

方法四,试着抽调行政部门的优秀人才到其他地方去,让行政部门其他人员顶上,不断做到减少人员。

5. "瘦身"是一场大革命

在中国的历史上,有一个词叫"削藩",就是皇帝要把分封诸侯的权力废除,让国家机构扁平化,最终达到中央集权。然而,这样的斗争一直是残酷而激烈的,汉景帝削藩引发"七国之乱",差点不可收拾;明朝的建文帝削藩,招来"靖难之役",把自己的位子和性命搭了进去;康熙皇帝削藩,导致"三藩之乱",内战打得不可开交。所以,在"瘦身"的时候,如何平衡好各方面的利益关系,在你动刀的时候,不会有人挥刀反击,是很重要的。大的公司都会经历这样一场"瘦身"战争,为了避开痛苦的大公司病,他们必须从财务和信息系统管理的机制方面展开全面的"削藩"运动。

6. 砍机构要巧借外力

公司加强对下属业务的控制,途径可以是战略、财务、人力资源的集中控制,也可能是业务重组以及职能管理的整合,甚至是直接的人员调整。

你砍机构想达到"扁平化管理"的目的过于明显,最危险的做法是在平衡各种利益关系之后,断然宣布新的组织架构和人员任命。直接削减下属权力的后果,有可能会激化企业内部的矛盾，甚至天下大乱，这样的办法不可取。

在这种情况下，公司应该考虑另外一个工具——流程的变革。就是在过程中，引入客户导向、利润导向的理念，转移矛盾焦点，也是为业务重组提供理论依据，以规避风险。通过流程变革，实现责任、权力、利益的再分配和平稳过渡。始终牢记一定以客户为导向、利润为导向考核团队，并以此筛选机构。

铁律 64

作为经营者，一定要懂数字

> 身为一个企业家，懂得自己企业和行业其他企业的财务报表才能做到知己知彼、心中有数，懂得看国家公布的宏观数据才能抓住市场机会。可见，懂得"数字"对于经营者来说至关重要。

中国的企业家存在一个误区，就是用了太多的"语文管理"，而不做"数学管理"。所谓的语文管理，就是形容词、感叹词太多，比如说，我们经常是形容市场不错啊、有增长啊、消费者很喜欢我们的产品啊、我们的团队管理很正常啊。我们在描述、说话、开会的时候，用了太多感叹词、形容词，其实，这些语言在企业的管理面前苍白无力。

而数学管理强调企业所有的情况都用数字说话。"我们现在库存还有多少？""这次交易给客户几天延期付款的时间？信用额的比例是多少？""把今年的预算额再砍掉15%！"你的每一天都是数字，你的管理才有力度。

语文管理常用词：不错、有增长、有提高、很正常、发展良好、效果还行、基本满意、比较稳定等；数学管理常用词：增长率、利润率、税率、资产负债率、销售额、百分比、同比、环比等。

企业家活在语文管理当中，活在自我的感觉当中，那就不可能确确实实了解企业真正的利润在哪里，更谈不上创造利润。

企业创业者从一开始，就要树立比较严格的数据观念，应当将自己的各项收入、支出、业绩等各种数据建立相应的档案。这些数据的积累，可以为以后相关分析和决策提供依据，从而使项目发展建立在更为科学与理性的基础之上。

不少草根创业者对数据往往不屑一顾，认为这仅仅是形式上的东西，没有多大的实际意义，关注起来还影响工作效率，具体情况自己烂熟于心就行了，做事情只追求实质，而不拘泥于形式，这样一来才算得上真正的灵活，大道无形。

这种流传甚广的说法，在数以万计的创业者当中也非常有市场空间，但这种想法在以下几个方面存在着严重的缺陷：

第一，随着时间不断延续，很多数据会在自己的记忆中逐渐变得模糊，某人的记性也许非常好，但他对3年前所发生的一些业务肯定会存在着很多模糊不清之处，记忆失真的可能性也非常大。

第二，存储在头脑当中的很多情况，绝大多数也仅是以素材的形式存在的，而数据只有经过分析处理，才能够呈现出差异、结构、脉络、趋势这些更为重要的东西，一组直观而又系统的数据，对经营活动才会更有帮助。

第三，仅仅凭借头脑中的印象，很难感觉出一两个点的微小差距，但对真正的经营活动，这可能会对整个业务层面产生非常大的影响。

第四，对安全库存、应收账款、业务进度这些比较精确的动态性指标，仅仅依靠大脑来存储和分析，恐怕是很难胜任的，肯定会带来很多麻烦，最终导致管控不力。

第五，做生意，从某种程度上来讲，做的就是非常精确的数字游戏，如果你不将这些东西有效记录和分析，事实上就很难找到生意中存在的一些问题和机会，最终也就丧失了做大做强的可能。

然而，任何事情都有自己运行的内在规律，不会因为你的主客观原因而改变，草根创业者要想发展得很好，只能尽最大努力改变自己去适应规律，而不是要求规律发生改变来适应自己。因此我们无论原来是否有数据意识、在技术层面擅长与否，都应当有意打破原来的习惯，向着这个方向去努力。要想成为一个优秀的创业者，就更应该成为数据积累和应用方面的高手。

同任何方法一样，数据本身也不是万能的，它当然有着自己不可克服的弱点，比如在模型上有些刻板，难以反映更为丰富的内容，不太利于未来趋势的把握，对新事物和新领域缺乏开拓性等，而这些恰恰是思辨思维擅长之处。但无论是作为素材的数据还是经过分析处理后的数据，都能够为我们的进一步思考和更精确判断提供一些依据，甚至是难得的框架，可以为思辨和趋势的把握提供一些新的方向。实际上，很多智者对很多规律和趋势的把握就是建立在对数据分析和挖潜基础上的，数据本身并不是规律，但数据背后隐藏着规律。

在基础数据储备到位的基础上，对数据挖潜也是一个循序渐进的过程。我们3个月后对同样数据进行处理的时候，很多感觉和启发与3个月前就往往会有较大的差别；一年之后当我们再对这些数据进行思考的时候，很有可能感觉又不太一样。这个过程，就跟我们随着年龄的不断增长，对自己禀性反思不断变化和深入类似。然而，无论什么样的心得，都是建立在作为素材的数据储备到位基础之上的。而且这些个性化数据，除了自己用心积累和储备之外，没有其他可以替代的渠道。

关于懂得数字对于企业经营管理者到底有些什么要求呢？

1. 把数字和百分比放在心上

三张表尽在掌握之后，你好像已经可以骄傲地说，任何财务都别想蒙我，我可以和财务专家尽情地交流了！你的内功境界已经突飞猛进。不过，先收敛起你的骄傲，我们再来看几个数字，让你知道什么是真正的数字管理。仅能看懂不行，你要学会从报表中看出一些端倪，通过数字与一些比率分析来观察企业的财务状况。

财务报表的分析主要是 3 大块：

（1）运营能力：你实际的经营能力、运行能力。

（2）获利能力：你挣钱的能力。

（3）偿债能力：保证债权人利益的一种能力。

运营能力反映的是资金使用情况，获利能力反映的是投资的结果，偿债能力体现的是筹资潜力。

在财务分析中，最常用的是比率分析和趋势分析，就是用数字加百分比的方式来描述分析企业的各种能力和机能。

比率分析是用除法将某一个项目与另一个项目相比。比如说毛利率，就是你相应的利润比上你的收入。

趋势分析有两种，一个是纵向，一个是横向。单个一张表，孤零零一个数字，可能看不出任何问题，企业今年赢利 100 万，是好是坏，你不知道。通过比较，企业去年赢利 50 万，同样的机器、厂房、设备、人员也没扩大多少，今年一下赢利 200 万，与去年一比，说明企业是进步了。还有一个比较方法，是与同行业比。同样是搞印刷的，我这个印刷厂和人家的印刷厂相比，我的利润率是多高？人家的利润是多高？行业的基本利润是多高？这样一比，你就知道自己的位置了。

2. 运营能力象征速度

运营能力是企业在经营中存货周转速度和应收账款周转速度。这主要体现在资产负债表上的"存货"和"应收账款"。运营能力有两个比率来反映：存货周转率和应收账款周转率。

你可以把今年的存货周转率与去年、与上个季度、与上年同期相比，如果高了，说明你的库存控制得不错。

看你的应收账款收得是不是很好，主要看应收账款周转率。我们前面谈到砍客户，如果你发现这个应收账款周转率变低了，你就知道，又该向客户开刀了。

通过这两个指标，结合内外部的因素，就清楚了在企业管理过程中哪些要素、哪些因素控制得好，哪些因素控制得不好，该从哪个地方开刀了。

3. 获利能力体现效率

第一个是销售毛利率。这就是损益表中的主营业务收入减去成本，然后除以你的收入。

毛利率是在没有交税之前，还没有扣除费用之前算的。那么这笔钱还得扣除税钱，扣除损益表的相关费用，比如经营费用、管理费用，还有财务费用。扣除这个以后，有了毛利率不一定有利润。所以，别拿着毛利率暗自庆幸。

净利率是看你是否真正赚钱了。没有再扣除的东西了，所以叫净利率。这个利润率与你的销售收入相关，就是说不只要看有多少的销售收入，你还要看有多少的利润。

4. 偿债能力反映质量

偿债能力有短期偿债能力和长期偿债能力，它有两个指标，一个是流动比率，一个是速动比率。这个指标谁来看？是你的债权人看，谁借你的钱谁关心这两个指标。

流动资产可以在资产负债表里找到，在资产负债表左边的"资产"部分有一个"流动资产合计"。流动负债是在资产负债表右边的"负债"当中，有一个"流动负债合计"。

流动比率的标准值是2∶1，也就是说，你的流动负债要用流动资产来偿还，出于最安全的考虑，流动资产应该是流动负债的两倍，这样，你的债权人通过资产负债表，马上就能看出你的偿债能力是比较好的，他就放心了。

速动比率 = 速动资产 / 速动负债

流动资产中有一部分资产不是马上就能流动起来变现的，那么，我们把它的主要部分存货排出去，剩下那部分流动资产就是比较好流动的东西了，就是变现能力更强的，这个叫速动资产。它与负债之间是1∶1的关系，也就是说，一旦短期负债到期，马上变现就能还给债权人。

在资产负债表上把这个数找到，很快就能算出来，企业流动比率是多少？是2∶1，还是1.5∶1，还是1∶1。可以根据情况采取相应的措施，提高比例。或者，分析同行业中的流动比率是多少、速动比率是多少，与他们之间有多大的差异，什么原因产生这些差异，再决定砍哪一部分。

另外一个是长期偿债能力，就是指偿还长期负债的能力。它主要有一个常用的指标，叫资产负债率。

有些企业负债率高达100%，就是说，你的所有负债总额等于你的总资产。这种情况下，你的企业哪有钱还啊？那么，总资产中既包括流动资产还包括固定资产，还包括无形资产和流动性更差的资产。这些资产加起来，本来变现能力就低，加在一起才相当于你的流动负债，对于这样的企业，很少人敢借给你钱了。那么，你的首要任务是砍债务。

不过，负债率没有确定指标，没有说负债率50%就好、70%就不好，看你的企业所在的行业和实际经营情况。这需要企业家进行具体分析。

就财务指标来看，企业经营者得与同行业进行比较。比如说，你的利润有多少，你的运营能力与同行业比较如何，偿债能力与同行业比较如何。将这三个报表结合起来之后，你再去确定，在这个行业当中要主要抓住哪个目标市场。

铁律 65

确保资金链健康、有效
——先进钱后花钱

> 每个企业在发展期，资金链可能都会存在这样那样的问题，但与企业存在的其他问题相比较，在企业中呈现的影响不大，管理者没有重视这个方面的问题；当企业发展到一定程度，问题就会暴露出来。

资金链短缺曾经让许多中国知名企业或轰然倒下，或受重创放缓脚步，令人叹息。例如，曾经名噪一时的地产黑马——顺驰地产，鼎盛的时候其老总孙宏斌甚至叫板王石的万科地产，后来因为大面积购地，遭遇地产"寒冬"，无资金支撑新开发的楼盘而土崩瓦解；赵新先的"三九胃泰"曾经传遍大江南北，却因盲目多元化导致资金危机，连立在纽约曼哈顿广场的巨幅广告牌都被悄然拆除；巨人集团的史玉柱因为高估当时企业和市场的大好形势盖巨人大厦，结果因资金不足，不仅让大厦没有树立起来，还拖垮了其他业务。警钟长鸣，企业经营管理者应该引以为戒。

事实上，任何一个经济组织的生存和发展都需要一条健康、有效的资金链来维系和支撑。近年来，英语培训行业因为需求增加，增长速度飞快，引来了众多企业经营者的目光，使得竞争更为激烈，淘汰率也非常高。

赫赫有名的南洋集团是从太原起家的，后来经过快速扩张，成为中国民办教育的翘楚。南洋的发迹应该归结为该公司的"教育储备金"这一历史产物。其内容是如果学生家长一次性交一笔储备金，此后就不需要交纳任何学费和伙食费等费用。等学生毕业之后，储备金将全额不加利息如数返还家长。所收取的储备金，学校则用来继续扩大规模，开设新学校，快速发展。

可是，世事难料。1998年亚洲金融危机爆发。受其影响，我国内需严重不足，央行为了鼓励消费连续8次降息，这使得靠"教育储备金"的集资方式运作的民办教育成为高危险群体。到2005年秋季，南洋到期的各校教育储备金无法兑现，各地形成挤兑风潮。2006年，南洋集团由于储备金问题全面崩盘。除南洋外，双月园、金山桥也因同样的原因相继垮掉。

同样是民营培训学校，新东方的资金链问题也引起了社会的关注，尤其是2006年新东方的上市，让人们有这样的猜测：新东方上市是不是因为缺钱呢？俞敏洪就这些问题发表了自己的看法，他说，新东方不缺钱，也无须圈钱。为什么还要上市？真实原因之一是上述问题的延续。他希望用严厉的美国上市公司管理规则来规范内部，以制度说话，避免前面出现的人情和利益纠葛。

他还说，那些学校垮掉有两个原因：一是资金链问题，一是模式的问题。比如南洋采取的储备金模式，学校收取学生高额储备金，承诺学生毕业时返还，只收取利息用来办学。这在早些年利息高达10%以上的环境下还行，但后来国家降息，低到只有3个多百分点，学校就难以为继，不得不动用学生的储备金，最后出了问题。

这番话是俞敏洪在2006年新东方在美国纽约证券交易所上市的时候说的，虽然有"马后炮"的嫌疑，但分析是一针见血的。当时受这些学校的影响，人们还猜测新东方的上市是不是遇到资金瓶颈问题。对此俞敏洪给予坚决、自信的回答：新东方上市，坦率地说是个例外，因为新东方从来没有缺过钱，新东方的账上加起来，原则上一般都不会少于2亿人民币，所以从来没有缺过钱。

新东方的任何投资都没有超过现金流的警戒线，新东方已经形成了自己的投资原则，其中有一条就是"30%原则"——新东方付出去的钱不能超过储存现金的30%。"30%原则"是大多数国际公司所实施的财务安全原则，这一做法新东方是咨询过许多财务顾问公司和专家才最终确定下来的。俞敏洪进一步解释新东方的财务原则：尽管新东方的商业模式非常好——先进钱后花钱、基本没有应收账款，但是新东方一定不要把应收账款都当成公司的现金流，所以也应该恪守这个原则。

资金链优良，企业才是真的优良。一些资金链的断裂导致企业失败，表面看是问题的直接反映，其核心是企业缺乏管理财务风险和控制现金流的能力。就如南洋集团，其崩溃的祸根从一开始就已经埋下了。因为它的资金运行模式本身就是非常不安全的，一旦外部环境发生变化，崩溃肯定是必然的。

资金链，是一个企业的鲜血，几乎所有的企业稍做大一点，就会违背企业经营效率这个根本，因此，如何保证资金链的连续性发展，可以说是企业经营的根本。当一个企业核心业务趋于成熟，或者转向其他领域的时候，以资金链为主的财务风险会陡然增大，管理者必须谨慎对待。

迅速成为中国最大印染企业又迅速陨落的浙江江龙控股集团有限公司就是死在资金链断裂的典型。

江龙印染由陶寿龙夫妇创办于2003年，是一家集研发、生产、加工和销售于一体的大型印染企业。2006年4月，新加坡淡马锡投资控股与海外企业合资设立的新宏远创基金签约江龙印染，以700万美元现金换取其20%的股份。同年9月7日，江龙印染（上市名为"中国印染"）正式在新加坡主板挂牌交易，陶寿龙因此一夜成名，迅速成为绍兴印染行业的龙头老大。

大好形势之下，陶氏夫妇的"印染王国"迅速膨胀——在短短几年间，江龙控股总资产达22亿元，旗下拥有江龙印染、浙江南方科技有限公司、浙江方圆纺织超市有限公司、浙江红岩科技有限公司、浙江方圆织造有限公司、浙江百福服饰有限公司、浙江百福进出口有限公司、浙江春源针织有限公司等多家经济实体及贸易公司，业务范围极广。

2007年，江龙控股的销售额达到20亿元，陶氏夫妇达到了事业的巅峰，并成为各地政府招商部门眼中的红人。不过，受国家宏观调控的影响，2007年年底，绍兴某银行收回了江龙控股1个多亿的贷款，并缩减了新的贷款额度。银行的意外抽贷更是让陶寿龙大伤脑筋。江龙控股的现金流和正常运营随即受到重大影响，百般无奈之下，陶氏夫妇开始转向求助于高利贷，公司经营也每况愈下。

"只要沾染上了高利贷，有几个企业能够全身而退的？"江龙控股的另外一个供货商陈先生说。在江龙控股出现资金危机后，除了借高利贷维持公司正常的周转外，陶寿龙夫妇还展开了一系列的自救行动，以维持公司的运行。据《第一财经日报》报道，该公司资金链断裂或将涉及高额的民间借贷，其中拖欠供货商的货款就达2亿元左右。加上一些对外担保和其他债务，总数额已远远超过20亿元。

江龙控股的陨落，资金链断裂是主要原因。现金流就是一个企业的命脉，中国有句古语叫"一文钱憋死英雄汉"，其实讲的就是现金流对企业的重要性。但是在现金流这个问题上，中国企业的很多创业者缺乏充分的认识。将企业做得更好，关键是强化企业的赢利能力，尤其是要管控好现金流。

如何避免资金链出问题呢？我们可以从以下几个方面着手：

（1）保证主链的资金充分宽裕，必须有相当的融资能力，包括政府、银行等非常手段，资金链必须畅通。

（2）保证企业财务会计工作的有效性。在我国，由于种种原因，存货和应收账款上的阻力是特别的大，容易降低企业的资金周转率，也会大量出现腐败现象。所以企业要以资金管理为中心，提高资金使用率；做好应收账款管理，防止坏账发生，加强对原始单据的审核，保证会计资料的真实性、完整性及合法性；坚持稳健原则，防范财务风险，建立财务风险防范与财务预警体系，及时化解财务危机；开展财务分析活动，为企业营运提供决策依据；建立财务监控体系，防止财务失控，建立内部稽核制度，保证会计业务的及时、完整、准确、合法。

比较特殊的中小企业掌控现金流的做法有：

（1）下游原料企业先货后款。除了第一次合作，为了表示诚意需要提前支付货款外，要尽量先货后款。当然，一定要按章办事，不要压款，以免影响付款信用。

（2）对于客户先款后货。尤其是新客户一定要求对方先款后货。要随时记录各个客户的付款情况，制定相应的付款条款。一旦客户拖欠，其信用水平就要立即降低，马上提升预付款的比例。这样，给客户以警示，并能把风险降到最低。

（3）尽量租用大型生产设备。购买必然会占用大量的现金。如果采用租用的方式，虽然短期内支付的租金相应多些，但能保留下足够的现金流，支撑企业良性运转。

（4）不要接超过公司生产能力15%以上的大单。如果接到超越自身生产能力的订单，一定要学会分包的策略。通过与别人的联合来完成订单，避免使自己力不从心。

铁律 66

设立预算制度，利润是被要求出来的

> 所有的公司都要作预算，估计出一年里一个大概的开支，你不要借口"业务变化太快"、"没时间"、"公司太小不需要"、"没有资源或人来做"，把预算抛在脑后。连自己花多少钱都不清楚的公司，不可能生存太久。

上到国家，中到企业，下到个人，每一个主体都会与预算打交道。随着市场竞争的加剧，企业制定科学的预算制度，也是其竞争力的一个重要体现。在成熟的团队，预算的编制应该是自上而下、自下而上、上下结合的方法，就是说，预算不是你一个人说了算，也不是财务经理一个人说了算，而是有一套完整的预算制度。

编制预算主要有 3 个步骤：

1. 调查

调查下一个年度，比方说 2013 年，客户情况、新产品开发情况、竞争对手、市场供求关系、整个资本性开支等。对公司内部环境和外部环境作彻底的分析和预测。

2. 对比

对成本作一次全面的对照和假设，对照去年的成本，假设今年的成本，有没有什么波动？在这个行业法规上有没有什么变化？供应商方面有没有新的突破？在今年有没有新的资本性开支？有没有大的人事变动？有没有大的银行贷款？分析这个年度以及对比上个年度，第一个步骤是对营销、市场、客户、产品，第二个步骤是对成本、供应商、创新、贷款、资本性开支，就是对花出去的钱作预测和对比分析。

3. 预测

参照这两个数字，制订一个公司的年度经营计划，作一个假设的成本开支。比如说年度目标，一个公司的年度目标是收入一个亿，那么一个亿的收入背后，就配套一个销售成本、费用。这样，预算就出来了。

资金预算管理是指基于历史数据和经验，结合企业当前经营的实际环境，合理预测企业资金的需求量，并科学分配资金到企业经营的各环节和部门的管理活动。资金预算的内容，包括资金流入、资金流出、资金多余或不足的计算，以及不足部分的筹措方案和多余部分的利用方案等。资金预算实际上是其他项目预算有关资金收支部分的汇总，以及收支差额平衡措施的具体计划。资金需要量的预测，能够保证企业某一时点或时段的生产经营活动顺利进行，而资金预算则真正动态地反映了企业的资金余缺。

中国电力财务有限公司华东分公司各经营单位为贯彻落实"三节约"活动，按月对可控费用、刚性控制单项费用（业务招待费、会议费、差旅费和公杂费4项费用加权综合）以及利润总额等3个指标的纵向同比情况，日均备付率、存贷利差率以及资金归集率等3个指标各单位之间横向比较情况进行比对和分析，通过对标的形式，营造比、学、赶、超的良好活动氛围。

公司每月统计分析"三纵三横"6项指标的执行情况，并通过分公司工作简报或月度工作例会形式发布结果。通过对指标的比对和分析，督促各经营单位及时根据指标情况，调整下阶段工作重点，合理挖潜，增收节支，提高运营效率和效益，确保"三节约"活动落到实处。

从经营指标上看，华东分公司1~6月平均资金归集率达87.22%，较上年同期增长4.74%；日均备付率17.67%，较上年同期压降了24.84%，上半年通过压降备付所产生的经济效益为1202万元。

资金预算具有以下两方面的意义：

1. 降低企业财务风险

资金预算管理对资金的使用进行全程的跟踪，提高了对资金的内部控制，通过对各预算单位的货币资金、票据、预算内收支、预算外收支、借款、担保等的预算工作可以有效加强货币资金和金融风险的管理，保证资金活动的有序进行，降低财务风险。

2. 提高资金利用率

资金预算的编制过程，对不同的筹资渠道、筹资方式分析比较，权衡筹资成本和承担的风险，优化资金结构，降低了企业的筹资成本。在资金投放使用过程中，通过资金预算使资金的投放按照计划进行，避免资金的无效使用和出现偏差，优化了投资结构，提高了投资的报酬率。资金预算通过有针对性的压缩应收账款、控制存货水平、削减资本性支出等优化了现金流量的质量。

由于资金预算管理在我国企业中推行的时间比较短，在预算体制建设、预算执行及结果反馈等方面缺少实践经验。资金安排上缺乏整体的合理安排和规划。主要表现在资金预算不科学、不全面，以及在管理上缺乏执行力度。

企业经营管理者建立科学预算制度主要从以下几方面入手：

1. 强化资金预算管理

资金是企业的"血液"，是保证企业有效运转的不竭源泉。如何用好资金、提高资金使用效率成为企业财务人员面临的一项重要课题。尤其是在目前市场变化无常的情况下，科学合理的资金预算是企业统筹安排资金、降低资金成本的有效途径。在以企业负责人为首的资金预算委员会的领导下，可以采取一系列强化资金预算管理的措施：

（1）以周资金预算为重点保月资金预算。企业应在总结了以前资金管理成功经验的基础上，进一步加强资金预算管理，建立年、季、月、周的资金预算管理体系，做到以日资金调控保障周资金预算，以周资金预算保障月资金预算，使企业的资金始终保持良性循环状态。

（2）建立各个业务部门共同参与、全过程控制的全面月资金预算体系。一个科学的预算需要企业各部门的协调配合。企业各部门在每月某日前提供本部门的生产计划，如：生产办提供原料采购计划和物资采购计划，基建科提供固定资产的工程用款计划，销售公司提供产品销售计划和应收账款控制计划等。报主管领导审批后，将有关资料及时提供给财务部门，再由预算委员会办公室于每月月底前将资金预算进行汇总、预审并报资金预算委员会审批。

（3）建立预算变动报告及执行情况反馈制度。企业里的实际资金流转不可能与预算完全相同，对于有变动的资金预算，必须提供书面报告，并提交资金预算管理委员会审批，以便资金管理人员及时调整预算和调度资金，经批准后方可办理付款手续。对周、月度资金预算执行完后，要及时进行资金预算执行情况分析，及时查找形成差异的原因，然后将分析结果及时反馈给各业务单位，以指导今后预算的编制。

2. 加强成本预算管理，提高企业经济效益

作为企业来说，成本控制是一个非常重要的环节，如何加强企业的成本控制，提高企业经济效益呢？为了加强各个生产环节的成本管理，应在全面二级核算的基础上，深化、细化班组核算，推行全面成本预算和目标成本管理，具体情况如下：

（1）加强企业的成本预算，强化目标成本管理。为了加强对预算工作的组织领导，企业应成立预算管理委员会实行统一管理。每年某月（定期）预算管理委员会要召集生产、销售、计划、财务等部门，根据相关指标，结合本年实际编制来年的生产计划、销售计划，预算委员会办公室再根据相关计划编制来年的成本预算，报企业预算管理委员会讨论、审定，然后将成本预算逐项进行分解，并建立相配套的考核办法。同时各二级单位建立各级成本责任制。按照"纵向到底"的要求，将各项成本预算指标逐一细化，分解到车间、班组、工段以及个人，真正形成"千斤重担人人挑，人人肩上有指标"的预算指标体系，做到一级对一级负责，一级对一级考核，保证效益目标落到实处。

（2）加强经济活动分析，及时跟踪预算执行情况。预算指标一经下达，不得随意更改。为了及时了解预算执行情况以及实际执行过程中出现的偏差，企业应建立定期预算分析和报告制度，每月组织生产经营、计划、财务等部门对本月、年累计预算期工作量完成情况、成本费用控制指标完成情况、利润完成情况、财务情况、现金流量、市场需求价格变动趋势进行分析，将预算执行结果与预算数据对比，找出差异并分析形成差异的原因，对发现的突出问题进行专题分析，及时解决预算执行过程中出现的问题。在执行和分析过程中，不断完善预算管理制度，提高预算管理水平。

3. 加强绩效考评，保证预算的全面实施

根据分解下达年度、季度、月度预算指标，企业应制定一套比较完整的配套考核办法和奖励办法，实行成本一票否决制度。职工个人利益与预算指标挂钩，同时根据不同单位对成本节约的大小，实行系数分配制度，就是将各单位预算指标考核结果再乘以一个系数作为最终的奖金分配依据，这样一方面可以适当拉开收入差距，体现向一线倾斜和按贡献大小来分配的公平原则；另一方面是将月度预算指标与年度预算指标相挂钩，激励各单位以月保年，切实保证年度预算指标的完成。

加强预算管理尤其是资金预算、成本预算管理，目的是要真正实行全面预算管理，从根本上提高管理水平，最终实现企业效益最大化的目标。

4. 预算要有"法律效力"

一旦你的预算确定下来，各部门、各分公司在生产、营销和各项活动中就要严格执行，围绕预算开展活动。年度预算有了，还要从年度预算再细分到月度预算，而且每个月都要对预算执行情况进行分析，如果在哪个环节上的花费当月超出了预算，我们马上分析原因，是因为一次性费用，还是因为控制不当，如果是控制不当引起的，马上追究责任！然后再找将要采取的改进措施，让相关责任人立下保证，不能达成的追究责任。要让员工把预算当成公司的"法律"，"法"不容情，违"法"必究。

铁律 67

懂财务是避免公司倒闭的保障

> 有这样一个比喻：不懂财务的老板带着公司在市场上和其他公司竞争，就像一个不自量力的人拎着把特大的刀和别人打架，大多数的时间是先砍到自己。可见，做一个懂财务的公司创业者可以为一个公司平稳地发展提供很大的保障。

企业财务状况是指企业在一定时期的资产及权益情况，是资金运动相对静止时的表现。通常通过资金平衡表、利润表及有关附表反映，它是企业一定期间内经济活动过程及其结果的综合反映。

企业经营过程反映到财务上就是一个资金的流动过程，从现金开始流到资产，再到现金，周而复始、不断循环。决定企业财务状况好坏的因素包括公司经营策略、企业存货、技术装备状况和公司的信用控制体系四个要素。企业财务状况的好坏是企业经营好坏的晴雨表。财务管理是企业管理的中心，贯穿于企业管理的全过程。它不仅被企业的每个财务人员所关心，也是企业管理者、投资人、企业的员工们随时关注的一件大事。先进的财务管理能够促进企业的健康发展，提高企业的竞争能力。

迪士尼公司是全球最大的一家娱乐公司，也是好莱坞最大的电影制片公司。它是由创始人沃尔特在 1922 年 5 月 23 日，用 1500 美元建成的。融资扩张策略和业务集中策略是迈克尔·艾斯纳在长达 18 年的经营中始终坚持的经营理念。融资扩张策略和业务集中策略这两种经营战略相辅相成，确保公司原有资源与新业务的整合，并且起到不断地削减公司运行成本的作用。同时保证了迪士尼公司业务的不断扩张，创造了经济连续十数年的高速增长。

迪士尼公司的长期融资行为具有四方面特点：
首先，股权和债权融资基本同趋势波动。

其次，融资总额基本都比较稳定。

再次，迪士尼公司的股权数长期以来除了股票分割和分红之外，变化不大。

最后，长期负债比率一直较低，平均保持在30%左右，并且呈继续下降趋势。

迪士尼公司采取的激进的扩张战略本质上来说也是一种风险偏大的经营策略，为了避免高风险，需要有比较稳健的财务状况与之相配合。

财务管理是企业管理的重要组成部分，而迪士尼公司之所以如此成功，是因为它经营现金流和自由现金流充足，有优良的业绩作支撑。所以公司要有能力控制债务比率，减少债务融资，降低经营风险。

企业财务状况好，企业才真的好。因此，作为企业的管理者一定要懂财务，懂财务是避免企业倒闭的保障。李嘉诚先生曾说过这样一段话："我未有幸在商学院聆听教授指导，我年轻的时候，最喜欢翻阅的是上市公司的年度报告书，表面上挺沉闷，但这些会计处理方法的优点和弊端、方向的选择和公司资源的分布，对我有很大的启示。对我而言，管理人员对会计知识的把持和尊重、对正现金流以及公司预算的控制，是最基本的元素。"

可是，很多企业的经营者或管理者都是从营销起家，本身不熟悉专业的财务知识，甚至不具备较高的文化水平，因此很少有企业家会主动关心财务知识。我们总是模糊中意识到，财务是个很简单的事情，不过就是收入进来了。这就好像，你把刀已经拿在了手里，但不知道手里拿的东西是什么，模糊中感觉像是个铁的东西。这样，你当然也没有欲望去学会怎么使用它、用好它。

很多企业家不爱看账目，一看账目，他们就"一翻两瞪眼"。企业家都是非常精明的，他们在做生意过程当中，在企业管理当中，心中都有一本账，但是他们不重视财务这本大账，往往仅算计自己心中的那本小账。

企业家害怕数字。因为很多时候，财务一说话，就有很多数据、很多术语让企业家听不懂。企业家说话，财务也不懂。不懂装懂，危害无穷。但是企业规模的一步步壮大，对这些经理人的财务技能提出了要求。不掌握相应的财务知识和技能，是管理不好企业的。那么，作为企业家应该怎么做呢？

1. 加强自身的学习

对于公司经理人来说，为了准确地评估公司现状，要能理解最基本的财务语言，识别关键财务指标，看懂几种财务报表。几个重要的财务名词：资产、负债、账面价值、市场价值、资本性支出、折旧、摊销、会计年度、净利润率、应收项目、应付项目、收入、支出。几种重要的财务报表：资产负债表——反映公司在某一特定时期（往往是年末或季末）的财务状况的静态报告，资产负债表反映的是公司的资产、负债（包括股东权益）之间的平衡关系。损益表——一定时期内经营成果的反映，是关于收益和损耗的财务报表。反映公司在一定时间的业务经营状况，直接明了地揭示公司获取利润能力的大小和潜力以及时性经营趋势。现金流量表——反映企业一定期间内的现金流入和流出情况，能评估企业未来产生净现金流的能力、偿还负债的能力、支付股利的能力、向外界融资的需要，以及本期损益与营业活动所产生现金流量的差异。

目前有很多专门的财务管理公司提供这些培训，经理人可以参加。另外也要善于在与财务人员日常接触的过程中向他们求教。

2. 正确用人

无论如何，经理人自身都很难成为一个财务管理专家。优秀的财务负责人对企业的发展至关重要，他本身不但要具备极高的业务素养，能制定出有效的内控制度和会计控制制度，还能为企业经营提供专业的分析和建议。因此，正确使用优秀的财务专业人员，是经理人克服财务技能不足的捷径。上市公司用人时，要重点考察专业财务人员的职业道德和人品。切忌任人唯亲，能力平平的亲戚，通常只能进行最基本的账务处理，无法深刻挖掘数据背后的信息，对企业的长远发展不利。

3. 引入外援

如果企业已经发展到一定规模，依靠自身力量无法很好地实现数据分析、预测企业发展状况的功能，可以考虑聘请专门的财务管理顾问帮助解决问题。经验丰富的财务管理顾问拥有各个行业、企业各个发展阶段的丰富实践经验，能帮助企业找准定位，根据行业整体发展状况解决个体问题，并且有时候换个角度看问题，可以更加客观，也更容易发现平常被忽略的细节。

总而言之，作为企业的管理者一定要重视企业的财务问题，在财务问题上企业家一定不能粗心大意、随随便便。从一定的角度上说，财务就是一个企业生存发展的支柱，支柱倒了，企业也就倒闭了。因此，企业家最好要切实懂得一些财务常识，明了自己企业的财务状况，至少自己也要身边有个精明的财务人员，只有这样，企业才能在稳定中发展，在稳定中创造利润。

铁律 68

你不只需要财务会计，还需要管理会计

> 财务会计这个名词多少年以前便为大家所知，然而社会在发展，为了满足企业更好的发展，企业内部的职位也需要变换。企业现在已经不是像以前那样单纯地只关注钱进钱出，有个财务会计数好钱就可以，更需要管理者关心的是企业如何才能更好地发展，所以管理会计的出现大大满足了现代企业的需求。

企业离不开财务，就像企业经营者离不开武器。你的身边或多或少都有几个财务人员成天忙碌着，但是你可能只知道他们不可缺少，却不知道他们在忙什么，甚至你都不知道怎么样和他们沟通、他们能干什么、应该干什么……

在财务问题上没有很深的东西，换句话说只有两个点：一个是总结，一个是控制。

总结是什么意思？就是你的财务，按照公司里的每一笔发生额，把你的账做好，在企业贷款、融资、年检、纳税等重要问题上，把几张表搞清楚。

在你的印象里，财务的职责不过如此，他们能把这些都做好就谢天谢地了。对你忠诚又能把财务报表做好，就算是最好的财务人员了。然而，实质上，这只是财务人员职责的冰山一角，你忽略了太多财务人员应有的职责，没有让他们在公司里发挥更重要的作用。

管理的精神是什么？控制。财务人员的任务不仅是总结，更重要的是控制过程，他要做预算，要控制成本，要控制费用，要控制现金流，要控制企业的投资方向、企业的负债规模，只有控制了过程，才能控制结果。

所以说你不只需要一个财务会计，你还需要管理会计。管理会计便是从传统会计中分离出来与财务会计并列的、着重为企业改善经营管理、提高经济效益服务的一个企业会计分支。管理会计师便是管理团队的成员，工作在组织中的各个层级，从高层管理者到支持层面的会计和财务专家。管理会计师应该具备在会计和财务报告、预算编制、决策支持、风险和业绩管理、内部控制和成本管理方面的知识和经验。

管理会计一般具有以下几个主要特点：

1. 在服务对象方面

财务会计主要是为企业外部有关方面提供决策有用的财务信息，因而属于"对外报告会计"；而管理会计着重为企业管理部门有效地改善生产经营进行最优化决策及时地提供有用的财务与管理信息，并参与企业经营管理，因而属于"对内报告会计"。

2. 在工作重点方面

财务会计主要面向过去，提供并解释历史信息，因而属于"报账型会计"；管理会计则是面向未来的，要能动地利用有关信息来预测前景、参与决策、规划未来、控制和评价经济活动，因而属于"经营型会计"。

3. 在程序与方法方面

财务会计采用填制凭证、登记账簿、编制报表等比较固定的程序与方法，并受有关会计规范的约束；管理会计对企业自身服务，所采用的程序与方法可以灵活多样，具有较大的可选择性，不必全受统一的会计规范约束。

现代管理会计的职能作用，把财务会计单纯的核算扩展到解析过去、控制现在、筹划未来有机地结合起来。

解析过去：管理会计解析过去主要是对财务会计所提供的资料作进一步的加工、改制和延伸，使之更好地适应筹划未来和控制现在的需要。

控制现在：管理会计在控制方面的作用是通过一系列的指标体系，及时修正在执行过程中出现的偏差，使企业的经济活动严格按照决策预定的轨道卓有成效地进行。

筹划未来：预测与决策是筹划未来的主要形式，现代管理会计在这方面的作用在于：充分利用所掌握的丰富资料，严密地进行定量分析，帮助管理部门客观地掌握情况，从而提高预测与决策的科学性。

现代管理会计解析过去、控制现在、筹划未来这三方面的职能紧密结合在一起综合地发挥作用，形成一种综合性的职能。

然而公司的管理者要想真正地运用好管理会计这个职位，发挥其最大价值，首先必须正确认识与区分管理会计与财务会计整体上的相同点与不同点，一般管理会计与财务会计的联系和区别有如下几点值得企业的管理者关注：

1. 管理会计与财务会计的联系

（1）同属于现代会计。管理会计与财务会计源于同一母体，共同构成了现代企业会计系统的有机整体。两者相互依存、相互制约、相互补充。

（2）最终目标相同。管理会计与财务会计所处的工作环境相同，共同为实现企业和企业管理目标服务。

（3）相互分享部分信息。管理会计所需的许多资料来源于财务会计系统，其主要工作内容是对财务会计信息进行深加工和再利用，因而受到财务会计工作质量的约束。同时部分管理会计信息有时也包括在对外公开发表的范围内。

（4）财务会计的改革有助于管理会计的发展。

2. 管理会计与财务会计的区别

（1）会计主体不同。管理会计主要以企业内部各层次的责任单位为主体，更为突出以人为中心的行为管理，同时兼顾企业主体；而财务会计往往只以整个企业为工作主体。

（2）具体工作目标不同。管理会计作为企业会计的内部管理系统，其工作侧重点主要为企业内部管理服务；财务会计工作的侧重点在于为企业外界利害关系集团提供会计信息服务。

（3）基本职能不同。管理会计主要履行预测、决策、规划、控制和考核的职能，属于"经营型会计"；财务会计履行反映、报告企业经营成果和财务状况的职能，属于"报账型会计"。

（4）工作依据不同。管理会计不受财务会计"公认会计原则"的限制和约束。

（5）方法及程序不同。管理会计适用的方法灵活多样，工作程序性较差；而财务会计核算时往往只需运用简单的算术方法，遵循固定的会计循环程序。

（6）信息特征不同。

①管理会计与财务会计的时间特征不同：管理会计信息跨越过去、现在和未来三个时态；而财务会计信息则大多为过去时态。

②管理会计与财务会计的信息载体不同：管理会计大多以没有统一格式、不固定报告日期和不对外公开的内部报告为其信息载体；财务会计在对外公开提供信息时，其载体是具有固定格式和固定报告日期的财务报表。

③管理会计与财务会计的信息属性不同：管理会计在向企业内部管理部门提供定量信息时，除了价值单位外，还经常使用非价值单位，此外还可以根据部分单位的需要，提供定性的、特定的、有选择的、不强求计算精确的以及不具有法律效用的信息；财务会计主要向企业外部利益关系集团提供以货币为计量单位的信息，并使这些信息满足全面性、系统性、连续性、综合性、真实性、准确性、合法性等原则和要求。

（7）体系的完善程度不同。管理会计缺乏规范性和统一性，体系尚不健全；财务会计工作具有规范性和统一性，体系相对成熟，形成了通用的会计规范和统一的会计模式。

（8）观念取向不同。管理会计注重管理过程及其结果对企业内部各方面人员在心理和行为方面的影响；财务会计往往不大重视管理过程及其结果对企业职工心理和行为的影响。

总而言之，一个企业离不开财务会计，也离不开管理会计，作为企业的管理者，在原有的思想下，更应深知管理会计的重要性，更应懂得管理会计对于一个企业的长远意义所在。

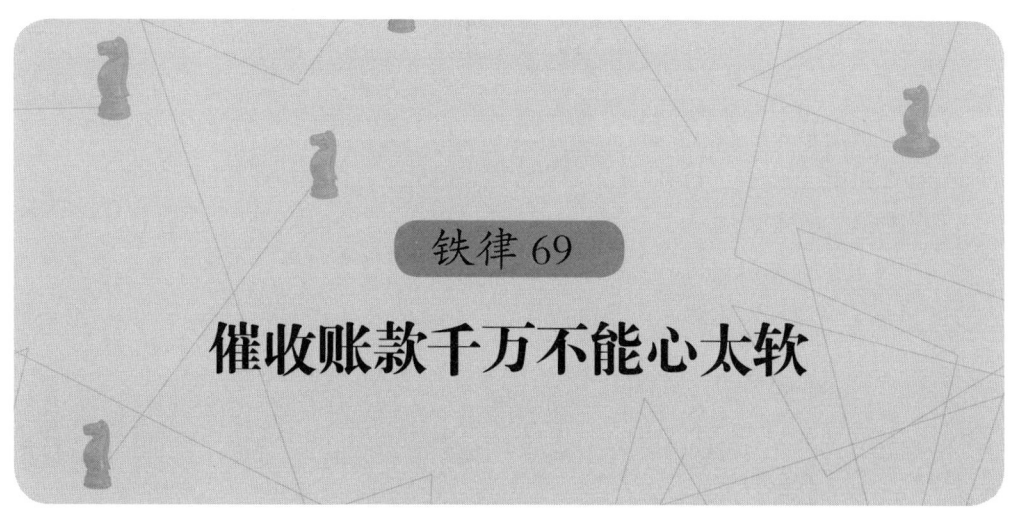

铁律 69

催收账款千万不能心太软

> 欠债还钱乃天经地义之事，对于企业，如果有大量资金没能收回，自己企业的资金运转便会出现断层，那势必会影响一个企业的正常运营，给自己的企业带来巨大的损失。因此，为了自己的企业更好地发展，催收账款时千万不能心太软，这个时候的仁慈之心、同情怜悯之情往往会将自己推向死亡的深渊。

应收账款指该账户核算企业因销售商品、材料、提供劳务等，应向购货单位收取的款项，以及代垫运杂费和承兑到期而未能收到款的商业承兑汇票。应收账款是伴随企业的销售行为发生而形成的一项债权。因此，应收账款的确认与收入的确认密切相关。

现实贸易往来中，有些客户认为欠款是天经地义的，他们理所当然地认为，迟一段时间付款又没有什么大不了。但是危险的是，很多企业家也这么认为，他们觉得客户迟点付就迟点付，没什么大不了！然而应收账款的存在，往往会影响一个企业的灵活发展，甚至会影响一个企业的正常运转。

首先，是管理成本。从应收款发生到收回的过程中，你制定信用政策，需要花费人力、财力；对客户信用调查、信息收集，你要花费人力、财力；对应收款的记录和监管，要发生费用，应收款的收取、催收，你也要发生费用。当应收款的规模加大，你的管理成本会呈跳跃式地增长。

其次，是机会成本。企业一旦发生应收款，就意味着有一笔资金被其他企业无偿占用，你就不能再用这笔钱去创造其他的收益，换种说法，你即使不用这笔钱派大用场，哪怕去投资有价债券，你还是能保证一定收益的，可是现在，在别人手里白白损失了。

因此加大应收账款的催收力度是企业应该着手做的事。应收账款发生后，企业应采取各种措施，尽量争取按期收回货款。一般情况下，大多数客户目的非常明确，愿意迅速付清货款，享受现金折扣。

因此，企业对信用期内的应收账款一般不用过问。而对于逾期的应收账款，应按其拖欠的账龄、金额进行排队分析，因为应收账款账龄越长，收不回来的可能性越大，产生坏账的可能性越大。通过分析，确定优先收账的对象，尽量在发生欠款的初期就采取有效的收账措施。同时应分清债务人是故意拖欠还是愿意付款却没有付款的能力。

对故意拖欠的债务人，必须采取更加有力的措施进行追讨，或迅速通过法律途径采取诉讼保全等措施加以追讨。而对于愿意付款但目前没有付款能力的企业，看是债务人暂时出现了资金周转困难，还是由于其财务状况发生了严重的危机甚至达到资不抵债所致。

如果是债务人财务状况发生了严重的危机无力还款，随着时间的推移，极有可能转变为故意拖欠，对此类欠款必须从一开始就采取强有力的追收措施或相应的债权保障措施，切不能碍于情面或者是心软而坐失收款良机。

一个企业应该加强销售人员的回款意识，应该让销售人员培养成良好的习惯：货款回收期限前一周，电话通知或拜访负责人，预知其结款日期；期限前三天确定结款日期，如自己不能如约，应通知对方自己的某一位同事会前往处理；如对方不能如约，应建议对方授权其他人跟进此款；在结款日一定按时前往拜访。销售人员应该深知时间是欠款者的保护伞，时间越长，追收成功率越低，同时销售人员应该清楚欠款的最后期限的设定：

（1）客户拖欠之日数，不应超过回款期限的 1/3；如超过，应马上采取行动追讨。

（2）如期限是 30 天，最后收款期限不能超过 40 天。

（3）如期限是 60 天，最后收款期限不能超过 80 天。

（4）如果不马上追讨，相当于将回款的机会让给别的公司，同时本公司的经营风险就相应的提高。

对于已被拖欠款项，销售人员应该采用以下的处理方法：

（1）文件：检查被拖欠款项的销售文件是否齐备。

（2）收集资料：要求客户提供拖欠款项的原因，并收集资料以证明其正确性。

（3）追讨文件：建立账款催收制度。根据情况发展的不同，建立三种不同程度的追讨文件：预告、警告、律师信，按情况及时发出。

（4）最后期限：要求客户了解最后的期限以及其后果，让客户了解最后期限的含义。

（5）行动升级：将欠款交予较高级的管理人员处理，将压力提升。

（6）假起诉：成立公司内部的法律部，以法律部的名义发出追讨函件，警告容忍已经到最后期限。

（7）调节：使用分期付款、罚息、停止数期等手段分期收回欠款。

（8）要求协助：使用法律维护自己的利益。

若在货款到期日还没有收到客户的付款，就应该立刻着手采取各种方式进行追讨应付账款，一般有以下两种追讨方式：

1. 公司自行追讨

这是处置拖欠时间不长的应收账款的首选方式。普通有电话收款、信函催收和上门追讨三种。这种经过双方协商清偿债务的方式主要适用于债权债务关系比较明晰、各方对拖欠债务的事实无争议或争议不大的状况，而且这种方式烦琐、易行，可以及时地处理问题。

公司自行追讨，追账本钱最小，也利于维护双方当事人的良好业务关系。但是自行追讨的缺陷也很明显，它的追讨力度不大，对恶意拖欠客户的作用不太明显，因此作为自行上门追讨的工作人员一定要注意以下几点：

（1）信念坚定。一些销售人员在催款中会表现出某种程度的怯弱，这里一个很重要的问题是必须要有坚定的信念。

一个人在催收货款时，若能信心满怀、遇事有主见，往往能出奇制胜，把本来已经没有希望的欠款追回。反之，则会被对方牵着鼻子走，本来能够收回的货款也有可能收不回来。因此，催款人员的精神状态是非常重要的。还有的收款人员认为催收太紧会使对方不愉快，影响以后的交易。如果这样认为，你不但永远收不到货款，而且也保不住以后的交易。客户所欠货款越多，支付越困难，越容易转向他方（第三方）购买，你就越不能稳住这一客户，所以加紧催收才是上策。

（2）提前上门。到了合同规定的收款日，上门的时间一定要提早，这是收款的一个诀窍。否则客户有时还会反咬一口，说我等了你好久，你没来，我要去做其他更要紧的事，你就无话好说。登门催款时，不要看到客户处有另外的客人就走开，一定要说明来意，专门在旁边等候，这本身就是一种很有效的催款方式。因为客户不希望他的客人看到债主登门，这样做会搞砸他别的生意，或者在亲朋好友面前没有面子。在这种情况下，只要所欠不多，一般会赶快还款，打发你了事。收款人员在旁边等候的时候，还可听听客户与其客人交谈的内容，并观察对方内部的情况，也可找机会从对方员工口中了解对方现状到底如何，说不定你会有所收获。

（3）直截了当。对于付款情况不佳的客户，一碰面不必跟他寒暄太久，应直截了当地告诉他你来的目的就是专程收款。如果收款人员吞吞吐吐、羞羞答答的，反而会使对方在精神上处于主动地位，在时间上做好如何对付你的思想准备。一般来说，欠款的客户也知道这是不应该的，他们一面感到欠债的内疚，一面又找出各种理由要求延期还款。一开始就认为延期还款是理所当然的，这种客户结清这笔货款后，最好不要再跟他来往。

（4）预防其金蝉脱壳。如果客户一见面就开始讨好你，或请你稍等一下，他马上去某处取钱还你（对方说去某处取钱，这个钱十有八九是取不回来的，并且对方还会有"最充分"的理由，满嘴的"对不住"），这时，一定要揭穿对方的把戏，根据当时的具体情况，采取实质性的措施，迫其还款。

（5）及早离开。如果你的运气好，在一个付款情况不好的客户处出乎意料地收到很多货款时，就要及早离开，以免他觉得心疼，并告诉他××产品现在正是进货的好机会，再过10天就要涨价若干元，请速做决定以免失去机会，等等，还要告诉他与自己联系的时间和方法，再度谢谢他之后，马上就走。

（6）坚持不懈。如果经过多次催讨，对方还是拖拖拉拉不肯还款，一定要表现出坚持不懈，或者在得知对方手头有现金时，或对方账户上刚好进一笔款项时，就即刻赶去，逮个正着。

2. 拜托专业机构追讨

在公司自行追讨无果又不想马上诉诸法律的状况下，公司可以拜托专业机构代为追讨。这些机构包括律师事务所、会计师事务所、收账公司等专业机构。拜托专业机构代为追讨有以下益处：

（1）有专业的顾问。专业收账机构具有丰厚的收账经历和学问，对每一类的拖欠都会制定一套有效的措施，手腕多样化，对客户的压力也较大，远远大于公司自行追讨的力度。

（2）节约本钱和费用。公司在产生逾期账款拖欠后，曾经担负了相当大的损失，从心理上说，就不愿支付过多的追讨费用，形成更大的损失。而专业收账机构除收取小比例的手续费外，普遍采用"不追回账款，不收取佣金"的收费政策，这对客户来说，是一种减少损失而又不用冒额外损失风险的办法。

（3）有利于维护客户关系。拜托专业机构收款，由第三方与客户停止沟通、交涉，双方贸易纠葛并没有公开，较之诉讼等形成与债务人关系恶化的法律手腕，不严重损伤买卖双方的协作关系，便于日后与客户修复业务关系，为未来的再次协作留有余地。

在上述公司自行追讨和拜托专业机构追讨都不奏效时，就只有使用最后"撒手锏"，通过诉讼途径解决，坚决不能心软。

总之，应收账款风险无处不在，如何加强对应收账款的核算和管理，影响企业资金的正常周转，关系到企业的生死存亡。所以，我们应清醒地认识到，防范应收账款的风险是一项长期艰巨的工作，我们应坚持不懈；对于应收账款，企业一定要制订长久之计加以对付，在催收账款时，一定不能手软。只有这样，我们才能为企业筑起一道防范经营风险的铜墙铁壁。

铁律 70

控制信用销售比例，避免导致项目缺乏资金

> 对项目而言，现金流就是血液，账面上的数字盈亏固然重要，但如果赢利大多不体现为现金而是应收账款，则即使赢利，也容易出问题。企业运营，信用销售必不可少，但必须实施科学的信用管理制度，将应收账款控制在一定范围内，只有这样企业才能在充足的现金流的带动下发展、赢利。

"信用销售"这一名词对国内大众而言很是陌生，它是指企业通过对购买人的信任，将产品先交付购买人使用，其后在约定期限内收回货款，销售形式包括赊销、寄售、分期付款、延期付款等。"信用销售"以商品移交和货款支付在时间和空间上的分离为特征，是成熟市场经济环境中商业销售的基本形态，是商品生产经营者及消费者之间的一种直接信用，也是国际上最常见的一种商务信用形式。

对于信用销售，企业应该加以控制，只有及时收回对外的信用销售款，才能避免企业项目缺乏资金运转，企业才能正常运营。

近年来我国啤酒产业供求矛盾日渐突出，啤酒销售进入买方市场，行业竞争日趋激烈。我国至今仍有490余家啤酒生产企业，而且年产量在10万吨以下的中小企业占企业总数的50%以上，由于这些企业中大部分在规模、产品、技术等方面与大型企业相比不具优势，相应地在市场上也就无法与优势企业抗衡，发展压力越来越大。这些企业为了保住赖以生存的市场，为了争取客户，大多除了采取低价竞争之外，均不同程度地进行赊销活动，许多企业也由此陷入了赊销的泥潭不能自拔，给企业戴上了一具无形的枷锁，甚至把企业引入死亡陷阱。

由此我们可以看出，信用销售管理具有一定的信用风险，所以每个企业都必须慎重、正确地使用信用销售管理。企业实行信用营销战略所面临的核心问题之一是对于信用风险的控制。事实上，企业是否向客户提供信用条件，主要是信用风险成本和其产生的收益之间进行权衡。企业在信用营销战略中获利的机会在于提供信用条件的同时，有效地预测并掌控风险，使其成本始终小于收益。企业达到这一目的的唯一手段是对信用销售业务实行严格、规范的管理。

其实，在企业经营过程中，企业的利润率一方面是要看利润和成本之间的比例关系，另一方面也要考虑资金的流转速度。举一个简单的例子，假设社会平均资金流转速度为每月一次，每次流转的利润贡献率为20%，你投入10万元，一年下来即可获得24万元的利润；如果资金流转速度为半年一次，你要一年获利24万元，则需要配套资金67万；倘若资金流转速度为一年一次，要获得同样的利润，则需要配套资金120万元。因应收账款导致的赢利能力差别之大，很多时候都超出我们的想象。这其实是一个非常简单的问题，但容易为很多缺乏经验的创业者所忽视。假设账期为一年，你表面上的利润率可能为60%，如果按资金流转率考核的话，你的资金有效利用率其实仅仅为5%。也许有人会说，这仅仅是一个数字游戏，没有多大意义。实际上，无论你是否承认，经商玩的就是高度精细化的数字游戏。如果你不认真对待，轻则长期徘徊，难以做大做强，重则将自己拖垮累死。

毋庸置疑，当今几乎没有不存在应收账款的企业，但这又引出一个新的问题，就是如何平衡应收账款和企业资金利用效率之间的关系，进而实现企业效益最大化。

这在客观上就需要建立一套科学的信用管理制度，信用是一种建立在信任基础上的能利用的资源，可以进行融资、理财、配置资源等。企业信用管理有狭义和广义之分，广义的信用管理是指企业为获得他人提供的信用或授予他人信用而进行的管理活动；狭义的信用管理是指对信用交易中的风险进行识别、分析和评估，并通过制定信用管理政策，指导和协调内部各部门的业务活动，以保障应收账款安全及时回收，有效地控制风险和用最经济合理的方法综合处理风险，使风险降到最低。信用管理的主要职能是风险识别、风险评估、风险分析、风险控制和风险处理。

"立信才能立业"，我国企业只有树立诚信意识，加强信用管理，塑造诚信形象，才能在国际经济舞台上赢得声誉，获得发展。针对我国商贸企业普遍存在的赊销坏账、账款回收期较长、管理费用高等问题，商务部于2008年开始实施《商贸企业信用管理技术规范》推荐性行业标准。目的是希望通过该标准，指导企业改进信用管理技术，优化信用管理流程，提高信用管理水平，降低经营风险。参照该标准，建立健全企业信用管理制度应遵照如下思路：

1. 加强信用管理制度政策法规建设

市场经济是法制经济，企业信用管理需要法律的支持、规范和保障，应参照国际经验并结合我国具体国情尽快建立健全企业信用政策法规体系，为管理机关和征信机构开展企业信用采集、保存、评级、发布、运用提供法律依据，改变目前社会信用体系的建立缺乏法律基础的状况。应严格执行有关法规，规范企业、个人提供的信用信息，对故意造成信息失真的行为给予严厉的惩罚，规范资信公司，防止其提供不真实的评级。

2. 建立健全对客户的信用管理

（1）建立合理的信用管理组织机构。企业信用风险管理是一项专业性、技术性和综合性较强的工作，须由特定的部门或组织才能完成。完善的信用管理需要企业在整个经营管理过程中对信用进行事前控制、事中控制、事后控制，需要专业人员从事大量的调查、分析、专业化的管理和控制。

因此，企业应建立一个在总经理或董事会直接领导下的独立信用管理部门，有效地协调企业的销售目标和财务目标，在企业内部形成一个科学的制约机制。应将信用管理的职责在信用、销售、财务、采购等各业务部门之间科学合理地分工，并及时有效地沟通配合。

（2）健全企业信用管理制度。企业应根据自身特点，建立一套完善合理的信用管理制度，应包括信用管理机构职责及工作制度、企业员工诚信教育管理制度、客户资信管理制度、应收账款回收制度、合同管理制度、合同信用档案管理制度等，并强化措施，抓好落实。还应根据环境的变化和实施的情况，及时进行修订完善。

（3）应用科学的信用管理方法。

①收集客户资料。及时全面地了解客户、合作伙伴和竞争对手的信用状况，对于企业防范风险、扩大交易、提高利润、减少损失起着关键作用。

②评估和授信。应在对信用要素进行详细分析的基础上，结合本企业以及其他行业、企业的经验，经过比较权重、量化指标，最终得到一个科学的评价标准。

③保障债权。信用管理人员和法律专业审核合同条款，排除可能造成损失的漏洞；严格审查单证票据，防止各种结算方式的欺诈；提出债权保障建议，包括信用保险、银行担保、商业担保、个人担保等手段转嫁信用风险，减少信用损失。

④账款追收。企业应认真分析每笔应收账款逾期的原因，找到最佳处理对策，并及时采取措施进行追收。

3. 完善企业自身的信用管理

①要把信用作为一种资源来看待，培育信用文化，使诚信渗透到企业的每一个组织系统、每一项活动和每一个员工的行为中。

②应将诚信文化和企业生产与管理的每一个环节融合起来，以诚信来指导企业的管理和发展，在管理和发展中体现诚信的丰富内涵。

③应加强对员工的信用管理，增强对员工的信用培训，并在人力资源管理的招聘、

选拔、晋升等职能中，考核人的诚实性、可靠性、责任感等。

　　创建信用管理制度，并利用科学的信用管理制度，优化资金利用效率，并确保项目拥有充足的现金流，是创业者和管理者必须学会的一门艺术。这看起来似乎高深莫测，但认真做起来还是比较容易办到的，靠的是理念和实践的不断结合。

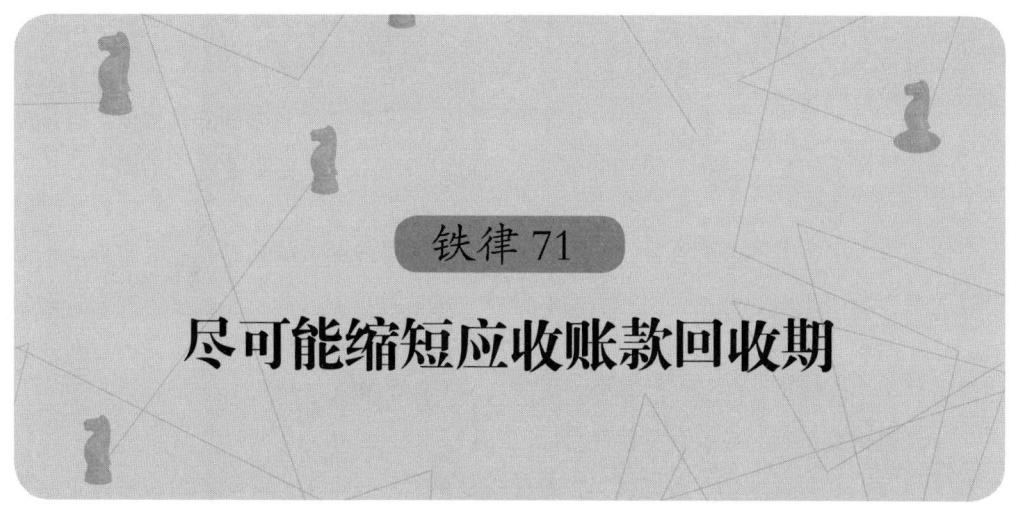

铁律 71
尽可能缩短应收账款回收期

> 一个个体如果想活下去，就必须有粮食用于补充能量。同样，一个企业没有了资金运转，后果便不堪设想。因此，作为企业的管理者要知道，想尽办法尽可能早的收回应收账款，对于一个企业的生存发展意义非常重大。尽可能缩短应收账款回收期是每个经营者都要着重考虑的问题。

企业的发展需要资金的不断支持，然而一个企业的资金往往都压在企业的库存货物，以及没有及时收回的账款（即应收账款）上。应收账款的存在，往往会给一个企业带来如下一些影响：

1. 举债经营，造成企业资产负债率过高

企业应收账款余额不断增加，一方面使流动资金出现短缺；另一方面又迫使企业不得不举债经营。为了维持经营，大量举债不仅增加了企业的财务费用，致使经济效益下降，而且也使企业迈向了资不抵债的边缘。

2. 现款回收率低，造成贴现成本高

企业为了及时收回货款，大量吸纳承兑汇票成为可能。有的企业现款回收率不足10%，承兑汇票占了70%以上，为及时变现应急，不得不承担高额的贴现息。

3. 以物易物抵账，成本上升，效益下滑

以物易物相互抵账、抹账来清理应收账款实属企业间的无奈之举，多数以物抵债的价格都高出当前市场价格的40%以上。抵回的实物，企业一方面再以高价抵出，另一方面则根据需要用于生产或以当前市价赔款销售，其结果是企业获取了维持基本生产所需资金，但承担了巨额损失，出现了顾此失彼的尴尬局面。

| 259

4. 贴点换钱造成资产流失

近期以来，企业为了求得生存，尤其是国有企业借助一些私营企业的"灵活"手段，将应收账款以 15%～25% 的巨额损失换取所谓的"贴点"。这种贴点换钱的做法虽然暂时缓解了企业的燃眉之急，但其恶果不容忽视：一是打乱了正常的经营秩序；二是助长了腐败之风；三是造成国有资产的流失。面对以上应收账款给企业带来的损失，加强应收账款的日常管理成为必然。

企业财务管理是企业经营管理中的重要一环，而应收账款管理又是财务管理的重要环节之一，所以说应收账款的管理与控制是企业运营过程中必须重点关注与加强管理的重要工作内容，尽可能缩短应收账款的回收期对于一个企业的发展有着巨大的意义。那么，为了提早收回应收账款，就要发现当前这项工作中最常见的问题。

1. 没有树立正确的应收账款管理目标

片面追求利润最大化，而忽视了企业的现金流量。一个很重要的原因就是对企业管理者的考核过于强调利润指标，而没有设置"应收账款回收率"这样的指标。利润最大化不应是应收账款管理的目标，如果以利润最大化作为目标，可能会导致对风险的忽视和企业长远利益的牺牲。应收账款管理的总目标应以企业价值最大化为理念，不能忽视资金的良好周转。

2. 会计监督比较薄弱

（1）没有建立应收账款台账管理制度，没有对应收账款进行辅助管理或者仅按账龄进行辅助管理。许多企业仅仅是在其资产负债表的补充资料中按账龄对应收账款的数额进行简单的分类，平时则没有对应收账款进行辅助管理。这样做在企业回款好的情况下，基本能满足需要，但在企业回款不畅的情况下就无法满足管理的需要了。

（2）没有建立应收账款定期清查制度，长期不对账。由于交易过程中货物与资金流动在时间和空间上的差异以及票据传递、记录等都有发生误差的可能，所以债权债务的双方就经济往来中的未了事项进行定期对账，可以明晰双方的权利和义务。而现实中有的企业长期不对账，有的即便是对了账，也没有形成合法有效的对账依据，只是口头上的承诺，起不到应有的作用。

（3）未建立坏账核销管理制度。有些企业对没有收回的应收账款长期挂账，账龄甚至多达十余年，而这部分资产其实早已无法收回。

3. 没有建立完善的客户信用制度

营销过程中对客户资信的调查和管理对应收账款的回收具有很重要的作用。但该公司在商品销售过程中，往往在未弄清客户的资信程度的情况下，就急于和对方成交。这样虽然使公司销售额在不断攀升，但是反而会出现少赚钱或赚不到钱，甚至赔本的现象。例如，未对客户进行详细的资信调查，就给对方发货，待付款期限到时，对方无力付款，经调查才知该公司濒临破产，早已资不抵债了，结果给公司造成了巨大的损失，使公司的经营状况陡然下滑。

4. 缺少应收账款管理的直接责任者

应收账款的直接责任者并不仅仅指个人，还包括相应的部门。很多公司的应收账款的日常管理没有专人负责，没有建立一套合理的管理制度和程序。一方面是在向客户赊销产品或收回欠款的同时没有专人对其应收款项进行及时增添或勾销，产生欠款后，催收工作没有具体的措施，一般是由产品销售人员负责催收，而销售人员的精力往往顾不过来；另一方面财务人员对应收账款的账龄分析不够详细，这样一来就不能及时发现问题，提前采取对策，尽可能减少坏账损失。另一个主要原因是没有明确由哪个部门来管理应收账款，没有建立起相应的管理办法，缺少必要的内部控制，导致对损失的应收账款无法追究责任。

5. 成本控制不精细

应收账款是一种短期投资行为，是为了扩大销售、提高赢利而进行的投资。而任何投资都是有成本的，应收账款投资也不例外。这就需要在应收账款所增加的利润和所增加的成本之间做出权衡。只有当应收账款所增加的利润超过所增加的成本时，才应当实施赊销；如果应收账款赊销有着良好的赢利前景，就应当放宽信用条件，增加赊销量，否则就减少赊销量。那么，与之相关的成本是一定要相应增加的，这就要求必须全面地计算与之相关的付现成本和机会成本。目前，我国很多的企业应收账款的管理基本上还是粗放式的管理，没有真正确立成本效益对比分析的精细管理办法。

知己知彼，方能百战不殆。了解了在应收账款回收过程中的一些问题，才能在实施工程中得到注意，这样便能大幅缩短应收账款的回收期，同时，作为企业的负责人还应了解一个名词的意义：应收账款周转天数。

应收账款周转天数是指企业从取得应收账款的权利到收回款项、转换为现金所需要的时间。是应收账款周转率的一个辅助性指标，周转天数越短，说明流动资金使用效率越好。衡量公司需要多长时间收回应收账款，属于公司经营能力分析的范畴。

由于大多数行业都存在信用销售，形成大量的应收账款，如何能更快地将这些应收账款收回变为真金白银，对公司持续运转至关重要，如果周转天数延长，回款速度变慢，公司将不得不通过借债等方式来补充营运资金，会造成成本的上涨和经营的被动。在相同行业内，应收账款周转天数越短的公司通常有较强的竞争力。应收账款周转天数加上存货周转天数，再减去应付账款周转天数，即得出公司的现金周转周期这一重要指标。

应收账款周转天数表示在一个会计年度内，应收账款从发生到收回周转一次的平均天数（平均收款期），应收账款周转天数越短越好。应收账款的周转次数越多，则周转天数越短；周转次数越少，则周转天数越长。周转天数越少，说明应收账款变现的速度越快，资金被外单位占用的时间越短，管理工作的效率越高。

261

应收账款周转天数会帮助企业设置合理的应收账款回收期,只要在应收账款周转天数之内收回应收账款,企业便可能正常运行,这一指标的存在也提醒着企业管理者不要无限期地让自己企业的现金为别的企业所用,督促管理者应提早收回应收账款。

铁律 72

在任何时候，都要确保充足的流动资金

> 现金流量如同人体血液，良好的现金流能使企业健康成长。企业若没有充足的现金就无法运转，甚至可能危及企业生存。可以说，现金流是决定着企业的生存和运作的"血脉"。因此，经营者应该保证在任何时候企业都有充足的流动资金，这样才能为企业的正常运转提供基本的保障。

现金流是指企业在一定会计期间按照现金收付实现制，通过一定经济活动而产生的现金流入、现金流出及其总量情况的总称。从产品的市场调研到售后服务的整个过程，任何环节都与企业的现金流交织在一起。

现金流量管理是现代企业理财活动的一项重要职能，并且加强现金流量管理，可以保证企业健康、稳定地发展。一般而言，现金流量管理中的现金，不是通常所理解的手持现金，而是指企业的库存现金和银行存款，还包括现金等价物。每个企业都有其各自的不同发展阶段，所以现金流量的特征也都不尽相同。根据企业在不同阶段经营情况的特征，企业管理者应该采取相应措施，这样才能够保证企业的生存和正常的运营。

企业的管理者必须懂得现金流的重要性，现金循环有两种表现，一种是短期现金循环，另一种是长期现金循环。无论哪一种，当产品价值实现而产生现金流入时，都要重新在新一轮循环中参与不同性质的非现金转化，由于存在这样的过程，企业现金流往往是不平衡的。假如收入是流水性的、以天为单位的，支出是间断性的，几天、几个月才支出的话，企业的日子才能好过。但是在现实中，很多企业差不多都是反过来——收入是间隔性的，支出是流水的：电话要天天打、房租水电费要月月付。这样企业就很累了。假如忽视了现金流的潜在危险，就会对企业的生存带来致命的影响。

WT Grant 是美国最大的商业企业之一，1975 年它宣告破产，而就在它破产的前一年，它的银行贷款达 6 亿美元，经营活动提供营运资金 2000 多万元，营业净利润也是近 1000 万美元。就在 1973 年，WT Grant 公司股票的价格仍按其收益 20 倍的价格出售。面对这样一家庞大企业的破产，很多人都非常惊讶。其实该企业破产的原因就在于，虽然有高额的利润，但是早在 5 年前，该公司的现金流量净额就已经出现了负数。由于公司的现金不能支付巨额的生产性支出和债务费用，最后导致公司"成长性破产"。

对初创企业而言，现金流的重要性就像血液是人体不可或缺的元素一样，人体靠血液输送养分与氧气，只有血液充足且流动顺畅，人体才会健康，人才能维持生命与活力。如果动脉硬化、血管阻塞，人便有休克死亡的危险。大多创业者的原始资本都是自己的血汗钱，或是找亲戚朋友借来的。如不重视现金流的管理，最终会造成账面有利润、账下无资金的困境，陷入无以维持、无法周转的难堪境地。因此，创业者要高度重视现金流的管理。

企业以赢利为目的，是人尽皆知的。当前不乏有一些企业刻意追求高收益、高利润，因此往往会有这样一种错误的思想，认为企业利润显示的数值高就是经营有成效的表现，从而在一定程度上忽略了利润中所应该体现出来的流动性。作为企业的资金管理者，应当能够充分、正确地界定现金与利润之间的差异。利润并不代表企业自身有充裕的流动资金。

正如戴尔公司董事长面对公司亏损时的反省之言："我们和许多公司一样，一直把注意力放在利润表的数字上，却很少讨论现金周转的问题。这就好像开着一辆车，只晓得盯着仪表板上的时速表，却没注意到油箱已经没油了。戴尔新的营运顺序不再是'增长、增长、再增长'，取而代之的是'现金流、获利性、增长'，依次发展。"

既然企业现金状况的好坏对一个企业来说影响很大，那么，对于企业，特别是初创期的中小企业，经营者更应该做好公司的"血脉"——现金流的管理。其实，如何解决公司发展中的周转金难题，在中国古代就有资料记载。红顶商人胡雪岩做过一个比喻，他说商人手中的钱用来周转，其实和用七个盖子去封八个坛子的道理一样。孔夫子也有句名言"会计，当而已矣"，这里的"当"，就是说要"适当"。企业管理者策划、定位，然后从总量、分项进行控制，其实，现在企业的财务总监就是要在现金存量和银行贷款中保持平衡。那么企业管理者应该如何管好现金流，使它的支出和收入保持平衡呢？

1. 培养管理层的现金流量管理意识

企业的决策者必须具备足够的现金流量管理意识，从企业战略的高度来审视企业的现金流量管理活动。

2. 注重流动性与收益性的权衡

现金对企业来说非常重要，那是否意味着账面上现金越多越好？答案是否定的，创业者更要注意流动性与收益性的权衡。要根据企业的经营状况、商品市场状况、金融市场状况，在流动性与收益性之间进行权衡，作出抉择。现金的持有固然可以使公司具有一定的流动性，即支付能力，但库存现金的收益率为零，银行存款的利率也极低，因此，持有现金资产数量越多，机会成本越高。如果减少现金的持有量，将暂时不用的现金投资于债券、股票或一个短期项目，固然可以增加收入，降低现金持有成本，但也会由此产生交易成本以及产生流动性是否充足的问题。因此，创业者要在保证流动性的基础上，尽可能降低现金机会成本，提高收益性。

3. 合理规划、控制企业现金流

企业现金管理主要可以从规划现金流、控制现金流出发。规划现金流主要是通过运用现金预算的手段，并结合企业以往的经验，来确定一个合理的现金预算额度和最佳现金持有量。如果企业能够精确地预测现金流，就可以保证充足的流动性。同时企业的现金流预测还可以现金的流入和流出两方面出发，来推断一个合理的现金存量。

控制现金流量是对企业现金流的内部控制。控制企业的现金流是在正确规划的基础上展开的，主要包括企业现金流的集中控制、收付款的控制等。现金的集中管理将更有利于企业资金管理者了解企业资金的整体情况，在更广的范围内迅速而有效地控制好这部分现金流，从而使这些现金的保存和运用达到最佳状态。

4. 用好现金预算工具，做好现金管理工作

对于刚刚起步、处于创业初期阶段的企业来说，现金流量估计（或现金预算）是一个强有力的计划工具，它有助于你作出重要的决策。首先要注意确定现金最低需要量，起步企业的初期阶段现金流出量会远大于现金流入量。

待初创企业达到一定规模时，可以逐步扩展到规范的现金流管理，它包括现金结算管理、现金的流入与流出的管理等内容。在任何情况下，合理、科学地估计现金需求都是融资的重要依据。

5. 建立以现金流量管理为核心的管理信息系统

将企业的物流、信息流、工作流、资金流等集成在一起，使得管理者可以准确、及时地获得各种财务、管理信息。

事实上，现金流之于企业，就如同血液之于人体的毛细血管，必须要有心脏的起搏功能来支持，这样才能使血液遍布全身。在企业内部，沟通也好，管理也好，制度必须是明确和强制的。做事前光靠预想是不行的，要有全面的预算，让企业全面的工作计划与现金流相衔接。如果计划不周全，就可能把现金流拉断，导致企业最终难以维持。

铁律 73

公司要想赚钱，一定要先让客户赚钱

> 企业要发展，就必须依靠客户来购物消费，客户之所以会买企业的产品，往往是考虑自己购买此商品后会有钱赚或者有利益所得。一个简单的道理，没有人会做对自己无益的买卖。企业要想做强做大，一定要先让客户赚钱，客户高兴了，也就意味着客户要帮企业赚钱了，慢慢地企业也就强大了。

营销大师科特勒指出："客户是企业的唯一利润中心。""始终把客户放在心上"是营销工作不断前进的动力，树立以客户为中心的营销观念，不但是营销工作发展的根本，也是其存亡的关键。

1985年，巴巴拉·本德·杰克逊提出了关系营销的概念，使人们对市场营销理论的研究又迈上了一个新的台阶。所谓关系营销，是把营销活动看成是一个企业与消费者、供应商、分销商、竞争者、政府机构及其他公众发生互动作用的过程，其核心是建立和发展与这些公众的良好关系。关系营销体现的是一种"以人为本"的价值取向，其中最关键的就是处理好与客户之间的关系，坚持以客户为导向、客户至上的营销策略。

其中"公司要赚钱，先让客户赚钱"这一经营理念，是企业经营理念的提升，也是企业经营理念的革命！从客户的角度去经营公司，想方设法地为客户省钱，让客户赚钱了，也就会为自己赚钱了。在现在这个时代，很少有暴利了，而市场竞争又十分激烈，我们可以让利，但是绝对不能让市场。如果经销商卖你的品牌都不赚钱，那你又如何让经销商不断地来公司批发货物，如何让经销商不断去推荐公司的产品？因为市场永远不缺产品，而是产品缺市场。经销商（或其他销售商）有钱赚才会有品牌忠诚度，没钱赚自然就不会对你的品牌忠诚，即使你的产品确实很好。只有总是站在客户的角度去思考问题，不断节流、降低成本，使客户赚钱了，市场做开了，自己的公司自然而然也赚钱了。

阿里巴巴的企业价值观中"客户第一"是这样阐述的：客户是衣食父母；无论何种状况，始终微笑面对客户，体现尊重和诚意；在坚持原则的基础上，用客户喜欢的方式对待客户；为客户提供高附加值的服务，使客户资源的利用最优化；平衡好客户需求和公司利益，寻求并取得双赢；关注客户的关注点，为客户提供建议和资讯，帮助客户成长。

只有客户富有了，阿里巴巴才有钱赚，马云很清楚这个道理。在他的领导下，阿里巴巴一直想方设法为客户创造价值。马云认为正确地对待客户的理念应该是：把为客户创造更多价值当成义不容辞的责任。作为员工，当我们与客户交往时，眼睛不要盯着客户的钱，应该考虑用自己的产品和服务让客户先赚钱，为客户多赚一点钱，客户赚钱了，我们才会赚钱。

马云指出："电子商务最大的受益者应该是商人，我们该赚钱，因为我们提供工具，但让我们提供工具的人发了大财，而使用工具的人还糊里糊涂，这是不正常的。所谓新经济，就是传统企业利用好网络这个工具，去创造出更大的经济效益，使其成倍地增长，这才是真正的新经济的到来。今天新旧经济是两张皮。"

因此马云认为，阿里巴巴应是商人们赚钱的工具，马云时常提醒销售人员不要盯着客户的钱，而是要帮客户多赚钱，等到他们赚钱之后分给自己一点。竞争残酷的现实告诉企业家们，想要长期发展，必须竭尽全力为客户创造最多的价值。营销界最根本、最大的挑战就在此。作为阿里巴巴的领导者，马云似乎从来没有担心过利润来源的问题。经过仔细研究，人们发现，马云从一开始就坚持资源共享，通过免费的方式让信息以最快的速度聚集在一起，然后提供给用户。

阿里巴巴的每一项产品都是为了帮助客户赢利而产生。从一开始，客户的不信任会为营销带来很多障碍，国内中小企业业主们对上门推销的商品总存在一种防备心理，在这种心理面前，广告变得无力。任凭销售人员说得天花乱坠，只要他们看不到这种商品能为他们带来的真正实惠，就不会购买。所以说，事实是检验真理的唯一标准，商品的实际效果是最有说服力的广告。只要把好处展示在客户面前，让他们看得见、摸得着，而等到他们发现使用阿里巴巴的产品真的能够为自己带来极大的好处，他们就自然而然地乐意掏钱出来，甚至争先恐后地把钱塞到阿里巴巴的口袋里。就好像只能徒步旅行的一群人突然有了开汽车旅行的机会，刚坐上时他们会心怀忐忑，等到他们发现这种方式既快捷又舒适，并渐渐形成了习惯时，就绝不会想要再下来。何况只要花费一点油钱就可以继续拥有一辆高档的汽车，他们又何乐而不为呢？

2004年阿里巴巴推出"搜索关键字竞价拍卖会"。只要是"诚信通"会员，就可以通过拍卖来获得他们在每个产品类目下前三名的位置，上限价为每月16万元。每月16万元对于中国习惯了省吃俭用的中小企业而言，不是一笔小数目，可这一活动开始后却受到大量用户的追捧。有的客户甚至为了竞拍成功，偷偷带着有无线上网卡的笔记本电脑出去吃饭，然后利用午饭时间突然出价，只为让对手措手不及。据客户说，他这样做的原因是每年获得阿里巴巴竞价排名订单，光是加盟和保证金就有600万元，产品的销售利润就更大了。相比之下，几万元的竞拍价就成了小菜一碟。这应了马云所说的："先把人家口袋里的5元变成50元，到时人家赚了45元，一定愿意给你5元。所以要赚客户的钱时，你要先去想想客户有没有赚钱，这才是做生意之道。从商者很多时候被金钱蒙蔽双眼，想尽一切办法要把别人口袋的5元放至自己的口袋里，结果败得很惨。你为什么不想想办法去帮助别人创富呢？如果客户能通过阿里巴巴赚到100元、1000元，他们不会拒绝分给阿里巴巴1元。"

在亲眼看到利润不断上涨之后，中小企业越来越相信阿里巴巴。客户的生意好起来，阿里巴巴的生意也随之好起来。

很多人好奇阿里巴巴为什么会受欢迎，马云告诉他们："阿里巴巴是商人们用来赚钱的工具，因为大家依靠阿里巴巴赚到了钱，所以受欢迎是再正常不过的事情。""帮客户赚钱"已经成为马云心中阿里巴巴的真实价值所在，阿里巴巴因此也成为"一等一"的产业。

通过阿里巴巴的成功案例企业必须明白，要想生存和发展，必须能够按客户的要求设立客户服务标准，建立全套满足客户要求的解决方法。"客户导向"最有效的办法就是使企业与营销人员的所有工作围绕着客户而进行。客户赢利，企业便赢利；客户亏损了，便没人为企业埋单了，往往客户能够直接塑造一个企业的发展。

铁律 74

站在客户的立场上设计需求

> 主动往往能取得先机，主动往往能取得一个好的结果。事先为客户准备好他们心里想要的东西，会让客户有种愉悦感；相反，总是让客户被动地提出要求，不断等待，这个企业是不会给客户留下好印象的。所以站在客户的立场上设计需求，而不是追着客户问需求是企业增加销售量的一个好方法。

如今很多企业为了赢得客户青睐，迷信于低价策略。但是实践证明，用低价吸引客户的方法，容易使企业陷入降价的恶性循环之中，甚至导致亏损。因为，单纯的低价只能与客户维持短暂的合作关系，任何客户都希望企业能够有更低的价格出现，所以，竞争对手的价格一旦更低，客户就会立即弃你而去。低价不是万能胶，不能长久黏住客户的选择。

那么，什么是企业黏住客户选择的万能胶呢？显然，是满足客户的真正需求。

李艾华是一家商场的团购创业者，极善于挖掘客户的根本需求，然后予以满足，赢取订单。一天，某高级中学后勤部的刘先生打来电话，要求购买能够加热的名牌名厂饮水机。放下电话后，李艾华开始思索这件事情："虽然这个学校经常在自己这买东西，但据自己掌握的情况，这个学校自身有热水供应系统，为什么还要买能够加热的饮水机？"于是，他找来负责人了解情况。原来这家学校的打开水处离学生宿舍有一定距离，很多学生偷懒，就在宿舍里用电热烧水器烧水，这对学校来说是一个巨大的安全隐患。

李艾华彻底明白了学校订购饮水机的目的。实际上学校管理者是为了消除学生们在宿舍内使用电热烧水器的隐患而采取用饮水机来代替集中供热水方法。由于这是这家学校首次采购饮水机，刘先生肯定没有经验，所以李艾华必须承担起挑选、推荐产品的责任。李艾华意识到，必须了解哪些要素决定了饮水机的质量。于是他利用网络搜集相关信息，用了半天的工夫就了解了影响饮水机寿命的要素。另外，他又打听到，这个学校将在今年建设新的教学大楼，现在对各项费用控制很严，价格也是学校选择的重要考虑因素。

在经过多个品牌和多个产品的对比后，李艾华选择了一款品牌知名度高、声誉好、价格低廉的产品。他带着这款饮水机和另外一款普通的饮水机来到刘先生办公室，他将挑选产品的过程详述一遍，然后把两款饮水机的价差报给刘先生。随后又问该学校新楼的规划情况，暗示为刘先生节省费用的考虑。刘先生会心地笑了，说："还是你能为我们着想。哈哈，马上签协议吧！"

从这个例子我们可以看出，李艾华在接到业务后，首先考虑的不是刘先生需要什么，而是首先弄明白他为什么会有这种需求。因为李艾华能主动站在客户的角度上考虑顾客的需求，正中客户的心思，给客户留下了好的印象，所以客户买下李艾华推荐的产品也是必然的。

和李艾华一样，孙晔也是一家大型商场的部门创业者。他和李艾华一样非常懂得从客户需求入手，打动客户的心。

有一年临近春节时，一家福利院给孙晔公司打电话，希望采购一批价位不太高的保健品。这些保健品用来赠给区域内没有在福利院住宿的老人。敏感的孙晔立即产生了疑问，把这些保健品赠与没有在福利院住宿的老人，那么，那些住在福利院的老人们呢？孙晔断定该福利院一定还会有更大的需求。第二天一早孙晔就去了解情况，但是该福利院创业者说暂时没有考虑给住宿的老人发春节礼物。但是孙晔没有气馁，他知道自己公司的产品在性价比上都没有太显著优势，于是开始思索怎样才能让福利院在这次交易中得到额外利益。

在从福利院出来的时候，孙晔在福利院的公示栏上看到福利院号召大家积极报名参与春节联欢晚会的通知。他灵机一动：自己公司也会开春节联欢会，如果自己的公司和福利院联合起来举办联欢会，一定会受到福利院的欢迎。于是孙晔迅速与福利院联系，在报价的同时提出"我们愿意承办福利院的春节联欢活动"。福利院院长非常高兴，同时接受了报价。

孙晔的成功便在于站在福利院的角度思考，想着如何为福利院谋取更大的利益，满足福利院更大的需求。但是现如今，很多企业没有为顾客的需求考虑，往往打一些价格战、促销战，给顾客提供物美价廉的产品。虽然向顾客提供物美价廉的产品是正确的，但在竞争激烈、市场信息越来越透明的今天，关于产品价格、质量等信息已经被顾客充分了解，留给企业可做文章的余地越来越小，所以，满足客户的需求是比低价更好、更为重要的策略。

因此，"坚持以客户为中心"、"站在客户的立场上设计需求，而不是追着客户问需求"，是当今企业为客户提供优秀服务、满足客户正确需求、达到买卖双方共同目的的一大新理念。"站在客户的立场上设计需求，而不是追着客户问需求"，对于促进双方合作的高效性、愉悦性有着不可估量的作用。

　　由此可见，通常情况下，服务和产品的提供者总比客户要专业得多。我们以客户为中心，就是要站在有益于对方的立场上，提出各种建议方案供其选择，同时并挖掘客户的潜在需求、内心需求，而不是天天追着客户问需求。只有这样，在提高沟通效率、保证服务质量的同时，一个公司才能很好地发展下去。

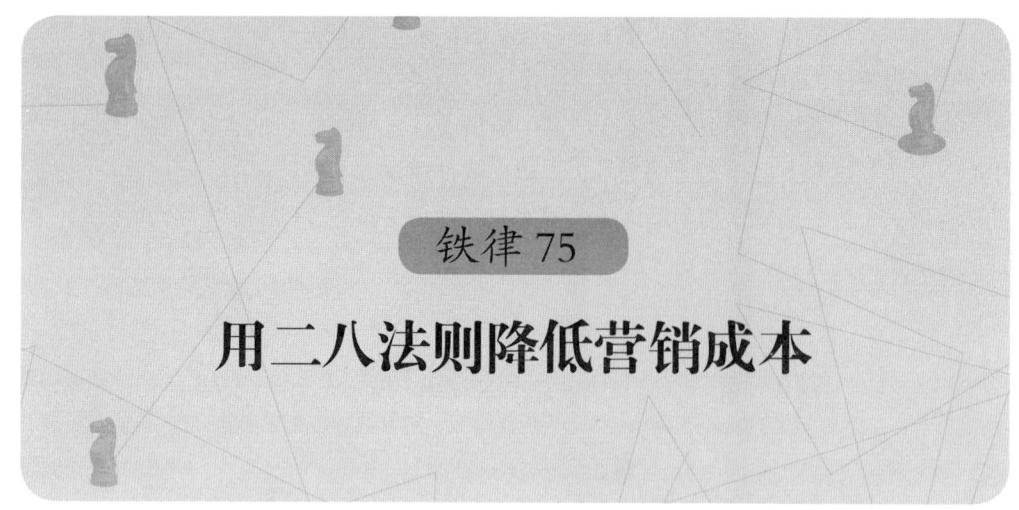

铁律 75
用二八法则降低营销成本

> 二八法则无时无刻不在影响着我们的生活,然而人们却对它知之甚少。二八法则究竟能带给人们什么呢?它可以教给人们独特的思考方向与分析方法,可以让人们针对不同问题采取明智的行动。凡是认真看待二八法则的人,都会从中得到有用的思考和分析方法,可以更有效率地工作,甚至会因此而改变命运。

1897年,意大利经济学者巴莱多偶然注意到19世纪英国人的财富和收益模式。在调查取样中,他发现大部分的财富流向了少数人手里,同时,他还发现了一件非常重要的事情,即某一个族群占总人口数的百分比和他们所享有的总收入之间有一种微妙的关系。他在不同时期、不同国度都见过这种现象。不论是早期的英国,还是其他国家,甚至从早期的资料中,他都发现这种微妙关系一再出现,而且在数学上呈现出一种稳定的关系。这就是著名的二八现象:社会上20%的人占有80%的社会财富,也就是说财富在人口中的分配是不平衡的。反映在数量比例上,大体就是2∶8。

无论是在日常生活中还是经营管理着一个公司或者一群工作人员,我们只要认清、看清并且控制着重要的少数部分,即能控制全局。商家往往会认为所有顾客一样重要,所有生意、每一种产品都必须付出相同的努力,所有机会都必须抓住。而"二八法则"恰恰指出了在原因和结果、投入和产出、努力和报酬之间存在这样一种典型的不平衡现象:市场上80%的产品可能是20%的企业生产的;对于一个产品而言,80%的功能,往往是来自于20%的零部件,比如飞机和汽车的发动机;20%的顾客可能给商家带来80%的利润;80%的产出,来自于20%的投入;80%的成绩,归功于20%的努力,等等。二八法则就是告诉我们在观察和分析事物时,要善于在普遍矛盾中发现特殊矛盾,对待事物要抓住重点,抓住主要矛盾。

而在企业经营中，二八法则是企业提高效率、降低营销成本、实现科学系统管理制胜的法宝。二八法则在企业的实际应用中，主要体现在如下几个环节：

1. 二八管理法则

企业主要抓好20%的骨干力量的管理，再以20%的少数带动80%的多数员工，以提高企业效率。管理者切忌在工作中"胡子眉毛一把抓"。从企业管理的角度讲，二八法则实际侧重的是"榜样的力量"。企业80%的效益是由20%的核心员工来完成的，这20%的骨干员工在企业中是顶梁柱，通过他们积极主动地工作与活动，来带动整个团队的活力，从而为整个企业创造价值。

2. 二八决策法则

抓住企业普遍问题中的最关键性的问题进行决策，以达到纲举目张的效应。

从企业决策的角度来讲，二八法则主要侧重于抓典型、抓关键问题进行有效、正确的决策，企业的运行过程中，几乎每天都有很多问题需要决策，但是能够左右企业的发展方向和企业成败关键问题的只有关键的几个，能够善于认清"关键问题"，进行正确的"关键决策"无疑会影响整个企业的发展。

3. 二八融资法则

管理者要将有限的资金投入到经营的重点项目，以此不断优化资金投向，提高资金使用效率。

二八法则在企业资金运作中主要体现在：将有限的资金和资源，投放到关键的项目，也就是优化投资结构、加快企业资金的周转和利用率。现代化企业拼的是速度，"以速度冲击规模"是现代企业所倡导的全新理念。当你在一味地抱怨自己企业资金不足的时候，早已经有很多企业家把眼光放在了提高资金周转速度、提高资金利用率上了。可见，优化资金投向、提高资金使用效率，"以速度冲击规模"，是企业健康、良性发展的关键。

4. 二八营销法则

经营者要抓住20%的重点商品与重点用户，渗透营销，牵一发而动全身。

二八法则在营销环节中，主要体现为两个方面，一是重点产品，二是重点客户。即企业80%的销售是由20%的重点商品完成的；企业80%的销量是由20%的核心客户完成的。无论是厂家或者商家，都要明白这个道理。比如，我们的冰箱产品线规划，几十款冰箱产品，产品线很长、很丰富，但是丰富的产品线是为了满足不同区域、不同消费者的需求，但是经过每个月的销售结构统计你会发现，一定是有20%的产品占到总体销量的80%。而我们的客户也是一样，展台上摆放20多款冰箱产品，其实每个月主要销售的也就是那么几款。

明白了二八法则在营销中的应用原理至关重要，作为经销商来讲，要根据自己区域的特点，找准核心产品进行主推。二八营销法则的要旨在于把握20%的经营要务，明确企业经营应该关注的重要方面，从而指导企业家在经营中抓住重点、全力进攻、以点带面，以此来牵住经营的"牛鼻子"，带动企业各项经营工作顺势而上、取得更好成效。作为厂家和代理商来讲，要努力做到：当公司员工察看某客户信息时，他能够敏锐地判断出该客户是属于最有价值的20%的客户，还是另外的80%。目前，不理解这种不平衡性的公司还很多，它们忠诚地相信每一个客户都至关重要，所以给所有的客户以平等的待遇。而这样做的结果只能是在低价值客户身上浪费了太多的资金和时间。

二八企业营销法则不是教公司把客户分为三六九等，目的不是歧视客户，而是采取一种正确的战略措施做好公司的营销管理，是公司生存和发展的需要。只有这样，才能确保公司保留住高价值核心客户；只有这样，才能让公司获得一定的投资回报率；只有这样，才能把握并充分利用客户资源。

遵循二八法则的企业在经营和管理中往往能抓住关键的少数顾客，精确定位，加强服务，达到事半功倍的效果。美国的普尔斯马特会员店始终坚持会员制，就是基于这一经营理念。许多世界著名的大公司也非常注重二八法则。比如，通用电气公司永远把奖励放在第一，它的薪金和奖励制度使员工们工作得更快也更出色，但它只奖励那些完成了高难度工作指标的员工。摩托罗拉公司认为，在100名员工中，前面25名是好的，后面25名差一些，应该做好两头人的工作。对于后25人，要给他们提供发展的机会；对于表现好的，要设法保持他们的激情。

简而言之，二八法则所提倡的指导思想，就是"有所为，有所不为"的经营方略。将80/20作为确定比值，本身就说明企业在管理工作中不应该事无巨细，而要抓住管理中的重点，包括关键的人、关键的环节、关键的岗位、关键的项目。那些胸怀大志的企业家，就应该把企业管理的注意力集中到20%的重点经营事物上来，采取倾斜性措施，确保重点突破，进而以重点带全面，取得企业经营整体进步。

这一企业管理法则之所以得到国际企业界的普遍认可，就在于它向企业家们揭示了这样一个真理，要想创建优良的管理模式，为企业带来效益，就要使自己的经营管理突出重点，就必须首先弄清楚企业20%的经营骨干力量、20%的重点产品、20%的重点客户、20%的重点信息以及20%的重点项目到底是哪些，然后将自己经营管理的注意力集中到这20%上来，采取有效的措施，确保关键之处得到重点突破，进而以重点带动全局。

一些国际知名企业，经营管理层都很注重运用二八法则进行企业经营管理运作，随时调整和确定企业阶段性20%的重点经营要务，按照二八法则指导的那样，力求采用最高效的方法，使下属企业的经营重点也能间接地抓上手、抓到位、抓出成效。这也就是为什么那些知名的企业虽然很大，却管理得有条不紊而且效益优良。二八管理法则的精髓就在于使那些重点经营要务在倾斜性管理中得到突出，并有效地发挥带动企业全面发展的"龙头"作用。

由此看来，二八法则将会给任何一家公司带来新的希望。作为企业的管理者，要正确地认识二八法则、合理地运用二八法则，把全部的精力放在关键问题上，切忌依然用旧观念进行经营管理，不要认为企业内所有的一切都应该倾注全部的精力。这样不仅能将一个企业带向好的方向改变，更可以使公司在降低企业运营成本的同时，带来更多的利润，创造更大的价值。一旦管理者在许多事情上总是不分主次、一概而论，结果只有耗费了 80% 的资源和精力，却只产生 20% 的价值。

铁律 76

老客户和口碑更大程度上决定你能否做大做强

> 老客户如同一个企业产品的免费动态广告,对于好的产品,老客户会一直选择,同时也会介绍、推荐给自己身边的人;口碑的力量是用金钱买不到的,一个好的口碑会取得无数消费者的信任,会引发消费者持续的购买欲望。因此,发展老客户和口碑的力量会为企业快速发展提供便利的通道。

口碑非常重要,正渐渐从新知变为常识,越来越多的人已经意识到这一点。具体来看,到底重要到什么程度?最近,阿里研究中心调研发现:84%的网购消费者会跟朋友分享购物信息,88%的网购消费者会搜寻有关品牌商品的消费者口碑。此前,麦肯锡的数据显示:64%的中国消费者认为"口碑影响我的消费决策"。口碑已经成为影响消费决策的关键因素。

早在营销成为一门学科之前,老客户和口碑的力量已经影响千年了。在农业文明时期,所谓的品牌就是口碑,口碑往往是口口相传的评价,是社会舆论的一部分。一个人的朋友对一件事或者一个人的看法,往往会成为影响他对这件事和这个人的看法的重要依据。用社会学的术语来解读,所谓口碑,就是某件事或者某个人的"社会资本"的一部分。

在现代社会,口碑的力量依然存在,甚至更加强大。我们经常听到这样的事情:一个品牌斥资千万,在各大媒体上做广告,结果却因为口口相传的负面言论,导致这些辛辛苦苦树立起来的品牌形象毁于一旦,而这些口口相传者很可能便是产品的老客户。如今互联网更加强了口碑的力量,在互联网时代,人们更倾向于相信一个陌生消费者的言论，而不是官方说法，这就是口碑营销的新趋势。苹果的前 CEO 乔布斯可能是最会利用口碑营销的企业家了，无论是 ipod、iphone 还是 ipad，苹果每推出一款产品，总是会营造一些话题，并培养出一批忠实的"粉丝"，发展出一批老客户。这些消费者是如此忠诚，以至于他们会在各种场合去宣扬苹果的产品以及其背后代表的文化和价值观。可以说，正是乔布斯对"口碑"营销的应用，造就了苹果持久不衰的成功。

由此看来老客户和良好的口碑，对于绝大多数公司，特别是处于初创期的公司来说是非常重要的。但很多创业者在这个方面说得多做得少，认为这样得不偿失。没有老客户，口碑不太好，也并不意味着项目坚持不下去，但经营状况肯定不会理想，发展速度自然要慢得多。

在社会网络化时代，口碑比以往任何时候都更具价值，因为越来越多的消费者同时拥有线上线下两个人际网络，信息不仅通过线下的人际网络传播，还可能通过线上的人际网络传播，并且传播得更快、更远。

当下，火热的微博浪潮，极大地激发了口碑传播的潜力。电影《让子弹飞》播出后，在新浪微博上的评论超过 119 万条，在腾讯微博上的评论超过 96 万条。其中，大部分微博对电影都是交口称赞。试想，这上百万条表扬评价在经过口口相传后，会产生什么样的结果？很显然，电影的美誉度直线上升。相当一部分人是受到评价的吸引而成为电影的观众，良好的口碑对票房收入无疑发挥了重要贡献。

类似的，口碑对于网商们的价值不言而喻。

首先，最基本的也是最普遍的是向客户提供品质良好的产品和服务形成好口碑。否则，口碑将成为无本之木、无源之水。在这方面，2011 年百强网商郝焕芬特别有感触。

在新疆生活、工作了几十年的她，因为一个非常非常偶然的机会，开始通过网店卖新疆的红枣，没想到，一年多里就获得了 8000 多笔订单。其实，她对网店并没有进行特别的营销，几乎全都是口碑的作用。郝焕芬卖的大枣都来自妹妹家在新疆的 1000 亩枣园，个大味甜，口感特别好。不少买家在品尝后非常满意，一次又一次购买。最多一天，回头客超过 50%。"红枣挺大一个，圆圆的，是自然风干，就是喜欢这个味道。"一位双金钻买家对枣赞不绝口。因为红枣口感好，服务也好，网店几乎没怎么专门打过广告，光靠老客户口碑相传就不断吸引新的客户。

其次，不断创造让客户参与的机会而形成的好口碑。让他们参与到营销、设计甚至制造等环节来。

女装品牌网店七格格有着形式多样的行动。七格格举办"唯我独潮"T 恤设计大赛，对于冠军，公司为其注册自己的品牌，前三名获奖者可成为公司的签约设计师。此外，七格格在正式发布新款前，常常将设计图上传到网店，请粉丝们讨论和投票，然后选出大多数人喜欢的款式进行修改，最后定款上架。如今，七格格的粉丝已经超过20万人，她们叫"格女郎"，还专门成立了"格格帮"，在淘帮派中热烈地交流、分享。通过这些形式多样的活动，买家们充分体验到参与和表达的乐趣，七格格也因此与买家们建立起融洽的互动关系。很自然，良好的口碑效应水到渠成。

良好的口碑需要时间沉淀，更有赖于网商们的真心服务和用心投入。当你发现越来越多的新客户是通过老客户的介绍纷至沓来，口碑的价值即开始显现。说到这里，也许有很多朋友会产生疑问，像如今的电子商务、超市、饭馆、便利店和发廊等类似的店面，及食品、饮料、水果和服装这样的快速消费品，比较容易产生回头客，对于冰箱、洗衣机、电脑这样的生命周期较长的耐用品，也可以产生关联产品和分销渠道的回头客，那像房子、地板、瓷砖和装修这样的消费，无论你做的是好是坏，客户很有可能这辈子就消费你一次，有必要非得做得那么好吗？差不多就行了。其实不然，随着时代的变迁，消费者的消费需求也在发生质的改变。以前消费者需求与购买行为的5个阶段是AIDMA，即A（Attention，关注）、I（Interest，兴趣）、D（Desire，欲望）、M（Memory，记忆）、A（Action，行动），而现在，消费者的行为已变为A（Attention，关注）、I（Interest，兴趣）、S（Search，搜寻）、A（Action，行动）、S（Share，分享）。

比如，在给房子装修时准备购买地板，当消费者对某品牌地板感兴趣时，他们会主动上网搜索，会得到某品牌地板在网上许多的点评，有好的点评，也有坏的点评，好的占多一点，会采取购买行动；坏的占多一点，会放弃购买行为，重新选择地板品牌，继续在网上搜索，只到好的占多一点再采取购买行动。购买后会主动在网上和亲朋好友及同一圈子的人分享该地板品牌带给自己的体验，不管这种体验是好是坏。一项权威调查表明：一个满意顾客会引发8笔潜在的买卖，其中至少有一笔可以成交；而假如经历是负面的，他们也会告诉别人，一个不满意的顾客足以影响25人的购买意愿。由此可见，通过"用户告诉用户"的口碑影响力可见一斑。而网上的传播速度更快，传播范围更广。因此，对于一辈子可能只买一次的产品，广大消费者会更加注意、更加小心谨慎地挑选，会更加关注用过买过的人的感受，此时企业更应该注重产品的品质，注意培养产品在市场上的口碑。一旦某个企业生产的高费用、家庭只需要一次性购买的产品没有好的口碑，可想而知，留给这个企业的只剩下倒闭的结局了。

总而言之，企业的管理者应该注重口碑的力量，也应该深刻地体会与认识口碑营销的作用。口碑营销具有以下几点特点：

1. 可信性非常高

一般情况下，口碑传播都发生在朋友、亲友、同事、同学等关系较为亲近或密切的群体之间。在口碑传播的过程之前，他们之间已经建立了一种特殊的关系和友谊，相对于纯粹的广告、促销、公关、商家推荐等而言，可信度要高很多。

2. 传播成本低

口碑营销无疑是当今世界最廉价的信息传播工具，基本上只需要企业的智力支持，不需要其他更多的广告宣传费用。与其不惜巨资投入广告、促销活动、公关活动来吸引消费者的目光以产生"眼球经济"效应，不如通过口碑这样廉价而简单奏效的方式来达到这个目的。

3. 具有团队性

不同的消费群体之间有不同的话题与关注焦点，因此各个消费群体构成了一个个攻之不破的小阵营，甚至是某类目标市场。他们有相近的消费取向、相似的品牌偏好，只要影响了其中的一个或者几个，在这个沟通手段与途径无限多样化的时代，信息马上会以几何级数的增长速度传播开来。

因此，对于企业而言，无论生产、销售何种产品，在注重生产量的同时，一定要严把质量关，将最好的产品、性价比最高的产品打入市场，赢得消费者的青睐，在老客户的宣传下，创建自己产品良好的口碑，自己的产品便可以逐步扩大市场，自己的产业当然也会越做越强，同时也省去了很大一部分媒体宣传的费用。相信口碑的力量，相信品牌的力量！

铁律 77
抓住重点客户，封杀劣质客户

> 重点客户，是可以给企业带来长久巨大利润的，他们往往是一个企业需要重点培养、重点关注的客户；劣质客户，不是品行低劣的客户，是那些不能给我们带来利润的客户。当我们辛苦服务之后，发现自己倒贴进去很多时间和金钱，却没有得到任何回报！因此，企业应该抓住重点客户，坚决封杀、抛弃劣质客户。

MG 集团总裁约克·麦克马特说："与 20% 的客户做 80% 的生意。也就是把 80% 的时间和工作集中起来，用来熟悉占总数 20% 的对自己最重要的那部分客户。"

任何一个企业生产和制造产品的目的都不仅仅是将其卖出去而已，而是为了追求更大的利润。如果没有利润，企业连基本的生存都无法维持下去，谈何持续发展及竞争力提高呢？

如何才能拥有更多的利润？除了加强内部管理之外，当然要从客户入手。如果没有客户，一切企业利润都无从谈起。不同的客户为企业创造的利润情况也是各不相同的，那么究竟哪些客户能够为企业创造更大的利润呢？这些客户就是最值得引起企业创业者及所有销售人员注意的重点客户。重点客户的意义是重大的，企业创业者要分清什么是铂金客户，什么是铁客户、铅客户，一定要抓住 20% 的大客户，保证它们为企业带来最大经济价值。

浙江宁波某高新技术企业，以电子产品和元器件的生产及加工业务为主，在激烈的市场竞争中，企业的生存环境面临极大考验，由于处于明显的竞争劣势，该企业的销售额及利润迅速下滑。企业管理层为此焦头烂额。后来在管理顾问公司的建议下，该企业果断进行调整，加大了技术研发力度，在确保技术领先的基础上，加快产品推陈出新的速度，大打服务牌。

这些举措在一定程度上缓解了企业的生存压力，但是随着市场略有起色，很快又出现新的问题：企业的成本投入过高，包括人力成本、物流成本、管理成本等。企业的利润水平并没有随着技术领先这个优势而得到提升。痛定思痛，该企业决定调整客户策略，提出客户差异化、精细化的运作模式。

首先，以销售业绩和利润水平为衡量基础，确定分类标准，对全国客户划分等级；其次，针对不同的价值客户提供差异化的客户策略。他们专门为重点客户成立了大客户服务部，当公司有新的市场策略出台时，他们会邀请这些重点客户参与进来。正因为如此，该企业能够利用有限的资源紧紧抓住其重点客户的需求，贴身式服务、一站式服务，不断在行业中扩大领先优势，仅用一年的时间，就已经成为行业翘楚。

核心客户的重要性不言而喻，它决定了企业的资源应当如何分配，以获得最大的效率，简单地说就是把钱花给谁。企业不能奢望让所有客户满意，这是由企业赢利的本质所决定。企业资源有限，必须要把有限的资源进行合理分配，达到最佳投入产出比。如今在中国以及世界各地遍地开花的麦当劳就是通过聚焦于重点客户而取得成功的典范企业。

按照年龄分析，麦当劳的客户群可以分成：5～14岁、15～20岁、20～30岁、30～45岁、45岁以上几类客户群。一般来说，消费能力越强的越可能是重点客户，按照这种思维，麦当劳的重点客户群应该是20岁以上的顾客。但是经过研究会发现，麦当劳的重点客户群是5～14岁之间。为什么呢？这反映了麦当劳独特的客户认知意识。

在中国以及世界各地，作为洋食品的麦当劳很难在短时间内竞争过本地食品，更不可能通过洋食品获得20岁以上的人的长久喜好。成年人的口味已经被固定，很难轻易改变；而儿童的口味则可以轻易被影响，所以，麦当劳把儿童当作是重点客户。儿童是核心客户，但是儿童缺乏自主意识，如何吸引儿童就变成了问题的关键。

麦当劳发现，对于儿童而言，在吃与玩之间，玩比吃更具有吸引力，因此，麦当劳无论从餐厅装饰到整体的布局都体现了儿童的喜好。所有的麦当劳均设置有儿童乐园，并千方百计地为儿童创造游戏，充分与儿童进行互动，通过这种具有超强吸引力的服务来深深黏住这些"重点客户"。儿童对麦当劳的百玩不厌、百吃不厌，确保了麦当劳的持续成功。

永远将焦点放在重点客户上，这就要求企业创业者扮演两个极其关键的角色：既要成为客户的顾问，又要成为本企业的战略家。从客户角度说，要了解重点客户的优势和劣势，帮助客户分析市场竞争态势，为客户制订问题的解决方案，最大限度地挖掘出企业客户的潜力，使自己成为客户在企业的支持者。对于创业者来说，重点客户经理要收集、分析客户的需求和行业的现状，结合本企业的实际，制订客户开发和管理的计划，确保客户满意。

重点客户就是企业自己的未来，重点客户是否带来大利润，决定着企业的成败。凡是有美好愿景、追求可持续发展的企业，都会对大客户提供超值服务并进行妥善管理。这样的企业永远都不会在重要的重点客户身上打折扣，因为对重点客户打折扣就是对企业的未来发展打折扣。成功的重点客户服务完全能够带来大利润，成为企业高速成长的引擎。同样，企业建立重点客户忠诚伙伴关系也为创造大利润创造了条件。

然而，作为企业的管理者也应该对劣质客户有一个深层次的认识，以确保选择正确的客户为重点客户进行培养。比如以索赔为目的的客户、给企业创造负利润的客户、使企业走向灭亡的客户等，他们都是企业的魔鬼，是典型的劣质客户。劣质客户有以下类型：

1. 亏损客户

企业若对这类客户提供产品或服务，带来的结果就是亏损或负利润。也许这类客户会说："本单生意你们企业不赚钱，但下一单生意你们企业会从我这里赚到许多钱。"这不是陷阱式的承诺，而是陷阱式的表白。企业不能对这类客户心存幻想，无限度地满足客户的需求只能使企业破产。

2. 欠款客户（赖账客户）

这类客户是企业的海市蜃楼，似乎是大客户、优质客户，但美艳散尽就一无所有。如企业给这类客户提供10000件产品，合同单价是1000元/件，成本价是600元/件，企业为此单生意支付的综合成本是600万元。履行合同完毕，理论上企业可从这一客户那里赚到400万元，形式上是A类（铂金客户）。但此客户只支付一半货款，即500万元，其余货款一律赊欠直到成为呆账、死账。结果是，企业不但没有从这个客户那里赚到400万元，反而为此亏损了100万元。

3. 不诚信客户

这类是指不按合同约定的价款和时间支付款项的客户，但与欠款客户又有所区别，他们认账不赖账。如合同约定：货到指定地点后30日内支付全额款项。而此类客户要么在30日内只支付一半款项，要么在3个月后才支付全额款项。

4. 小客户

这类客户虽能给企业带来利润，但影响企业获取更多的利润，并遏制了企业的发展壮大。如企业给A、B类客户提供产品或服务，在一个月内能赚到100万元，但与此类客户合作在相同的时间内只能赚到1万元，后者就是小客户。企业最宝贵的三大资源是：人才、时间、资金，企业不应把资源浪费在此类客户的身上。

以上四类劣质客户不但不是企业的上帝、天使，前三类还是企业的魔鬼。劣质客户既是企业的魔鬼，又是企业的杀手，企业应该对他们进行毫不留情地抛弃、封杀。

现在市场竞争激烈，市场环境变化异常，重点客户的管理在公司的管理中处于越来越重要的地位，只有充分把握住公司的重点客户，剔除不能给公司带来利润的客户，这样公司才能很好地发展。

所以，无论公司大小，创业者都应该重视重点客户的管理，坚决封杀劣质客户。如果你的公司在重点客户管理上至今尚未开展工作或者还处于无论什么级别的客户通吃的状态，那么你应该尽快重视这个问题，积极地来实施公司的计划，并针对重点客户的需求特点，制订出令客户感到满意的个性化方案，切忌对劣质客户做一些浪费时间却得不到回报的生意。

铁律 78

对产品而言，有特点不如有卖点

> 众所周知，当我们去某个地方旅游时，最关注的便是该地方的特色；当我们想起某个著名的地方时，首先想到的也是该地方的标志性东西。往往真正吸引人或者给人留下深刻印象的都是一些与众不同的事物，因此，对于产品而言，特点虽好，但好不过产品的卖点，卖点往往更能体现一种产品的独到之处，对于消费者更具有吸引力。

市场上的产品越来越丰富，同一类型的产品往往有很多的竞争者。过去的营销手段往往是强调产品的特点，然而如果两个产品的特点差不多，那这个特点就不具有生命力了。同类产品的特点几乎都是大同小异的，比如说饮料的特点都是解渴，仅仅强调特点并没有多大的吸引力。所以突出产品的特点倒不如突出卖点，特点清楚倒不如卖点清楚。

所谓"卖点"，是指产品具备了与众不同的特色，而这个卖点可以是产品与生俱来的，也可以是通过营销策划人的想象力创造出来的。卖点其实就是消费者购买产品的理由，最佳的卖点就是产品最强有力的消费理由。发掘并放大产品的卖点能够有利于产品销售。产品的卖点可以从以下几个方面挖掘：

1. 质量卖点

可以在产品的质量和档次上做文章。全聚德的烤鸭比小饭店的烤鸭都贵，可是仍然很多人去吃，就在于它把老字号秘方作为卖点，烤鸭出炉后会现场片成108片，不多不少，高质量的服务也成了卖点。当然不见得非要做高档次、高质量的，低端的产品有时候也同样是一种卖点。一家生产雨衣的企业把产品推向国外，然而却不受欢迎。这家企业觉得可能是自己雨衣的档次不够高，于是就用高成本的原料制造时尚漂亮的雨衣，结果仍然无人问津。后来有人建议说现在很少有人愿意带着雨衣出门了，不如生产质量低的一次性雨衣，人们方便购买，用完了就可以扔掉，果然大受欢迎。在这里，质量低廉可以随意丢弃反而成为卖点。

2. 价格卖点

根据目标客户的消费水平将价格作为卖点也是不错的选择。有的人喜欢炫耀性消费，高价更能彰显他们的财富、地位。镶满钻石的手机跟普通手机的功能是一样的，价格却高出了好多倍，但是客户就是被这种高价吸引了。而有人则是只要实用，越便宜越好，所以平价的衣服、鞋子不用强调品质，重点打出价格牌就可以了。

3. 颜色卖点

颜色也能够成功地营造卖点。比如手表，几乎所有的厂家都以品质做卖点，瑞士机芯、几十年内绝对准时，等等，而一家手表厂家则以手表的颜色缤纷做卖点，深受重视装饰性的年轻人的喜爱。

4. 文化卖点

并不是外来的产品就好卖，很多国外的产品到中国反而没有市场，就在于他们没有考虑到亚洲的文化特点，比如服装的尺码、暴露程度等全部照搬国外的样式当然没办法畅销。而一些本土的服装设计上带有中国传统的山水画、汉字等，造型上贴合中国人的身形特点，标榜"中国人自己的服装"，结果广受好评。

5. 造型卖点

造型美观、独特的产品更能吸引顾客。如服装的款式就很重要，如果只是面料上乘、做工一流而造型不好，是没办法打开销路的。美国一位农民把西瓜放在盒子里生长，生产出了一种长成方形西瓜，味道和普通的圆形西瓜并没有什么差别，但是价钱却是普通西瓜的20倍，人们感到新奇，竞相购买。一个品牌饮料的包装也有异曲同工之妙，该品牌口感上并没有什么过人之处，价格又高，畅销的原因在于包装是细长的三角形，在满货架一样的包装中特别明显，也引发了人们好奇购买的欲望。

6. 标志卖点

产品的标志有时候也能成为卖点之一。比如说摩托罗拉手机的MOTO标志，苹果电脑的缺口苹果标志，简洁时尚又充满新意，都可以作为卖点营造。

很多质量很好的产品却不如那些质量一般的销量好，就在于只注重特点而没有关注卖点。尤其是同一种功能的产品，你有的人家也有，商家要做的就是给顾客一个消费的理由。店主如果只看到自己的产品质量多好，有多少种专利、多少种功能，可是对于市场上到底缺少什么样的产品没有概念，对消费者到底喜欢什么样的产品也不了解。功能可以有很多个，可是只能成为产品的特点，而卖点才是真正引起消费者购买欲望的。不能只是围绕着自己的产品打转，充分地抓住顾客的消费思想，发掘出不同于其他产品的卖点，才是店主应该深入研究的。

产品的卖点可以有很多个，然而是不是卖点越多就越好呢？答案当然是否定的，过多的卖点会让顾客对产品的定位不明确，进而就失去了刺激购买欲的功能。在市场竞争异常激烈的今天，产品越来越同质化，卖点过多很容易就与其他的产品相重叠。每一家的卖点都差不多，销售自然就增加了难度。顾客选择一个产品，有的时候并不是因为你的产品最便宜，也不是因为你的产品最好，而是你的产品和别人不一样。而商家要做的，就是将与众不同的卖点提炼出来，加以放大，而这种卖点只要有一个就能达到很好的宣传效果。

弹簧秤携带方便，有着比较大的市场。A厂家开发了一种多功能弹簧秤，可显示天气温度，还能够计算价格，造型也美观。而B厂家的弹簧秤仅仅是单一功能的称重工具。结果投入市场后，B厂家的销量远远好于A厂家。仔细研究市场后发现，顾客购买这种秤就是为了方便买菜时不上当受骗。A厂家的功能多但是都用不上，而且价格还高；B厂家的虽然只有一种功能但是已经满足了顾客的需要，所以销量自然好。

从例子中可以看出，产品的卖点并不是越多越好，一个突出的卖点反而更能刺激顾客的购买欲望。独特的卖点并不是从经验中就可得来的，更不是从简单的模仿中、借鉴中可以得来的，只有深入地发掘提炼才能使产品的卖点与众不同。比如说市面上的豆浆机种类齐全、卖点繁多，强调功能齐全、口感好、营养丰富，等等，但某品牌豆浆机突出强调清洗方便不用浸泡，马上占领了市场。再比如，凉茶是在夏季很受欢迎的饮料，很多凉茶都以纯中药、植物型、排毒等作为卖点，而一家凉茶仅仅以降火作为卖点，销量却遥遥领先。所以说，从众多卖点中提炼出一个核心卖点就足够了。

在提炼产品的卖点时，要注意以下几点：

1. 充分了解消费者的心声，即给出一个购买的理由

很多企业的产品，尽管在技术上实现了很多突破和创新，但一投放市场，同质化竞争仍无法避免。在产品同质化日趋明显的今天，必须要有一个优于或区别于其他同类产品的卖点才能让消费者动心。消费者认为你的产品是什么比产品实际是什么来的重要。商家要做的就是把产品的卖点提炼出来，并通过最有效的途径传递给消费者，给消费者留下与众不同的印象，这就是产品核心卖点的提炼。

2. 提炼产品核心卖点必须根据产品本身，做到确有其实

虚假的鼓吹产品根本没有的功能最后只会被认为是骗子。卖点永远不能代替产品，卖点的提炼不能凭空捏造，必须建立在产品实物基础上。通常一个产品的卖点不会只有一个，一般来说将哪一点提炼为核心卖点主要是由市场需求决定的，而不是取决于产品自身实际功效的强度排序。

3. 产品的核心卖点必须有充分的说服力

要有充足的理由支持产品核心概念，理由必须可信、易懂，不能用深奥的、晦涩难懂的、拗口的语言，以便于表达、记忆和传播为原则。

4.核心卖点必须符合市场需求

市场需求或潜在需求必最好是尚未被很好满足的缺口，这会节省许多宣传成本。因此在提炼核心卖点的时候需要深入研究、发现、引导和满足潜在需求，不能想当然地觉得自己的想法就是市场需求。

5.核心卖点要独特

要尽量优于或别于其他同类产品，跟别的产品一样的卖点就不叫卖点了。最好能够突出产品和企业的特色，让消费者耳目一新。

6.核心卖点需要针对一定数量的消费者

过分狭小的目标市场既浪费了提炼核心卖点所耗费的精力，也会降低产品获利的空间。选择的消费群体最好是有购买能力的、相对集中的、容易锁定的。

当核心卖点提炼出后，就需要有能够传递给目标消费者的途径，最好是捷径。商家要会传播自己的核心卖点，用最低的成本达到最大的宣传效果。如果没有有效的宣传，再好的核心卖点也没有人知道，自然也不会吸引到消费者。

铁律 79

关注现有客户，节约开发新客户的成本

> 对于企业的管理者而言，要知道在拓展大客户、新客户的同时，不要忘记留住老客户。许多企业的调查资料表明，吸引新客户的成本是保持老客户成本的 5 倍以上！假如一个企业在一个月内流失了 100 个客户，同时又获得了 100 个客户，虽然可能在销售额上的差距不大，但实际情况是，该企业花费了成倍的费用，可能要亏损！

现代管理之父彼得·德鲁克说过："顾客是唯一的利润中心。"美国经济学家威德仑说："顾客就像工厂和设备一样，也是一种资产。"可见，培养忠实的客户以留住老客户对企业而言是非常重要的。

市场经济条件下的一条重要规则就是开发一个新客户的成本远远大于维护老客户的成本。在这一利益得失权衡下，留住老客户显得尤为重要。归根结底，企业是需要客户的。这是企业得以存在和发展的前提。但既然开发新客户的成本远远大于维护老客户的成本，那么孰重孰轻？企业是以营利为目的，这就决定这个答案只有一种：维护老客户，最终把老客户培养成公司的忠诚客户。

作为企业，管理者要以特定手段给顾客进行分级，区分出对公司利润有最多贡献的那一批顾客，并为之创造更高消费价值、提供更多、更好的服务，使他们成为公司的忠诚顾客，与企业终身相伴，长久为公司创造利润。当面对一个新客户，要一遍又一遍不厌其烦地向他们介绍产品、公司、服务，要接受他们的质疑，要三番五次地和他讨价还价，和他们讨论怎么付款、怎么交货、怎么运输，甚至他们还要求试用产品，要求更低的价格。而老客户的重复购买已经是一种惯例，大大缩短了交易周期，稳定了市场秩序。老客户由于和公司长时间接触，他们也会主动提出产品或服务的合理化建议，有利于改进公司的经营，而且别忘了，老客户还会把企业的产品介绍给他们的亲朋好友。

世界上最大的汽车制造企业，美国通用汽车公司曾经估计，作为一位忠实顾客，他的终生价值在40万美元左右，这些价值包括了顾客将购买的汽车和相关服务，以及来自汽车贷款融资的收入。某航空公司的数据表明，一个每两个月就至少有一次长途往返飞行的商务旅客，终其一生可以为航空公司带来超过10万美元的收入。因此，一些航空公司为忠实的顾客提供了很多增值服务，比如优先登机、舱位免费升级、VIP候机室等特殊礼遇，这些服务给了商务旅客所需要的被尊重感和便利，这才是他们所真正需要的。

1988年，美国租车行成立了翡翠俱乐部，它特别为租车常客提供设计会员身份识别服务和迅速租车的服务，翡翠俱乐部的会员在各大机场可以直接走到标记有"翡翠特区"的地方选车，出示会员卡后免除了排队、填表的麻烦，可以直接把车开走，翡翠俱乐部的成立真正提高了租车行业的客户忠诚度。据统计，翡翠俱乐部的会员10次租车有9次会通过美国租车行，而且翡翠俱乐部每年30美元的年费还为租车企业提供了一个新的收入来源，这样，租车公司的收入提高了，客户忠诚度也提高了，企业和客户实现了"双赢"。

在世界十大饭店之一的泰国东方饭店，几乎天天客满，不提前一个月预定很难有入住机会。他们非常重视培养忠实的客户，并且建立了一套完善的客户关系管理体系。楼层服务员在为顾客服务的时候甚至会叫出顾客的名字；餐厅服务员会问顾客是否需要一年前点过的那份老菜单，并且会问顾客是否愿意坐一年前来的时候坐过的老位子。在顾客生日来临的时候，还可能收到一张他们寄来的贺卡，在贺卡上，他们用极其温情的语言来表达他们对顾客的思念。在这样人性化、周到体贴的服务下，泰国东方饭店的生意越来越红火。用他们的话说，只要每年有十分之一的老顾客光顾饭店就会永远客满，这就是东方饭店成功的秘诀。

泰国东方饭店的成功提醒了广大管理者，要想使客户与您终身相伴，首先要建立一套完善的客户数据库，这是基础中的基础。在美国有超过80%的公司建立了市场营销数据库。这些数据库能够清晰地勾勒出客户的特点、习惯和爱好，能够帮助企业为客户提供贴心服务。

因为假如没有客户资料，连顾客都不知道在哪里，企业是无论如何都不会成功的。另外，要加强对直接面向顾客的员工的培训和管理，必须经过严格专业培训和标准化管理，使其具备高素质及高服务水平。如果一个顾客第一次接触你的公司或者你的产品而没有得到足够的满意，那么很可能这也是最后一次。

最后，企业要懂得感恩，需要拿出一定比例的费用用于奖励忠诚顾客，表达对他们忠诚于公司的感谢，以此来促进与客户获得更加亲近的关系。

那么企业长期关注老客户，最终培养出企业的忠诚客户的意义何在呢？总结后我们可以得出：

1. 增加收入

顾客多次满意后，就会对企业产生信任，会经常地重复购买产品并产生关联消费，并且对价格的敏感度较低。许多事实表明，公司80%的利润是20%的那部分顾客创造的。重复购买的客户趋于与企业形成某种特定的关系，有利于企业制定长期的规划，使企业可以设计和建立满足顾客需要的低成本工作方式。

2. 降低成本

企业可以节约获得新客户的营销成本和服务成本。维持一个老客户的成本仅相当于赢得一个新客户成本的1/5。赢得一个新客户不仅需要付出广告投入、时间和精力等成本，而且这些成本会在很长时期内超出客户的基本贡献。

3. 形成良好的形象效应和口碑效应

顾客满意会提升企业在消费者心目中的形象。满意和信任的顾客是企业的免费广告资源，会积极向别人推荐。有研究表明，一个满意的客户通常会把愉快的消费经历告知3～5人。如果这些人中有一个也去购买并满意，他也会向另外3～5人传播，使企业获得更多的利润。对企业满意和信任的客户会不断传播企业的好处，可以使企业的知名度和美誉度迅速提高。

铁律 80

最好的广告，
是能让人记住自己的公司和产品

> 广告是为了某种产品或某个公司特定的需要，通过一定的形式比如电视、网络、宣传画等，公开而广泛地向公众传递信息的宣传手段。广告宣传会对创业者产品和服务的推广起到非常重要的作用。往往一个公司或者产品的最好广告是能让顾客深深地记住它，能够达到深入人心的程度。

广告在日常生活中常常可以见到。打开电视机，铺天盖地的电视广告；翻开报纸，迎面而来的是平面广告；走在大街上，充斥视野的是各种立体广告……广告已经和我们的日常生活形影不离。广告之所以有这么大的威力，主要是它能把消息、资料传递给可能购买的顾客，激起人们购买的欲望。

史玉柱曾说过一句比较经典的话：中央电视台的很多广告，漂亮得让人记不住，我做广告的一个原则就是要让观众记得住。

"今年过节不收礼，收礼只收脑白金！""孝敬爸妈，脑白金！"在如今高密度的信息轰炸时代，很多人讨厌这个广告却对其印象深刻。并且脑白金广告刚问世就"得罪"了广告界，更引来无数叫骂。人们骂脑白金的广告恶俗，连年把它评为"十差广告之首"。即使如此，这个产品依然是保健品市场上的常青树，畅销多年仍不能遏止其销售额的增长。2007年上半年，脑白金的销售额比2006年同期又增长了160%！

"不管观众喜不喜欢这个广告，广告首先要做到的是要给人留下印象。广告要让人记住，能记住好的广告最好，但是如果没有这个能力，也要让观众记住坏的广告。观众看电视时虽然很讨厌这个广告，但买的时候却不见得，消费者站在柜台前面对着那么多的保健品，他们的选择基本上是下意识的，就是那些他们印象深刻的。"史玉柱如是说。

人脑占人体的重量不足3%，却消耗人体40%的养分，其消耗的能量可使60瓦电灯泡连续不断地发光。大脑是人体的司令部，大脑最中央的脑白金体是司令部里的总司令，它分泌的物质为脑白金。通过分泌脑白金的多少主宰着人体的衰老程度。随着年龄的增长，分泌量日益下降，于是衰老加深。30岁时脑白金的分泌量快速下降，人体开始老化；45岁时分泌量以更快的速度下降，于是更年期来临；60～70岁时脑白金体已被钙化成了脑沙，于是就老态龙钟了。美国三大畅销书之一的科学专著《脑白金的奇迹》根据实验证明：成年人每天补充脑白金，可使妇女拥有年轻时的外表，皮肤细嫩而且有光泽，消除皱纹和色斑；可使老人充满活力，反映免疫力强弱的T细胞数量达到18岁时的水平；使肠道的微生态达到年轻时的平衡状态，从而增加每天摄入的营养，减少侵入人体的毒素。

"美国《新闻周刊》断言：'饮用脑白金，可享受婴儿般的睡眠。'于是这让许多人产生了误解，以为脑白金主要用于帮助睡眠。其实脑白金不能直接帮助睡眠，夜晚饮用脑白金，约半小时后，人体各系统就进入维修状态，修复白天损坏的细胞，将白天加深一步的衰老'拉'回来。这个过程必须在睡眠状态下进行，于是中枢神经接到人体各系统要求睡眠的'呼吁'，从而进入深睡眠。

"脑白金可能是人类保健史上最神奇的东西，它见效最快，饮用1～2天，均会感到睡得沉、精神好、肠胃舒畅。但又必须长期服用，补充几十年还要每天补充。"

以上这篇文章，也是经过史玉柱精心策划的，在读者眼里，这些文章的权威性、真实性不容置疑，又没有直接的商品宣传，脑白金的悬念和神秘色彩被制造出来了，人们禁不住要问：脑白金究竟是什么？消费者的猜测和彼此之间的交流使"脑白金"的概念在大街小巷迅速流传起来，人们对脑白金形成了一种企盼心理，都想一探究竟、弄清真相，这种广告效应也就被史玉柱发挥得淋漓尽致。

事实上，我们往往记住了一个广告很漂亮，但常常忽略了这个广告是卖什么的，脑白金广告虽庸俗，却深入人心。沉浸在艺术美感中洋洋自得的广告艺术家们，他们是否忽略了基本的商业法则呢？

相对于脑白金广告的庸俗给消费者留下了很深的印象，农夫山泉也利用广告的效应使广大消费者记住了它，但是农夫山泉的广告却高在简单、清楚、容易记。

1999年农夫山泉的广告开始出现在各类电视台，而且来势汹汹，随之市场也出现了越来越热烈的反应，再通过跟进的一系列营销大手笔，农夫山泉一举成为中国饮用水行业的后起之秀，到2000年便顺理成章地进入了三甲之列，实现了强势崛起。历来中国的饮用水市场上就是竞争激烈、强手如云，农夫山泉能有如此卓越表现，堪称中国商业史上的经典。而这个经典的成就首先启动于"农夫山泉有点甜"这整个经典中的经典。

农夫山泉仅仅用了"有点甜"三个字，三个再平常、简单不过的字，而真正的点更只是一个"甜"字，这个字富有十分的感性，那是描述一种味觉，每个人接触这个字都会有直接的感觉，这个感觉无疑具有极大的强化记忆的功效，而记住了"有点甜"就很难忘记"农夫山泉"，而记住了"农夫山泉"就很难对农夫山泉的产品不动心。农夫山泉就是以简单取胜，简单，使自己能够轻松地表述；简单，也使消费者能够轻松地记忆。

在农夫山泉的案例中，我们可以发现一种能让消费者快速、深刻地记住企业对产品诉求的好方法：记忆点创造法。它的核心内容是：创造能让消费者记忆深刻的点，有了这个点才有了你的产品在消费者心中的重要位置。

一天傍晚，一对老夫妇正在饭厅里静静地用餐，忽然电话铃响了，老妇人去另一个房间接电话，老先生在外边停下吃饭，侧耳倾听。一会儿，老妇人从房间里出来，默默无言地坐下。

老先生问："谁的电话？"老妇人回答："女儿打来的。"又问："有什么事？"回答："没有。"老先生惊奇地问："没事几千里地打来电话？"老妇呜咽道："她说她爱我们。"一阵沉默，两位老人泪水盈眶。这时旁白不失时机插入："贝尔电话，随时传递你的爱。"

这是一则美国贝尔电话公司十分成功的广告，它以脉脉温情打动了天下父母和儿女的心。

贝尔电话广告的成功在于，广告商在制定广告时考虑到了目标消费者的特定心态，从儿女与父母的感情入手，描绘、展现了一幅孝心浓浓、爱意浓浓的温馨和美丽动人的亲情画面，让我们时时体味那爱的簇拥，充分唤起了人们对家庭亲情的留恋、回忆、追求、憧憬。

所以，一则以情动人的广告，要选择恰当的角度，将感情的定位把握好，以有效的手段强化、渲染产品所特有的情感色彩，以打动消费者的心。

同样的还有英特尔，其微处理器最初只是被冠以 X86，并没有自己的品牌，为了突出自己的品牌，从"586"后，电脑的运行速度就以奔腾多少来界定了。据说英特尔公司为了推出自己的奔腾品牌，曾给各大电脑公司 5% 的返利，就是为了在他们的产品和包装上贴上 "intelinside" 的字样。其广告词"给电脑一颗奔腾的芯"一语双关，既突出了品牌又贴切地体现了奔腾微处理器功能和澎湃的驱动力。

消费者对广告印象深刻，他才能记住你的产品，印象深刻是好广告的一个衡量指标。现在电视的广告可说是数不胜数，而且大多的电视广告给观众的印象不是很好，其中有很多的广告收视率都很低，造成这种现象的原因有以下 3 种：

（1）现在的电视广告太多，人们都无兴趣去看。

（2）现在所播的电视广告创意不够新颖，让人看了印象不够深刻。

例如，中央电视台晚上 7 点半《新闻联播》结束后到天气预报之间的几秒钟时间，应该说是黄金时间,收视也是最高的,那么那个时候播出来的广告应该是最好的。但根据专业的市场调查和广告的效果反映来看,这些广告的效果并没有那么理想,更不用说印象深刻了,而这就是广告创意不够新,不能给人以深刻的印象。

(3)这些广告都没有抓住消费者的消费心理,没有抓住消费者对产品的兴趣。

有很多广告纯粹就是给卖产品的人看的,而不是给买产品的人看的。他们没有针对专门的消费者而做广告。例如专门针对年轻人(17～25岁)的广告、专门针对(25～50岁)的人做的广告,没有独特的广告就没有效果。这就造成了宣传费用多而效果越来越差,形成了企业一种无形的浪费。这也给企业的发展带来了隐患。

所以创业者在采用广告宣传自己的产品或服务时,要高度重视这几个方面的原因,特别是企业广告的形式和内容,同时消费心理学告诉我们,人们的心理状态直接影响到他们的购买趋向和选择。在物质生活特别丰富的今天,消费者购买商品已不仅限于满足基本的生活需要,心理因素左右其购买行为的情况变得突出起来。在广告中融入和产品相和谐、真实的情感,的确能够为产品被广大的消费者认同和接受创造更多的可能性。

创意源于生活,要做出好创意首先要研究目标消费者的心理,尤其是情感需求,然后将产品或品牌跟情感联系起来。好的创意没有限制,可以是生活中一个平凡的故事,也可以是天马行空想象出来的外太空的故事,但是广告中表达的情感一定要符合目标消费者的情感需求,广告中表现的人生态度也一定要符合目标消费者的心态和追求,这样才能引起目标消费者的兴趣。在把握消费者情感定位的时候,我们应该注意以下几条:

1. 一定要有真情实感,避免虚情假意

情感广告依靠的是以情动人,如果广告中没有真情实感,只有冠冕堂皇的空话或者虚情假意,那么这样的广告不做也罢。

2. 把握感情的限度,避免广告中出现不道德的内容

中国传统的情感都是比较含蓄和内敛的,表达爱情的时候或许只是一个充满爱意的眼神或者是一个拥抱。所以在学习西方创意的时候一定要把握好一个度的问题。

3. 避免文化的冲突

在做广告创意的时候,一定要先彻底了解当地的风俗人情,不要做出被消费者唾弃的广告,那样不仅损害广告主的利益,也伤害了消费者的情感。

好的广告要让观众记得住,在广告方面,创业者要做的就是如何用有创意的广告吸引观众的注意,借助创意的广告,让消费者看了就能够深刻记得产品,这样销售自己的产品那就是再简单不过的事了。

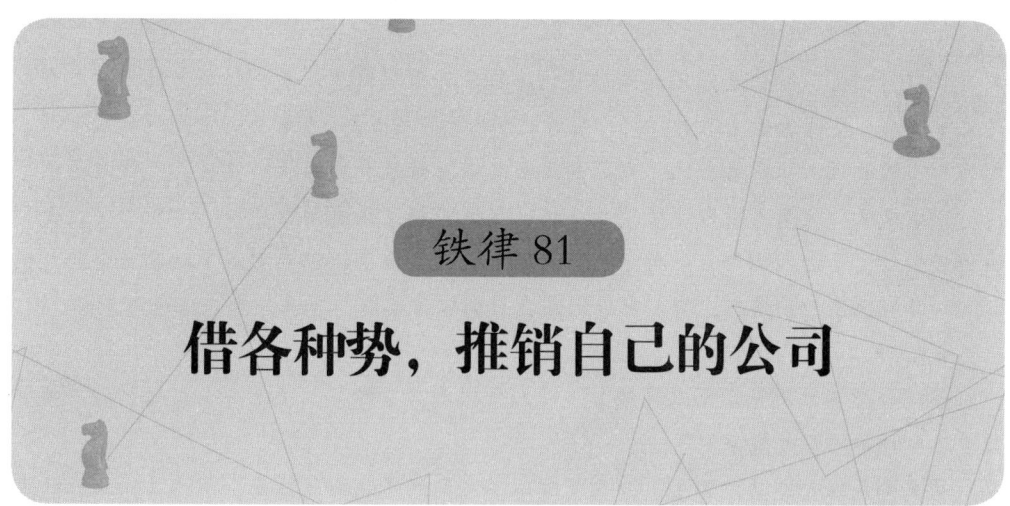

铁律 81

借各种势，推销自己的公司

> 细心观察周围，每个人身边都有着无数的可以帮助自己的事物存在，但是往往大部分人却忽略了身边的这些左膀右臂。聪明的企业家会借助身边的各种各样的势来助推自己，帮助推销自己的公司。借力用力是高人，同样懂得借各种势的人也必定会是成功者。

《孙子兵法》上说："湍急的流水，飞快地奔流，以致能冲走巨石，这就是势的力量。"企业在市场竞争的商战中，只有占有优势，才可先声夺人。

一种刚上市的新产品，一个刚开张的新企业，知名度低，企业需要造势以提高知名度，以势为其打开销路；一种名牌产品，一个实力雄厚的知名企业，虽然已有了势，但是还需要继续造势，这样才能巩固市场、提高形象。因此造势与不造势就大不一样，不造势，消费者视而不见；造了势，就可能给消费者引起冲击心理的强大轰动效应。

假如你的产品是钻石，你按照钻石的价格卖了它，那么你保值了；假如你按照水晶的价格去卖它，那么你亏大了。假如你的产品是水晶，你用水晶的价格卖了它，那么你既无亏损也无赢利；倘若你把水晶按照钻石的价格卖掉了，那么你完成了使产品增值的功能。对于企业而言，宣传造势就是为了让企业成功地把水晶般的产品按照钻石的价格卖出，让消费者心甘情愿甚至是引以为荣地支付钻石的价格买水晶的产品。

脑白金之所以能够成功，很大一部分取决于它的造势。脑白金的功效宣传主要通过报纸进行。报纸作为一种媒体，优势在于时效性强、制作方便、诉求深入，劣势在于广告受众处于一种主动接受状态，所以报纸广告很容易被读者跳过，成为无效广告。在意识到报纸利弊后，脑白金策划者开始想办法抓住读者的眼球，吸引读者的注意，传达有效信息，使脑白金广告在众多的广告中跳出来。经过一番认真思索，脑白金决定采用科普宣传，竭力推广其概念产品。分析脑白金的成功"造势"，体现在以下几个方面：

（1）注重新闻造势。

在宣传初期，脑白金采用新闻炒作的方式，为吸引读者注意，刊登大幅文章。类似的文章如《人类可以长生不老？》、《两颗生物原子弹》与《'98全球最关注的人》等。因为和一般硬性工商广告相比，新闻形式更具有可读性和更强的可信度，文章集典型事件、科学探索、未来人类命运展望于一体，强烈震撼了读者的心灵，这不亚于一次大型的科普宣传，于是人们都在期待着科学能够尽快造福自己，进而形成了对脑白金的饥饿心理，具有很强的杀伤力，所以可以形成良好的宣传氛围，为进一步宣传打下基础。

（2）采用大量系列软文。

如《一天不大便等于抽三包烟》、《人体内有只"钟"》、《孙女与奶奶的互换》与《生命科学的两大盛会》等。

软文都是以介绍功效为主，分别从睡眠不足与肠道不好两方面，阐述其对人体的危害，导入脑白金的奇特功效，指导人们如何克服这种危害。软文的题目引人入胜，内容轻松有趣。每一个广告都由一个事例或者一种现象开始，最终归结到产品功效上，事半功倍。

（3）使用了长篇文案。

脑白金的策划者们深谙广告宣传真谛，于是通过大幅文案广告系统全面地向人们阐述其产品功效。广告里不仅严密地介绍了疾病的危害和脑白金对人体的重要性，像改善由于衰老引起的睡眠不良、肠道不好等，而且把脑白金的功效延伸到美容护肤、延缓衰老、提高性功能等方面。有了长度就有了深度，有了深度就有了力度，这样的宣传效果是重量级的，宣传也达到了高潮。

（4）力主宣传创新。

脑白金宣传大量采用了漫画，开广告宣传之先河。有趣的画面配以精练的对白，以简单直白、生动鲜明的形式传达了广告信息。让人们在轻松的气氛里感受并接受了要表达的意图。值得注意的是，脑白金的策划是建立在对中国传统养生学理论的吸取和全面丰富的科技资料积累上的，否则就不会产生强烈的科普效果，也不会出现"不求仙方求睡方"的妙语佳句。

现代成功的策划已经进入专业化、系统化阶段，那种"一招鲜、吃遍天"的时代已经不复存在了。

营销的本质就是"造势"、"谋势"。创业者造势水平的高低将直接决定一个企业能否脱颖而出，创业成功。

"君子生非异也，善假于物也。"在会造势的同时，管理者还要学会借他人之力来成就自己。这是一个充满势的年代，要想打理好公司，就必须在会造势的同时学会借势。

借势或利用别人并不全是丑恶，而是各取所需。一个人在社会中，如果没有朋友，没有他人的帮助，他的境况会十分糟糕。普通人如此，一个企业更是如此。优秀的企业都是被公众所熟知的企业，成功的企业家都是最优秀的推销员，他们总是能用最经济的成本把企业推销到目标市场，从而获得最大的品牌收益。

可口可乐并不是伍德鲁夫发明的，但是他的商业智慧让他被美国人称为"可口可乐之父"。伍德鲁夫的父亲在1919年时花费了2500万美元高价收购了面临财务危机的可口可乐汽水厂以及可口可乐专利权，创建了可口可乐公司。

伍德鲁夫不爱运动，但是从他执掌可口可乐开始，这家公司就开始了和奥运会长达80年的合作，无疑，这是公司最好的宣传。历史证实，伍德鲁夫在执掌可口可乐时期，把握到了最好的时机和最好的商机，和奥运会的合作让可口可乐迅速成为家喻户晓的饮料。

但许多人认为，可口可乐并不是一种健康的饮料，伍德鲁夫也说过："我们的可乐中，99.7%是糖和水，如果不把广告做好，可能就没有人喝了。"而他最擅长的手段就是"宣传"，从1928年开始，可口可乐就成了奥运会的赞助商，80年代的时间，当可口可乐为逐年增加的奥运会合作费用掏腰包的同时，它也一步步地成了世界上最贵的品牌——品牌价值高达700多亿美元。

当今形势多变的市场经济，从来不缺少机会，关键是创业者要调整思路关注经济发展形势，善于抓住机会借势，挖掘市场潜力，做好准备，蓄势待发。一个善于借势的管理者，能够迅速集结并占有资源，使各项资源发挥最大效用。显然，这样的人能够较为容易地获得成功。相反，一个不会借势的企业，凡事单打独斗，其结果必然是失败。要想早日成功，管理者要时常询问自己：哪些资源可以为我所用？哪些"势"可以被我借用？

"借助热点或重大事件"是管理者把企业推销出去的好办法。当然，推销企业的方法还有很多。无论何种方法，创业者的目的只有一个：把自己的企业品牌推销出去，赢得更为广泛的注意力，并使公众注意力转化为实际购买力，从而使企业获得最大的经济利益。

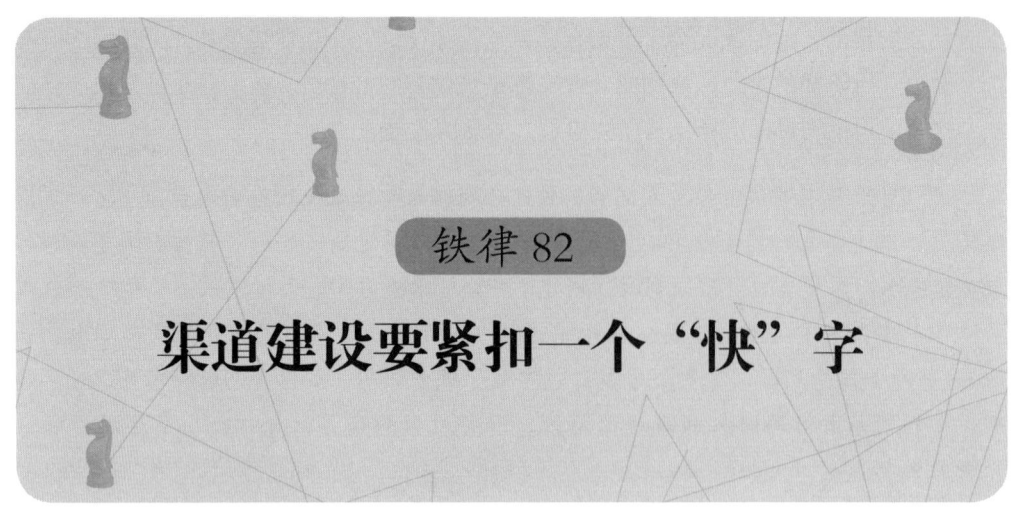

铁律82
渠道建设要紧扣一个"快"字

> 现如今,盖房子的速度加快了,火车车速加快了,人们的生活节奏也加快了,一切似乎都在以光的速度发展。"快"字已经深入人心,任何事都映射着"快"的存在。同样,企业在进行渠道建设时也必须紧扣一个"快"字,只有这样,企业的发展才不会落后于竞争者,在争抢市场时才能获得先机。

企业渠道建设主要是统筹渠道上下游的利益,充分发挥渠道商各自的优势和协同效应,使渠道价值链的价值最大化,使厂商合作利益最大化。渠道建设主要包括以下几方面的内容和程序:

1. 进行渠道规划

企业首先要结合自己的企业目标或远景以及行业和产品的具体情况(行业目前所处的发展阶段、市场规模、发展趋势、竞争对手情况、产品特征等)制定自己的渠道战略,也就是确定自己在渠道建设上总的思路和原则,它是企业渠道建设的方向和灵魂,具有指导性,在一定时期具有稳定性。

2. 进行渠道设计

根据企业的渠道规划进行渠道设计。渠道设计是实现渠道规划的具体措施和手段,它主要包括渠道模式设计和渠道政策设计。渠道模式设计主要是渠道层级、长度、宽度、广度等的确定;渠道政策设计主要是企业在渠道上的具体策略、原则或措施等,比如在渠道上有何费用支持、如何分配、有何广告策略等。

3. 进行渠道实施

它主要包括商业遴选(结合渠道设计的要求,确定遴选原则和具体的遴选标准)、商务人员安排、渠道政策实施介质确定(比如拟订经销、分销协议书)等。它是对渠道设计的落实和贯彻。

4. 组织渠道服务

渠道服务就是指为了保障渠道设计能够准确完整地实施企业所采取的保障措施，主要包括服务方向、服务技能、服务后续保障措施等。比如为了使商业企业能够很好地执行其相应的渠道功能或拓展商业的相关渠道能力，企业就有必要为商业企业提供相关的培训、沟通、技术支持，为商务代表提供专业培训，提高服务质量和能力。

5. 进行渠道管理

它贯穿于渠道建设事前、事中、事后的全过程，主要包括渠道信息管理、渠道人员管理、渠道冲突管理、渠道审计管理和渠道评价等。

根据以往成功的案例来看，在渠道建设管理过程中，人们都认识到：绝大多数消费者都对"第一视线产品"感兴趣。几乎所有的厂家都懂得"第一时间"的重要性。因此渠道建设一定要紧扣一个"快"字，在竞争对手尚未察觉其战略动机时，以"迅雷不及掩耳"之势快速地将货铺到目标市场，抢占市场份额。

为发展巴西的海运业和造船业，巴西政府、经济界和金融界提出，要恢复和发展本国造船工业，重振昔日巴西在南美洲的造船大国地位。国际造船界和海运界均十分重视巴西的造船和海运市场，因为在巴西造船和海运市场立足，就能以点带面，为开辟和占领南美洲市场打下基础。巴西要振兴海运业和造船业，引起全球造船国家，特别是韩国的极大关注。为抢占市场先机，韩国船企采取了一系列措施，为进入巴西造船市场打下了基础。在大宇造船海洋工程公司和三星重工拓展国外造船业务的计划中，两家企业均看好在南美洲发展造船业的市场前景，并将首选目标锁定巴西。他们认为：

（1）巴西原有一批中小型造船企业，造船基础好于其他南美洲国家，进入巴西的造船业取得成功的可能性比较大。

（2）巴西是南美洲第一经济大国，地下、地上自然资源丰富，出口潜力巨大，其充足的海运贸易量，需要足够的具有一定承运能力的本国船队。

（3）巴西政府、经济界和金融界均对发展本国造船工业达成了共识，形成了良好的市场环境和氛围。

由此，大宇和三星花大力气为开拓巴西船舶市场做准备，希望能在巴西建造船厂，以在中南美洲地区形成具有一定规模的造船基地。大宇造船计划收购巴西有发展前景的中型造船企业，通过参股、提供技术帮助等方式在巴西立足。三星重工也在考虑以类似方式进入巴西造船市场，建立自己的造船基地。不久，巴西苏阿佩地区企业组成的联合投资公司与韩国三星重工达成协议，三星重工将为巴西亚特兰船厂建设提供有关技术资料，包括船厂建设设计图纸、船厂经营管理有关资料、船舶设计图纸等。

另外，三星重工还将派技术人员赴船厂，指导船厂建设、布局，正式投产后，三星技术人员将进行船厂经营管理和船舶建造施工技术指导,为造船提供质量和安全保障。三星重工总经理对此表示,巴西是三星进入南美洲大陆造船市场的一个"桥头堡",三星与巴西船厂的这种协作关系,有利于三星进入巴西造船市场,三星对这次市场先机的抢占有利于三星跨国经营战略的推行和实施。同时,巴西和其他南美洲国家沿海海域石油和天然气储量十分丰富,这对三星重工今后在中南美洲的海洋油气项目设备领域占领市场、承接更多订单创造了有利的条件。

市场竞争最残酷的是同行业企业之间的竞争,行业的生存空间是有限的,胜者为王、败者为寇是不变的竞争法则。如今的世界是"唯一不变的就是一切都在变",在这个被称作"快鱼吃慢鱼"的新竞争规则下,谁先跑出第一步,谁的生存概率就大一些。当企业的生产与管理成本已经没有可挖掘的潜力时,渠道系统可能还是一个可以挖掘的金矿,谁能首先投身"渠道革命",改善企业的渠道关系,强化渠道管理,增加渠道的产出效率,提升渠道的竞争力,谁就会抢得市场先机。

柯尼卡美能达的成功充分说明了:只有把渠道做深做远,才能满足远端需求,赢得更多的市场份额。所以说,一旦掌握了某种市场先机,就要勇于抢占市场。这样才能赢得竞争。

因此,早起的鸟儿有虫吃,快别人一步,步步先于别人,这是一个企业在快速建设渠道的理论支持。一个企业只有先于别的企业把渠道建好,并且在建设渠道时眼光放长远些,把渠道建设得足够深足够远,才会为日后的销售打好头战,才能最先为消费者所熟知,为消费者所认可,最终才能给企业带来意想不到的利润。

铁律83

靠良好的服务塑造良好的公司形象

> 顾客是上帝，良好的服务是一个企业的立足之本。企业的管理者应该明白，消费者在购买产品的同时，实质上相当在乎购买的服务。良好的服务往往让消费者能够进行二次购买；败坏的服务会让消费者心里自然而然地产生一种厌恶感。因此企业要想成功，首先要靠良好的服务塑造良好的公司形象。

早年，美国出版过一本非常畅销的管理科学著作，书名叫《成功之路》，作者认为，"出色企业"是"始终如一对用户的执着"，为顾客服务应作为企业的战略来研究。事实上，保持良好的顾客服务应该是大多数优秀企业的一种观念。

然而很多管理者简单地以为：只要产品好就会有市场。其实，在目前产品质量有保证、价格相差无几的商业环境下，谁能够提供最优质服务，谁就能够赢得用户，谁就能够抢先占领市场。因此，企业要在市场竞争中赢得优势，就必须搞好售后服务，以完善的服务立业。

一个在外部可以用服务来感动消费者的品牌，内部一定有坚实的基础，有相应的企业价值观和企业文化，有匹配的产品设计和市场营销理念，体现了品牌价值的各个维度。

营销大师科特勒认为，如果顾客觉得服务的差别不大，他们对提供者的关心程度便会小于对价值的关心。当企业因顾客特别的需求，而将产品或服务顾客化时，它便算得上是实行"体贴顾客"的做法。也就是说，如果管理者能够像东方饭店老板一样，为客户提供完美的服务，他的企业也一定会成功的。

一个品牌是一种产品的集中体现，消费者之所以爱名牌，其中原因不只是相信名牌产品的品质，更是为了获得名牌产品的售后服务。

2008年，"山寨"一词在中国急速流行。当人们谈及山寨手机与名牌手机的最大区别时，总会这样说：山寨手机没有售后服务。正因为此，很多手机购买者宁愿多花钱去购买名牌手机，而不去买山寨手机。由此可见，售后服务对促进交易完成产生着重要影响，甚至起到决定性作用。

据美国一公司对世界近万名消费者抽样调查，奔驰车得分仅次于可口可乐饮料，位列"世界十大名牌"第一名的——"奔驰600型"高级轿车，是世界上许多国家元首和知名人士的重要交通工具。尽管一辆奔驰车的价格能买两辆日本车，但奔驰车不仅顶住了日本车的压力，而且增加了对日本的出口，并能始终在日本市场上占有一席之地。

在世界经济危机此起彼伏、汽车市场竞争日趋激烈、汽车厂家不断倒闭的情况下，奔驰汽车的销售却一路凯歌。这不能不归功于它保你满意的产前服务、无处不在的售后服务和领导潮流的创新服务。

（1）保你满意的产前服务。

买奔驰车首先是买满意的质量，奔驰公司为"奔驰600型"轿车所做的广告是："如果有人发现奔驰车发生故障、中途抛锚，我们将赠送你1万美元。"3700种型号，任何不同的需要都能得以满足。不同颜色、不同规格乃至在汽车里安装什么样的收录机等千差万别的要求，奔驰公司都能一一给予满足。厂里在未成型的汽车上挂有一块块牌子，写着顾客的姓名、车辆型号、式样、颜色、规格和特殊要求等。来取货的顾客驱车离去时，"奔驰"还赠送一辆可当作孩子玩具的小小奔驰车，使车主的下一代也能对奔驰产生浓厚的兴趣，争取让他们以后也成为奔驰车的客户。

（2）无处不在的售后服务。

奔驰公司无处不在的售后服务，使奔驰车主绝无半点烦恼。在德国本土，它设有1700多个维修站，雇有5.6万人做保养和修理工作，在公路上平均不到25公里就可找到一家奔驰维修站。国外的维修站点也很多，全球共有5800多个。国内外搞服务工作的人数与生产车间的员工人数大体相等。服务项目从急送零件到以电子计算机开展的咨询服务等，甚为广泛。奔驰车一般每行驶7500公里需要换机油一次，行驶1.5万公里需检修一次。这些服务项目都在当天完成。如果车辆在途中发生意外故障，开车的人只要向就近的维修站打个电话，维修站就会派人来修理或把车辆拉到附近不远处的维修站去修理。

（3）升华价值的增值服务。

奔驰汽车的另一突出特点是它的增值服务，奔驰公司在同行竞争中一直处于前列。奔驰于1999年首次推出了为中国用户制订的服务计划——"价值升华计划"，它提升了用户拥有的奔驰车的价值。几年来，在这个计划的引导下，奔驰先后通过多样化的主题活动如冬夏季免费车辆检测、安全驾驶培训、车辆护理忠告等，让用户享受到众多的创新服务。

奔驰的优质服务成为奔驰品牌的重要支撑点。服务是产品最重要的组成部分之一，消费者买的不仅仅是产品实体部分。就像人们开着一辆奔驰车，不仅仅是为了驾驶。因为奔驰车的优质服务所带来的良好信誉，使它数十年来长盛不衰，我们要提示创业者的是：要想您的企业能够更长寿，请您在服务上多下工夫。

占领市场似乎很简单，但巩固市场就没那么容易了。如果不能巩固市场，即使我们征服了所有的市场，但最后留在我们手中的还只是一小块市场。巩固市场的法宝是什么？答案就是服务。

良好的服务是企业获得客源的第一步，也是关键的一步。如果顾客不满意，企业就很难顺利发展下去了。只有具有完善的顾客服务，企业才能赢得顾客的忠诚，获得顾客的持续支持。

管理者要构建完善的服务体系，一定要做好以下3个方面的工作：

1. 要制定顾客服务细则

将顾客服务政策以书面形式公布出来，让每一个员工都应该知晓服务细则的内容并且严格遵守。"客人永远都是正确的"应成为制定所有顾客服务细则的基础。创业者要提升客服人员的语言技巧，要让客服人员多使用让顾客高兴的语言和词语。

2. 要开展顾客跟踪服务

任何企业都想和顾客进行多次成交，而促使多次成交最有效的方法就是提供跟踪服务。销售完成后你就应该及时打电话给你的顾客，向他（她）致以谢意，同时询问对方对你的产品或服务是否满意。这种电话会为下次成交打下良好的基础。

3. 要把顾客的抱怨变成商机

大部分不满意的顾客不会直截了当地向企业倾诉他们的不满，他们只会静静地离开，然后告诉每个他们认识的人不要购买你的产品。所以，当有顾客抱怨时，千万不要觉得麻烦，这反而是改变顾客观念、留住生意的绝佳机会。

同时，良好的顾客服务一般符合以下5个条件，或者说具有以下5种基本属性：

1. 情感性

良好的顾客服务措施或体系必须是企业发自内心的，是诚心诚意的，是心甘情愿的。企业销售、服务人员在提供顾客服务时，必须真正付出感情，没有真感情的顾客服务，就没有顾客被服务时的真感动；没有真感动，多好的顾客服务行为与体系也只能是一种形式，不能带给消费者或客户终生难忘的美好感觉。

2. 适当性

顾客服务的适当性指的是两方面：一方面是顾客服务内容和形式的适当性，即服务内容和方式方法的正当性；另一方面是指顾客服务量与质上的适度性。因为企业提供的任何顾客服务都是有成本的，过高或过低的顾客服务水平都不是明智的行为。

3. 规范性

规范性指的是企业在向顾客提供服务时，必须尽量为服务人员提供统一、科学、全面、规范、符合情理的服务行为标准。

4. 连续性

顾客服务的连续性指的是企业在提供顾客服务时，必须保持在时间、对象、内容及质量上的连续性。

5. 效率性

效率性主要是指提供顾客服务时的速度与及时性。例如，夏天修空调：同样内容的服务，报修后两小时到和两天到就有天壤之别。

良好的服务是企业赢得消费者信赖的第一步，也是最为关键的一步。服务内容的最优化是使企业所提供的服务优于其他企业的关键，当市场占有率达到一定程度时，优秀的服务就胜过营销的运作了，此时管理者要相信顾客购买的不仅是产品，更是服务。因此，靠良好的服务塑造良好的公司形象、树立自己公司的品牌永远都是正道。

铁律 84

经营管理一个公司，一定需要制度规范

> 英国首相丘吉尔曾说："制度不是最好的，但制度却是最不坏的。"远大空调董事长张跃说："有没有完善的制度，对一个企业来说，不是好和坏之分，而是成与败之别。没有制度是一定要败的。"因此，企业的管理者在建设企业发展宏伟蓝图时，一定不要忘了去规范自己企业的规章制度。

在当今竞争日益激烈的商业社会，制度才是克敌制胜的根本之道。对于任何企业管理者而言，要想创一番大业，成为一代企业家，一定要"完善企业制度和标准"，锻造企业制胜的"秘密武器"。

一个强大的管理者，首先也应该是一个规章制度的制定者。规章制度也包括很多层面：财务条例、保密条例、纪律条例、奖惩制度、组织条例等。好的规章制度可以使被执行者既感觉到规章制度的存在，又并不觉得规章制度是一种约束。

看看已经有百年历史的IBM、花旗银行、默克制药等讲规矩的企业，我们可以发现，有规矩的企业才能有机会成为真正的"百年老店"。

当年，吴王阖闾有争霸天下的雄心，但是却没有强大实力，大将伍子胥为他请来了军事家孙武，于是吴王想要试试孙武的能力。孙武上任后做的第一件事就是立规矩，规矩立好之后他反复重申，不遵守规矩者杀无赦。当吴王的爱妃被杀后，所有的规矩都立起来了，而孙武也终于成为一代兵圣，吴王也成为春秋五霸之一。

没有规矩不成方圆，企业的团队是人的组合，而每个人都有自己的思想和行为。但是在团队里，需要尽量避免个人的思想和行为，要求整体步调一致，所以纪律的约束不能缺少。

在每个企业的建立之初，管理者首要做的就是指定明确的纪律规范，为企业画出规矩方圆。好的制度是非常重要的。有这样一个小故事：

有五个和尚住在一起，他们每天都分食一大桶米汤。但是因为贫穷，他们每天的米汤都是不够喝的。一开始，五个人抓阄来决定谁分米汤，每天都是这样轮流。于是每星期，他们每个人都只有在自己分米汤的那天才能吃饱。后来经过研究，他们推选出了一位德高望重的人出来分。

然而好日子没过几天，在强权下，腐败产生了，其余四个人都学会想尽办法去讨好和贿赂分汤的人，最后几个人不仅还是饥一顿饱一顿，而且关系也变得很差。然后大家决定改变战略方针，每天都要监督分汤者，把汤一定要分得公平合理。这样纠缠下来，所有人的汤喝到嘴里全是凉的。因为都是聪明人，最后大家想出来一个方法：轮流分汤。不过分汤的人一定要等其他人都挑完后喝剩下的最后一碗。这个方法非常好，为了不让自己吃到最少的，每人都尽量分得平均。在这个好方法执行后，大家变得快快乐乐、和和气气，日子也越过越好。

同样的5个人，不同的分配制度，就会产生不同的效果。所以一个单位如果没有好的工作效率，那一定存在机制问题。如何制定一个合理规范的制度，是每个领导需要考虑的问题。

著名的施乐公司老板曾骄傲地说："施乐的新产品根本不用试生产，只要推出，就有大批订单。"这是为什么呢？原来，他们开发出的任何新产品都运用了一种统一的管理模式。这种模式以用户需求为核心，共有产品定位、评估、设计、销售4个方面近300个环节。通过反馈信息以及对大量数据的不断调整，使产品一经面市就能满足用户的需求。正是凭着一整套行之有效、科学严密的管理程序，百余年来，施乐公司始终是世界文件处理的领头羊。

我们可以这样认为：制度和标准就是企业的竞争力。

北京"金三元"酒家拥有中国首道专利菜"扒猪脸"。金三元的老板沈晓峰非常精明能干，他为这道菜定制了十分严格的规矩。猪头的来源必须是饲养期4个月到5个月大、重量为60公斤至75公斤的白毛瘦型猪；猪经过标准屠宰后，需经过2小时的浸泡、30多种调料、4小时酱制、12道工序层层制作。谁弄错一个环节，沈老板都会火冒三丈。不仅如此，"金三元"酒店的服务也是非常到位的。无论是从站位、迎宾还是入座、点菜，都有一套分为29道工序、3000多条标准的管理制度。这些制度为金三元赢得了广泛赞誉，前来消费的顾客对金三元的服务赞不绝口。完善的制度使金三元在北京餐饮市场上脱颖而出，经过多年的发展，金三元已经成为在全国拥有20多家连锁店和一家经营纯绿色食品超市的多元化企业。

在很多企业中也一样，市场竞争越来越激烈，由于制度、管理安排不合理等方面的原因，造成某项工作出现真空现象，好像两个部门都管，其实谁都不管，出现问题又纠缠不休、互相扯皮、推诿责任，使原来的有序反而变成无序，造成极大浪费。一般来说，主要有以下几种情况：

1. 有章不循造成的无序

无章无序就是随心所欲，把公司的规章制度当成约束他人的守则，没有自律意识，不以身作则，不按制度进行管理考核，不仅影响了其他员工的积极性和创造性，还会降低整体工作效率和质量。

2. 业务流程的无序

这是由于通常考虑以本部门为中心，而较少以工作为中心，不是部门支持流程，而是要求流程围绕部门转，从而导致流程的混乱，工作无法顺利完成。

3. 协调不力造成的无序

职责不清，处于部门间的断层。部门之间的工作缺乏协作精神和交流意识，彼此都在观望，认为应该由对方部门负责，结果工作没人管，原来的小问题也被拖成了大问题。

4. 业务能力低下造成的无序

比如出现部门和人员变更时，工作交接不力，协作不到位，因能力不够而导致工作混乱无序，人为地增加了从"无序"恢复到"有序"的时间。

一个企业，假如缺乏明确的规章、制度和流程，那么工作中就很容易产生混乱，就非常容易出现"潜规则"。

"潜规则"这个词，来自作家吴思对当代中国的观察和揣摩。它指的是明文规定的背后往往隐藏着一套不明说的规矩，一种可以称为内部章程的东西。支配生活运行的经常是这套规矩，而不是冠冕堂皇的正式制度。这种在实际上得到遵从的规矩，背离了正义观念或正式制度的规定，侵犯了主流意识形态或正式制度所代表的利益，因此不得不以隐蔽的形式存在，当事人对隐蔽形式本身也有明确的认可。"潜规则"之初主要是谈社会中存在的一些"陋规"，如鲁迅先生所说，"藏在皮袍下面的东西"，是社会中一种看不见、摸不着，行之有效但摆不上桌面的行为方式。

西方管理理念中，企业潜规则属于组织行为学的范畴。管理大师赖特指出，规则是在组织中一种被两个人或者两个以上的人共同认同的态度、观念、感受、行为，来指引他们的日常工作，规则可以是正式的，也可以是非正式的。相对于公司愿景使命、发展策略、企业文化、规章制度的显规则，潜规则属于"非正式"的规则。它的形成原因有以下4个：企业中重复多次很难改变，企业过去情况的延续，企业发生重要事件形成潜规则，企业高层领导非正式设定的潜规则。

显规则的不完善，使潜规则的存在变得合理。任何一个企业中，显规则都不可能完全正确和完善，当显规则不能发挥有效作用的时候，潜规则就会凸现，起到实际的调节作用；而企业发展是一个动态的过程，不可能用一种规则去应付，纵使是显规则，也是在变化之中。可以说，规则总是落后于企业的发展，在新的规则还没有建立的时候，潜规则就闪亮登场。人性中无法克服的弱点以及人性的复杂，也决定了潜规则存在的必然。之所以存在潜规则，是因为人性不能用所有的规则全部设定出来，对不同的人要实行不同的管理方法。

没有规矩，不成方圆。法律和规则是社会运行的基石，也是企业赢利的根本，规章制度松懈，执行力度不够，是一个问题的两个方面。这都直接破坏了企业的正常运行，助长了员工偷工减料、懒散松懈的工作作风。因此，每一个企业的管理者，尤其是一线的执行者，都应该着力培养自己的规则意识和法制意识。须知，良好的规章制度和执行到底的作风是企业发展和赢利的基本保证。

创维集团总裁张学斌如此阐述企业制度的重要性："我常常把企业的制度和一个国家来比较——像美国，只有200多年历史，但是现在就发展成为一个超级大国。其实它真正成为超级大国的时候，没有用200多年，100多年就已经达到这个目标。它就是有一个很好的制度，只要这个制度在，大的问题就不会出现。"

彼得·德鲁克曾说："一个不重视公司制度建设的管理者，不可能是一个好管理者。"制度对于企业来说，其根本意义在于为每个员工创造一个求赢争胜的公平环境。所有员工在制度面前一律平等，他们会按照制度的要求进行工作，会在制度允许的范围内努力促进企业效益和个人利益最大化，从而使各个团队在良好的竞争氛围中实现绩效的突飞猛进。创业者一定要善于把制度引发的竞争乐趣引入到管理工作中去，让团队中的每一个人都对工作保持有激情，兴趣百倍地去工作。

现代企业家杰克·韦尔奇当年力推"六西格玛管理"，张瑞敏发怒砸掉了不合格的冰箱，这其实都是在立规矩。规矩立起来了，大家就有了准则，有了行动的标杆。从更深的层次讲，企业之间的竞争实际上也是规矩之争，作为制定规矩的企业领导者来说，谁的胸怀和气度大，谁能立起有效的规矩，谁的企业才能随之长久和伟大！

铁律 85

目标管理：做一个悠闲的企业家

> 企业是一个庞大的组织，一个组织就要有一个真正的"首领"，因此企业需要有一个深谋远虑的管理者去指挥着企业的运行，然而管理者不应该像员工一样被困在日常繁杂的事务中，而应该多为企业的发展大计作考虑。管理者把公司一切繁杂的事情交给手下去做，自己做一个悠闲的企业家，做一个企业的指挥者。

具体地说，现代企业家不仅仅是企业的管理者，更多地应该是领导者和战略家。企业家应该从纷繁的日常管理中超脱出来，更多地去思考企业的长远发展战略，并通过企业文化管理，引导全体员工有效地实施企业的战略方针，从而达到为企业创造利润的目的。

有位 A 经理在一家大公司负责管理着一个大部门，业绩斐然，深受器重，但他并不高兴。日复一日，年复一年，他工作的时间似乎也越来越长，而休假却越来越少。一天，在一个鸡尾酒会上，一位朋友告诉他，有家大集团公司的首席行政总监据说发现了成功的秘诀，这位令人侧目的人被大家尊称为"大战略家"。

突然有一天，这家大公司的总裁决定提前退休，董事长把 A 经理叫去，说董事会决定由他继任公司总裁。A 经理当然接受了，但内心惶恐不安。他心想，对于自己目前的工作都只能应付，如今又要主管整个公司，该怎么办呢？这时他想起了那位大战略家。第二天，新总裁来到大战略家的办公室。他进去后大吃一惊，大战略家桌上竟没有一个文件！只有一打信笺纸、一支铅笔和一块座右铭牌。

于是，新总裁问道："您可否说说经营像您这样错综复杂的大企业，怎么做到办公桌上没有文件呢？""噢，管理企业的不是我，"大战略家说，"都是其他人在做，我只管理着使命。"新总裁面露不解之色，于是大战略家递给他一块座佑铭牌，上面写着：

共同价值观提供行为导向,从而实现控制。"罗马天主教是世界上最大的宗教组织,你是否想过它如何通过那么简洁的等级结构进行控制?"

大战略家反问道:"教会有教义,即通过一整套共同信念发展起来的一种规则体系,或称之为共同价值观。"新总裁试探着回答:"您的意思是说,当人们拥有了共同价值观时,在某一特定情况下所做出的反应也都一样?"大战略家说:"正是如此。"大战略家接着说:"非常可悲的是,多数企业的领导者几乎从不为他们的使命费神。他们既不制定适当的使命,也不在公司内对使命加以管理。当然,结果是,他们无法很好地授权。因此,业务部门和职能部门各行其是,自行制定本部门的战略,致使管理高层不得不花费大量时间从中调解。试想,如果有一个共同的事业来协调各种局部利益,每个人的生产率该会提高多少!事实上,通过对使命的管理,我创造了一个奇迹:人们自发地做正确的事。如果我管理的是使命,就能够依靠其他人去管理企业。"

通过这位大战略家的自述,我们从不同角度了解到,作为企业的领导者,一个企业家管理好企业使命,管理好一个企业的灵魂就意味着已经很大程度上管理好了一个企业的大大小小、错综复杂的各类事情。归结起来,这位大战略家所提倡所坚信的便是所谓的"目标管理"。

对于摸高试验(正向试验),管理学家们曾经专门做过一次这类试验。试验内容是把 20 个学生分成两组进行摸高比赛,看哪一组摸得更高。第一组 10 个学生,不规定任何目标,由他们自己随意制定摸高的高度;第二组规定每个人首先定一个标准,比如要摸到 1.60 米或 1.80 米。试验结束后,把两组的成绩全部统计出来进行评比,结果发现规定目标的第二组的平均成绩要高于没有制定目标的第一组。摸高试验证明了一个道理:目标对于激发人的潜力有很大作用。在上面的"摸高试验"就是典型的开发能力型目标管理——学生在目标的刺激下,提高了自己的摸高能力。

目标管理(MBO)是以重视成果的管理思想为基础,强调自我控制。德鲁克认为:"目标管理的主要贡献之一,就是它使得我们能用自我控制的管理来代替由别人统治的管理。"目标管理通过预先确定目标、适当授权和及时的信息反馈,以达到推动各级管理人员及员工实行自我控制的目的。

目标管理作为一种先进的管理方式,接受和借鉴了德鲁克的"目标管理"的管理理念,并应用到实践,有效地提升了企业的绩效。目标管理主要包括以下 4 个部分:

1. 制定目标

在目标管理实施中,首先把目标的制定放在首位。在制定目标时要求两点:员工的目标和企业的目标保持一致;每个人都要制定切实的目标。另外在制定目标时还遵守以下原则:如目标数量不宜过多,目标的内容具体明确、目标难度以略高于本人能力为准、不能失去长远的观点等。

2. 目标管理的特征

目标管理的特征主要包括两点：直接结合经营需要的一贯性，即目标管理必须从企业的整个经营体制出发，保持完整的一贯性；以个人为中心提高能力，具体来说，每个人的目标，是按照本人的能力、适应性和性格等特点个别确定的。

3. 目标管理的结构

目标管理重要的前提就是相信每个人的能力和积极性，恰如其分地明确每个人的工作和任务，然后通过权力下放和自我控制，确立好整体的目标体系以及每个人的目标体系。在目标管理的最后阶段，实施成果评价，并与绩效考核挂钩，给予相应的奖惩措施，提高员工的积极性。

4. 目标管理的实施

在目标管理的实施过程中，坚持少而精主义和能力主义。此外在实施过程中还坚持"信任下级"原则，适当下放权限，上下级之间建立信任；最后，依据达到程度、困难程度、努力程度三个要素进行成果评价，进行相应的奖励，保证目标管理的有效性。

铁律 86

管理者一定要是能干事的带队者

> 企业中的管理者是企业管理行为过程的主体，管理者一般由拥有相应的权力和责任、具有一定管理能力从事现实管理活动的人或人群组成。管理者及其管理技能在组织管理活动中起决定性作用。管理者通过协调和监视其他人的工作来完成组织活动中的目标，管理者，一定要是能干事的人。

作为企业管理者，一定要扮演好带队者的角色。有人说，带队者就应有"平常时段，看出来；关键时刻，站出来；生死关头，豁出去"的素养。"平常时段，看出来"，是个人素质、潜在能力和品质的体现；"关键时刻，站出来"，是勇气、原则和实力的展现；"生死关头，豁出去"，是一种勇于奉献和敢于牺牲的精神。很多人在关键时刻丧失领导力的原因就是：要求下属"照我说的做"，而不是"照我做的去做"！在关键时刻不能坚持原则，更没有勇气和实力站出来，也就是不敢说"看我的"！

在企业管理中，承担使命是管理者工作的开始。从心理层面分析，人们总会因一个明确的目标或使命而动力十足，因为使命完成的过程，往往是自我价值得以实现的过程。

然而，由于环境、能力、意识等方面的差异，有很大一部分人无法完全承担自己的使命，最起码在事业的起始阶段，需要别人指路，为他们承担。而有能力为他人指导方向和承担使命的人，自然而然会得到拥护和尊重，成为领袖。所以，管理者的管理要从承担下属的使命开始。管理者只有肩负起自己的使命、组织的使命，尤其是员工的使命，才有动力将管理做好。

在当代，对于众多管理者来说，要发展企业、改善发展过程中日渐增多的各种问题，这一点尤为重要。

在"2006 年度最受赞赏的中国公司"调查中，位居第一的是海尔集团。此时，我们不得不再次将目光投向海尔集团的 CEO——张瑞敏。

海尔的发展历程也同样是张瑞敏发展的历程。1984 年，青岛电冰箱总厂（海尔集团前身）濒临倒闭，张瑞敏临危受命，接手了这个烂摊子。面对那排门破窗烂的旧厂房，看着账面上 147 万元的"赤字"，想着 600 多张等着吃饭的嘴巴，张瑞敏感受到了从没有过的沉重压力。

对于很多人来说，这样的压力足以让他们逃避，但张瑞敏没有。他知道，这是领导交给他的重任，是他必须承担的使命。

为了让海尔"起死回生"，张瑞敏想到去国外取经，他第一次走出国门，远赴德国，希望能学习一些国外的先进技术和经验。

带着张瑞敏参观德国市场的一位德国朋友说："你们中国在德国最畅销的商品，就是烟花爆竹。"

说者无心，听者有意。那一刻，如一把锥子直戳心脏，张瑞敏被深深刺痛了，不禁热血沸腾，他问自己："难道中国人要永远靠祖先的发明过日子吗？"

30 多岁的张瑞敏再一次感觉到使命感在心中油然升起，他暗暗发誓："我一定要让自己造出来的产品在德国畅销，在世界畅销。"

此后，这种使命感一直激励着张瑞敏，于是，他带领着海尔集团的员工，在国际化的道路上不断奋进，最终带领海尔冲到了世界舞台上。

没有当初那种承担使命的决心和勇气，或许张瑞敏无法走到今天，自然也就不可能会有现在仅海外销售额就高达 30 亿美元的海尔集团了。

事实上，任何一个创业者的行为，都会影响他的追随者和身边的每一个人。追随者会通过一种被称为"示范"的学习过程而受到影响。这种影响在平时是潜移默化的，也许不会被清醒地认识到，可在关键时刻却是非常强烈的。

当大家为何去何从不知所措时，领导的作用就显示出来了。身为企业的管理者，要有着超乎一般的远见卓识，他的任务就是告诉追随者们应该朝哪个方向前进；应该选择哪一条路；在这条路的前方，有怎样的风险和利益……在必要的情况下，他还应该走在队伍的前面。在大家四顾茫然的关键时刻，一声"跟我来"，就像一支"强心针"，能使团队士气大振，并形成一股强大的冲击力。

追根究底，企业管理者的远见卓识，不仅在于为追随者指明应该前进的方向，更重要的是，应将追随者引导到他们希望去的地方。这就是说，管理者的领导目标应符合团队价值观，也就是所谓的顺民意、得民心。孙子说："道者，令民与上同意者也，故可以与之死，可以与之生，而不畏危。"追随者不可能仅仅为创业者的个人目标而奋斗，只有上下目标一致，追随者才能跟随创业者出生入死、不避艰险。

金子具有价值，但价值产生于人们认识金子之后。管理者与别人建立良好的人际关系，主动关怀别人，学会与别人交谈并调动别人的积极性，就是一个让人认识的过程。

沟通的过程绝非只是一个传达自己的观念或意见的过程，而是一个双方心灵的交流并相互认同的过程。管理者通过这一过程，将自己的人格魅力焕发出来，对他人产生潜移默化的巨大的鼓舞力量。

1942年，二战进行得如火如荼。随着战争局势的变化，盟军与德军的战场逐渐转移到北非。盟军最优秀的将领之一巴顿将军意识到自己的部队可能无法适应北非酷热的气候。一旦移师北非，盟军士兵的战斗力就有可能随着酷热的天气而减弱。

战争不会随着人的意志而转移，摆在盟军面前的只有一条路：那就是适应。为了让部队尽早适应战场变化，巴顿建立了一个类似北非沙漠环境的训练基地，让士兵们在48度的高温下每天跑一英里，而且只给他们配备一壶水。巴顿的训练演说词就是："战争就是杀人，你们必须杀死敌人；否则他们就会杀死你们！如果你们在平时流出一品脱的汗水，那么战时你们就会少流一加仑的鲜血。"

虽然人人都意识到战争的残酷性，但酷热的天气还是让许多士兵暗地里抱怨不已。巴顿从不为训练解释，他以身作则，和士兵们一样在酷热的环境中坚持训练。当士兵们看到巴顿每次都毫不犹豫地钻进闷罐头一样的坦克车中时，再多的怨言也只能变成服从。

显然，巴顿把自己当作是普通的一个士兵，在这个角色上，他以完美的职业军人精神树立了典范，起到了榜样作用。在巴顿的带头作用之下，整个军队的训练进行得非常顺利。正是有了这样的训练，在随后的北非战场上，巴顿的部队迅速适应了沙漠环境，以较小的代价一举击败德军，取得重大胜利。

企业就是一支军队。其管理者也必然要像巴顿将军一样，成为具有强大影响力的带队者，才能促进团队成长。建立成功的团队，就需要管理者推动团队成员共同进步。

伟大的公司必然是一个积极的、开放的、沟通顺畅的组织，这些优秀的组织更趋向于积极地经营、管理和运用员工的天才和潜能。他们将许多精力放在识别员工的潜力方面，根据他们的个体差异，有针对性地提供专门培训，竭尽全力促进他们成长。更为重要的是，这些创业者会以自己的影响力，促进员工见贤思齐、积极成长。

管理者如何做才能成为具有影响力的带队者呢？不妨用以下方法：

（1）成为遵守制度的模范。创业者不仅是制度的制定者，更要是制度权威的忠实维护者。

（2）加强自我管理。善于自我管理的创业者能够独立思考、工作，无须严密地监督。

（3）为目标的达成全力以赴。大多数人都喜欢与将感情和身心都奉献给工作的人共事。

（4）具有超强的解决实际问题的能力。轻而易举地解决掉别人无法解决的问题，能够获得追随。

（5）具有非权力影响力。不仅要关爱员工，还要具有人格魅力；具有较高的道德标准，获得信赖。

因此，我们不难看出：一个优秀的管理者，之所以能拥有很高的地位和号召力，不是因为他比别人聪明，更不是因为他天生就具备这样的才能，而是因为他承担了众人的使命，为众人开辟了一条新道路。

铁律 87

培训公司员工，将培训当作是一项投资

> 每个公司的主体都是员工，因此员工决定着企业的成败，员工弱则企业弱，员工强则企业强。员工进步，企业才能进步。所以，明白这样道理的管理者要重视员工的培训，在不断改善员工的薪资、工作环境的同时，也要加大员工培训力度，以员工的进步推动企业的进步。

美国《财富》杂志曾指出："未来最成功的公司，将是那些基于学习型组织的公司。"如今这一观点已被当今无数知名公司所验证。

在 LG 公司，在兼顾员工培训需求方面，他们采取的根据员工的不同要求为其设立不同内容的课程，然后让各部门员工自己选择参加。他们的培训分"必修"和"选修"两部分。这像是在大学里上课一样，公司文化、思维理念的培训课程通常是"必修"，非常专业化的课程一般为"选修"。通过这样的课程设计，既能把公司的经营目标与员工的个人需求很好地结合在一起，又能为员工创造一个机动灵活的培训安排空间。

在针对员工个性需求方面，LG 公司还有一个别具特色的做法，他们设计了以网络为基础的学习软件，活用网络提供的资源，以远程教育的形式营造有利的环境来促进学习。培训中心把培训的课程保存在可移动电子空间里，每个员工可以不受时空限制地按照自己的方式和进度进行自我培训，完成培训课题后，公司专门安排的培训指导人员会把这种学习的效果评估反馈给员工。另外，LG 培训中心充分利用便捷的互联网资源，在网络世界里实现世界各地分公司的直接交流，交流内容包括课程的各种设置、培训的方式和方向等。比如在中国的员工可以查看韩国培训中心的课程运营表，并可以自主决定是否参加。

同样，因材施教，不生搬硬套的培训思路是企业培训员工更为行之有效的选择。优秀的创业者应该采取因材施教的方式培训员工，并注意突出培训方式的有效性、适用性，从而使培训产生巨大的经济效益。

海尔企业在实施员工培训时，从来都是从企业的培训愿望出发，对培训对象采取最为有效的培训方式。海尔培训工作的原则是"干什么学什么，缺什么补什么，急用先学，立竿见影"。以海尔集团常务副总裁柴永林为例子。他是20世纪80年代中期在企业发展急需人才的时候入厂的。一进厂，企业领导就在他的肩上压上了重担。领导发现，他的潜力很大，只是缺少了一些知识，需要补课。企业希望他将来能够承担更大的职责，所以就安排他去补质量管理和生产管理的课，到一线去锻炼，边干边学，拓宽知识面，积累工作经验。

柴永林承认，因材施教是最有效的培训方式，经过基层的几年锻炼，他各方面的能力得到了补充和加强，对企业运营的宏观认知上了一个大台阶。由于业绩突出，柴永林在1995年被委以重任，负责接收了一个被兼并的大企业。一年后，他就使这个企业扭亏为盈，并使这个企业创造了两年之内成为行业领头羊的发展神话。随后，他不断创造奇迹，《海尔人》称赞他："你给他一块沙漠，他还给你一座花园。"

因材施教是开展员工培训必须遵守的一条重要原则。其实，对于企业而言呢，员工培训的目的是为了促进员工成长，从而实现企业对其的期望。

海尔的员工培训思路是"人人是人才"。海尔集团自创业以来一直将员工培训工作放在首位，上至集团董事长，下至车间一线工人，公司都会根据每个人的职业生涯设计制订出极具针对性的培训计划，搭建个性化发展空间。在海尔，公司为员工设计了三种职业生涯：一种是对管理人员的，一种是对专业人员的，一种是对工人的。每一种都有一个升迁的方向，每一种都设置有成套的专业培训。

海尔员工培训的最大特色是将培训和上岗、升迁充分结合起来。海尔的升迁模式是海豚式升迁。海豚是海洋中最聪明最有智慧的动物，它下潜得越深，则跳得越高。如一个员工进厂以后工作表现很好，很有潜力，企业期望他干一个事业部的部长，但他仅有生产系统方面的经验，对市场系统的经验可能就非常缺乏。怎么办？派他到市场上去。到市场去之后他必须到下边从事最基层的工作，然后从这个最基层岗位再一步步干上来。如果能干上来，就上岗，如果干不上来，就回到原来的老岗位上去。即便是公司的高层管理人员，但如果缺乏某方面的经验，也要派他下去，到基层去锻炼。

海尔培训方式注重有效性还表现在现身说法。以技能培训为例子，技能培训是海尔培训工作的重点。技能培训采用的是通过员工身边案例、工作现场进行的"即时培训"模式。具体说，就是抓住实际工作中随时出现的最优秀或者最失败的案例，当日下班后立即在现场进行案例剖析，针对案例中反映出的问题或模式，来统一人员的动作、观念、技能，然后利用现场看板的形式在区域内进行培训学习。

　　对一些典型意义突出的案例，他们会发表在集团内部的报纸《海尔人》上，促使更大范围的讨论和学习，从而使更多的员工能从案例中学到分析问题、解决问题的思路及观念，提高员工的技能。海尔就是凭借这种最为有效的培训方式来保证了企业持续高速发展的动力。

　　优秀的成功企业管理者认为，员工培训可以提高员工的自觉性、积极性、能动性、创造性和企业归属感，从而可以增加企业产出的效益和组织凝聚力，并为企业的长期战略发展培养后备力量，因此使企业长期持续受益。他们已经将员工培训发展为企业解决实际和潜在问题、提升竞争能力、拓展市场份额、制定发展战略的核心工具之一。培训公司员工，将培训员工当作是一项投资是每个公司都应有的战略举措。在世界优秀的企业里，员工培训被认为是企业投资回报率最高的可增值投资。据美国教育机构统计，企业在员工培训方面每投入 1 美元，便可有 3 美元的产出。由此可见，对于每个公司而言，正确、合理、高效地进行员工培训，是一个企业应该最早提上议程的大事，不可耽搁。

铁律 88

要把员工当作公司的合伙人看待

> 尊重和关心每一个员工是企业凝集力的关键所在。在企业管理中多点人情味，有助于赢得员工对企业的认同感和忠诚度。把员工当作合伙人一样看待，像尊重合伙人一样尊重员工，像关心合伙人一样关心员工，像与合伙人一样与员工有着共同的奋斗目标和社会责任感，那么企业才能真正俘获员工的心灵，才能在竞争中无往而不胜。

尊重和关心员工，是实施人本管理的重要条件。学会尊重和关心员工，是企业走向人本管理的重要一步。

沃尔玛的公仆式领导一直都很有名。早在创业之初，沃尔玛公司创始人山姆·沃尔顿就为公司制定了三条座右铭：顾客是上帝、尊重每一个员工、每天追求卓越。沃尔玛是"倒金字塔"式的组织关系，这种组织结构使沃尔玛的领导处在整个系统的最基层，员工是中间的基石，顾客放在第一位。沃尔玛提倡"员工为顾客服务，领导为员工服务"。

但是，很多企业看不到这一点。不少创业者总是抱怨员工素质太低，或者抱怨员工缺乏职业精神，工作懈怠。但是，他们最需要反省的是，他们为员工付出了多少？作为领导，他们为员工服务了多少？正是因为他们对员工利益的漠视，才使很多员工感觉到企业不能帮助他们实现自己的理想和目标，于是不得不跳槽离开。这类企业的管理者应该向沃尔玛公司认真学习。

沃尔玛创始人山姆·沃尔顿曾经说过："让每一位员工实现个人的价值，我们的员工不应只是被视作会用双手干活的工具，而更应该被视为一种丰富智慧的源泉。""沃尔玛的业务75%是属于人力方面的，是那些非凡的员工肩负着关心顾客的使命。把员工视为最大的财富不仅是正确的，而且是自然的。"因此，在沃尔玛的整体规划中，建立企业与员工之间的伙伴关系被视为最重要的部分。沃尔玛公司在实施一些制度或者理念之前，首先要征询员工的意见，如：这些政策或理念对你们的工作有没有帮助？有哪些帮助……沃尔玛的领导者认为，公司的政策制定让员工参与进来，会轻易赢得员工的认可。沃尔玛公司从来不会对员工的种种需求置之不理，更不会认为提出更多要求的员工是在无理取闹。相反，每当员工提出某些需求之后，公司都会组织各级管理层迅速对这些需求进行讨论，并且以最快的速度查清员工提出这些需求的具体原因，然后根据实际情况做出适度的妥协，给予员工一定程度的满足。

在沃尔玛领导者眼里，员工不是公司的螺丝钉，而是公司的合伙人，他们的理念是：员工是沃尔玛的合伙人，沃尔玛是所有员工的沃尔玛。在公司内部，任何一个员工的铭牌上都只有名字而没有标明职务，包括总裁，大家见面后无须称呼职务，而直呼姓名。沃尔玛领导者制定这样的制度的目的就是使员工和公司就像盟友一样结成了合作伙伴的关系。沃尔玛的薪酬一直被认为在同行业中不是最高的，但是员工却以在沃尔玛工作为快乐，因为他们在沃尔玛是合伙人，沃尔玛是所有员工的沃尔玛。

在物质利益方面，沃尔玛很早就开始面向每位员工实施其"利润分红计划"，同时付诸实施的还有"购买股票计划"、"员工折扣规定"、"奖学金计划"等。除了以上这些，员工还享受一些基本待遇，包括带薪休假，节假日补助，医疗、人身及住房保险等。沃尔玛的每一项计划几乎都是遵循山姆·沃尔顿先生所说的"真正的伙伴关系"而制定的，这种坦诚的伙伴关系使包括员工、顾客和企业在内的每一个参与者都获得了最大程度的利益。沃尔玛的员工真正地感受到自己是公司的主人。

《财富》杂志评价它"通过培训方面花大钱和提升内部员工而赢得雇员的忠诚和热情，管理人员中有60%的人是从小时工做起的"。以沃尔玛的经理例会为例，它通常邀请为企业经营动脑筋并提出好建议的人参加，哪怕他是一个小时工，也可以充分表达意见，参与讨论，这说明了机会平等，员工如同合伙人一样；同时沃尔玛鼓励员工积极进取，虽然不完全看重文凭和学历，但无论是谁，只要你有愿望提高自己，就会获得学习或深造的机会，这说明了教育平等。

这种以人为本的企业文化理念极大地激发了员工的积极性和创造性，员工为削减成本出谋划策，设计别出心裁的货品陈列，还发明了灵活多样的促销方式。一个员工发现沃尔玛原来的送货上门服务可以由在相同路线的沃尔玛货车代替，这一建议为公司每年节省了100多万美元。

看到这里，所有人都会明白沃尔玛持续成功的根源。沃尔玛这一模式使很多企业大受启发。为员工提供服务，把员工视为企业的合作伙伴，这是员工最希望的关系。

在企业组织中，员工不只是企业赢利的工具，管理者不能仅仅把员工视为以满足生存需求和物质利益为追求目标的单纯的"经济人"，而要注重员工对尊重、自我实现等高层次精神需求的追求。管理者要学会对每一个员工尊重、理解、关心和信任，除了给员工施加压力和影响外，更应当关注员工的精神状态和生活状况。凡是把员工当工具的领导是没有办法做好领导的。只有给员工充分的尝试机会，并且鼓励他们，员工才会用心地做事情。

将企业的员工视为合作伙伴的另一体现就是使企业员工能够与经营者拥有相同的经营理念。要想让企业员工能够与经营者拥有相同的经营理念，一个可行的方法就是把企业划分成不同的小组织，然后把这些小集体的经营放权给这些部门的员工。员工得到了授权，自然就会对相关的经营活动产生兴趣，当经营活动获得成果时，他们自然会体会到工作的价值和喜悦。

企业的工作目标是通过责任分解来实现的。作为企业领导者，首先要在统筹全局的前提下，做到科学合理地分解责任和及时使责任到岗到人。及时很重要，及时本身就是对责任人的重视和信任，也是一种效率，更是一种工作作风。作为企业领导，时时都有责任论证和责任给予的机会，如接受新的任务、人事变动、突发事件的处理，等等。由于责任总是与权力相伴，赋予责任的过程，其实也是给予权力的过程。这个权力不仅是指领导权，更包括所有岗位的工作职责权限。一个善于分解责任的领导者，一定是乐于并善于权力下放的领导者。

在这种领导的带领下，人人都有参与企业的各种事务的机会，员工的作为和地位成正比，如此必将激发出员工的工作热情和团队精神。对于那些看到了机会的人来说，一定会努力地争取机会，争取的过程，就是工作热情激发的过程。对于已经被赋予责任的人来说，承担责任本身就是一种压力和挑战。尤其是处在如此机会均等的竞争氛围里，担负责任只有奋发向上，别无选择。要说明下属做不到应做之事所要承担的责任和对之追究的形式，如此会给下属以一定压力，使之产生担负责任的危机意识，从而努力提高自己的工作责任感。

而从情感上相互信任，是一个组织最坚实的合作基础，能给雇员一种安全感，雇员才可能真正认同公司，把公司当成自己的，并以之作为个人发展的舞台。向下属下放权力，更要让他们担负责任。

"责任"一词在组织设计的概念中，与"职权"是紧密结合的。也就是一个人得到某种权力的同时，他也承担一种相应的"责任"。每一个管理职位都具有某种特定的、内在的权力，任职者可以从该职位的等级或头衔中获得这种权力。

在电影《蜘蛛侠》中，那位最终变成蜘蛛侠的男主角有一句让人印象深刻的台词，那就是："能力越大，责任也就越大。"在影片中，他有超乎常人的能力，可以依靠此能力去惩恶扬善和救助其他生命。也正因为蜘蛛侠拥有"超凡的能力"，所以他有义务、有责任、有能力去帮助这个社会，去帮助弱者；他拥有高于常人的能力，所以社会对他的要求也高于世人。

从理性分析上提升责任。即深刻阐述该下属所负之责对组织全局的影响，对组织发展的作用和意义。如此会让下属产生被信任和被器重感。信任是对人的价值的一种肯定。信任也是一种奖赏。下属在受到信任后，便会产生荣誉感、激发责任感、增强事业感，从而激发出更大的积极性。

让专业员工参与决策的过程，而非被动地接受命令，一方面可以使他们关注到企业的整体价值，而非仅从自身专业角度考虑；另一方面能够使他们得到尊重，加强他们对达到目标的使命感，凝聚组织和团队的向心力。通过管理者与员工之间的双向沟通、理解和尊重，服务于员工而不是为了控制员工，才能让专业的下属愿意主动发挥潜在的积极性与创造性，真正树立起强烈的主人意识和责任感，忠于职业也忠于企业。

有一句俗谚说"坚车能载重，渡河不如舟；骏马能历险，犁田不如牛"，其意为不同的工具各有所长，只有正确地使用，才能发挥最佳效益。对于人来讲也有"闻道有先后，术业有专攻"之分，用人的艺术就在于取其所长，避其所短。作为经营者应该意识到每一个人都是人才，但是否能体现出才能要看你如何安置，充分开发和有效利用宝贵的人力资源，最大限度地提高人力资源的利用率；要求经营者强化"每个人都是资本"的观念，重视人力资本的投入，见物又见人，造物先造人，把企业办成一个学习型的组织，让员工在持续不断地学习实践中提升价值、体现价值、实现价值；要求经营者确立"每个人都是要素"的思想，优化配置、合理组合这些要素，任人唯贤，使人各得其所；要求经营者深化"每个人都是生产力"的认识，重视人的因素，挖掘人的创造潜能，即使是一个不起眼的"螺丝钉"也要给其"用武之地"，发挥不可或缺的作用，努力构建企业的人才合力。

对于现今的企业来说，竞争其实就是人才的竞争，人才来源于企业的员工。"没有满意的员工，就没有满意的顾客。"这句话应被当作企业文化理念的精髓。这种有效的方式，能实现"双赢"。把员工视为企业的合作伙伴，就能增加相互的协作，这样不仅员工能迅速成长，为企业带来的效益也是巨大的。

铁律89

中小企业谨慎从跨国公司"空降"经理人

中小企业随着业务的快速发展、规模的不断增大,急需补充各方面的人才,尤其在特殊情况时,"空降"职业经理人将是必然的选择。然而,"空降"职业经理人却常常失败。"空降"经理人踌躇满志地进入企业,为何却在叹息中黯然离去?为什么企业高薪引进的人才,却被视为庸才而遭逐客令?究竟是什么决定着"空降"经理人的成败?

我国的市场环境还不够成熟,以至于职业经理人成了公众崇拜的明星。迷信跨国公司经理人的能力,是我国企业界普遍存在的现象,不少企业往往把从跨国公司"空降"职业经理人当作一剂万灵良药,似乎只要把那些"神人"请过来,打造"百年老店"的可能性就会迅速提高。有些时候,职业经理人的加入,往往能够使一些企业凤凰涅槃、浴火重生;而更多的时候,空降的职业经理人则与现在的企业格格不入,只能像流星般无奈地划过天空。因此,中小企业引进经理人,尤其是从跨国公司空降经理人,一定要谨慎。

实际上,企业与"空降兵"分分合合的闹剧每天都在上演。说到底,企业与空降经理人"婚姻破裂"的结局,一方面是中小企业的"挥泪"时刻,另一方面也会成为职业经理人痛苦的回忆。有些企业老板抱怨说"这些空降兵不是水土不服,就是'忽悠'几下走人了,真是伤不起啊";还有些企业老板诉苦说"不请职业经理人是等死,请职业经理人就是找死",这种说法可能有些偏激,但个中滋味只有当事人才能真正体会得到。

基于中小企业的特殊情况,"空降兵"的选择和管理失败,与普通员工相比,他们的流动将会给企业带来惨痛的教训，造成不可估量的损失，不仅包括招聘和薪酬成本的损失，还包括公司战略制定和执行受挫、市场机会丧失、员工士气下降、股东和员工不满，等等。因此，对引进空降经理人进行合理管控，将风险和损失降至最低，是中小企业面临的一大挑战。

尚处于成长期的中小企业，多数面临不少问题，而在主观和客观上又需要做大做强，因此处于困惑之中或有成功心理投射的企业，将很有可能选择引入名企乃至世界500强等跨国企业的职业经理人来改造自己的企业。但往往希望越大失望越大，因此中小企业考虑引入有名企背景的职业经理人时千万要慎重。即使确实需要引进，也要有充分的心理准备给他们一个过渡性的适应期，而不是直接将外来的"空降兵"放在重要岗位上，并期望他们马上着手使公司有所改观，否则极有可能造成"水土不服"的现象。外部经理人如同空降兵一般登场，空降兵虽然最灵活但也是死亡率最高的兵种，现实中也同样有不少职业经理人轰轰烈烈地进入企业，但还没成功落地就销声匿迹。这无论对企业还是对引进的人才，都将造成巨大的伤害。最终往往是企业砸了一大笔钱，但是基本上没有收到什么实质性的效果，渐渐对空降的经理人失去了信心，而空降兵也只能无奈转岗或者黯然离去。

南方某企业一直从事大宗化工原料贸易，同时为几家世界500强企业代工终端产品，2008年产值超过15亿元。于是，该公司从2009开始调整企业战略，计划发展自有品牌终端产品，并于2009年10月通过猎头从一家著名德资公司空降了一名经理人，来全面运作此事。这位"神兵"自我感觉良好，刚到公司就制订了一套看上去十分专业漂亮的年度营销方案，并就项目未来5年的前景做了符合总裁想法的规划。

与此同时，他向公司承诺，按自己的思路进行操作，2010年项目营业额可以达到1亿，品牌和产品推广预算为2000万元，当年并不刻意追求赢利，而是着重为将来的发展奠定相对稳固的基础。公司高管层也感觉这样做比较合理，就放心将项目交给空降"神兵"操作。到了2010年底，预计的2000万元推广费用确实是花掉了，然而营业收入却只有区区3500万元。这2000多万元的费用，主要是花在了慈善冠名、赛事赞助、路演、报纸及电台广告方面，而且这些活动在地域上不太集中，几乎没有造成什么影响力，对品牌传播没有多大帮助，这种隔靴搔痒的做法更别提带来销量了，也就是说这笔钱基本上等于打了水漂。

实际上，像这种还在导入期的产品，"神兵"操作模式只能白扔钱，给企业带不来多少好处，还不如企业多做一些带有品牌形象的低值实用礼品，比如门头、太阳伞、扑克牌、工作服、手提袋、小台历等，选择特定目标重点区域进行密集投放，起码还能带来较为持久的品牌传播效应，有益于品牌沉淀。

由于种种原因，企业"空降"职业经理人失败的案例比比皆是。

无独有偶，某小有名气的汽车护理品企业，2010 年从某跨国饮料公司引进一名销售副总，最初公司也是对他寄予了厚望。而他 2011 年上半年就差点将全年的营销费用花光，但并没有什么突出的业绩。公司老板一看这样下去不行，就紧急叫停，因为感觉他还是个难得的人才，就让他任行政副总，负责制度完善、内部培训、企业文化和日常管理工作。

事实上，上面企业的失败也不能过分指责这些"空降兵"。每个人都是经验主义者，在处理各种事务时基本上都要依靠自己的经验和感觉。然而，人们的经验与出身、学历、工作背景等诸多因素有着非常紧密的联系。具有名企背景的职业经理人的经验自然也和他以往所在的部门、担任的职务以及企业所处的发展阶段有着千丝万缕的联系。跨国公司等大企业现行的操作套路，往往是建立在资金雄厚、项目成熟、品牌强势和网络成型的基础上的，说到底是一种能"使强者更强"的模式。而中小企业在资金、品牌、网络和市场基础等各方面，都难以望世界 500 强企业项背，并且自己还处于较低的发展阶段，如果非要套用这种"巨无霸"的打法，结果多数只能是自找倒霉。

刚从跨国明星企业过来的职业经理人，可能的确非常优秀，但他们毕竟对公司的现状缺乏通盘理解，再加上对自己原有经验的高度自信，在还没有经过必要磨合时，就将其直接放到关键岗位，那么很容易出现上述问题。那家汽车护理品企业老板的做法，虽然是亡羊补牢，但终归还算妥当的安排。很多老板极有可能会直接让"空降兵"走人，从而给双方都带来巨大的伤害。相对而言，让他们适应一段时间再行重用，才是良策。

除此之外，使用空降兵之所以难以达到预期的理想效果，还有以下几个方面的原因：

（1）空降来的经理人基本上都会安排在管理岗位上，而胜任岗位除了需要非常高的专业技能，还需要更多管理、沟通和协调职能，这往往与特定人际关系和人脉资源联系在一起。空降管理者等于剥夺了员工升迁与发展的机会，所以原班人马或多或少都会对其有不满和抵触，利用"地头蛇"的优势制造各种麻烦，使其难以顺利工作。

（2）各方面条件都不能跟跨国公司相比的中小企业能够顺利请过来的经理人，大多是发展受限的部门经理或者中基层主管。他们之所以接受邀请，除了薪酬待遇外，不少是为了在职位和发展空间上能够有所提升。这就带来了一个非常严重的问题——新岗位客观上需要他们统揽全局，或在某个领域独当一面，而他们往往受原有经验的限制思路并不开阔，因而综合素质难以适应新岗位的要求。

（3）"空降兵"过去更多的是在部门或执行层面得到了历练，而在知识和能力上很可能存在着缺陷，怀着"救世主"心态，基本不去考虑模式背后的规律和原理，以及企业的发展阶段等实际情况，而试图简单地将表面的成功经验和先进模式生搬硬套到企业中，最终效果可想而知。

（4）企业对人才使用及其成长规律缺乏较为科学的认识，对"空降兵"没有做必要的培训与指导，缺少配套的指导、培养和使用计划，未能给他们提供适当的磨合期和预备期，从而导致空降职业经理人失败率较高。

企业想要用好谨慎空降的经理人，针对以上导致"空降兵"夭折的原因，应该从以下几个方面入手：

1. 给予充分的信任

用人之前要充分考察，保证合适的人占据重要岗位；一旦作出决策，就应对其充分信任，以有利于其工作。与此同时，加强必要的监控也是必需的。

2. 确立合理期望

各方容易对具有背景深厚、花费不菲的经理人抱有不切实际的高期望，所有人时刻都把他放在放大镜、显微镜下来观察，而这足以将其压死、逼死。并且，管理者业绩的取得是组织系统综合作用的结果，能力再强的人脱离了组织平台也只能望洋兴叹。

3. 给予适当宽松的考核期

很多企业有不少问题亟待"空降兵"解决，因而急着向其要业绩。但是，刚进入新环境的经理人需要时间适应，所以企业很快就会丧失等待的信心。因此，给予双方合理的考核期是非常必要的。

4. 给予支持，尤其是初期的协调

企业给经理人具体的支持是非常必要的，比如在初期帮其做必要的协调，帮"空降兵"和其他管理者建立起必要的沟通渠道，避免双方分割和对立。这实质是将空降兵纳入到企业管理体系的必要手段。

5. 主动清除障碍

引进外部管理者本身就容易产生障碍，因此不只要高层达成共识，和"利益相关者"进行沟通主动清除潜在障碍也非常重要，而不应坐视其成为等着"空降兵"去触发的地雷。

6. 允许和支持其适度变革

"空降兵"有勇气经过深思熟虑进行的变革只要是在可控范围内，应当得到允许和支持。"新官上任三把火"更多的是收买人心、树威信，发起变革的少之又少，因此对于变革应当抱有开放的态度，而不要轻易扼杀。

7. 将其能力纳入到企业运营架构之中

企业使用"空降兵"的一个高段位表现，是将其纳入自己的运营架构中，为其在管理团队中做合理定位，扮演合适的角色有利于其真正发挥作用。

8. 帮助你的管理者成功

"空降兵"的成功和失败攸关老板的成功和失败，因此帮助自己选择的"空降兵"获得成功是老板的首要任务。

铁律 90

务必要保持公司核心员工的稳定

> 再有能力的企业管理者也改变不了现有的宏观分配环境，在大环境面前他们也是弱者。在这种条件下，员工队伍必将长期不稳定。片面追求员工队伍的绝对稳定只是单纯的幻想，最终只能疲惫不堪、四面碰壁。在任何企业，员工的行为、绩效对企业的实际价值和贡献是有较大差异的。所以，相对而言，稳定核心员工是比较切合实际的选择。

随着知识经济时代的到来和市场国际化，企业之间的人才竞争越来越激烈，核心员工作为企业核心竞争力的载体，自然成了人才市场上众多企业争夺最为激烈的资源之一；同时，人才的选择就业观念也进一步开放，这就使得企业间的人才流动进一步扩大，以至于企业核心员工的流失已经成为一种普遍现象。有些企业在资本实力、行业地位、专业程度、薪酬待遇和职业前景等方面，都与大型企业不能同日而语，因此在对人力资源的争夺中处于明显的弱势，这就直接造成了员工流动性大，所以无论企业如何努力，人力资源队伍都难以保持足够的稳定。一方面，企业的生存和发展需要大量的人才；另一方面，人员流失率却居高不下，这无疑会给企业的生存和发展带来很大的负面影响。任何企业想要保持全体员工的绝对稳定，无异于痴人说梦，所以解决这个困局的一个比较现实的方法，就是想方设法稳定企业的核心员工。

企业想要保持核心员工队伍的稳定，首先必须明确核心员工群体的范围。那么，什么样的员工才是企业的核心员工呢？

企业的核心员工一般具有以下特征：

1. 创造性

核心员工具有完善的专业知识，无论在管理部门还是技术部门，他们劳动的价值更多地体现在智力劳动和创造性劳动上，能够建立和推动企业的技术和管理升级。

2. 难替代性

核心员工具备特殊的或是重要的才能，这种才能通常是难以替代的，因此他们能够扩大企业的市场占有率和提高企业的经济效益，对企业的成长发展起着关键的作用。

3. 影响性

核心员工掌握着企业的核心事务，控制着关键资源，在企业中的地位举足轻重，不仅影响着企业的工作进程，还关系到团队的凝聚力。

4. 修养性

企业核心员工基本上都具有务实、忠诚、积极的个人特质，并且对企业具有牺牲精神。

概括地来说，核心员工就是指那些具备知识、技术、能力、工作动机、个人特质和自我概念等素质，对企业具有核心价值的员工。核心员工一般都身居关键职位，与此同时他们也是高绩效的员工。需要特别指出的是，核心员工是一个关于人的概念，而非关于事的概念，并不是职位高就是核心员工，低层员工如果素质对于企业具有核心价值，也是核心员工。由此可见，核心员工是关键的、高价值的、稀缺的、骨干的和难以替代的，需要重点稳定。

比尔·盖茨曾开玩笑说："谁要是挖走了微软最重要的几十名员工，微软可能就完了。"通过这句话，我们可以很真切地体会到：企业能否有效保留住核心员工，将是这个企业持续成长的前提，因为核心员工是一个企业最重要的战略资源，是企业价值的主要创造者。所以，分析影响核心员工流失的因素，并有针对性地对核心员工进行良好的管理，从而将核心员工的流失率降低到适当的范围内，保持核心员工的相对稳定，成为众多企业尤其是处于创业期的企业亟待解决的问题。

人力资源管理和实践领域对核心员工的真正内涵进行了全面地概括和提炼，总结出了三个属性，即价值与贡献属性、特定岗位的重要属性、劳动力市场供应的稀缺属性，这三个方面可以作为核心员工的界定标准。因此，核心员工的这种不可代替性具有时间阶段性，并不是一成不变的，而是随着企业经营特点、变革及劳动力市场的供应情况的变化而变化。

管理大师彼得·德鲁克曾经说过："企业只有一项真正的资源——人。管理就是充分开发人力资源以做好工作。"保持核心员工稳定的重要性，相信所有的企业都不言自明。

首先，核心员工掌握的资源较多，而且经验比较丰富，工作能力和潜力也都比较大。一般的情况是，占企业员工总人数20%到30%的核心员工，集中了企业的80%到90%的技术和管理资源，能够创造企业80%以上的财富和利润，因此他们是企业的灵魂和骨干。说到底，核心员工是企业的稀缺人力资源，也是企业核心竞争力的根本来源。从根本上讲，与公司生存和发展息息相关的不是留人，而是留住人才。企业的核心员工基本上都在人才之列，应该好生安抚，加以稳定；至于那些不符合公司要求的一些落后人员，本来就应该被淘汰。

其次，也是至关重要的一点，核心员工可替代性不高，同时也是人才市场上主要的争夺对象，"跳槽"的机会最多、可能性也最大，而且招聘难度大，不像一般工作人员的流失完全可以通过招聘来补充。所以，他们一旦"跳槽"，很容易给公司造成难以估量的损失。

具体来说，核心员工的流失不但会带走企业的商业机密，同时使企业的前期招聘成本、培训成本及其他一些人力资本投资付之东流，还会增加企业人力资源重置成本，干扰企业工作业绩，破坏企业凝聚力，影响企业的战略发展。更现实的一个问题是，如果他们流失到竞争对手那儿或者自立门户，将给企业构成严重的威胁。而如果发生核心员工规模性流失现象，则有可能对企业造成致命的打击，甚至有可能导致企业破产。

公司通过稳定核心员工这个圈子，赋予他们特殊待遇和额外资源，主要是为了解决企业发展过程中人员不稳、出于长期发展考虑需要积累和沉淀之间的矛盾。这些需要稳定的人员，不一定需要能力超常，但必须对公司忠诚。

对于所有公司而言，想要稳定核心员工，改变人才流动性过大的情况，首先必须找到核心员工流失的原因，以便有针对性地制定出留住核心员工的对策。众多研究结果显示，员工跳槽不外乎个人、企业内部和企业外部三个方面的原因。

人人都希望得到更高的薪酬福利、良好的发展前景，但是有的公司管理方式粗暴，薪酬偏低，缺乏良好的用人机制，人事配置与岗位设计不合理，激励机制不健全，缺乏系统战略性的薪酬福利政策，缺乏科学的员工职业发展规划，内部政治斗争不断，信任缺乏，企业文化缺失或不良，这无异于将员工往外推。再加上现在人才竞争激烈或者国家有特定政策，都可能影响核心员工的稳定性。

要保持核心员工的稳定，公司必须针对这些原因确立规避核心员工流失的对策，通常来说应对方法主要有以下几个方面：

（1）树立正确的人力资源观，建立和健全人力资源管理体制。

（2）制定适合企业发展的人才战略规划。

（3）建立动态的绩效评估体系。

（4）与在职和离职员工进行充分沟通。

（5）提供合理的薪酬水平和福利待遇。

（6）事业留人，让员工成为企业的主人翁。

（7）加强教育培训，提供成长发展的空间。

（8）帮助员工做职业生涯规划。

（9）用人机制公开公平。

（10）营造良好的企业文化。

（11）建立企业核心员工流失预警机制。

（12）从源头上杜绝核心员工流失。

（13）通过人才储备和核心能力传递的方法降低核心员工流失后的损失。

（14）运用劳动合同、竞业限制协议等法律手段，保障核心员工的稳定性。

铁律 91

适时修正和保持人才梯队的队形

> 如同孙悟空一个人就能抵成千上万的虾兵蟹将一样，几个真正出色的人才抵得上 1000 个普通的员工。企业的正常运营需要各个方面不同类型的人才，并需要形成合理的人才梯队。这就需要企业在用人时具有长远打算，注重人才梯队的建设。否则，就可能陷入临事无人可用的境地。

所谓人才梯队建设，就是当现有人才正在发挥作用时，企业未雨绸缪地做好人才储备，培养该批人才的接班人。当人才变动时能够及时得到补充，而新一批的接班人也在进行培训或锻炼，就形成了水平有高有低的人才，被形象地称为"人才梯队"。人才梯队建设的目的是避免人才断层，保障顺利交接，并且能够形成人才磁场，塑造企业招贤纳士的良好形象，有利于企业招聘到一流的人才。

一般来讲，企业的人才梯队分为三个层次，即高层人才、中层人才、基层人才。此外，有的企业还专门建立专业技术型人才库和储备人才库。这样企业就有希望建立一支高品质的人才梯队，在需要人才时永远有合适的人选。

企业在用人时如果没有长远观点，不注重人才梯队建设，将是一件极其可怕的事情。不考虑人才建设的企业，很容易陷入"临事用人"的境地，而临事用人不慎将给企业带来诸多隐患：急招而不注重人才质量；人才储备不足，招聘不到合适的人才致使延误发展良机；"空降兵"的忠诚度不高，等等。

有一家公司平时疏于对人才的储备和培养，当核心业务部门的经理辞职时，因为内部没有合适的替代人选，公司领导层一下子陷入了慌乱状态。更为要命的是，当时公司有一大堆任务急需这个部门经理来进行谈判和处理。事情紧急，公司只好匆忙外聘。

通过简单的面试，公司聘用了一个看起来很不错的人。但是，由于没有经过仔细认真地考察，公司没有发现这个人的性格和工作阅历根本不适合这个部门经理职位。而匆忙中草率录用的这个部门经理上任后不久，不仅搞砸了公司的一笔大生意，给公司造成了很大损失，还导致士气大大下降。

这个案例很充分地说明了，企业管理者在用人和培养人才上千万不能短视，要在工作过程中不断挖掘人才、重视人才，并且长期坚持，加强人才的梯队建设。只有这样，企业才能保持人才活力，避免陷入"临事用人"的尴尬境地。

加强人才梯队建设，必须在重要职位需要填补之前就开始进行培训或轮岗，以保障被培养对象获取更多的经验和知识；还要留出足够的时间去培养接班人，使这培养计划进行得更顺利、更有效。而不要等有了空缺后才临时抱佛脚，慌慌张张地找人接替，或者妄想被培养者瞬间就变身"职业达人"。明基逐鹿在人才梯队建设方面，为不少企业树立了一个可以借鉴的榜样。

明基是一个拥有卓越研发能力的国际品牌，在计算机、消费电子及通信等3C产品领域均居领导地位。在管理学界，明基的企业文化也一直被高度赞扬。作为集团内从事软件行业的子公司，明基逐鹿在集团公司母文化框架的基础上，也形成了具有专业精神的子文化。

明基逐鹿始终坚持人才竞争力的理念：要想在竞争中立于不败之地，人才是关键。为了保持自身持续领先的竞争优势，明基逐鹿非常重视人才储备工作，专门开展"青山计划"，意在为公司储备骨干人才、管理人才，构建有层次的人才团队，使公司更为有序、高效、健康地发展。

为确保"青山计划"的实施，公司构建了"多出人才、快出人才"的机制，其中"多"指人与事的最佳结合，"快"是指人才培养速度快。为给人才提供更为广阔的发展天地，明基逐鹿还开创了管理职和专业职"双元晋升"的发展路径，以组织能力的提升为目的，实现员工与企业的共同发展，为"多出人才"奠定了坚实的基础。

"功能经理—高级经理—部经理—总经理"是明基逐鹿管理职的晋升路径，这一过程塑造了"职业经理人—专业经理人—事业经理人"的管理风格。而专业职的晋升过程，就是实现员工"老实聪明人—双元人才—快乐管理大师"的转变。明基的人才标准是"老实的聪明人"，因为忠诚度高、素质高的人才是千金难求的千里马，而专业技能则可以通过培养达到。

明基逐鹿公司正是因为持续地推进"青山计划"，最大限度地保证了人才的活力和连续性，所以在国内企业信息化管理方面一直处于领先地位。

在企业生产经营的各个要素中，人才可谓最为关键、最具有竞争力的因素。比尔·盖茨就将人才视为公司最重要的财产，认为公司的迅速发展得力于聘用优秀的人才，很怕招聘中漏掉一些最优秀的人才，最怕公司的顶尖人才被挖走。可以毫不夸张地说，不论世界上哪个角落有他中意的人才，比尔·盖茨都会不惜任何代价将其请到微软公司。聚集了一大批顶尖级人才的微软，在技术开发和经营运作上一路领先，终于成为全球发展最快的公司之一，也使盖茨成为全球首屈一指的富豪之一。

2008年，比尔·盖茨想以400亿美元收购雅虎，当媒体问他为什么雅虎值400亿美元时，比尔·盖茨的回答令人惊讶："我们看上的并非是该公司的产品、广告主或者市场占有率，而是雅虎的工程师。"他表示，这些人才是微软未来扳倒Google的关键。此外，比尔·盖茨还相信不管时代如何变迁，只要坚持大力网罗一流人才的传统，微软公司就可以进军任何行业和世界上任何地域，还一定能持续兴旺，因为"重要的天然资源是人类的智慧、技巧及领导能力"。

因此，人才应该成为企业的首要投资，而最好的人才培养方式就是合理用人。企业必须明确自身现阶段和未来所需的人才种类，合理地从企业内外进行引进、培养和储备，并定期对已聘人员进行评估和管理，调整、安排好人才的职务，提拔有实力的员工，确保每个人都在最适合自己的职位上，从而发挥其最大潜力。同时，企业还要力求为员工创造最大利益，并让所有员工认识到自己的利益所在，从而使员工和企业高度团结在一起，为实现企业的共同目标而不懈奋斗。

人才梯队建设不需要考虑到每个职位，但一定要考虑到对公司而言比较重要的职位。加强人才梯队建设是企业战略的组成部分，每个公司都需要针对一些重要职位形成有计划的继任方案，并且至少每年都重新审视计划，如有特殊情况，计划审视还应更加频繁。

需要特别强调的是，人才梯队的队形不是固定不变的，必须根据企业的近期和长远需要来适时修正与调整。具体来讲，企业适时修正与保持人才梯队的队形可以从以下几个方面着手：

1. 建立并完善人才招聘机制

人力资源部应根据企业现阶段及未来的人才需要情况，做出全年招聘计划表，通过各种渠道与方式收集人才信息，并根据不同时期的用人需要，对所储备的人才进行面试、筛选和任用。暂时没有职位需求的优秀人才则存入储备人才库，人力部门负责人至少每两个月联系一次，与其沟通本企业的发展，并获得对方的最新联系方式，以备不时之需，防止人才断层。同时，还能够塑造招贤纳才的形象，营造人才磁场，吸引优秀人才。

2. 建立并完善人才培养机制，帮助员工成为人才

人力资源部门，应该根据企业现状和发展趋势，制定适合企业的培训教材；根据员工的不同特点，针对性地做出小组培训计划，安排有晋升可能的员工参加培训，充分发掘其潜力，以适应更高岗位的需求；做出人才激励培训计划，帮助员工认清、认同企业的发展前景，认识到自己的重要性和发展性，充分调动其工作积极性；做出工作技巧培训计划，从工作方式、方法上帮助员工提升与成熟。

3. 建立并完善员工考核机制

制定员工行为规范及岗位责任制，定期利用各种绩效管理工具对员工进行全方位评估与考核，并将结果记入员工档案，作为奖罚依据。

4. 建立并完善晋升、奖罚、淘汰机制

根据员工考核的结果和企业发展的需求，把优秀的员工放在更高的职位上加以实战锻炼，条件成熟后还可以进一步晋升。这样可以使员工在企业中有更好的发展，能够充分调动其工作热情和积极性，同时也可以帮助企业更好地开展工作；建立员工调查、测评机制，鼓励优秀员工毛遂自荐或相互推荐，挑战更高职位；对于表现欠佳的员工，积极做好思想工作，帮助他们有更好的工作表现；对于工作态度不好、能力不足的员工，尽早与其解除劳工合同。

5. 建立并完善在职人员管理机制（人才梯队建设）

在职员工原则上每半年进行一次测评，为企业三层梯队储备、选拔人才，建立企业的动态人才库。对基层员工每季度沟通一次，做好安抚工作；从基层人才库中选拔表现优异、综合素质较好的员工调入人才中转站，作为中高层备选人才库；有变动的人员及时补充，并及时更新或删除其信息；每月补充新信息至储备人才库，以选择更合适的储备人员，保证人才无断层；职位调动时将内部优秀员工与外部新聘人选一并考核，在考核结果相当的情况下，优先提拔内部员工，使在职人员看到自己的发展空间，调动其工作积极性。

6. 建立并完善企业文化管理机制

通过为员工庆祝生日、组织员工参加拓展训练、优秀员工旅游奖励、员工联欢等方式，丰富员工的业余生活，建设企业文化氛围，使企业与员工加深了解与感情，增强企业的凝聚力。

7. 运用人力资源管理软件

企业根据需求，定制 HRM 软件对人才进行程序化管理，既科学又便捷。

在人才梯队动态建设的同时，企业管理部门要做好监管工作，确保人才管理的规范性。

此外，建设人才梯队时有几个细节需要注意：

（1）应聘材料通过企业网站填写提交，以便直接存入企业人才库。

（2）人才库的建设不只是行政或人事问题，高层领导必须投入相当的精力来指导。

（3）不能将培训眼光仅放在现在甚至过去，必须有长远的战略思考和规划，针对未来的需求培养人才。

（4）把培训预算独立出来，尽量避免削减培训开支。

（5）不能将招聘优秀人才与招聘普通员工混为一谈，即使没有职位空缺，仍需与出类拔萃的人才保持联络，时刻对其敞开大门。

（6）淘汰机制是人才管理的必要环节，对修正和保持整个人才梯队的队形非常必要。

铁律 92
用训练和辅导来缓解人力资源方面的压力

> 人力资源储备不能满足人才需求的情况,是在绝大多数企业都普遍存在的。几乎所有的企业都不必妄想单纯通过招聘就能获得完全符合岗位需求的员工,也不可能从根本上解决人力资源方面的压力。在这种客观情况下,员工培训就是必然的选择——通过对大致符合岗位要求的求职者与在职员工进行训练和辅导,以满足不同岗位与层次的人才需求。

21世纪是知识与信息竞争的时代,更是人才竞争的时代。企业的每个岗位都需要有合适高效的员工,但是想要单纯通过招聘就找到完全符合岗位要求的员工,满足公司对人力资源的需求,无异于痴人说梦。所以,比较现实的做法是,通过对新录用的员工和在职员工进行训练和辅导,来缓解企业人力资源方面的压力。

培训员工就如同在自家菜园里种菜,采摘最为方便。很多企业会重新培训现有的员工,通过内部调节来满足自身对人才的需求;认为对已具备在本企业工作所需的软知识和软技能的员工进行培训,让其学习某项硬技能,比让一个具备某项硬技能的外来人重新学习和掌握本企业的软知识和软技能,更快更合算。这些企业认为只有对外部招聘来的管理人员或专业人员进行培训,他们才能完全熟悉企业内部的制度和体系,彻底地融入公司。因此,无论外来人员能力多强,均要在企业工作相当长的时间,才有可能得到提拔。

项目和公司的长足发展,都需要整个团队共同努力,如果老板一个人唱独角戏,能力再强也难成大事。同时,公司在创业期能招聘过来的员工,在初始阶段工作能力往往都不尽如人意,但迫于现状不仅要用平庸的员工,还必须想方设法推动他们由平庸进步为合格,由合格转变为优秀,由优秀转化为卓越。而员工的不断进步,需要训练和辅导,这就需要企业能够扮演好教练的角色。

一个合格的老板或管理者，同时也应该是一个优秀的教练，他不会轻易否定员工，而是正视员工的不足之处，并根据员工各自的具体情况，进行针对性很强的训练和辅导，从而使每个员工的能力都能够不断成长，以适应公司发展需要，与公司同步成长。

创业者和企业管理者，在绝大多数情况下，能力和经验都要比员工强很多，如果能以更为积极和开放的心态去对待员工，经常给他们一些针对性很强的训练和辅导，在一定程度上可以缓解招聘困难而带来的人力资源方面的压力，还可能幸运地培养出几位能征善战的大将。有相当比例的人，只要给予必要的训练与辅导以及丰富的实战机会，都能够实现迅速成长，逐渐成为企业不可或缺的人才。

也许有的创业者感觉自己在很多方面都有所欠缺，实战经验也不是很丰富，不能够胜任教练的角色。实际上，教练只是一种态度和方法，最为关键的是悟性，完全可以现炒现卖。很多竞争力很强的中小公司，在很大程度上就是这样练就的。

某一线城市的一家实力雄厚的企业创建于20世纪90年代中期，2010年的营业额已经突破了5亿元，老板是典型的现代儒商，不但风度儒雅，创业前就是所在领域年轻有为的专家，多年来一直勤奋好学。当年他虽然竖起了杏黄旗，但刚开始起步的公司还是难将武艺高强之辈收于麾下，第一批员工是初中没毕业的几个小老乡。那几个小伙子之所以跟随他，仅仅是因为工作太难找，想混口饭吃。老板自然也对这批员工的素质不太满意，但只能凑合着用。

这位老板是典型的现实主义实干派，用近乎手把手的方式对这些员工进行训练，以便为自己分担更多的压力和责任，这事实上也是迫于压力的无奈之举。最初几年，他在误打误撞式的尝试中慢慢尝到了甜头，发现有几个员工在他的调教下，专业化素养进步很快，并不比大中专毕业生差，但因为没有学历，出去很难找工作，所以要比大中专毕业生稳定得多，也不会成天谈待遇、谈加薪。于是，这位老板在2000年前后萌生了充当员工教练的想法，将对员工的训练和辅导列为公司一项非常重要的制度，由自发模式切换到自觉模式。"教练式思路"清晰之后，他对员工不再是相对简单的应急性辅导，而是按照职业经理人的标准进行培养。

世纪之交，正值电脑应用技术方兴未艾的时期，他大力组织员工学习Windows系统以及Office、Photoshop软件，令他们熟练使用E-mail。后来，这个老板还和员工共同系统地学习了市场营销、产业经济、品牌传播、企业管理等方面的课程。2007年，老板还出钱送那几个员工到同城的名校去修学MBA课程。

这位老板最初的一名初中还没毕业的员工，经过公司多年的训练和辅导，现在已经是公司的骨干，综合素质虽然跟世界500强的职业经理人相比还是存在着一定的差距，但在国内职业经理人队伍当中已属中上水平，对生产、财务、营销、品牌、采购和物流都比较在行。这不能不说是公司对他的训练和辅导的功劳。

案例中的老板在刚创业的时候训练与辅导初中未毕业的员工，是出于无奈，但是慢慢就尝到了对员工进行训练和辅导的甜头，员工的不断成长能够缓解公司在人力资源方面的压力。于是，他就明智地确立了将公司定位为"员工教练"，通过各种形式和渠道来对有潜力的员工进行系统的培训。

然而，有的企业对此有不少顾虑，怕经过公司的训练和辅导而"翅膀硬了"的员工飞走；在不少企业中还流行着"培训浪费论"，认为培训是一项昂贵且得不偿失的活动。很多管理者认为利润第一，高校每年毕业生很多，人才市场供过于求，人才招聘就能解决用人问题，花钱搞培训完全没有必要；有的企业即使搞员工培训也是尽可能地削减培训费用。实际上，这是对培训的最大误解。世界上所有优秀的企业都认为员工培训是企业投资回报率最高的可增值投资。

国内很多管理者之所以对培训产生误解，原因有很多。

（1）首要原因是课程设计与员工的需求脱节。培训需求调查工作做得不够，课程设计与员工的需求脱节，致使培训收不到应有的效果。

（2）企业太急功近利。企业希望让员工一经培训就能提高素质，"一口吃个胖子"，立马见到实际效益，而在培训之后却发现事与愿违，培训员工的积极性就受到挫伤。

（3）企业害怕员工流失。很多企业发现，在对有潜力的员工进行培训之后，他们的流失倾向越来越严重，特别是一些技术骨干员工。出于对培训人才流失的顾忌，有些企业对培训已经不再热衷了。

殊不知，企业如果不对员工进行全方位、有针对性的训练和辅导，他们的素质就不可能得到快速提升，达到企业运营与发展的需求。这种情况下，即使员工的忠诚度很高，但这些低素质的员工每天都会使企业错过潜在的市场机遇、流失看不见的利润。因此，不对员工进行培训，是管理者对企业不负责任的表现，也是企业最大的浪费。良好的培训能够使员工实现自我技能的快速提升，同时也给企业发展带来源源不断的动力。员工不能被锻炼出来，企业就不可能有竞争力。企业将培训进行到底，就等于将核心竞争力的提升进行到底。

企业应该将培养人才作为第一位的投资，而企业对人才最好的培养方式是使用，工作岗位则是最好的人才培训地，同时培训也是员工融入公司的加速器。有了企业的训练和辅导，员工的成长就会是 1+1 > 2。

正如成功学大师克里曼·斯通所说，企业所能给员工的最大福利就是培训。然而，国内的很多企业管理者并不重视培训，只是以应付的心态走形式、走过场。这样的培训自然不会有很大的收获，而企业也会因培训缺乏明显的效果，渐渐视培训无用，甚至取消培训。

想要保证培训的质量和效果，企业必须真正重视培训，并对其进行系统的规划与考评，以使培训能够满足员工和企业的需要，为企业带来实际的益处。

（1）企业要对员工培训有明确的规划。企业进行培训之前必须做好培训需求分析，清楚地了解员工和企业的需要，然后再对员工进行有针对性的系统培训，培训项目和培训计划不能一成不变，从而使培训进程高效率推进。

（2）员工培训必须有严格的考评制度，以从根本上保障培训的质量。不能出现培训对象以各种借口逃避培训而不会受到任何处罚的情况，否则大家就会有样学样。

（3）培训内容实际有效，培训形式也力求多样化，通过培训充分调动员工的潜力。如果培训的内容脱离实际，形式也过于简单，参加培训的员工就会产生厌恶感，那么培训的效果就可想而知了。

（4）赋予培训部门必要的权力，以使员工对培训能够重视起来。很多企业的培训部门往往缺乏控制培训过程的权力和对培训的营销能力，而使员工认为培训可有可无。

（5）重视在基层和工作岗位上对员工进行培训。培训就像是教婴儿学步，目的是让员工能够独立并出色地完成工作，而工作岗位就是最好的培训地。企业要想在工作岗位上培养员工，首先要为员工提供合适的位子，扬长避短，激发员工的潜能，也就是"有为"也需"有位"；同时，要适时把员工放到新的工作环境中，用不同的岗位锻炼员工，从而保持员工的持续学习状态。

铁律 93
业绩考核是实现目标管理的有力工具

> 在企业或是组织，明确业绩考核目标和责任是至关重要的，应用得当，会促进目标的达成。不然会产生负面影响，使企业或是组织原本和谐、稳定的氛围受到破坏，制约企业的发展。

明确业绩考核目标与责任的管理方式成为提升企业竞争力的有效战略工具，"没有衡量，就没有管理"。

现代的企业领导者都会经常外出学习、参加会议探寻目标管理的途径，买回大量目标管理的光盘、书籍，但使用后往往起效甚微，甚至还产生了员工不满意、部门经理不满意、高层不满意的"三不满意"现象，同时还存在部门之间关系复杂、配合生硬，甚至矛盾重重，相互指责和推卸责任的乱象。

内部人员的工作也缺少主动性和积极性，缺少认真负责的精神，存在效率低下等问题。这样领导不仅要对部门的发展拟订合理的规划，还要忙于协调各种矛盾，领导人不仅自己无暇对员工的工作进行正确的引导、监督与考核，导致员工在工作中常出现错误，而问题出现后又不能得到有效解决，难以确定责任人，等等。

面对如此局面，领导者开始怀疑自己制定的目标，甚至采取道歉的姿态主动下调目标以平众怒。长此以往，必会削弱企业的创新能力，体制陷入僵化，增加前行的困难。

鉴于此，业绩考核应该以目标为导向，强调对员工行为的牵引，通过对绩效目标的牵引和拉动以促使员工实现绩效目标。绩效考核的责任主体是部门的负责人，需要部门主管和员工的共同参与，强调沟通和绩效辅导。绩效考核，实质强调的是过程，一个对设定目标及如何去达成目标、达成共识的过程。顺利完成此过程的关键三步分别是设定目标、达成共识、通过对人的管理来提高业绩。

第一步：设定目标，建立目标金字塔。目标都是要分层的，大目标是金字塔顶，小目标是金字塔底，只有当底座结实，整个金字塔才稳定。

第二步：分组讨论，达成共识。目标承载着的是整个企业的发展方向，因此要符合各部门的期望，在制定目标前，做好各部门的沟通是很有必要的。

第三步：通过人的管理来提高业绩，真诚辅助，避免行政性的指令。当员工做出某种错误或不恰当的事情时，主管应避免用评价性标签，如"没能力"、"真差劲"等，而应当客观陈述事实和自己的感受。

我们每一个人的本性里面始终都在重复一个主题，就是"回避风险，趋利避害"。这也是部门相互推卸责任的本质。在大多数情况下，许多人都不愿意承担责任，在工作的过程中，他们假装不知道有责任和任务的存在，当事情中途出现了糟糕的局面后，便推说自己并不知道有关的任务或责任，以此来逃避，或者推卸自己应该承担的责任，这样会为企业发展埋下"祸根"。

解决这个问题有三步：第一步，锁定责任；第二步，制定阶段性的目标及目标值；第三步，边做边汇报。业绩考核应区分部门考核指标和个人考核指标，也能够从机制上确保上级能够积极关心和指导下属完成工作任务。

明确业绩考核目标与责任利于帮助个人改进工作，提高工作技能。同时，也为管理者提供了与下属进行深度沟通的机会，有助于管理者进行系统性的思考。

考核也为薪酬、福利、晋升、培训等激励政策的实施提供了主要依据。建立严格科学的考核制度，能充分调动个人的积极性和能动性，也有利于在公司内部营造一种以业绩为导向的企业文化。

业绩考核目标的设定是自上而下进行的目标分解和责任落实的过程，与之相应，责任落实也应服从总目标和分目标。因此，企业部门和职位的目标设定，也应从部门、职位对公司整体发展进行支持的立足点出发。

为此，我们提出了考核业绩目标的 SMART 原则：

S（Specific）——明确的、具体的，指标要清晰、明确，让考核者与被考核者能够准确理解。

M（Measurable）——可量化，最好可以数字化。"差不多、比较好、还不错"这些词都是不具备量化性的，出现次数过频将导致标准的模糊，放大误差。

A（Attainable）——可实现的，目标、考核指标，都必须是付出努力能够实现的，既不过高也不偏低。比如对销售主管的考核，去年销售收入 2000 万，今年要求 1.5 亿，也不给予任何支持，这就是一个完全不具备可实现性的指标。指标的目标值设定应结合个人的情况、岗位的情况、过往历史的情况来设定。

R（Relevant）——实际存在，与现实相关，不能假设。现实性的定义是具备现有的资源，且存在客观性，实实在在。

T（Time bound）——有时限性，目标、指标都是要有时限性，要在规定的时间内完成，时间一到，就要看结果。

目标绩效考核来源于对企业经营目标的分解，即为完成战略而将企业经营目标逐层分解到每个部门及相关人员的一种指标设计方法。从管理学上说，目标是比现实能力范围稍高一点的要求，也就是"蹦一蹦，够得着"的那种。"目"就是眼睛看得到的、想得到的、愿意得到的，它是一种梦想；"标"者，尺度也。

目标不是凭空吹出来的，不是虚构刻画出来的，不是闭门造车想出来的，而是有翔实的数据、有完成的周期，还要有激情，经过精确地预算和计划，大家一起缔造出来的，这样缔造的目标，才符合大家共同的梦想。

铁律 94

建立预警机制，有效控制人才流失

> 人才如果对工作失去了兴趣，单靠金钱是留不住他们的，只有增加员工对工作的满意度、对集体的归属感和提供个人发展的机会才能令他们安心工作下去。制定人才发展战略、营造和谐工作氛围、建立人才流失预警机制是控制人才流失比较有效的方法。

人才的流动已成为当今时代的一大潮流，进入企业的人流似乎永远也比不上流出企业的人流。落花有意，流水无情，在如今这个崇尚自我价值实现的时代，企业招人、留人都很难。一场招聘会少则几十家，多则数百家企业，为了吸引求职人员的注意，企业必须不断翻新招聘花样，更改职位待遇，好不容招进几个贴心的人，干不了几天就走了。

这样持续不断地大量招人，常使企业人力资源、培训等部门疲于奔命，重要岗位青黄不接、企业人员之间配合不默契，最终导致企业效益的下滑。管理学家经过统计分析发现，考虑所有因素，包括因为人才离开企业而失去的关系，新员工在接受培训期间的低效率等，替换新员工的成本高达辞职者工资的150%。而且，替换新员工的成本还不仅限于此，创新是企业发展的动力，知识也是一种资产，知识型人才的流失对企业造成的影响根本就无法估量。

人既是感性的又是理性的。员工既希望受到关怀，又希望发挥自己的能力为企业创造点什么，如果这些愿望得不到满足，那么员工便会感觉到失望。

解决这个问题需要具备硬件和软件。

硬件：制定人才发展战略。比如免费开办课程，提供顾问和学习资料，帮助员工跟上时代的步伐，向员工提供发展和选择的途径，以此努力提高他们的工作积极性。建立合理的晋升机制，不断提高人才福利待遇。

道康宁公司和联信公司正在努力迎合自主型雇员。近年来，这两家公司跳槽的员工多为任职3个月至2年的员工，针对这种情况，两家公司制订了一项"职业适应"计划，以帮助员工在公司内部寻找机会，向新进员工介绍不同的岗位职责并开办课程，帮助他们熟悉这些岗位的知识，这样即使他们对本职有意见，也可以在公司内部寻找更合适的职位，且不重新计算工作时间。比如在原部门干了3个月，换了一个部门，那么就算是进入公司的第四个月，享受相应的福利待遇。自从这个计划开展以来，这两家的员工业务素质和忠诚度都有了较大的提高。

有些企业可以提供高薪，但在有些时候，高薪也留不住人。只有尊重每位员工，给他们创造一个可以尽情施展才华的舞台才是明智的解决办法。

软件：安定人心，在工作中和生活上营造出公正平等与和谐的环境，让员工爱上自己的企业。使员工能够有一种自我价值得以实现的成就感，人才便会忠实于企业，勤奋地工作，回报企业。

A旅行社员工李明，大学毕业后就在一家知名的旅行社做总经理助理，其间，有不少公司想挖他，而且薪水开得很高，但是都遭到了他的拒绝。他常常对同事说，他喜欢这里的工作环境，总经理待人和气，对于下属的工作从不多加指责，如果有不同意见和建议，总经理总是非常委婉地提出来，然后一同商量解决，给员工的承诺也能一一兑现，公司的同事非常热情，如果在工作中遇到困难，他们都尽心尽力地提供帮助。在这种良好的环境下工作，谁又愿意离开呢。

每个人都是平等的，即便有高下之分，也是因为品德、能力，而非职位，如果管理者能有发自内心的平等意识，真诚地对待每一个人，那么员工必定会受其感动，全身心投入到工作中。

坚持程序化沟通，建立人才流失管理预警机制。有证据表明，个体对工作环境的知觉比真正的工作环境更能影响他们的行为。管理者必须了解员工是如何看待现实的，如果员工的理解与实际存在显著的差距，管理者还要努力消除这些误解。程序化沟通能达到上述目的。程序化沟通包括直接上司、人力资源部以及其他高层领导定期和不定期与人才的常规型面谈，发生特殊情况时的谈话，员工态度调查以及会议、书信、电子邮件等信息反馈。这些沟通能够让管理者发现人才对组织各方面情况的真实反映，以及人才与管理者之间的态度差异。例如，管理者认为合理的政策，而人才则可能认为不合理，这种差异会向管理者提供危机警示。

把握人才行为规律，确立人才流失管理的快速反应机制。一旦发现人才行为出现异常，应该立即采取针对性调整措施。因此，利用程序化沟通获取的信息，建立人才行为档案十分必要。人才行为档案的内容，除了人才的基本情况、考核表现、绩效及问题以外，还应包括人才独特的需要及其发展趋势分析。

人才流失不是突然发生的，它需要经历由内隐形态向外显形态的转化过程。人才流失的内隐形态指人才的劳动关系虽未变动，但已不再安心于现在的工作，缺乏工作动力的状态。人才流失的外显形态则为人才的劳动关系和本人都脱离了现组织的状态。

当人才流失表现为内隐形态时，人才流失过程就开始了。这个过程一般会经历抱怨、倦怠、抗拒和离职4个阶段。

1. 抱怨阶段

当人才遭遇不满意事项，会通过某些途径将这种消极情绪宣泄出来，其目的是引起管理者的注意，前提是相信管理者能够解决问题。在抱怨阶段，人才虽然感觉不满，却并没有离职的打算，工作任务也能正常完成。如果管理者实施了适当的控制，一切将回归正常；但是，如果管理者对人才的抱怨放任不管，或者虽采取了措施但未达到人才的预期，则会导致人才情感上的失望和失意，进而产生职业倦怠。

2. 倦怠阶段

处于职业倦怠状态的人才，态度消极、行为懒散。他们此时的行为已较大程度地偏离了正常轨道，对其工作绩效产生了一定的影响。其目的是通过这种强烈的变化，促使管理者重视自己。在他们的内心深处，仍然寄希望于管理者。同样，管理者得当的控制措施，会获得回归正常的效果；但是，如果管理者不分析人才行为变化的深层次原因，只是简单地进行批评和处罚，则会加剧人才的不满，从而产生心理上的抗拒和萌生去意。

3. 抗拒与离职

当这种抗拒情绪达到一定程度，就极有爆发（外化）的可能，形成人才与管理者之间的对立。这种氛围的压力为人才离职准备了客观条件。当然，此时人才离职的决心并不坚定，管理者的诚心和信任，仍可能让人才回心转意；而管理者的不当作为则会促使人才痛下离职的决心。一旦人才认为有更适合的组织愿意接纳他们，就会向管理者明确表示离职的意愿。如果管理者仍没有实质性的挽留行动，人才就会实施离职行为。

人才流失过程分析给我们如下启示：

（1）在人才流失过程的每一个阶段，员工都有不同的行为表现。通过分析这些行为表现，可以找到离职员工行为的规律性，为管理者实施过程控制提供依据。

（2）在人才流失过程中，管理者的控制是一个非常重要的中间要素，管理者控制得当和不当，将对人才留与走的决定起重大影响作用。

（3）在人才流失过程的每一个阶段，都存在挽留人才的可能性。即使是人才已经离职，仍存在回流的希望。挽留人才的努力，在人才离职以后仍应继续。

因此，对人才流失过程实施有效的阶段控制，能够产生阻断人才流失过程的效用。经验告诉我们，导致人才流失的原因，很可能只是一件小事。越是具备人才流失过程管理的前瞻，管理成本就越低，成功率就越高。

最后，保持与离职人才的经常联系是十分重要的。在重大节假日、人才生日时，不要忘记予以问候；组织有周年庆典等重大活动时，可以请人才回"家"做客；还有尽可能为人才提供帮助等，都是培育感情的好办法。这样，人才虽然离职，却仍存在与组织合作、互相帮助和回流的机会，成为组织宝贵的社会关系资源，也能降低人才投向对手公司给本公司带来翻船的风险。

铁律 95
创造有助于提高员工幸福度的工作环境

> 员工是企业的主人,是企业发展的推动力量。随着市场竞争的不断激烈,想要发展壮大的企业,就要注重企业人性化管理与感情投资,将公司建设成为员工温馨的家园,为员工创造良好的生活及工作环境,提高企业内部服务水平,进而提高公司的凝聚力、向心力与竞争力。

关爱你的客户,关爱你的员工,那么市场就会对你倍加关爱。"客户"是企业的外部客户,"员工"是企业的内部客户,只有兼顾内外,不顾此失彼,企业才能获得最终的成功。员工是企业利润的创造者,如果员工对企业满意度高,他们就会努力工作,为企业创造更多价值,以企业为家;员工对企业如果不满意,结果一是离职,一是继续留在企业,但是已经失去了积极工作的意愿,这两种结果都是企业所不愿看到的。所以,一个追求成功的企业应当重视如何提高企业内部客户——员工的幸福度。

员工幸福度是指个体作为职业人的幸福程度,也就是个体对他所从事的工作的满意程度。创造有助于提高员工幸福度的环境,对企业经营管理意义重大。企业经营者应坚持着以人为本,以人性化方式管理和服务员工,从细小的事做起,努力为员工营造良好的、身心舒适的生活和工作环境,并不断更新和完善,有助于激起员工的工作积极性,以最小的投入换取最大的成效。

长期来看,快乐的员工比不快乐的员工有更多的工作成效——其绩效比所有员工的整体绩效高,并且职业倦怠率比同事们低。快乐的员工不仅感到对自己满意,而且工作卓有成效,他们会参与打造企业和自己的未来,取得更大成就。

提高员工幸福度能够有效提高客户满意度,为企业创造更大的价值;员工幸福度高有利于调动员工的积极性和创造性,提高员工工作效率;有利于企业的稳定与团结,有利于提高员工的忠诚度，从而提高企业凝聚力。创造有助于提高员工幸福度的环境应成为现代人力资源管理的一个重要目标。

　　白芨沟矿区以前的工作环境是：街道上，六七十吨重的拉满煤炭的大车驶过，噪音大、空气质量差，给矿工和周围居民休息、出行带来不便。矿区绿化带面积很小，环境污染非常严重。以前在这里工作的矿工心情很不好，经常能在街道上或是在矿工工作的地点看到打架的或是吵架的矿工，大家工作情绪消极，每天只是将属于自己的那部分干完，就不管其他部分的，甚至有时候很多人连自己的工作也干不完。

　　白芨沟矿区领导为了提高员工的工作积极性，同时也为了实现矿区和谐发展，对矿区范围内所有的路面、场地、设施进行修理、绿化，改善矿区环境。他们抽调人力物力，用了一个月的时间沿着山脚，在泄洪沟开辟了一条四五公里长的运煤专用线，然后还投资改善周边的环境，在矿区周围种了很多树，还治理污染的河流。

　　矿区领导同时改善了矿工的生活条件，在矿上又新建了员工食堂。为了满足员工的不同口味，食堂专门制定了每周食谱，荤素搭配，并且专门配了辆车用于采购新鲜蔬菜。

　　矿区的工作环境的转变换来了矿工心情的转变，精神面貌日益变好，矿工互相关心、照顾，矿工队伍更加团结了。工作环境的改善同时还激发了矿工的干劲，矿工加班加点、夜以继日地工作，为实现矿区的和谐美好贡献着自己的力量。

　　企业经营者了解幸福学，关心人的心理状况，灵活管理，方能达成企业的发展目标。经营者要学会让周边的人在和谐美好的环境中完成自己的工作，实现自己的目标，这样才能完成企业的任务、企业的目标，促进企业的发展。创造有助于提高员工幸福度的环境，对组织有效性也有价值，因为快乐的员工才能让组织更具生产力，绩效更加出色。

　　因此作为经营者，要掌握一定的心理学知识，学会运用幸福学的理论，在资源有限的情况下进行更理性、更科学的管理和决策，使员工"工作，快乐，并幸福着"，最大限度地提升员工的工作热情。

　　用"生机勃勃"这个词可以形容工作中的幸福感。一个员工是否"生机勃勃"具有两大要素：首先是活力——一种富有生气、激情四射和兴奋不已的感觉，充满活力的员工能够激发自己和他人的能量；其次是学习力——乐于学习新的知识和技能，具备知识技术优势。

　　事实证明，让员工焕发勃勃生机，打造幸福企业，并不需要巨大的努力或投资。营造生机勃勃的环境需要大家共同努力。帮助员工成长并在工作中保持干劲，本身就是一种富有魄力的行为，而且这也能够不断提升公司的绩效。

　　人是社会性动物，需要群体的温暖。我们倡导情感互动，营造企业的温暖氛围。以全新的眼光看待你的员工，视每位员工为具有无限潜力的人才，他们不只需要你的薪酬，也希望在工作中与企业建立起感情关联。企业应当具有良好的人际关系氛围，企业要充分尊重员工的人格、权利、尊严与爱好，平等待人，化解干群之间、群众之间的对立情绪，创造宽松和谐的人际关系，营造诚信、友爱、和谐的工作氛围。

1. 建立自由、公平、开放的企业沟通体系

员工普遍希望企业是一个自由开放的系统，能给予员工足够的支持与信任，给予员工丰富的工作生活内容，员工能在企业里自由平等地沟通。自由开放的企业应当拥有一个开放的沟通系统，以促进员工间的关系，增强员工的参与意识，促进上下级之间的意见交流，促进工作任务更有效地传达。

在通用电气公司，从公司的最高领导到各级领导都实行"门户开放"政策，欢迎职工随时进入他们的办公室反映情况，对于职工的来信来访妥善处理。公司的最高首脑和公司的全体员工每年至少举办一次生动活泼的"自由讨论"。通用公司努力使自己更像一个和睦、奋进的大家庭，从上到下直呼其名，无尊卑之分，互相尊重，彼此信赖，人与人之间关系融洽、亲切。

2. 创造公平竞争的环境

在工作中，员工最需要的就是能够公平竞争，只有在公平竞争的环境中员工才能展现自己的才能，才能肯定自己；公平可以使员工踏实地工作，使员工相信付出多少就会有多少公平的回报在等着他，在公平的环境下员工才能够心无杂念地专心工作。

3. 尽量减少无礼行为，尊重每位员工的人格与个性

赋予员工自主决策权，让他们自己作决策；分享信息，在信息充分共享的环境中工作，员工们更容易寻找创新的解决方案；提供有效的反馈，消解大家的不确定感，使之聚焦于个人和组织的目标。

4. 改善员工的办公环境

为员工创造一个优美、舒适的工作环境，增强员工对工作环境的满意度。工作环境包括工作安全性、工作条件、工作时间制度、工作设施等。员工为企业工作不仅为了获得报酬，对大多数员工而言，企业是他们的另一个家，员工希望自己工作的环境安全、舒适、现代化。舒适的工作环境对提高员工的工作效率，树立企业的形象，激发员工的自豪感都有非常重要的作用。

办公区设计应宽敞明亮，设施设备齐全。细节凸显关怀，注意办公场所的细节装饰，比如窗台的盆栽、墙上的油画。若是有厂房，注意厂区的绿化养护，每天都有管理人员进行浇水、施肥、修剪、病虫害防治等工作，保证了花草树木的健康生长。在休息区设置宣传栏，加大企业文化及信息的宣传力度，表彰优秀个人，使大家更多地了解了企业的发展动态，激发员工的进取心。

5. 重视员工的身心健康，注意缓解员工的工作压力

企业可以在制度上做出一些规定，如带薪休假、医疗养老保险、失业保障等制度，为员工解除后顾之忧。加大对员工身心健康方面的投入，每年为全体员工提供一次免费全面健康检查；开展送温暖活动，帮助困难员工及家属；建立后勤保障小组，严把食品入口关，不采购、不食用不符合卫生标准的食品，提高食堂安全管理，防止食物中毒事件发生；增加娱乐设施、定期开展文艺活动，比如每层加两个乒乓球台，装修一间小型放映厅，"五一"等节日举办联欢，丰富员工业余文化生活，与员工分享成功的喜悦。

一个人的一生大部分阶段都在工作，而且这段时间是人已经成熟独立以后，真正实现自我生命意义的重要时期。这么长时间的生命投入，自然使员工对于企业有了一种期望，一种对企业评判的权利。从这方面说，创业者也应当重视提高员工的幸福感，使员工由满意逐渐变为忠诚，自愿努力地工作。

铁律 96

领导的率先垂范，能够激励员工进步

对于现代企业而言，领导者的率先垂范，不仅仅体现在提升团队的执行力之上，更能够有助于企业文化的建立和传承。企业文化之于企业，犹如人格魅力之于个人。独特的企业文化不仅能够提升凝聚力，为员工带来高度的集体认同感，也为企业带来更加醒目的品牌形象。

在日常工作和生活中，我们往往把管理和领导等同起来，认为管理就是领导，领导就是管理。其实，管理和领导虽然是紧密联系的，但二者在本质上存在很大的差异，绝不能混为一谈。领导与管理有着泾渭分明的边界。

创业者是率领并引导团队朝着一定方向前进，而管理就是负责某项工作使它顺利进行。也就是说，创业者是要做正确的事情，而管理是要正确地做事情。

被誉为世界"领导力第一大师"的哈佛商学院教授约翰·科特说："管理者试图控制事物，甚至控制人，但领导者却努力解放人与能量。"这句话深刻地阐述了领导与管理之间的辩证关系：管理的工作是计划与预算、组织及配置人员、控制并解决问题，其目的是建立秩序；领导的工作是确定方向、整合相关者、激励和鼓舞同仁，其目的是产生变革。管理侧重技术和手段，侧重过程和方法，那么领导则侧重人文和目的，侧重结果和艺术。

曾经有一个男孩问迪士尼创办人华特："是你画的米老鼠吗？"听到这个问题，华特明确地回答："不，不是我。"

"那么你负责想所有的笑话和点子吗？"小男孩追问。

"没有。这也不是我的工作。"华特接着回答。

男孩百思不得其解，又问："迪士尼先生，你到底都做些什么啊？"

华特笑了笑回答："我就是一个充气筒，给每个人打打气，我猜，这就是我的工作。"

华特揭示了领导人的真正角色：教练、老师。创业者要能激励员工士气，传授员工经验，解决员工的问题，能令员工折服，必要时还得自己跳下来打仗。

领导人凭借影响力去发挥作用。古人云：其身正，虽不令而行；其身不正，虽令而不行。管理本质上是一种职能关系，而领导的本质上则是一种追随关系，因此身教重于言教。影响力是通过用一种方式，改变他人的思想和行动的能力。影响力表明了一种试图支配与统帅他人的倾向，从而使一个人才去采取各种榜样示范、劝说甚至是强迫的行动来影响他人的思想、情感或行为。无论是观点的陈述、障碍的扫除，还是矛盾的化解、风险的承担，具备该素质的人都会以愿望或实际行动的方式推动其达成或实现。

如果你正准备要让自己公司在当地同行中的排名从第二名更进一步，成为第一，那么你需要在营销一线培养出能够独当一面的得力干将。为此你就必须亲自在一线起到表率作用，通过自身的示范向手下员工们发出"跟我来"的号令，并进而培养出营销能力不输于你自己的员工。

我们经常会听到这么一种观点：什么事情都大包大揽的老板培养不出有能力的员工。管理咨询专家们也全都认为："要想培养员工，就必须让他们担负实际的工作。"

虽然这些论调让你感到无所适从，但是他们的说法全都是在"无的放矢"。说这些话的人都没有实际经营管理的经验，而真正的经营者绝对不会做出这种优哉游哉的结论。

如果一家公司的经营者自身懒惰、厌恶工作、什么事情都交由下属，自己只图享乐，那自然是另外一回事，并且这样的经营者也不值一提。但是不管是对于中小企业还是大型企业而言，经营者都必须带头投身于工作之中。

尽管你公司里也有员工向你抱怨："您什么都自己做了，这样我就学不到任何东西"，但是这样的员工是靠不住的，根本就没有培养的必要。你真正需要下工夫培养的是那种紧紧跟在全身心投入于工作的经营者后面，努力追随仿效经营者的身姿、力图完成同样工作的员工。

打铁需要本身硬。长期以来，许多的领导者往往期望以树立权威来提升影响力，通过层级权力的下压敦促员工完成工作。实际上，这种硬性的、严酷的领导模式或许未必有身体力行的示范作用来得有效。

目前许多管理者都试图尝试无为领导和管理，主张领导的授权和无为而治。想法是容易的，但实际做起来却不简单。一些能干而焦虑的领导会总是抱怨员工无能。这样的领导当员工做不好时，往往一头扑下去自己做，领导者成了救火员，长期如此，反而无法放手，事必躬亲。

事实证明，无为而治和事必躬亲都是存在较大风险的。最理想的情况是领导人率先垂范，在短时间内培育出大量愿意效仿自己策略和精神的员工。领导者在开始时要忍受一段时间员工的工作水准不够理想，减少焦虑情绪，有效调控和管理压力，通过教练或促动的方式改善员工的能力，推动企业向前发展。

很多领导者很困惑，我在处处传帮带呀，为什么部下的效率却越来越差？需要领导者反省的是，因为你的示范已经演变成了事必躬亲，并且处处按照自己的操作过程来要求你的每一个下属，时间长了，什么事情你都干了，下属自然轻松地等着你来干。

做教练式的领导者，只有在有新工作时才需要加以示范、引导。在多数工作时间里，需要下属自主完成，通过亲身实践，他们才能成长。在员工提升能力过程中，领导者的主要工作就是推动他们，让他们跑起来。只有他们跑起来，企业的发展速度才能高起来。

经营者应如一面镜子，反映下属真实的现状和局限，同时引发对方看到更多的可能性，给对方一个重新选择的机会。即便是自觉性强的员工也有满足、停滞、消沉的时候，也有依赖性。偶尔利用你的权威对他们进行威胁，会及时制止他们消极散漫的心态，帮助他们认清自我，激发他们发挥出自身的潜力，重新激发新的工作斗志。

2007年，北京城建二公司根据市场发展变化，开始实施"以人为本、终身学习、创建学习型企业"的战略，经过3年的发展，企业全面构建了员工终身学习教育体系，营造出了时时有学习之机、处处是学习之所的良好学习环境，在公司1700多名员工的心中，学习理念已生根发芽，在公司40余个基层单位中工作学习化、学习工作化的崭新局面已经形成。

20年前，建企之初，城建二公司大部分职工一夜间由兵转工，学历普遍偏低，业务技术不高，管理经验不足，施工生产能力较弱。摆在面前的严峻事实使城建人深刻地认识到，光凭汗水和体力在北京建筑市场是立不住脚的，必须依靠知识和技术闯天下。这一认知，使"注重人才培养，鼓励职工学习，建楼育人"的工作，成为二公司各届领导班子一直坚持不懈的主线。

创建学习型企业是一把手工程，是领导工程。为此二公司党政领导既是培训的组织者、引导者，同时也是接受再教育的学生。他们不但始终把学习放在优先决策中，提供经费，解决实际困难，而且率先垂范，做出学习的榜样。公司主管教育的副总经理渠斌，不仅亲自授课带徒，且自身学习也抓得很紧，全力攻克了电脑难关。大会发言，经常看到渠总边讲话边熟练运用Powerpoint演示。44岁的生产副总经理宋彦君也通过自学，能够轻车熟路地操作电脑，为机关工作人员的现代化办公做出了表率。

近年，二公司积极组织基层创建学习型小组40余个。每个小组又按工程、工种、技术类型划分为若干小组，制订计划、考核标准，并与经济挂钩，使学习小组深入扎根到施工生产的第一线，成为工程技术创先革新及五小发明的熔炉。例如，公司吊装维修班组就通过团队学习，熟练掌握了各类塔吊维修技术。学习骨干赵振海自制的桥式整流器，使"瘫痪"的塔吊起死回生，并累计为单位节约维修经费和降低成本300多万元，被评为全国技术革新能手,并被编入北京市总工会出版的《职工自学成才》一书中,成为学习的榜样。

在创建学习型企业的过程中,导师制培训班成为全面培养、快速提拔青年知识分子的有效形式。近年来,公司先后有十余名年轻技术干部充实到了公司中层领导干部的岗位上,实现了领导层的年轻化、知识化。

领导应该成为激励团队进步的教练,让团队成员跑起来。尤其是面对那些自觉性比较差的员工,一味地为他创造良好的软环境、去帮助他,对他不会产生丝毫的帮助。相反,应该让他感受到"大棒"的威胁,这样才能激发他们成长的动力。建立成功的团队,就需要经营者推动团队成员共同进步。这种推动力依靠不是事必躬亲,而是用自己的方式去影响员工。总裁的英文是CEO,其中的"E"不仅仅是执行(Executive),还有一个更深刻的寓意,那就是教育(Education)。总裁是一个企业的首席教育官,要知道如何发挥好"教"的功能。

一个有成效的经营者必须成为激励员工进步的教练。经营者要在每天的言行中切实按自己所提倡的那样要求员工、激励员工,以员工的成长来引领团队的进步、公司的发展。因此经营者需要谨言慎行。请记住,存在信任时,人们会原谅许多事情;而没有信任时,人们很少会原谅什么。人们觉得领导者值得信任时,投入时间并承担风险的那种样子,在领导者拥有缺乏诚信的名声时将不复存在。虽然你可以尝试要求别人信任自己,但这很少奏效。正确地行事、思考和决策,是建立信任的最佳方式。

拥有开放的心态,封闭的心态是抓住新机遇最大的限制因素。一旦领导者愿意寻找那些持有异议或反对立场的人,愿意了解他们的想法,而不是为了说服他们改变主意,那么这个领导者就将自己的事业带上了一个全新的水平。不要害怕反对意见,你应该做的是对此产生好奇和兴趣,与那些对抗你、挑战你、拓展你和发展你的人进行开放式对话,让你的语调更富有感情,与对方建立起情感上的联系。只有这样,员工才能准确接收你传递过来的信息,才能更好地追随你。

铁律 97

高薪能够激发员工的工作热情

> 让员工们生活得更幸福是稳定员工的基础，成功的公司付的酬金，在其所在的产业部门中往往属于较高水平，这并非由于经营上的成功而使他们有能力支付高薪，而是因为他们认识到提供高的报酬是吸引员工的一种有效的方法。

我们通过调查研究发现，在缺乏科学、有效激励的情况下，人的潜能只能发挥出20%~30%，而科学有效的激励机制能够让员工把另外70%~80%的潜能也发挥出来。所以企业能否建立起完善的激励机制，将直接影响到企业的发展。

激励是管理的核心。尽管薪酬不是激励员工的唯一手段，也不是最好的办法，但却是一个非常重要、最易被人运用的方法，也是目前企业普遍采用的一种有效的激励手段。相对于内在激励，薪酬激励这种方法管理者更容易控制，而且也较容易衡量其使用效果。

马斯洛需求五层次理论说明，人的需求是分层次的，只有满足了低层次的需求之后，才会考虑高层次的需求。工资作为满足低层次需求的保障条件，对绝大多数人来说，仍是个硬道理。工资低的公司，即使企业文化搞得再好，也难留住人。对高层次人才，工资较高但如果缺少培训和发展机会，仍然缺乏吸引力。因此，要将薪酬激励与内在的激励相结合，以获得更好的效益。

薪酬对于员工极为重要，它是员工的一种谋生手段，同时，也能满足员工的价值感，因此，薪酬在很大程度上影响着一个人的情绪、积极性和能力的发挥。事实证明，当一个员工处于一个较低的岗位工资时，他会积极表现，努力工作，一方面提高自己的岗位绩效，另一方面争取更高的岗位级别。在这个过程中，他会体会到由晋升和加薪所带来的价值感和被尊重的喜悦，从而更加努力工作。真正发挥好企业薪酬对员工的激励作用，可以达到企业与员工的"双赢"。

在任正非眼中，华为是"三高"企业：高效率、高压力、高工资。他坚信，高工资是第一推动力，重赏之下才有勇夫。其实，华为给员工的不仅有高工资，还有股权和其他待遇。

应届毕业生报到时的路费和行李托运费等可以享受实报实销：从学校所在地到深圳的单程火车硬卧车票、市内交通费（不超过100元）、行李托运费（不超过200元）、体检费（不超过150元）。上述费用所有票据在报到后的新员工培训期间统一收取、报销，并在报到的当月随工资发放。

新员工正式上岗前的内部培训期间，工资、福利照发不误。新员工的工资开支，长年设置的负责培训的一批员工、干部的费用开支，各种培训费用支出、培训场所的建设、维护等都是大笔开支。把一名刚出校门的大学生培养成可以在市场、研发上独当一面的成熟员工，华为投入了大量资金。

如果你持有内部股票，你还可以很容易地套现，拿走一大笔现金。1997年底，开发部副经理张某得到了8万股（每股1元）配股。当年华为是在10月1日开始配股的，凡是10月1日以后去的算是新员工，必须到第二年的10月1日才能分配内部股。而比他早去1个月，在9月进入华为的员工则参与了配股。他在华为工作了4年，就因为晚报到了几天，就比其他同事少收入了近30万。虽然这是公司的规定，但仍让不少事先不清楚的员工倍感遗憾。该员工2002年1月辞职的时候，华为的配股已经变成期权了，当时他的配股是按照一股2.6元人民币套现的。

张某当初从原来的单位辞职，办理调动手续的时候，遇到了各种各样的刁难。他在原单位的工资是800元，先被扣了当年的奖金，又被索赔1万元。而当他从华为辞职的时候，根本不用自己去跑，公司专门有一名人员给他办理完了所有的辞职手续。当他接过那一大笔沉甸甸的现金，才突然发觉这一次辞职是一个极大的错误。"华为真的很够意思。"这名员工说。另一位辞职的华为人说："华为对技术开发人员的确很够意思，像我1995年刚进公司的时候，他们就开出了6500元的月薪，后来慢慢长到了12000元，加上其他的补助，拿到手上的数字还要高一些。"这位工程师在办好一切辞职手续后，意外地发现自己还拿到了一大笔年终分红，吃惊与意外之余说："我几乎都有点后悔离开华为了。"

2011年，华为再次涨薪，正如华为CSR委员会主任陈朝晖所说的，公司给员工涨薪，员工对公司的归属感更强，人员的稳定性更高，公司员工的流失率控制在6%～8%左右，更有利于企业的稳定和可持续发展。华为逆市涨薪无疑令人关注，从华为在2011年度的种种行为，其敢在"倒春寒"充当"一枝独秀"的行为，很明显是决心破市突围，转型为一支"香自苦寒来"的腊梅。

薪酬管理，体现出企业家的智慧，也体现出企业核心文化内涵，是调动员工工作积极性和稳定员工队伍的利剑。

人才是企业的基石。在全球经济一体化的今天，人才问题被企业提到了更高的位置。怎样识别人才、留住人才，是摆在企业家面前的一个非常严峻的问题。放走一个人才，不仅事业受损，还有可能为自己增加一个竞争对手，这样的道理谁都懂，但要想很好地解决人才问题，很难找到一举多得的方法。如何让人才为企业打拼？他们凭什么会去打拼？最重要的方法就是涨薪，使薪水具有市场竞争力。

薪酬激励并非盲目地给员工高薪，能否有效地运用好薪酬激励，使员工发挥最大潜能，是有一定的技巧性的。史玉柱给征途网络的研发人员高薪，可以很容易地保留重点员工和业务精英，这对于征途网络这样的高科技公司非常有效。在这种公司，通常80%的业绩是由20%的精英来完成的，少数骨干决定了公司的发展。研发人员正是网游公司的灵魂。

当然，只注重少数骨干对其他员工不理不问，这样的企业也是不平衡的。明智的做法是：对高层员工的工资采用高于市场平均值的增长率，对中层员工和业务骨干的工资采用平均市场增长率，对一般员工则保持工资不变。当然，如果公司有能力的话可以仿效史玉柱给每位员工发金币或购物券，统一涨工资，让所有员工享受到公司发展的喜悦，这样可以最大限度地保持公司对员工的吸引力。

在实践中，不少单位在使用薪酬激励的过程中，耗费不少，而预期的目的却未达到，职工的积极性不高。例如在发放奖金上，很多企业仅仅依靠月终一次、年终一次的发放资金的办法，不知不觉陷入了不及时奖励，不分好坏的"皆大欢喜"的无效奖励恶性循环中，根本无法达到激励效果。

企业要通过物质奖励调动职工积极性，就不能把奖金与工薪放在一起发，这样就把工作应得的和额外奉献混为一谈，职工不一定会有受奖感受。在现代企业中，应把思维创新并有实效的行为作为重要奖励因素，以调动职工的创新意识，鼓励职工的创新行为。以下是支付高薪激励的注意事项：

1. 高薪激励必须公正，但不能搞"平均主义"

在进行了大量调查研究的基础上发现，一个人对他们所得的报酬是否满意不能只看其绝对值，还要进行社会比较或历史比较，看比较值。通过比较，如果判断自己受到了不公平对待，就会影响自己的情绪和工作态度。

有许多人员都是因为企业所付出的薪金不合理而跳槽的，"同工不同酬，不同工同酬"。按劳分配作为社会主义制度的分配原则，体现的是一种公平、公正的分配方法，用在企业再合适不过。

为了做到公正激励，必须对所有职工一视同仁，按统一标准奖罚，不偏不倚，否则将会产生负面效应。此外，必须反对平均主义。平均分配奖励等于无激励。据调查，实行平均奖励，奖金与工作态度的相关性只有20%，而进行差别奖励，依据他的工作表现进行奖励，论功行赏，这样奖金与工作态度的相关性能够达到80%。

2. 恰当的掌握激励程度

能否恰当地掌握激励程度，直接影响激励作用的发挥，过量激励和不足量激励不但起不到激励的真正作用，有时甚至会起反作用，造成对工作积极性的挫伤。在人力资源管理过程中，如果设定的激励程度偏低，就会使被激励者产生不满足感、失落感，从而丧失继续前进的动力；如果设定的激励程度偏高，又会使被激励者产生过分满足感，感到轻而易举，也会丧失上升的动力。所以要求经营者从量上把握激励要做到恰如其分，激励程度要适中，超过了一定的限度或不到一定程度，激励的作用就不能得到充分的发挥。

3. 企业利润合理分割

世界上知名的大公司大都已实行利润分割，尽管它的形式（如股份制）只是为少数股东的利润。我国的国企到现在才开始对厂长、经理们进行股票期权激励，因为太晚的缘故，许多规模化的民营企业接连失败。在这个问题上，联想公司做了很好的处理。

联想集团在一次股权改革时，将中科院送的35%股份又一分为三：其中的35%分配给了公司创业时期有特殊贡献的员工，20%以时间为限分配给了较早进入公司的员工，45%根据做出贡献的大小分配给以后有特殊贡献的员工，不但照顾了老同志，兼顾了企业未来的发展，更重要的是，留住了"联想"的高水平人员。

人是企业发展的原动力，合理的利益（利润）分割可以提高他们的工作热情和积极性。科学的激励制度包含着一种竞争精神，它的运行能够创造出一种良性的竞争环境，进而形成良性的竞争机制。在具有竞争性的环境中，组织成员就会受到环境的压力，这种压力将转变为员工努力工作的动力。

4. 薪酬激励还应与相应制度结合起来

制度是目标实现的保障。因此，物质激励效应的实现也要靠相应制度的保障。企业应通过建立一套制度、创造一种氛围，以减少不必要的内耗，使组织成员都能以最佳的效率为实现组织的目标多做贡献。例如，物质奖惩标准在事前就应制定好并公之于众且形成制度稳定下来，而不能靠事后的"一种冲动"，想起来就奖励一下，想不起来就作罢，那样能起一时之效，但非长久之计。

由于物质需要是人类的第一需要，也是基本需求，所以物质激励是激励的主要模式，在我国，由于员工收入较低，所以更是我国企业内部使用得非常普遍的一种激励模式。物质激励主要是改善薪酬福利分配制度，使其具有激励功能。使用物质奖励概括起来有以下5种方法：

（1）拉开档次，这一点在集团公司的工资改革中已经体现了出来。

（2）对合理化建议和技术革新者提供报酬（使这一部分的收入占员工收入的相当比例）。

（3）实行薪酬沉淀制度，留住人才。可以对所属二级单位的领导及关键技术人员实行年薪制，实行年薪沉淀制度，其年薪当年只能拿走一小部分，其余在未来几年之后兑付。如果有人提前离开或工作上出现问题，他的沉淀工资是不能全部拿走的。这样可以留着人才，也可以使他们安心工作，尽心工作。

（4）完善多种分配机制。对不同类型人员、不同工作性质的单位或部门应该制订不同的薪酬方案，使之能发挥激励作用。比如机关与基层单位的管理和技术人员，供应、销售与其他部门的人员，高级与一般管理和技术人员，技术工人与普通工人等，他们的薪酬方案应该有所不同，我们可以结合绩效考核情况，完善薪酬分配方案，使之适应不同类型人员的需求，发挥薪酬激励作用。

（5）管理阶层应把握住企业创新的原动力，采取国际上通行的技术入股、利润提成等措施，通过公平的分配体制，实现个人利益与企业利益的高度一致，使员工感觉到：有创造力就有回报。

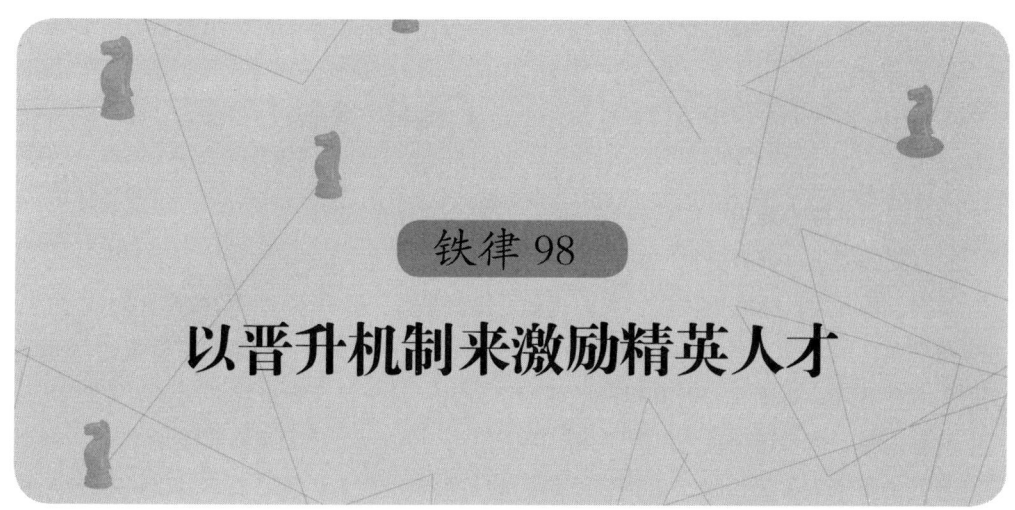

铁律 98
以晋升机制来激励精英人才

> 晋升激励是企业领导将员工从低一级的职位提升到新的更高的职务，同时赋予与新职务一致的责、权、利的过程。晋升是企业一种重要的激励措施。企业职务晋升制度有两大功能，一是选拔、保留精英人才，二是提高员工的工作积极性。企业将精英人才提升至高级岗位，对精英人才和企业发展都有重要意义。

晋升机制是对企业管理者和员工的一种良好激励，实施得好，能形成良好激励氛围，提升个人和团队的业绩，留住精英人才。

"金钱激励"对精英人才的刺激作用有限，企业经营者应善于分析精英人才的特点，深入了解员工的才干或心智模式，把合适的人安置在合适的岗位上，让每位员工充分发挥优势，为组织做出最大贡献，为精英人才的成功提供更好的支持。

将企业内部业绩突出和能力较高的员工加以晋升是一种十分常见的激励方式。这种方式提供的激励包括工资和地位的上升、待遇的改善、名誉的提高以及进一步晋升或外部选择机会的增加。晋升提供的激励是长期的，这样可以鼓励企业员工长期为企业效力。那么，晋升标准如何制定呢？我们为大家总结了以下三点：

首先，规范晋升的途径，建立晋升的阶梯。也就是说，为每一个员工指明他所在的岗位应该朝哪个方面晋升。这个晋升不是指个人的晋升，而是指这个岗位未来的晋升方向。比如文员这个岗位的下一步是高级文员，一般工程师这个岗位的下一步是主任级工程师。规范晋升途径的重点，就是将所有的岗位分为几个岗位群，每一个岗位都能在自己所在的岗位群中，从下到上、一步一步地提升。

规范了类别途径，建立了晋升的阶梯，就为员工的职业生涯打通了道路。这样，员工就可以目标明确地通过绩效考核、能力考核不断地晋升。激活了员工的积极性，他们就能够不断地提高自己的业绩,提升自己的能力,企业也因此而得到持续的发展的机会。

规范了晋升途径、建立了晋升阶梯,并不意味着员工只靠工作年限就可以自然地晋升。晋升需要达到以下3个标准:

(1)岗位的任职资格要求,具体包括:学历、专业、专业年限、同行年限、同等职务年限。

(2)岗位的能力要求,即适应这一岗位所需要具备的能力。

(3)绩效要求,即晋升这一岗位所需达到的绩效标准。

其次,晋升应以标准为依据,双向流动。也就是说,晋升不应该仅仅是正向流动的,也应该有负向的流动。晋升标准应有两个,一个是向上晋升,一个是向下降级,从而做到员工有升有降。对于符合晋升标准的要给予晋升,对于符合降级标准的要向下降级。

最后,晋升体系还要注意应用头衔。我们经常看到一个公司里有很多的经理,级别较高部门的负责人称为经理,级别较低部门的负责人也称为经理。在名片上,很多人的职务也都注明了经理,这就是应用头衔提升晋升体系激励性的一种有效方式。

人都有交往和受到尊重的需要,头衔往往有利于满足这种需要。因此,晋升体系要充分地应用这一工具。在某种程度上,它可以代替或者帮助节省人工成本支出,因为有很多人为了头衔愿意拿较低的工资。当然,如果将头衔与工资恰当地结合起来,效果会更好。

F公司是一家生产电信产品的公司。在创业初期,依靠一批志同道合的朋友,大家不怕苦不怕累,从早到晚拼命干,公司发展迅速。几年之后,员工由原来的十几人发展到几百人,业务收入由原来的每月十来万发展到每月上千万。企业大了,人也多了,但公司领导明显感觉到,大家的工作积极性越来越低,也越来越计较。

他想,公司发展了,应该考虑提高员工的待遇,一方面是对老员工为公司辛勤工作的回报,另一方面是吸引高素质人才加盟公司的需要。为此,F公司重新制定了报酬制度,大幅度提高了员工的工资,并且对办公环境进行了重新装修。

高薪的效果立竿见影,F公司很快就聚集了一大批有才华、有能力的人。所有的员工都很满意,大家的热情高,工作十分卖力,公司的精神面貌也焕然一新。但这种好势头不到两个月,大家又慢慢回复到懒洋洋、慢吞吞的状态。

F公司的高工资没有换来员工工作的高效率,公司领导陷入两难的困惑境地,既苦恼又彷徨不知所措。

F公司出现的这种情况是一个普遍现象,很多企业都经历了这样一个过程,在创业初期,每个人都可以不计报酬、不计得失、不辞辛劳、不分彼此,甚至加班加点、废寝忘食。但是,只要企业一大,大家这种艰苦奋斗、不计报酬的奉献精神没有了,不分上下班的工作干劲和热情态度也不见了,关心企业、互相帮助、团结如一人的温暖人情氛围也消失了。为什么会这样呢？原因我们归纳为以下三点：

（1）企业大了，老板或忙于企业发展的大事，或忙于社会上各种应酬，与原来创业的老员工在一起的时间少了，感情必然疏远，心理距离必然拉大，以感情作为激励手段的作用自然就会逐渐消失。

（2）在创业初期每个老板可能对公司员工，尤其是一些核心骨干有过许多承诺，但当企业真的做大之后，老板（或许忘了）并没有兑现这些诺言。核心员工便产生失望情绪，接下来的自然是消极怠工，甚至集体跳槽。

（3）当企业成长到一定规模之后，必须走向制度化的管理，而制度给人的感觉总是冷冰冰的，原来的那种相依为命一起创业的融洽感觉消失殆尽，称兄道弟不行了，一切都要按级别来，按公司规定来。老板和老员工之间的感情作用日渐失效。

很多企业把钱作为唯一的激励手段，在一些老板的意识里，花高价钱就能打动人才的心。实际上，我们也要注重人才的精神需求。当物质充足了，人才要求被尊重、独立决策的精神需求就增强了。头衔的改变就是最直接的精神奖励。

现代企业都很重视对员工的晋升，但实施得不好就会破坏团队气氛，影响员工工作情绪，并有可能产生破坏性工作。比如人才职位晋升后，却无法胜任新岗位工作，工作绩效下降了；或者人才职位晋升后，发现没有合适的人来顶替原来岗位工作。就说明了企业对人才晋升的机制没有做好，那么企业应如何设定有效的人才晋升机制呢？

（1）资质审查。晋升者资质审查和接替岗培养资质审查。确保晋升者有能力完成更高岗位工作，同时也保障后来者有能力顶替上来。

（2）晋升培训。员工或管理者要想晋升，必须接受一系列系统化的培训计划，只有通过培训考核合格才能上岗。

（3）晋升周期。除特殊情况外，一般管理者晋升，都必须岗位工作满一年后才可以晋升，同时晋升后考察期必须在1～3个月。

（4）责、权、利的统一。晋升到新岗位后，岗位职责不一样、权限不一样，报酬不一样，充分考虑对晋升者的激励。另外，职位的晋升也同薪酬做了有效的匹配，确保激励有效。

完整的人才晋升链条确保了人才晋升前后工作绩效的提升，让人才发挥最大潜能。

现代企业应建立晋升机制，引入适度竞争。如果企业工作效率低，可在短期提拔几位精英人才，让员工感觉到差距的存在，同时让他们产生危机感，如果落后就有可能失去工作。以此消除员工的惰性，激发企业内部活力。

同时应注意奖惩适度。奖励过重，晋升太快，超过了他现有的能力，会使员工产生骄傲和满足的情绪，失去进一步提高自己的欲望；奖励过轻会起不到激励效果，或者让员工产生不被重视的感觉。惩罚过重会让员工感到不公，或者失去对公司的认同，甚至产生怠工或破坏的情绪；惩罚过轻会让员工轻视错误的严重性，从而可能还会犯同样的错误。

最后，企业经营者在制定晋升规则时还要注意以下四点：

（1）"阶梯晋升"和"破格提拔"相结合。"阶梯晋升"是对大多数员工而言。这种晋升的方法，可避免盲目性，准确度高，便于激励多数员工。但对非常之才、特殊之才则应破格提拔，使稀有的杰出人才不致流失。

（2）机会均等。人力资源经理要使员工面前都有晋升之路，即对管理人员要实行公开招聘，公平竞争，唯才是举，不唯学历，不唯资历，只有这样才能真正激发员工的上进心。

（3）德才兼备，德和才二者不可偏废。企业不能打着"用能人"的旗号，重用和晋升一些才高德寡的员工，这样做势必会在员工中造成不良影响，从而打击员工的积极性。因此企业经营者对第一点提到的"破格提拔"要特别小心，破格提拔的一定是具有特殊才能的公司不可或缺的人才，他的德才要能服众，避免其他员工对晋升产生"暗箱操作"或者遭遇"潜规则"的误会。

（4）建立公司人才储备库。企业人力资源部门应定期统计分析公司各单位的人员结构，建立公司人才储备库。依据员工绩效考核结果和日常考察情况，筛选出各层级的核心、优秀、后备人才，对各专业、各层次的人才做到有计划开发、适当储备、合理流动、量才使用，并以此指导公司的培训、引才、留才的工作。

铁律 99
文化使员工充满集体荣誉感

> 企业需要一种文化，一种能反映企业价值观、企业发展观、企业精神、企业道德的文化。它能帮助员工提高审美认识、辨明是非能力，树立正确的人生观、价值观。企业文化指引员工的行为与态度，要想让你的企业具有旺盛的生命力，就必须赋予企业以健康的文化。让员工以这种文化为荣。

创业者要寻找的、要提炼的就是这种能同化员工理想与追求的精神境界，成就让员工魂牵梦绕的企业军魂！它会让我们的员工充满集体荣誉感，从而变得更团结，会让我们的企业更有活力。一个企业是一支军队，一支军队最重要的是什么呢？那就是一支军队的魂魄。在《士兵突击》中，"钢七连"为什么能强大？因为这支部队中有一个魂魄：不抛弃，不放弃。只有拥有魂魄的企业才能所向披靡，战无不胜。

被誉为20世纪最成功的企业家的杰克·韦尔奇曾说："如果你想让列车再快10千米，只需要加大油门；而若想使车速增加一倍，你就必须要更换铁轨了。只有文化上的改变，才能维持高生产力的发展。健康向上的企业文化是一个企业战无不胜的动力之源。"海尔首席执行官张瑞敏说过："企业文化是海尔的核心竞争力。"

宝洁创立于1837年。这家公司长寿的秘诀有很多，但注重企业文化建设，通过企业文化建设来塑造企业魂魄是最为重要的一条。宝洁自成立到现在的大部分时间里，一直运用灌输信仰、严密契合和精英主义等方法努力保存公司的核心理念。宝洁前董事长艾德·哈尼斯的解释是："虽然我们最大的资产是我们的员工，但指引我们方向的却是原则及理念的一致性。"这个原则及理念就是著名的"宝洁之道"。

"宝洁之道"由三方面组成，其中最为重要的是强调内部高度统一的价值观。为了保证价值观的统一，宝洁甚至做到了中高层只从内部选拔，从CEO到一般管理人员，宝洁基本上没有"空降兵"。宝洁有些长期实施的做法，例如，仔细筛选有潜力的新进人员，雇用年轻人做基层工作，严格塑造他们遵行宝洁的思想和行为方式，清除不适合的人，中级和高层的职位只限于由忠心不二、在公司内部成长的宝洁人担任。

《美国最适合就业的100家大公司》一书写道："加入宝洁的竞争很激烈……新人员进去后，可能会觉得自己加入了一个机构，而不是进入了一家公司……从来没有人带着在其他公司的经验，以中高层的职位进入宝洁——从来没有，这是一家彻底实施循序升级的公司……他们有一套宝洁独有的做事方式，如果你不精通这种方式，或者至少觉得不舒服，你在这里就不会快乐，更别提想成功了。"

宝洁CEO约翰·斯梅尔1986年在一次公司的聚会上也说过意义类似的话："全世界的宝洁人拥有共同的锁链，虽然有文化和个性的差异，可是我们却说同样的语言。我和宝洁人会面时，不论他们是波士顿的销售人员、象牙谷技术中心的产品开发人员，还是罗马的管理委员会成员，我都觉得是和同一种人说话，是我认识、我信任的宝洁人。"

实际上，用企业文化来指导工作，是一门深邃的管理艺术，同时也是团队塑造未来的一种战略方法，成功的企业文化确实具有唤起成员行动的力量。

美国惠普公司是当今世界上最受尊敬的企业之一。惠普不但以其卓越的业绩引起广泛关注，更以其对人的重视、尊重与信任的企业精神闻名于世。作为大公司，惠普对员工有着极强的凝聚力。到惠普的任何机构，都能使人感觉到惠普员工对他们的工作是何等满足，他们是在一种友善、随和而很少有压力的氛围中工作。

惠普公司《目标》的引言里说："惠普不应采用严密的军事组织方式，而应赋予全体员工以充分的自由，使每个人按其本人认为最有利于完成本职工作的方式，使之为公司的目标做出各自的贡献。"惠普公司的成功，靠的正是"对员工的重视"。惠普创建人比尔·休利特说："惠普的这些政策和措施都是来自于一种信念，就是相信惠普员工能把工作干好，有所创造。只要给他们提供适当的环境，他们就能做得更好。"这就是惠普之道。

美国管理学家彼得·杜拉克说："企业管理不仅是一门科学，还是一种文化，它是有自己的价值观、信仰、工具和语言的一种文化。"从企业文化中提炼出来的企业精神决定着企业的成败。世界大多数成功的企业，不是物质、技术、设备优越，更重要的是企业精神的成功——这些企业精神总是指导公司全体员工一直采用最正确的方法行事。企业精神才是第一竞争力，谁拥有正确的、不断创新的理念，谁就具有最强的竞争力。

现在企业最高层次的竞争已经不再是人、财、物的竞争，而是文化的竞争，最先进的管理思想是用企业文化进行管理。何为企业文化？它是一种以人为根本、以制度为导向的管理思想与管理哲学的融合，是企业里看不见的软件系统，却是企业的最核心的竞争力。

因此，企业管理者越来越注重企业文化的建设和价值观的塑造，最明智的创业者一定是具备将企业文化融于员工血液中的能力的人。只有建设一流的企业文化，企业才能引来和留住一流的人才。

上海宝名国际集团是一家房产销售企业，300多员工大多数是年轻人。很多企业把开展琴棋书画等文体活动作为企业文化的主旋律来唱，宝名集团却注重企业文化对员工情感的关怀，用总裁吴冠昌的话说，企业要用待遇留人，但更要用情感来留人。

每到周末午后，公司工会都要以下午茶的形式开展工会活动，上至集团总裁、总经理，下至普通员工，在这里都是平等的工会会员，大家轻松愉快地喝茶、交流。员工无论是工作上的建议，还是生活中的问题都可以谈，经营者则把企业的规划、设想以探讨的形式与职工进行交流。不少问题，诸如良好的销售建议、职工上下班的班车问题，都是通过下午茶的形式解决的。

在宝名，管理层有一个明确的观点，一个企业要想成为和谐企业，就必须有决策层与管理层的沟通，有管理层与员工的沟通，有决策层与员工的沟通，这样，企业上下才能相互了解、相互理解。为此，宝名集团每季度都召开一次管理层与员工沟通会，大到公司投资计划、福利分配、中层人员聘评，都在沟通会上得到交流。

公司领导还倡导用人、容人、培养人，绝不允许随意裁人。凡是员工不能胜任企业安排的工作岗位的，可以转岗，转岗之前工会要听取员工想法。尽管今天的职场跳槽成风，但宝名集团几乎未曾流失过任何一名核心人才。因为有这些优秀人才的持续追随，促使宝名集团的发展蒸蒸日上。

一流的企业文化吸引一流人才。因此，作为企业的最高管理者和决策者，创业者必须成为企业文化的建筑师和第一推动者。企业文化首先是企业家本人思想的浓缩。先将自己塑造成企业文化的楷模是企业文化建设中最关键的一点。

一旦建立被员工认可的强大的企业文化，员工会觉得荣誉感倍增，企业在任何一方面都将受益无穷。企业要想吸引优秀的人才，应先从文化建设入手；要想建设一流的文化，企业者应先从自身做起。

在企业文化塑造的过程中，创业者必须遵循一定的原则，使价值观伴随着企业的发展而不断完善。具体来说，塑造企业文化的基本原则如下：

1. 以人为本

以人为本是确立企业价值观的首要原则。企业文化强调以人为中心的管理，强调把人放在企业的中心地位，在管理中要尊重人、理解人、关心人、爱护人。

首先，把人放在企业的中心地位，就是要确立员工在企业中的主人翁地位，使员工真正成为企业的主人，参与企业管理，行使企业主人的权利，尽到企业主人的责任和义务，最大限度地调动起他们的积极性、主动性和创造性。

其次，把人放在企业的中心地位，就是要尊重人的尊严、权利和价值，满足人的需要，从而调动人的积极性。人的积极性，在很大程度上是指人的行为的积极性。而人的行为是由动机引起的，动机又源于需要。因此，最大限度地调动人的积极性，必须从尊重人和满足人的需要入手。

人的需要是一个由对物质条件的渴求必然上升为对精神生活的追求和升华的发展过程。因此，企业首先要满足和维持员工的物质需要，为员工提供基本的生存、工作环境和物质保障。员工的基本物质需求和自尊得到满足，才会真诚地与人分享这种感觉并体现在工作中。

最后，要刺激、引导需要，即提供激励因素，引导需要向更高层次发展，如确立科学的价值观、培育员工崇高的精神和道德理想追求等。

总之，现代企业须以人为中心，通过对人的需要的不断激发和满足，来最大限度地调动人的积极性，使企业价值观得到丰富和发展。

2. 顾客至上

企业的生存和发展离不开消费者，只有消费者购买产品，企业才会有效益。因此，顾客至上、消费者优先是塑造企业价值观的又一基本原则。

企业要坚持"顾客至上"原则的前提条件是对顾客有正确的认识。美国本纳公司是最成功的邮购商行之一，他们对顾客的界定是：顾客永远是最重要的人，是企业的依靠，是企业员工工作的目的。由此可见，顾客或消费者与生产者的关系绝不是相互敌对的关系，而是互为一体、相互统一的关系。企业只有把消费者看作是自己的衣食父母、看作自己的亲人，才能真诚地对待消费者，以优质的产品和良好的服务获得消费者的信任。企业也只有得到消费者的信任，才能在激烈的市场竞争中立于不败之地。

3. 企业利益与企业社会责任相统一

现代企业在塑造企业价值观的过程中，必须坚持企业利益和企业社会责任相统一的原则。企业通过生产经营活动的目的是获取最大的利润，这是企业得以生存和发展的基础，没有企业利润的获得，企业就失去了生存的保障。

但是，追求利润并非是企业的最终目的，企业的最终目的在于以事业提升人民共同生活的水准，促进社会的进步。企业只有在承担社会责任的基础上追求利润最大化，才会取得长足发展。这就要求企业不仅要关注自身利益的实现，同时还要关注自身之外的社会利益，承担企业的社会责任。

所谓企业社会责任是指在提高自身利润的同时，对保护和增加整个社会福利方面所承担的责任，即对社会长远目标所承担的责任，既包括强制的法律责任，也包括自觉的道义责任。履行企业社会责任有可能会损害企业的短期利益，但它有助于企业的长远利益。另一方面，企业履行社会责任，有利于树立良好的企业形象。企业拥有良好的外部环境和较高的员工士气，就能形成良好的企业文化，更好地促进企业的发展。

铁律100

作为合格的创业者，对待风险要全面分析

> 经商过程中，不确定因素贯穿始终。作为合格的创业者，或多或少都要有一些赌性，不能因为某些事情存在失败可能就选择放弃，不能因为遭遇严重挑战就不再前行。

在经济学中，风险是指在不确定条件下企业面临的决策困境。大多数企业走下坡路，甚至倒闭，都是因为没有将企业风险控制好。而风险又是所有企业在发展过程中需要直面的问题，在经济日益全球化的今天，企业面临的风险在不断加剧。企业的管理者不仅需要不断提高管理水平，还需要对风险保持高度的警惕，尽量让企业的决策风险处于可控制的范围之中。

决策的风险管理过程一般由三个阶段组成：

第一阶段，风险的认识过程。决策的风险认识是指管理者通过观测分析可能对制定、执行决策造成不利的因素，确定风险发生的可能性。

第二阶段，风险的定量过程。即认清风险可能带来的影响大小，以求对风险进行评估，准确识别主要风险，减少风险损失。

第三阶段，风险的控制过程。管理者在对风险有了充分认识和定量后采取的相应措施，能够直接关系到决策的成败。

决策过程中，风险会始终存在，因而风险的控制过程是管理者关注的重点。风险控制应当采取适度、适时和适当的原则。适度控制是指抓住主要矛盾，适时控制是指抓住最关键的时机，适当控制是指对不同风险采取不同的控制方式。

面对风险的一种方式是回避。风险回避,是指考虑到风险的存在和发生的可能,主动放弃和拒绝可能导致风险损失的决策。通过风险回避,在风险发生前就能彻底消除风险可能造成的损失,而不仅仅是减少损失的影响程度。风险回避可以直接消除风险损失,具有简单易行、全面、彻底的优点,能够将风险的概率保持为零,保证企业运行的安全。

管理者在选择风险回避时,可以采取以下几种策略:

(1)走一步看一步。在实施某个决策的时候,可采取分步实施,走一步看一步,将风险随时控制在掌握之中,增强安全性,减少损失。

(2)不与风险正面冲突。从风险较低的决策开始,将企业的竞争力和抗风险力增强。等到时机成熟后,再进入较大的风险领域。

(3)将企业有限的资源投放在更有把握的项目上,或者回避由于政策、技术等带来的潜在风险。

不过,风险回避存在很大的局限性:一是管理者很难对风险的具体状况做出十分准确的估计,不能确定风险是否应实施避免;二是即使存在风险,管理者很可能不愿放弃该决策可能带来的赢利;三是风险回避在实际中很难完全实现。所以,风险回避在决策过程中是一种消极的处理方式。

面对风险的第二种处理方式是风险排除。风险排除,指在损失发生前消除损失可能发生的根源,并减少损失事件的频率,在风险发生后减少损失的程度。排除法的要点在于消除风险因素和减少风险损失,是风险管理中最积极主动也是最常用的处理方法,这种方法可以克服风险回避中遇到的种种局限。

风险排除的方法包括有风险分散、风险分摊、风险转移等策略。

决策风险的分散,是指管理者在决定企业投资决策时,采取多元化的投资策略,"不把鸡蛋放在同一个篮子里",适度的多元化可以降低单一决策带来的风险。

而风险分摊,是指因为单个企业的风险承受力有限,管理者则可以选择与多个风险承受方共同从事某一投资决策。这样不仅可以降低企业风险,同时还能形成优势企业与优势项目的强强合作。

而决策中的风险转移,是指将决策者自身可能遭遇的损失或不确定性后果转嫁给他人的风险处理方式。风险转移与风险分散、风险分摊有着本质的不同,它是企业将风险损失通过一定手段转嫁给他人。比如,在资金的运用方面,管理者可以通过吸引项目投资者,在与其分享利润的同时,也能将风险转嫁;而在技术领域的创新上,可以将技术性较强的部分分包给其他企业。

企业的经济利润总会伴随着一定的风险,而管理者在企业投资决策的过程中,其重要责任就是能够将风险降到最低,从而实现企业利益的最大化。而将风险始终控制在可把握的范围内,显然符合投资决策的要求。

在创业过程中,我们自然需要规避许多问题,但规避并非逃避。逃避并不能解决问题,往往会使问题变得更糟。比如在合伙创业中，有人由于种种原因，在艰难困苦面前会选择退却甚至是放弃，如果你对此视而不见，或者实施鸵鸟战略，问题非但不能得到解决，反而迟早会酿成大祸。倘若你事先采取了一系列措施，使他基本没有退却或者放弃的可能，你的这个问题就成功规避掉了。

在通往成功的道路上，创业者更应该是一个技术派而非运气派。这就需要我们掌握更多的项目运作规律，具备更加适宜的商业理性，培养更为精巧的心智模式，应用更多的方法和手段，成功解决和规避横在我们面前的种种问题，跨越无数障碍，使项目进一步沿着良性循环的方向发展，达到永续经营之目的。

富贵险中求，很大程度上说的就是这种情况。商业场上变化万千，在那些看似难以捉摸的风险背后，往往是隐藏着巨大财富！

皮尔·卡丹是法国乃至世界最伟大的时装设计大师，是创新和冒险的奇才，堪称当今世界的风云人物。出生于贫苦农民家庭的皮尔·卡丹，在童年时代就显示出服装设计的天才，7岁时就完成了他的第一件时装作品。此后，他只身闯荡巴黎，在服装行业不断推陈出新，开创了服装业的卡丹时代。同时，卡丹还以自己的经营天才，建立起服装、餐饮、家具等几十种产业帝国——卡丹帝国，他也因此成为财富巨子。

皮尔·卡丹出生于贫困家庭，从小就培养出毫不气馁、顽强拼搏的坚强意志。他2岁时就随家人为了逃避贫穷和战乱，踏上了背井离乡的征途；他14岁时就放弃了学业，到当地的一家小裁缝店去当学徒工；他16岁时就独自离家闯荡，为了生计，当过店铺的伙计、红十字会的会计，甚至当过家庭男佣。苦难的经历并没有磨灭他固有的天性。

理想的焰火在酝酿了多年以后，终于找到了突破口。二战后，皮尔·卡丹来到了梦寐以求的花都巴黎，成了一名出色的高级时装设计师。但是，他并没有因此满足，他要接受新的挑战，那就是迈出独立经营的第一步，在巴黎搞起了剧院经营。现实是残酷的，丝毫不懂经营的卡丹虽然有几位好友的支持和帮助，可还是没能避开失败的重创，等他开始对商业、理财稍有感悟的时候，已是"重债之身"了，那时卡丹才28岁。

初涉经营即遭遇失败的卡丹并未一蹶不振、意志消沉，反而迸发出更加旺盛的斗志。不久，卡丹便做起了成衣商。他加倍努力，凭着极为丰富的想象力，在成衣行业里设计出许多款式新颖的独特时装，很快便又恢复了元气。1950年，卡丹倾其所有积蓄，开设了第一家戏剧服装公司，这是卡丹大显身手的地方，也是卡丹帝国崛起的起点。

创业之路布满荆棘，只有百折不挠、顽强拼搏的人才能达到成功的巅峰。"财富是风险的尾巴"，跟着风险走，随着风险变，就会发现财富。"风险越大，回报越大"，在每次"山雨欲来风满楼"时，能准确把握"山雨"的来势和大小的人，就能趁机得以发迹。

风险总是与机遇、利益如影随形。如果一个商人整天只是想着要发财，要成功，要赚大钱，但是往往因为怕担风险、对未来心存胆怯而裹足不前，那么他就很可能与成功失之交臂，只有事后叹息、后悔的份了。不敢承担风险的人，只会在风险的惊涛骇浪中作茧自缚。殊不知，风险与机会共存，不触碰风险，你就无法赢得机会。要想成功，就要有与风险接触的勇气。否则，永远与成功无缘。

只有善于抓住机会并适度冒险的人，才会获得事业上的成功。只要我们看准了机遇，敢于冒险，凭着一种直觉和毅力，全身心地投入进去，就会在别人料想不到的地方获取巨额的财富。换言之，世上任何领域的一流好手，都是靠着勇敢面对他们所畏惧的事物、冒险犯难，才能创下巨富的。利用投资致富的，也都是以冒险精神作为后盾的，缺乏冒险精神，梦想将永远只是梦想。适当地冒险，获得高收益的几率就越大，而获利颇丰后，他冒险的神经就越发活跃。而且他也不会在一个领域折将损兵，耗费精力，而是懂得养精蓄锐，开辟新战场。勇于创造机会的人事前遇到种种可能招致的损失，会对自己说："情形最糟，也不过如此！"然后怀着冒险的精神，朝着目标迈进。

当然，甘冒风险也要衡量一下自己装备，也就是说创业者除了敢于直面风险，勇于接受挑战之外，要想取得成功，还必须具备其他方面的一些条件。

（1）需要拥有比较充足的资金，资金是项目的血液和原动力，如同战场上的给养，如果这个没有了保障，其他一切都是空谈。

（2）具有较为丰富的经验，对行业和经营管理有着较好的把握，虽然不能规避所有的风险，但基本上能够做到知己知彼。

（3）通过苦心经营，已经积累了良好的人脉资源，与供应商、客户、同行、银行关系不错，你的商务网络在密度、广度和结构上都比较合理。

（4）不怕辛苦，坚持不懈，一步一个脚印，将各项基础工作都做扎实，厚积薄发，直至将项目送上发展的快车道。

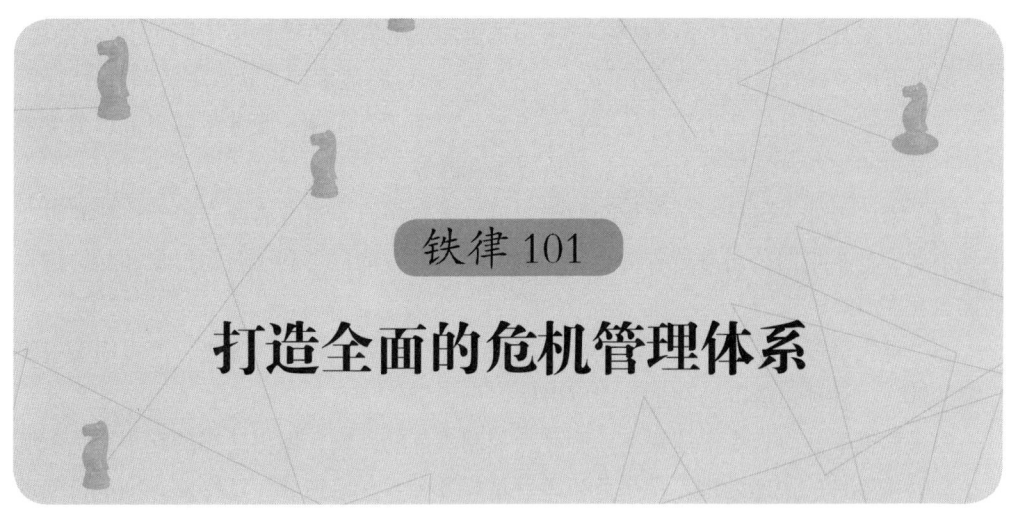

铁律 101

打造全面的危机管理体系

> 天有不测风云，人有旦夕祸福。在商海搏击的企业，作为市场生态链上的一环，无论你是兔子还是乌龟，都会不可避免地遇到各种各样的危机。建立危机管理机制，在于危机发生时用最快的手段，使危机有所控制，防止其扩散，将损失降到最低程度。

商业环境瞬息万变，企业的生存压力与日俱增。一件偶发的危机事件、一次不当的媒体公关、一场欠妥的新闻发言，都可能威胁着企业辛苦经营多年的商业信誉、企业形象，乃至波及产品销售，最终影响企业的生存和发展。对于企业管理者来讲，不仅要从根本上树立危机管理意识，更要全力打造全面的危机管理体系。

不论国内还是国外，一些大公司在危机发生时之所以能够应付自如，其关键之一是建立了危机管理体系。比如，强生公司在康泰克危机中应付自如，创维集团在决策层发生变动后能够及时化解危机，红牛集团在"假红牛事件"发生后能够果断处理，都离不开他们预防危机的意识和平时的危机管理机构的建立。

由于危机发生的具体时间、实际规模、具体态势和影响深度都是难以完全预测的，因此，企业内部应该有制度化、系统化的有关危机管理和灾难恢复方面的业务流程和组织机构，以便在危机发生时能尽快应对、快速处理，防止其扩散。

要使危机管理有一定的组织保障，企业在进行组织设计时必须考虑设立危机管理机构。管理机构包括决策部门、检测部门和执行部门，目的在于预防危机、监控危机和及时处理。特别是在危机发生时，可以迅速制定出危机处理的工作程序，明确主管领导和成员职责等，是顺利处理危机、协调各方面关系的组织保障。

虽然每个企业危机发生的概率和造成的破坏程度不同，但是危机管理都要遵循一定的原则。

1. 严控危机源

危机源在无法消除时就要严格控制，并根据可能发生危机的严重程度来确定控制办法。

危机事件根据其性质和情况不同，一般分为三级：一般事件，紧急事件和重大事件。

（1）一般事件，包括由于产品或者包装等一般性质量问题，服务不够规范、消费者使用产品不当等非产品质量问题引起的消费者投诉等。

（2）紧急事件，包括产品质量问题引起消费者生病或向消费者协会投诉，新闻媒介接到消费者的举报向公司进行查询，受到地方政府的查询，不利于公司形象和品牌信誉的谣言存在等。

（3）重大事件，包括产品质量问题致消费者死亡，新闻媒体的曝光，严重损害组织形象的谣言，各种司法诉讼和重大突发事件。

如果危机事件尚未在媒体曝光，则必须控制事件的影响，做出适当的让步，争取牺牲小利换来事件的快速处理。如果危机事件被媒介公开并已造成广泛影响，则危机处理应将重点转到媒介公关上来。

2002年秋季，在圣路易斯附近的高速公路上，一辆有明显联邦快递紫色Logo的运货车正在冒着浓烟。一些新闻报道正在全国性的电视台上传播着这样的消息：货车司机睡着了或者运货车成为恐怖分子的攻击目标。

午饭之后，当联邦快递全球传播和投资者关系副总裁比尔·马格瑞兹在电话中获悉这一事件时，他深感不安。他明白：在情况尚不明朗的情况下，联邦快递的紫色Logo越少曝光，对联邦快递美誉度的损害程度越低。于是，他立即召集有律师、安全方面的负责人和媒体关系经理参加的会议，启动联邦快递的声誉损害控制机制。

在联邦快递的大本营匹兹堡，经理们忙碌地核实火势以及损失的严重程度，调查是否有炸弹引爆、是否有危险材料在货舱内。

当排除恐怖袭击的可能后，联邦快递的公关人员迅速与几大媒体和其他新闻机构电话联系，向他们传递这样一个正确的信息：联邦快递运货车的拖车是因为撞到高速公路的标志，油罐破裂后而起火的，确保政府机构和公众能够了解事件的最新动向。

在公司内部，一封详细描述事件真相的电子邮件被印发给公司的每个员工。

为了防止这一意外事件在新闻媒体和互联网上广泛传播，他们在当天就采取了各种措施与利益相关者沟通，确保这一事件不在当天主要的晚报和重要的日报上报道。而且，该公司自己制作了一些影像新闻稿和有关联邦快递飞机和运货车的影像资料提供给电视媒体。最终，联邦快递成功地控制了这一危机的扩散。

一般来说，媒体公关可按如下方式进行：

如果企业的名誉只是在某一地县级区域或二三级城市内造成了一定的影响，媒体的受众领域有限，那么，这类危机可以采取的应对措施是：联系发布恶性新闻的媒体，阻止该媒体将消息在网络上扩散；在该媒体辐射范围内选择一两家核心媒体，发布软文或硬性广告塑造企业形象，同时针对负面报道侧面进行解释。

对于那些在省级区域内报道的、对企业的名誉和销售造成较为严重影响的危机，应该联系媒体受众区域内的 10～20 家核心媒体，发布软文或硬性广告；指定新闻发言人积极配合媒体对事件作出解释，控制恶性新闻传播，防止文章被网络转载的可能；如果已经转载的，要同网络媒体沟通解释，将后续报道发布。

对于那些经全国或重点媒体报道后造成较为严重影响的危机，应主动联系核心媒体发布公司的最新信息，在第一时间给消费者一个解释；通过媒体组合，向消费者发布企业积极的动态消息。

需要注意的是：在处理这些危机事件中，必须注意尊重当地的习惯和风俗，尊重当地的文化和宗教，其中当然包括对对手的尊重。以免因为风俗习惯的冲突而引发其他矛盾，扩大危机。

2. 良好的大局意识

危机发生后，虽然事态尚不明朗、局势尚不完全清晰，但必然对企业的有形资产与无形资产产生威胁。因此，管理者在决策时要有大局意识，分清利害，要勇于取舍，不能瞻前顾后、游离不定。

企业的生存是百年之计，而危机事件毕竟只是企业发展中的一段插曲，因此，不论是高层管理者引起还是普通员工引起的企业危机，管理者们都必须将目光放远，一起为企业发展着想，该取舍时就果断取舍。

但是，取舍不能让员工背负冤枉的罪名，不然其怨言不知何时就会被无意或有意听到的人放到博客上大肆炒作。其结果，只能让员工离心离德。因此，在现代企业的危机管理中，顾全大局不等于归罪员工、伤害员工。

2005 年的戴尔"邮件门"事件开始完全将责任归罪于员工的个人行为，表示"该员工行为不代表公司立场"。这样的说法就无法平息众怒。

后来，戴尔担心该事件的泛政治化和中国消费者情绪影响到其在中国的扩张，2005 年 5 月 31 日下午，通过代理公司向媒体发来声明称，"戴尔美国销售人员与客户邮件"事件已引起了公司的高度重视。

此时，戴尔才勉勉强强地发表了个"深表遗憾"，这种试图弃车保帅的危机公关手法是完全失败的。因此，企业的危机公关应该吸取这类教训。

就像任何事物的处理都有它所依据的法则或标准一样，危机管理也有一套潜在的规则。这也是众多企业从处理危机的经验教训中得出的。因此，我们切不可小看或者漠视。

3. 将危机转化为良机

对于企业而言，危机意味着"危险"，同时也意味着"契机"。洛克希德 – 马丁公司前任 CEO 奥古斯丁认为：每一次危机本身既包含导致失败的根源，也孕育着成功的机会。其实，在任何危机之中，总是蕴藏有扭转的良机，就看企业能不能抓得住。

世界知名医药公司美国强生曾因成功处理泰诺药片中毒事件赢得了广泛赞誉，被树立为危机管理的典型案例。

1982 年 9 月，媒体曝出芝加哥地区有人服用泰诺药片中毒死亡的严重事故。刚开始被曝只有 3 人死亡，坏消息迅速传遍美国，大家都相互传说全美各地死亡人数高达几百人。强生公司陷入空前危机。

强生公司立即组织危机应对小组对所有药片进行检验，在全部近千万片药剂中，发现所有受污染的药片只是一批药，总计不超过 75 片，并且全部在芝加哥地区，而最终的死亡人数也确定为 7 人。强生公司仍然按照公司制度中最高危机方案，即"在遇到危机时，公司应首先考虑公众和消费者利益"，不惜花巨资在最短时间内收回了所有的泰诺药片，并花数百万美元进行赔偿。

将公众和消费者利益放在最重要的位置，强生的这一做法获得了公众的认可和谅解，最终拯救了强生公司的信誉。但是不可避免的是，泰诺的市场份额猛然下降。事情过去后很长一段时间，强生公司并没有将新生产的泰诺药片投入市场——尽管市场需求随着事情被淡忘而逐步回升。

强生不急于推出泰诺是有考虑的，当时美国各地政府正在制定新的药品安全法，要求药品生产企业采用"无污染包装"。强生公司看准了这一机会，立即率先响应新规定，采用新包装的泰诺一经上市，立即大受欢迎，一举挤走了它的竞争对手，仅用 5 个月的时间就夺回了原市场份额的 90%。原本一场"灭顶之灾"竟然奇迹般的为强生迎来了更高的声誉，这得益于在危机中发现良机。

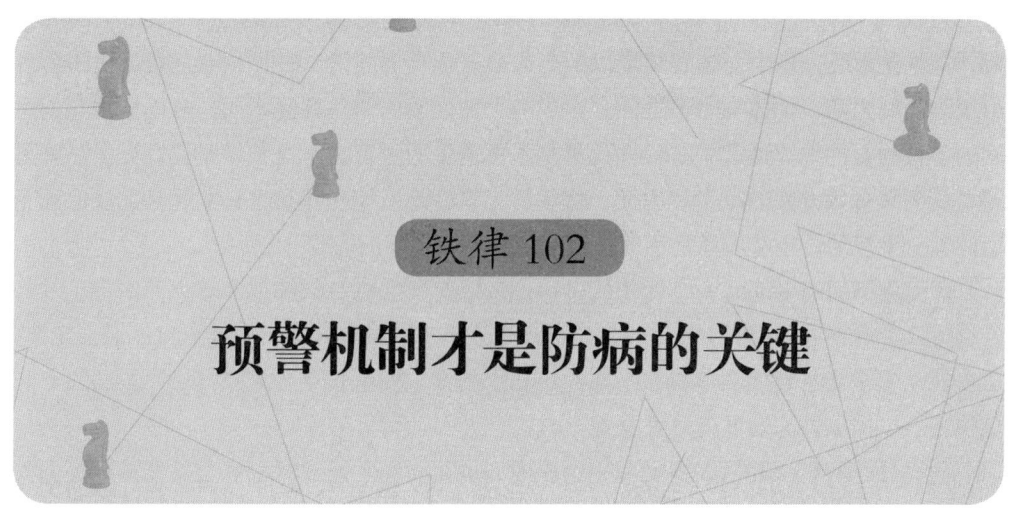

铁律 102
预警机制才是防病的关键

> 对于任何组织和个人,想要最大限度地减少危机损失,就要避免危机的发生。及早识别潜在危机因素,以便对症下药,在危机的潜伏期就把各种潜在风险扼杀在萌芽中,才能为企业的进一步发展清除障碍。

对于企业来说,从事发后的及时补救转变成为事发前的防范和控制,才是成本最低、最简单的方法。

由于涉嫌铬超标,国家食品药品监督管理局 16 日发出紧急通知,要求对 13 个药用空心胶囊产品暂停销售和使用。

2012 年 4 月 16 日,国家食品药品监管局表示,已责成相关省食品药品监管局对媒体报道的药用空心胶囊铬超标情况开展监督检查和产品检验,并派员赴现场进行督查。

被叫停销售和使用的产品,待监督检查和产品检验结果明确后,合格产品将继续销售,不合格产品依法处理。对违反规定生产销售使用药用空心胶囊的企业,将依法严肃查处。

据了解,《中国药典》对明胶空心胶囊有明确的标准。生产药用空心胶囊必须取得药品生产许可证,产品检验合格后方能出厂销售。药品生产企业必须从具有药品生产许可证的企业采购空心胶囊,经检验合格后方可入库和使用。

河北个别企业用生石灰处理皮革废料进行脱色漂白和清洗,随后熬制成工业明胶,卖给浙江一家药用胶囊生产企业,最终流向药品企业,进入消费者腹中。调查发现,9 家药厂的 13 个批次药品所用胶囊重金属铬含量超标。

这些药品很多都是相当正规的药品生产企业,有的还通过了有关质量认证。可见,医药企业在质量管理上存在着严重漏洞,从而造成了这种局面。监管不力才是这起劣质药案的真正原因。

企业在发展过程中，随着环境以及形势的变化有可能引发种种企业危机，由于各种组织与组织之间、个体与个体之间、组织与个体之间的利益取向不同，从而导致它们之间的各种利益冲突。这其中有很多危机是不可避免的。特别是在网络时代，企业品牌更容易受到来自各方面的攻击。因此，仅凭员工自己的道德底线和自我监管是无法保证企业的安全生产的，企业应该加强对关键人员和生产程序的监管。

任何危机的产生都有一个变化的过程。按照美国危机专家彼得·麦克尤的理论，每一种危机都有相同的模式，其产生、发展和爆发有着相同的规律。根据危机的成长规律，危机源从安全状态发展到危机状态要经历4个拐点：安全拐点、风险拐点、威胁拐点和危机拐点。当事件的发展跨过安全拐点时就会进入风险状态。

危机无处不在，哪怕在各大百年企业中，也需要经常地应对危机公关，处理突如其来的危机。同样的危机事件，恒源祥也曾遇到过。但是却凭借出色的危机处理能力取得了不一样的效果。

由于一家报纸记者的误报，导致全国媒体大量转载"恒源祥内衣有毒"。事发一周内，恒源祥内衣可谓四面楚歌，市场滞销，顾客情绪激愤。恒源祥集团马上启动危机公关程序，和中国消费者协会进行沟通，将中国消费者协会的有关内衣比较实验数据公布于众，并向各地工商部门发布告知信函，安抚经销商。恒源祥有限公司董事长刘瑞旗坐镇上海，亲自指挥处理这次危机事件，终于在一个月内平复，恒源祥的企业形象不仅没有受到丝毫损害，反而因为实验数据的公示，获得了消费者的更大信任。

企业危机其实和自然危机一样，能及早识别危机的存在，采取措施将危机扼杀在摇篮之内，是成本最低的危机管理方式。能够从先兆中预测到危机，并提出防范危机的决策，比挽救危机更重要。

管理者要清醒地意识到，懂得在危机来临的时候正确及时妥当地处理固然重要，但要真正消除危机的隐患，还必须编写危机公关手册，建立一套企业危机预警机制，组建危机管理小组，预防强于治病。

危机源就好像"定时炸弹"，当危机预警监测到这颗定时炸弹时，不能心存侥幸，以为它暂时不会爆炸而等闲视之，而要立即排除。对于企业而言，如果企业经过分析市场环境、调整经济形势制定一套完备的预警机制，就能及时有效地预防危机的出现，也就不会产生因突发事件带来一系列的病患。这个道理早在春秋战国时期的扁鹊就已经懂了。

春秋战国时期，魏文王问名医扁鹊："你们家兄弟三人，都精于医术，你说说你们之间到底谁的医术更好呢？"

扁鹊回答说："大哥医术最高，二哥次之，我最差。"

文王奇怪说："那为什么你的名气最大呢？"

扁鹊答道："我大哥是在病情发作之前治病。由于一般人在自己发病之前觉察不到，所以也不知道我大哥事先能铲除病因，所以他的名气无法传出去，只有我们家的人才知道。我二哥是在病情初起之时给人治病，所以，一般人以为他只能治轻微的小病，因此他的名气只及于本乡里。而我治病，是治病于病情严重之时。人们看到我在经脉上穿针放血、做一些在皮肤上敷药的大手术，就会以为我的医术高明，名气因此响遍全国。"

这个故事告诉我们，事后控制不如事中控制，事中控制不如事前控制。但是，一家国际咨询机构的调查表明，没有进行过危机管理培训的企业经理占80%，更不用说在企业内部建立危机管理程序了。于是一些企业出现危机时，管理者常常会束手无策，错失了处理危机的最佳时机。

很多危机在发生之前会有一定的征兆，企业创业者只要稍为留神，便能预见。可预见的危机有两种情况：一为企业内部原因，可以自行控制，消除了危机隐患，实际上就走出了危机状态。但如果未能预见并加以防范，则迟早会出现危机结果。二是宏观环境的变化，企业不能控制，因而也难以避免，但可设法减弱或转移危机的破坏。

预警信号1：销售额与利润

一般而言，销售额包括两个方面，即销售单价和销售量。

当销售额下降时，必须从销售单价和销售量两方面加以考虑，查明到底是销售单价下降的原因，还是销售量减少的原因，抑或是二者兼而有之。

以下罗列了销售额下降时的危险现象，如果企业出现下列现象中的多项，可以说企业已经很危险了。

（1）所处行业正在萎缩。

（2）竞争对手日益强大。

（3）客户不增加或更迭频繁。

（4）主要部门的销售额连年下降。

（5）主打产品不受市场欢迎。

（6）人均销售额降低。

（7）销售人员素质差。

（8）库存产品日益增多。

（9）客户索赔增多。

员工人均销售额的降低意味着企业生产效率的降低，同时也预示着企业发展速度放慢，这对于一个企业来说是致命的。

不过，仅看当年的数据就作出悲观的判断为时尚早，考察人均销售额还应进行纵向比较，对连续几年的数据进行追踪分析。例如，与3年前对比是增加了还是降低了。如果是增加了，即使是目前员工人均销售额低于同行业的平均值，也不必过于焦虑，因为企业毕竟是在向前发展。反过来说，尽管人均销售额高于同行业的平均值，但3年来企业的销售业绩却正在走下坡路，这时就有必要检讨其中的原因了。

光看销售额还不足以对企业危机进行预警，应当将销售额与利润结合起来考虑。特别是有的时候销售额提高而利润未见增多，这往往也是企业危机的一个明显征兆。如果销售成本的增长大于销售额的增长，那么企业危机也就在所难免。

预警信号2：财务指标

（1）连续亏空5年以上。如果企业连续亏空5年以上，而且营业业绩丝毫未见好转，那么该企业就存在严重的危机，很可能会倒闭。企业倒闭有盈余倒闭和亏空倒闭两种。盈余倒闭常见于经济景气时。此时，企业效益尚好，但资金筹集发生困难，特别是由于企业大规模进行设备投资，造成贷款负担过重。如能将贷款、赊购款以及其他债务暂时冻结，则企业可能会起死回生，东山再起。

而由亏空引发的倒闭则较为严重。由于销售能力下降和成本过高而导致的亏空很难清除。当然，如果亏空是在经营者更迭时为支付员工退休金所致，则即使亏空也是暂时的，因为企业能与员工达成一致，共渡难关，这样基本上就可以避免倒闭了。而慢性亏空则有可能蚕食企业。长期亏本经营会使企业财力消耗殆尽，最终倒闭。由于这种原因而倒闭的企业几乎无法重建。

那么为何以连续亏空5年以上来作为预警信号呢？原因就在于长期亏空必将造成资金周转困难，并最终导致贷款增多，使企业经营举步维艰。

（2）设备投资过多。几乎所有危机中的企业都面临偿还贷款的问题，其中多数企业发生危机的原因都是由于无节制地投资，以致负债累累，资金亏空过大，而无节制地投资则主要体现在设备投资过多。企业如果发生流动比率和固定长期适合率极度恶化的情形，则表明已经开始接近危机警戒线，此时企业必须立即与银行协商，将短期贷款改为长期贷款，以求得生存状况的改善，避免使自己陷入危机之中。

（3）自有资本不足。企业的自有资本也可以作为企业危机的预警信号。如果自有资本不足30%，说明企业已濒临危机警戒线。

如前所述，连续亏空5年以上的企业将面临危机。而一个企业到底能够承受多大程度的亏空则视其自有资本而定。如果自有资本充足，即使不景气持续一段时期，也能够渡过难关；相反，如果自有资本不足，则可能会立即陷入危机之中。

自有资本是反映在资产负债表中的资本部分的总额，主要包括缴纳的投资基金与留存收益。自有资本比率是指自有资本与总资本（资产负债表中贷方合计金额）的比值。在各项财务指标中，这一比率至关重要。

预警信号3：人力资源费负担过重

统计结果表明，规模越小的企业，其员工的平均年龄越高。中青年员工过多的企业由于退休者较少，人力资源费年年递增，成为企业的巨大包袱。如果此时企业的销售额和利润也能随之增长的话，企业也许不会陷入危机，而如果人力资源费的增长率高出销售额和利润的增长率，则危机在所难免。

企业所负担的成本费用大致可分为可变成本和固定成本两种。人力资源费是比重最大的可变成本，会随着员工数目的增加而不断增大。

预警信号4：危险客户

经济不景气时最常见的现象是企业连锁倒闭，而经营状况良好的企业会因客户倒闭而受到株连。为了避免连锁倒闭，必须学会危险客户的辨别方法。危险客户主要表现为以下几个方面：

（1）负责人经常不在，任何人不知其去向。

（2）负责人热心表面事物而疏于本职。

（3）员工流动频繁。

（4）员工无工作热情，委靡不振。

（5）员工平均年龄偏大。

（6）卫生状况差，无人清扫。

（7）原来由现金或支票支付货款，现改为开收据。

（8）要求延长货款结算期限。

（9）客户纷纷离去。

（10）危机事件不断（次品、退货等）。

（11）客户停止供货。

（12）行业内口碑不佳。

（13）有将倒闭的传闻。

此外，要想预知客户的危险征兆，还必须重视那些并未体现在数字中的蛛丝马迹。

预警信号5：更迭期的企业

一般来说，创业在30年以上的企业容易发生危机。这似乎在证明企业寿命最多为30年之说，但实际上这与经营者的更迭有很大关系。创业30年以上的企业最容易产生的危机就是后继乏人。处于更迭期的企业，即使继任者有能力，如果体制老化，同样也具有危险性。许多老字号企业由于过度沉醉于过去的光荣历史，不注重开发新产品，加之后继乏人，终使代代相传的家业毁于一旦。

网络时代，有80%的危机都与网络密切相关。因此，企业在监察平面报道的同时不要放过对网络上的危机来源进行定期监察。比如，对百度、谷歌、搜狐等各大门户网站的信息和搜索引擎等进行检测。使用搜索引擎时，使用搜索软件的关键字报告、在谷歌上进行搜索都是可行的方法。另外，还要成立专门部门，对博客进行系统的信息监察。一旦发现危机的蛛丝马迹，企业就应立即采取行动，以防星星之火呈现燎原之势。

如果企业设有危机信息的监测系统，根据日常收集到的各方面信息，及时采取有效的防范措施，完全可以避免危机的发生或使危机造成的损害和影响尽可能降低到最小。

此外，企业还应该对全体成员进行危机管理教育与培训。危机管理教育是为了让全体员工对出现危机的可能性及应付办法有足够的了解。

危机管理教育可采取多种方式进行。比如，将危机预测、危机情况和相应的措施以通俗易懂的语言编印成小册子，可以配上一些示意图，然后将这些小册子发给全体员工；也可向他们提供各种处理危机的案例，让他们从各类事故中吸取经验和教训；还可以通过多种形式，如录像、卡通片、幻灯片等向员工全面介绍应付危机的方法，帮助他们在心理上做好处理各种危机的准备。

提升职工安全技能是保证安全生产的本质保障。在生产过程中，企业要建立安全生产责任制并层层监管、步步落实。每隔一段时间，企业还应对具体执行情况做一次评判，奖罚结合，有岗必有责，完善每位员工应该遵守的操作制度，加深从员工到领导的安全意识。

危机管理培训的目的与危机管理教育不同，它不仅在于进一步强化员工的危机意识，更重要的是让员工掌握危机管理知识，提高危机处理技能和面对危机时的心理素质，从而提高整个企业的危机管理水平和能力。

由于危机并非经常发生，所以大多数员工对处理危机尚缺乏经验。因此，可组织短训班专门对员工进行培训，以便使他们面对危机能迅速做出反应。

危机管理虽然离不开财力、物力，但是，人毕竟是最宝贵的资源。因此，重视员工的教育，得到他们的支持，才是企业战胜危机的关键。

铁律 103

意外的成功和失败都是警讯

> 管理大师德鲁克说：意外的成功和失败都是很重要的信号。就像一位60岁的老人第一次"轻微"的心脏病发作一样，不可轻视。但他认为：在很多时候，"意外的成功"根本就没有被发现，几乎没有什么人注意到它，从而也没有利用它。其结果是，竞争对手可能轻而易举地获得它并受益非凡。

IBM 的发展史表明了对意外成功重视所产生的效果。20世纪30年代初期，IBM 遇到了很大困难，几乎是灭顶之灾。那时 IBM 倾其所有设计了第一台银行专用的电子机械记账器，但是当时的美国银行正在大萧条时期并不想添置新设备，而 IBM 并没有停止继续制造这种机器。

一天，IBM 的创建人老托马斯·沃森参加一个晚宴，正好坐在一位女士身旁。当她得知他的名字时，说道："你就是 IBM 的沃森先生吗？你的销售经理为什么拒绝向我演示你们的机器？"一位女士要记账器做什么？沃森有点丈二和尚摸不着头脑。当她表明自己是纽约公共图书馆馆长时，他仍然不解。第二天早上，图书馆的大门刚开，沃森便亲自登门拜访。原来，图书馆当时拥有数目相当可观的政府补助。两个小时后，沃森离开图书馆，手中拿着一份足够发下个月工资的订单。

15年后，IBM 生产了最早的计算机。与其他美国公司生产的早期计算机一样，IBM 的计算机只用于科学研究。事实上，IBM 向计算机行业进军，很大程度上是因为沃森对天文学的兴趣。IBM 的计算机第一次在麦迪逊大街的展示窗口与大众见面时，演示了用程序计算出的月亮过去、现在和未来的所有盈亏。

但是，紧接着企业开始购买这朵"科技奇花"，用于普通的事务上，如：薪资计算等。当时，IBM 的竞争对手，尤尼瓦克公司虽然拥有当时最先进的、最适用于商业用途的计算机，但却并不想因供应商界而辱没它的科技奇迹。IBM虽然也对商业对计算机的需求感到意外和吃惊，但是它很快就做出了回应。它主动牺牲了自己的设计，并采用竞争对手的设计，因为IBM的设计并不特别适合记账。4年之后，IBM就获得了计算机市场的领先地位。

意外失败总是给人印象深刻，与成功不同的是，失败不能够被拒绝，而且几乎不可能不受注意，但是它们很少被看作是机遇的征兆。当然，许多失败都是失误，是贪婪、愚昧、盲目追求或是设计或执行不得力的结果，但是，如果经过精心设计、规划及小心执行后仍然失败，那么这种失败常常反映了隐藏的变化，以及随变化而来的机遇。

2004年5月末，西门子宣布在欧洲停产其Xelibri系列手机，一个耗费数亿美元巨资打造的新品牌失意退出市场。西门子曾对这一系列产品寄予厚望，在2002年整个通信产业低潮时，为了摆脱市场对西门子产品缺乏创新的印象，同时也希望通过将手机时尚化获得年轻消费者的青睐，西门子打造了Xelibri系列手机。

这个系列的产品在诞生时十分受关注，它基于一个简单的理念：手机正在变为快速消费品，市场细分日益明确，"在产品设计上追求个性化，在市场上注重细分化"。这个系列的产品初期，在吸引眼球方面是极为成功的。

很多消费者在看到Xelibri系列手机的第一个词便是由衷的惊叹："酷"。西门子领导层也曾发出豪言："Xelibri将会瓦解现有的手机市场，使移动电话进入时尚佩饰时代"。从产品创新角度看，Xelibri系列看中的是款式和设计，将手机当作是表示自身个性与身份的标志，"表现力"正是Xelibri的最大卖点。

在营销手段上，西门子希望通过走时尚专卖店的路线，西门子要卖的不是手机，而是一种附有通信功能的饰品；西门子要进入的市场不是通信市场，而是通信与时尚结合的一个新兴市场。但不幸的是，这样一个酷的产品，最终无情地被市场抛弃。

在Xelibri进入市场的同时，彩屏手机越来越成为手机的主流配制，黑白屏的Xelibri即便对于普通消费者而言，已经有点落伍，而2000元以上的价位也让大部分消费者与之无缘。在渠道上也遇到了问题。时尚产品的渠道与传统手机消费人群距离很远，西门子被迫对渠道进行了整合，传统的手机销售终端也开始经营Xelibri系列，但一切都为时已晚。

专家认为这款产品在创新的概念阶段就已经错了。Xelibri系列手机在外观特征的变化并没有给消费者太多新的价值，从创新的方向来说，这个产品并没有走现在大多数手机创新的路子。比如彩屏和照相机技术，这两个已经被市场接受的创新方向在Xelibri系列手机上都没有体现，而这两个方向在很大程度上代表了手机在技术上的进步。这意味着Xelibri手机的创新方向并没有与市场紧密接合。

这个失败的案例对手机厂商有着很大的警醒。其实，出现意外失败的因素有很多。可能是提供产品或服务、进行设计或制定营销战略所依据的设想不再符合现实；可能是客户改变了价值观和认知，虽然他们仍然购买同一种东西，但是，实际上，他们购买的是截然不同的"价值"，抑或是以前的一个市场或一个最终用途本身分割成了两个或更多，每一个所要求的东西都有所不同。上述任何一种变化都是创新的机遇。

当面对意外的失败时，企业管理人员往往会做更多研究和分析。其实，仅仅做分析和研究是不够的，意外的失败要求你走出去，用眼看，用心听。在任何一种情况下，人们都要将事件作为创新机遇的可能征兆而慎重对待，人们不仅只停留于"分析"，必须要走出去进行调查，以此来促进将意外事件——无论是失败还是成功，转变成有效而有目的发展机遇。

铁律 104

贪一时之利是企业的最大陷阱

> 贪一时之利有两个含义：一是贪规模，也就是说，尽管是在起步阶段，也尽可能地将摊子铺大；二是贪大利。在很多管理者眼里，小利润从来都看不上眼，认为只有捕捉到鲸鱼才是真正的出海。殊不知，以新创企业那么瘦小的身板，即使是捕捉到鲸鱼，也有可能被噎死。

阿里巴巴和淘宝网是中国最成功的电子商务网站。探究它们成功的秘诀，就在于创始人着眼于小利来设计企业的发展战略，抓住小利，而不是将企业的未来押在大利上。在一次名人访谈节目中，博鳌亚洲论坛秘书长龙永图问了马云一个问题："你（阿里巴巴）现在供应商当中有多少是中小企业？"

马云的回答令龙永图有些吃惊："我们现在整个阿里巴巴的企业电子商务有1800万家企业支持会员，几乎全是中小企业，当然沃尔玛也好，家乐福也好，海尔也好，甚至GE都在我们这儿采购，但是我对这些企业一点兴趣都没有。"龙永图笑着说："难怪人家说你是狂人，口出狂言。"在场的人们显然都不太相信马云的大话。怎么可能会有对大客户不感兴趣的企业呢？

马云不慌不忙地解释道："我只对我关心的人感兴趣。我只对中小型企业感兴趣，我就盯上中小型企业，顺便淘进来几个大企业，它不是我要的。我相信是虾米驱动鲨鱼，大企业一定会被中小型企业所驱动。所以我那时候就想企业在工业时代是凭规模、资本来取胜，而信息时代一定是靠灵活快速的反应。我唯一希望的就是用IT、用互联网、用电子商务去武装中小型企业，使它们迅速强大起来。"

马云要做的事就是提供这样一个平台，将全球的中小企业的进出口信息汇集起来。"小小企业好比沙滩上一颗颗石子，但通过互联网可以把一颗颗石子全粘起来，用混凝土黏起来的石子们威力无穷。可以与大石头抗衡。而互联网经济的特色正是以小搏大、以快打慢。""我要做数不清的中小企业的解救者。"另外，马云还考虑到，因为亚洲是最大的出口基地，阿里巴巴以出口为目标。帮助全国中小企业出口是阿里巴巴的方向，他相信中小企业的电子商务更有希望、更好做。

小利照样能够赢得巨额利润。不积跬步，何以至千里；不拒小流，何以成江海。在创办新事业的过程中，"一夜暴富"，"一口吃成胖子"的梦想往往难以实现。利润的薄厚不是关键，关键在于企业能否长久赢利。因此，新事业要轻装上阵，从小利开始做起，莫要让追求厚利压垮了自己。

不想当将军的士兵不是好士兵，创业者都希望能够成就一番大事业，这种激情可以说是促进创业者不断奋斗的动力。然而很多创业者却被这种激情冲昏了头脑，一味地追求规模和速度，成为机会主义者。看到某个"一夜暴富"的机会就认为自己掌握了规律，以赌徒心态去搏一搏，最终导致一败涂地。

一口吃不成个胖子，赌性代替实干精神的唯一结果就是失败。很多人在创业时赌博似的把大笔的资金投入在高风险的项目上，想通过放手一搏直接达到成功的目的地。赌场中没有永远的赢家，生活中的赌徒会倾家荡产，创业时的赌性会酿成不可挽回的局面。成功没有捷径，脚踏实地才能提高创业成功的几率。在创业初期，不根据自身的实际情况，盲目地追逐规模和速度，必然不能考虑得全面。创业者们必须对自己的发展方向有一个明确的定位，不打无准备之仗，脚踏实地地进行自己的计划，而不能把希望寄托在遇到绝境之时的放手一搏。创业者想要取得成功，不能一味贪大，必须要培养自己的实干精神。

第一，创业要从小处入手，不铺大摊子。创业初期，资金经验都十分有限，因此不要太早做发达梦，避免盲目铺开大摊子。

张萌想要自己创业，因为之前做过内衣店店员，她选择了内衣代理销售。不想要"小打小闹"的张萌通过银行贷款筹集了一大笔资金，开了一家很大的内衣专卖店。然而，由于没有经营的经验，张萌对于具体怎样运作更不了解，很快就遭遇到了很大的麻烦。代理了大批货物，但是除了自己的店铺找不到分销渠道，每天店内的销售量也有限，因此，产品出现了滞销的情况。店铺昂贵的租金加上垫付的贷款，而市场一直没有出现好转，张萌的资金已经开始见底了。

不顾自己的实际情况，一味地贪图大规模，但是自己又驾驭不了大摊子，陷入意想不到的困境，最终导致了失败。须知小生意并不意味没有发展潜力。不要小看小生意，很多知名的大集团都是从各种小生意做起来的。小生意的门槛较低，对想要创业的人来说，从小生意入手是十分明智的选择。如果经营得好，从中能够积累经营和管理的经验，就有了成就大生意的基础。从小生意中得到大收益的例子数不胜数。浙江省义乌市的小商品市场经营的都是跟人们日常生活息息相关的小物件，价格低廉，然而因鲜明的特色成为中国小商品重要的集散地，客流量数以万计。美国一家著名的自选连锁超市，最初是从小镇上的一个"低价"自选商店开始的。无独有偶，美国的刷子大王艾富赖德·弗勒也是从经营8美分一把的小刷子而成巨富的。因此，不要因为生意小就觉得没有发展前景，只要经营得当，小生意也能赚大钱。

第二，实干不等于苦干。如果把实干理解为毫无目的地埋头苦干可就错了。创业不会是一帆风顺的，困难和磨砺都是必经的阶段，想要成就一番大事业就要先做好吃苦的准备。但是有吃苦的意识不代表就要对所有困难"逆来顺受"，在不确定目的和方法之前的苦干不值得提倡，既然有的苦是可以避免的，就没有非要去吃的必要。创业者要自发主动地寻找行业内的诀窍，事前做好准备，规避可能的风险。不要以为蛮干苦干就能成功，成功也是有方法可寻的。创业者不应该有"没有功劳也有苦劳"的观念，市场是残酷的，没有功劳就没有人承认苦劳的价值。成功的创业者懂得踏实肯干的重要性，更懂得高效和借力，有效地利用资源，所以他们的成长速度才能比别人快，比别人稳。

第三，把握机遇不等于赌博。创业者如果能把握住机遇，成功的可能性就会增加。但是要知道，把握机遇绝不等于赌博。

诱惑都是带刺的玫瑰，远观娇艳可人，放在手上就会把手刺伤。一个企业不可能在多个领域都能保持领先地位，盲目进入不熟悉的领域，最终的结果只能是失败。聪明的管理者只会通过在一个领域里深耕细作，牢牢把握住这个领域的领先地位。

沃尔沃把轿车部分出售给福特，专做大型货车；IBM把多年亏损的PC部门出售给联想，这些事例都证明了这个道理。

在管理上、创业决策上不是依靠理智的决定而是依靠赌性，就无法对眼前的实际情况有清醒的判断，就算机遇降临也没办法把握住。赌博往往是毫无根据，凭借感觉决策，而把握机遇是清醒认识，经过深思熟虑后的迅速决策。创业者需要的是科学决策，凭借自身实力和经验的积累去获取机会；而不是没有任何实力支撑，靠一次运气去赌来成功。

第四，合理控制自己的欲望。欲望是推动企业家成功的发动机。一个缺乏成功渴望的企业家注定是碌碌无为或是凡夫俗子。欲望成就了企业家，同时也摧毁了一些意志不坚定、过度自我膨胀的企业家。很多企业家分不清正常的欲望和不正常的欲望，分不清雄心与野心，从而导致企业在一瞬间灰飞烟灭。

1992年，也就是史玉柱创业的第三年，巨人集团成为中国电脑行业的领头羊，史玉柱也成为中国新一轮改革开放的典范人物和现代商界最有前途的知识分子代表。史玉柱先后被评为"中国十大改革风云人物"、"广东省十大优秀科技企业家"，并获得了珠海市第二届科技进步特殊贡献奖。

史玉柱的事业至此达到了巅峰，此时他刚刚30岁。这时的史玉柱自信心开始迅速膨胀，他认为自己没有做不成的事情。这一年，在事业之巅傲然临风的史玉柱决定建造巨人大厦。史玉柱犯了一些很低级的商业错误，思想极度膨胀，尤其在后来根本就没有战略上的考虑，没有一个很好的规划，现金流断裂，大楼一再加高，巨人大厦在设计之初只有18层，在不断被加到72层后，史玉柱并没有因此满足，他要求地基要按照88层来打。按照这种做法，仅预算就需要12亿元。而当时，史玉柱手头能动用的资金只有2亿元。

过度膨胀的自信心使他在做企业战略时，完全凭自己的感觉和运气，因而导致失败。

从失败中走出后的史玉柱坦言："直到（巨人大厦）'死'的那天，我好像都没觉得大厦盖不起来，那时候还是没有头脑，缺乏清醒（的判断）。"

市场经济充满了凶险和陷阱，具有许多的不确定性和不可预测性，到处都是机会的同时也到处都充满了暗礁，如果企业家不能有效地控制自己的欲望，极有可能撞上冰山，触礁而沉默。中国的先哲老子在《道德经》中讲道：夫唯不争，故天下莫能与之争。著名的经济学家亚当·斯密在《道德情操论中》就谈到了一个企业家要学会控制和约束自己的欲望。

欲望总是无止境的，它是个无底洞，总是填不满。对欲望不加控制而变得贪婪的人往往利令智昏，缺乏理智，最终什么也得不到。

总之，一味贪大只能是失败。不要盲目追求扩大规模，想要做"大"必须先做"强"，在有了夯实的基础之后，才能有稳固的大楼。

铁律 105
自己赢利也不要堵死别人的赢利之路

> 在企业经营中,要让他人有利可图,是指企业经营中,不仅要考虑到员工的利益,还要在与其他企业竞争中让对手有利可图。创办公司并不能只为了自己的私利,应该更从他人利益着想,关爱他人,要让他人也有利可图。

在企业竞争中,也许很多人都无法理解"利他"思想,也就是"要让他人有利可图"。因为在我们很多人的意识中,企业经营最主要的目的就是为了获得利益,如果一味地"利他"的话,就是把自己的利益拱手让人,这违背了企业经营最初的目的。

时至今日,越来越多的人觉得利他的回报不可靠,利己的收益则近在眼前。比如湖北的一家化工企业花1000万元建立了污水处理装置,以避免对长江水质的污染,可是它很难从这一善举中快速得到好处。反过来,如果它省下了这1000万的污水处理费用,即便其污水殃及了鱼群,其后果也是多年之后,在几千公里以外的长江下游才会出现。

在企业经营中,为了企业的生存和员工的发展,利润是雇主不得不追求的,这没有什么可耻的。自由市场的原则就是竞争,利润是正当营业所应得的报酬。无论是员工还是管理人员都是通过努力工作才获得利益的。然而,如果让利益蒙蔽了双眼,完全屈服于"利",想将所有的市场独霸,这样的想法是不合情理的。

凯马特是美国显赫一时的超级零售商,在20世纪后期位居美国零售业榜首。现在几乎所有超市都在使用的收款系统,正是从凯马特首次使用的。

随着规模越来越大,凯马特的管理者的头脑开始发热。他们认为,在全球的零售业当中,没有谁是凯马特的对手。因此,从1985年起,凯马特将大量的资金用于收购书店、体育用品店、家庭用品店及办公用品店,试图通过向8个不同领域的扩展,使自己更加强大,成为零售领域的"全能冠军"。

令凯马特没有想到的是，市场的反应并没有他们预料的那么积极。事实上，耗费大量资金和精力辛辛苦苦收购来的企业不仅没有给凯马特带来一分钱的利润，反而年年亏损。凯马特虽然是零售业的超级航母，但也经不起这样的亏损，于是只得将这些企业转卖。

而在凯马特四处扩张的时候，沃尔玛已经悄悄后来居上，并取代凯马特成为美国零售业的霸主。尽管凯马特试图扳回霸主地位，但这时，凯马特已经雄风不再，结果，凯马特的赢利大受影响，到期的欠款无法支付，最终只能申请破产保护。

没有利他之心，会使一个企业由盛转衰甚至失败。凯马特的失败并不是因为它不强，相反是因为太强而导致的利己自私之心，这成了趋弱的先兆，成了危险的预警。

如果多数企业家能够认识到自利利他的价值，并借此构筑利他竞争力，商界会多一些和谐，世界将会因此而改变。一个企业必须以关爱之心、利他之心经营企业，动机之善，私心了无。

追求利润，在竞争市场上打败对手，这当然很对，但如果把这个东西推演到企业内部的文化上，企业员工就会说，你的企业是追求最大的利润，以最小的付出获得最大的收入，我员工也是以最小的努力要获得最大的收益，这样的企业能有竞争力吗？能有凝聚力吗？所以，这个文化就要开始改变，我们要从完全的利己改为策略性地利他。

世界上不可能没有利己，利己不是罪恶，但是市场上也不能堵死别人的路，这也是商业文明发展到更高阶段的一个重要的标志。

有一个人凭着自己的才能和毅力开创了一家公司。在经营和发展这家公司时，他把"顾客为先、薄利多销、童叟无欺、诚信为本"作为公司的经营目标，而不是像有些企业，一开始就以追求利润为目标。刚开始他的公司出产的产品利润很少，大家都认为像他这样肯定会亏本，甚至过几个月公司就要倒闭。但是过了几个月的时间，他的公司开始赢利，事实证明他的目标制定是非常正确的。

和同行的其他企业比起来，他们的产品不但价格实惠，而且质量也高，这样他就赢得了顾客，大家都喜欢他们的产品。加上他们公司的诚信的理念，使他们在市场上有了很好的声誉。每件产品都比别人少挣一点，虽然损害了短期的利益，但是正是因为他不追逐短期的利润，为公司计划着长远的发展战略，以过硬的质量和低廉的价格赢得的顾客不断增多，这样长时间之后，他的公司所挣的钱并不比只追求强调利润的公司少，反而还多了一倍。

当其他公司醒悟并开始效仿他时，由于他的诚信和惯性消费令顾客更多地选择了他的产品。加上他又在产品的更新换代上大下工夫，把一些更适合顾客的产品推向了市场后，依然秉持着公司的一贯宗旨，并没有趁机牟取暴利。正是他的这种以顾客满意为满意，以顾客需要为需要的方针，为他赢来了更多的顾客。而顾客的增多也为他带来了更多的利润，令他的公司获得了更大的发展。

一个时刻只为自己着想的自私的人,是难以取得大成就的,最终企业也会抛弃这样的员工。企业在竞争中,就必须得"利己",因为这样能使利润最大化,公司或自己才能得到最大的好处,才能在企业竞争中处于优势地位。

作为企业经营领导者,不管是管理企业员工,还是面对企业的对手竞争,都要有一颗"利他之心"。

铁律 106

打造自己，让别人发现你的价值

> 永远不要说"我一无所长"、"我一无所有"之类的话，你的专业、技能、性格等都是你独一无二的资源。你所要做的，就是开发出这些资源的最大价值，在商业活动中与人互惠互利。

当你足够优秀，当别人看到了你的价值，那么你就会被认可、被重视，领导会考虑提拔你，给你更大的平台去展示；他人会去接近你，期望你可以对他们有所帮助。相反，若你一直平凡，一直不被人所发现，那么你的机会就很小了，你始终在从前的小范围活动，没有扩展更大、更广、更有用的交际圈。而其他人在此期间却把事业和人际都处理得相当好。同时，由于心理失衡，容易产生怨天尤人的消极情绪，总觉得什么都不够理想，总觉得自己被埋没了。其实，是你没有展示出自己的价值，导致自己没有得到应有的平台。

1847年，俾斯麦成为普鲁士国会议员，在国会中没有一个可信赖的朋友。让人意外的是，他与当时已经没有任何权势的国王腓特烈·威廉四世结盟，这与人们的猜测大相径庭。腓特烈·威廉四世虽然身为国王，但个性软弱、明哲保身，经常对国会里的自由派让步。

俾斯麦的选择的确让人费解，当其他议员攻击国王诸多愚昧的举措时，只有俾斯麦支持他。1851年，俾斯麦的付出终于得到了回报：腓特烈·威廉四世任命他为内阁大臣。他并没有满足，仍然不断努力，请求国王增强军队实力，以强硬的态度面对自由派。他鼓励国王保持自尊来统治国家，同时慢慢恢复王权，使君主专制再度成为普鲁士最强大的力量。国王也完全依照俾斯麦的意愿行事。

1861年腓特烈·威廉四世逝世，他的弟弟威廉继承王位。然而，新的国王很讨厌俾斯麦，并不想让他留在身边。威廉与腓特烈同样遭受到自由派的攻击，他们想吞噬他的权力。年轻的国王感觉无力承担国家的责任，开始考虑退位。这时候，俾斯麦再次出现了，他坚决支持新国王，鼓动他采取坚定而果断的行动对待反对者，采用高压手段将自由派赶尽杀绝。

尽管威廉讨厌俾斯麦，但是他明白自己更需要俾斯麦，因为只有借助俾斯麦的帮助，才能解决统治的危机。于是，他任命俾斯麦为宰相。虽然两个人在政策上有分歧，但并不影响国王对他的重用。每当俾斯麦威胁要辞去宰相之职时，国王从自身利益考虑便会让步。俾斯麦聪明地攀上了权力的最高峰，他身为国王的左右手，不仅牢牢地掌握了自己的命运，同时也掌控着国家的权力，被后人称为"铁血宰相"。

俾斯麦是一个很聪明的人，他明白如何实现自己的价值。他认为，依附强势是愚蠢的行为，因为强势已经很强大了，他们可能根本就不需要你；而与弱势结盟则更为明智，这样，因为他们的需要而更能发挥自己的优势，彰显自己的价值。

了解自己，找到自己的优势，然后好好地经营它，那么久而久之，自然会结出丰硕的成果。所以，如果你是一个不甘平庸、想成就一番事业的人，那么就在认识自己长处的这个前提下，扬长避短，认真地做下去吧。也许你的优势还只有很小的一点点，需要经过长时间的积累和经营才能形成真正的势力，所以，一定要持之以恒。坚决守住自己的阵地，绝不把最擅长的领域丢弃，那么你一定会成就自己，一个有成就的人，还发愁不能站在高层次的圈子里面吗？

一个人只有在一定的环境和组织中被需要的时候，才不会产生"英雄无用武之地"的落魄感。也只有在被需要的时候，才能证明自己的才能；也只有被别人需要，才能发现自身的优点和长处，并在适当的机会施展出来；也只有在被需要的情况下，才能让更多的人记住你，得到更多的人脉。那么，创业者怎样才能在商业活动中让自己被人需要呢？这需要一个推销过程。《成功地推销自我》的作者 E. 霍伊拉说："如果你具有优异的才能，而没有把它表现在外，这就如同把货物藏于仓库的商人，顾客不知道你的货色，如何叫他掏腰包？各公司的董事长并没有像 X 光一样透视你大脑的组织。"

巧妙地推销自己，是变消极等待为积极争取、加快目标实现的不可忽视的手段。常言道："勇猛的老鹰，通常都把他们尖利的爪牙露在外面。"精明的生意人在销售自己的商品之前，总得想办法先吸引顾客的注意，让他们知道商品的价值。人，何尝不是如此呢？积极地自我推销才能吸引他人的注意，从而判断你的能力，助你成功。推销自己既是一种能力，也是一门艺术。学会下面的几点，能够帮助你更好地推广个人品牌。

1. 要确定交往的对象

想要在商业活动中推广自己，你就要考虑一下，你喜欢与哪些人交谈，他们对你抱有什么期望，你有哪些特点能够对你的"对象"产生影响？同时，注意观察卓有成效的成功者的行为准则，并吸取他们的优点。

2. 利用别人的批评

许多公司或企业的销售部门利用调查表来了解消费者对自己产品好坏的评价。你也应了解别人对你的意见和指责，应该坦诚地接受批评，从中吸取教训。

3. 要善于展示自己的优点

在人际交往中，要善于展示自己的优点。例如，你的语调是否庄重、胆怯或令人讨厌。语调与身体姿势、行走、握手和微笑一样可以说明一个人的许多特性。

如果表现不好，就容易给人一种夸夸其谈、轻浮浅薄的印象。因此，最大限度地表现你的美德的最好办法是你的行动，而不是你的自夸。成功者善于积极地表现自己最高的才能、德行，以及各种各样处理问题的方式。这样不但表现自己，也参与吸收别人的经验，同时获得谦虚的美誉。学会表现自己吧，在适当的场合、适当的时候，以适当的方式向你的客户与合伙人表现你的优点，这是很有必要的。

4. 要善于包装自己

超级市场的货架上灰色和棕色的包装很少，为什么呢？这是因为没有人喜欢这些颜色的包装。你要不想成为滞销品，也应当检查自己的"包装"——穿着打扮等是否得体。

5. 适当表现你的才智

一个人的才智是多方面的，假如你是想表现你的口语表达能力，你就要在谈话中注意语言的逻辑性、流畅性和风趣性；如果你要想表现你的专业能力，当客户问到你的专业学习情况时就要详细一点说明，你也可以主动介绍。

6. 推销自己应自然地流露

会推销自己的人都是自然地流露，而不是做作地表现。成功者从不夸耀自己的功绩，而是让其自然地流露出来。

7. 不要害怕错误

商海活动与决策出现错误在所难免，关键是你应为应对出现严重的情况做好准备。如果一个项目真的遭到失败，既不要惊慌失措，也不要转而采取守势，而应勇敢地承担责任，提出解决问题的办法。在紧张状态中表现得头脑清醒、思路敏捷的人会得到下属和客户的信赖。

8. 另辟蹊径，与众不同

这是一种显示创造力、超人一等的自我推销方式。款式新颖、造型独特的东西常常是市场上的畅销货；见解与众不同，构思新奇的著作往往供不应求。独特、新颖便是价值。人也一样，他人不修边幅，你不妨稍加改变和修饰；他人好信口开河，你最好学会沉默，保持神秘感，时间越长，你的魅力越大；他人若总是扬长避短，你就可试着公开自己的某些弱点，以博得人们的理解与谅解，等等。如果你愿意尝试用这些方法来表现自己，就一定可以收到异乎寻常的效果。

9. 把握每个帮助他人的机会

助人者，人恒助之。高阳这样描述胡雪岩："胡雪岩倒霉时，不会找朋友的麻烦；他得意了，一定会照应朋友。"胡雪岩的成功很大的程度上取决于他人的帮助，这些人之所以要帮助他，是因为他们以前接受过胡雪岩的帮助。投桃报李，正是人脉的要义。

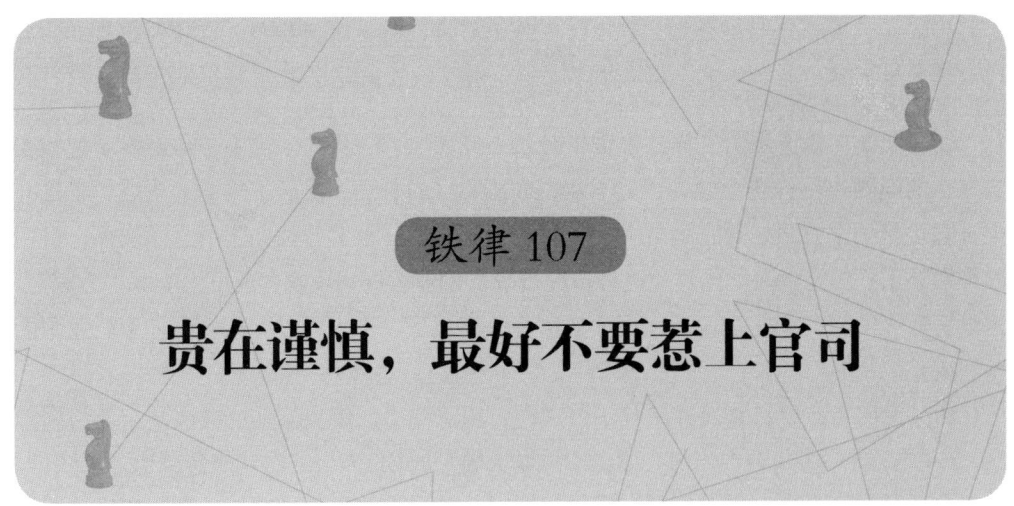

铁律 107

贵在谨慎,最好不要惹上官司

与"上医治未病"同理,企业应在平时就注意法律"保健",堵上各种事务中的法律漏洞,就能避免打官司这样的"大手术"。因为,一旦打官司,即便维护了企业的利益,也会大伤元气。尤其对于尚在襁褓中的创业企业而言,甚至会就此夭折。

生意往来,贵在谨慎。我们这里告诫企业在市场经济的新形势下要懂得打官司,并不是说企业遇事就打官司,因为打官司是要花费时间和精力的。如果做一些让步就能解决争端,节省许多时间和金钱,那何乐而不为呢?如果你向某人吹起战斗的号角,你必然把所有的注意力都集中在双方的争执之中,竭尽全力把对手打倒在地,这么一来,你也就无暇顾及你的生意了。如果官司打起来不那么顺利,焦躁和愤怒的情绪一起向你袭来,再加上旷日持久的争战之后出现疲惫,哪里还有心思做生意呢?

宋海佳是一名专攻公司法和税法的律师,自己创办了一家律师事务所,专注的客户就是中小型科技企业。所以,为孵化器、创业园区中的创业企业做法律指导,她十分得心应手。

用"懵懂"来形容创业企业对于法律的认识,绝不为过。作为创业导师,宋海佳曾接手过一家创业企业的官司。"他们为对方提供服务,没留下任何书面证据;给对方送去设备,却没要收据。在对方翻脸不认账的时候,他们才发现自己连维权的底牌都没有。"她说,如果正式开庭,这几位年轻创业者几乎没有胜算,那场官司宋海佳通过庭外和解保住了创业者的利益。

创业企业对税法的运用更加懵懂。她曾碰到过一家科技企业,每年研发费用高达上亿,却不知道"研发费用可加计扣除"的政策。她和她的团队在 15 个工作日里帮他们整理账目,完成了申报工作,当年就省下上千万的税费。

创业企业更多的法律危机来自内部,也就是合伙人之间的矛盾。宋海佳喜欢用婚姻来打比方:大家合资创办企业,好比组成一个家庭,随着时间推移,有的人想离开,有的人想进来,家产怎么分配?有人生了外心,有了"外遇",家庭利益如何维护?

确实如此,就像结婚一样,很多年轻人心怀憧憬,一头扎了进去,却忽略了这些实实在在的问题。一旦遇上这些"剪不断、理还乱"的麻烦,最后不得不上法庭,于是一个官司接着一个官司,等官司打完了,企业也玩完了。很多曾经亲密的合作伙伴,最后闹得砸杯子、扔文件夹。为避免此种情况出现,创业者在"成家"前可先谈好"分家"。这没有什么不吉利或是伤面子。理顺了这些法律关系,于人可以好聚好散,于企业则能顺利成长。

话又说回来,少打官司并不是不打官司,用法律手段解决问题的办法是企业必须学会、必须懂得的,尤其是在当前我国处于体制大转型时期,人们的法律观念普遍还比较低。最后,还是告诫企业,遇到麻烦、解决问题时,首先看能否依"情""理"双方进行正当的和解,实在不行时,应果断地拿起法律这项武器,维护自身的正当利益。

市场经济是法制经济,那么企业作为经营主体,其经营活动就有合法经营和不合法经营之分。当企业遇到不合法的经营使自己上当受骗时,就要通过法律手段解决问题,这就需要打官司。企业最好不要惹上官司,但是企业也必须懂得打官司。如果企业不懂得打官司,就无法在市场经济体制下生存,这样,不仅很难适应现代市场上的竞争,而且会使自己在创业活动中受到很大损失而无法追回。

法律是社会主义市场经济得以生存和发展的保护伞,企业学会运用法律武器来保护自己,懂得打官司,就能拿法律作为自己生产、经营、管理的"护身符",不学法律,不懂打官司,企业就得不到这个"护身符",就要遭人欺负。现在的企业应该知道,学会运用法律武器,学会打官司,对于自己来说是搞好经营管理的重要一环。

法律是维护企业本身及所创办企业、公司合法权利的有力武器。国家已颁布的《企业法》、《商标法》、《公司法》、《劳动法》等商业法律,给企业创造了一个合法经营的环境,也给经营者一定的权利,企业要善于运用法律武器抵制不合法干涉。法律,是企业经营管理的基本依据。企业经营什么,用什么样的人,只要符合法律就行。企业管理过程中,要尽量避免不必要的内部纠纷,如果产生纠纷,就要依法处理。

法律是企业处理外部经济关系的基本准则。企业在与其主体发生的供销、买卖、运输、联合等经济关系中,需要签订大量的经济合同。现代社会中许多经济纠纷都是因为合同不完善而引起的。这些合同纠纷往往给企业本身带来很大的经济损失,企业也只有运用法律,通过打官司来维护自己的合法权益。

大量的事实说明,企业要经营管理好自己的企业、公司,就必须具备法律意识,要知法守法,更应懂得用法律武器、懂得以打官司来保护自己。俗话说,害人之心不可有,防之心不可无。在商场上,"利"字当头的个别人随时都干得出违法的事情,除了需要经常防人外,最好的办法,就是打官司,让法律惩治这些不法分子。

我国是有几千年文明历史的国度,在历史的发展过程中,经商之道也得到了发扬光大。经商人虽然是在"将本求利"、"利上滚剩",但买卖双方交往,素来都以"情"、"理"为先,视"法"为末路,主"和"为贵,以"讼"为凶。尤其是在过去的农业社会里,生意交往特重信誉,一言九鼎,对于货物点收验收,纵然没有任何凭证,卖者届时依约前往收款,虽然两手空空,没有任何单据凭证,买方也绝少有赖账拒绝付款的情况,甚少有对簿公堂、以法为据而要求一判曲直来决定胜败的。

就是在今天的商场上,人情的运用、情谊的迎合以及"买卖算分、相请不论"的生意道德,依然是小本买卖交易双方往来的基本原则。但是,由于现代社会的法制观念日益加强,要保证自身的正当利益不受侵害,企业在买卖过程中,除了秉持"情"、"理"原则外,还必须注意法律的运用,这样才能既有和气,又能生财。

铁律 108

在面对现金诱惑的时候要沉住气

> 几乎每个人都会觉得持有现金比拥有一些不动产来得有底气,但对于企业来说,并不是现金越多越好。同样,几乎所有的企业管理者都明白借款的成本很高、欠钱的后果也挺严重,然而并不是每个企业管理者都能理智地抵制现金的诱惑。一个优秀的企业家,应该要在面对现金诱惑的时候沉得住气。

当今这个开放的社会为人们提供了许多发展的机会,也带来了很多诱惑。面对形形色色的诱惑,心就容易乱,表现在行为上就是忙碌失措。对绝大部分人来说,现金的诱惑是最难以抵挡的。但是,一个冷静明智的企业管理者,应该在面对现金诱惑的时候沉住气。

企业经过正确合理的经营,现金安全也有一定的保障,或许手里的现金会逐渐多起来。但是对于企业来说,现金并不是越多越好。如果企业有能力从银行或合作伙伴那儿拿到钱,极可能抵不住现金的诱惑,不顾借钱的高成本和欠钱的严重后果,单纯想先拿了钱再说。

银行肯借钱,企业肯借钱,是企业实力的象征。不少企业管理者有赚钱的好事就不拒绝,有好的机会就不放弃,所以在面对现金诱惑的时候会想,"很多企业想借钱都没有门路,现在自己有这么好的条件和机会,为什么不借点"?然而成熟的企业不会轻易借钱,即使缺钱都会先从自身想办法周转,而不一定去借钱。至于那些现金不足、真正缺钱的企业,也应该做到不到万不得已的时刻不去借钱。

如果拿到钱以后,企业若没有明确的投资方向,就极有可能将大量资金闲置起来,发挥不了应有的作用,就会错失很多应有的利润。同时持有大量现金还会造成企业管理成本的增加。总之,资金只有很好地加以利用,才能最大限度地增值。所以,企业应该综合公司各个时期的现金需求，确定公司最佳的现金持有量，以在有效利用资金的同时，保证周转资金的充足。

其实，每个企业管理者都明白借钱的成本很高，欠钱的后果也很严重，但是绝大多数企业管理者都难以抵挡现金的诱惑。一些有大量存款的企业，在有机会借款的时候，虽然没有明确的投资方向，却仍然盲目圈钱。这些企业在拿到钱之后，用途无外乎委托理财、同业拆借或者关联交易，而把公司的资金链搞得很复杂、脆弱。这种圈钱方式的弊端显而易见。

对待现金流，企业一定要秉持乘轻舟的原则，循序渐进，不能一下子背负太重的包袱。否则，在没有合理规划的前提下盲目冒进，会令企业难以对自己的现金流的管理进行合理疏导，一旦有意外情况发生，单纯去"堵"和"抽"都会给企业的资金链造成不良影响。同时，企业的利润也很难得到相应的保证。

商人最容易犯的错误就是贪恋利益、不知进退，最终遭到市场的惩罚。利益极其诱人，与有望得到的利润相比，可以拿到的现金更具有诱惑力。面对唾手可得的现金时，企业管理者需要沉住气，冷静计算得到需要付出的代价和规划这些闲置资金的最佳使用方式，周密决策、谨慎行事，以确保用最小的代价获得最大的利益。

在纷繁复杂、瞬息万变的商场中，企业管理者必须能够"沉住气"，无论做什么事，始终保持冷静的头脑，综合衡量利益的大小、远近，为企业的全局慎重考虑；而不能为了蝇头小利放弃固有的原则，更不能因为一时的得失打乱全局，因贪图一时之利而因小失大。

股票上市对于企业来说是非常好的事情，能够给公司带来源源不断的现金流。很多中小企业并不缺资金，但都争先恐后地争取在创业板上市，目的就是想募集更多的资金。然而并不是每个上市公司，都对募集的资金做好了利用规划。有的企业并没有将募来的大部分资金用于拓展本业，而是挪作他用，比如大手笔地购买办公楼、建设公司总部或研发基地。这样盲目使用资金，就很容易对公司的经营造成负面影响。

2010年创业板的100家上市公司，难抵现金的诱惑，超募资金489亿，进行了一场明目张胆地"越狱"。截至2010年8月13日，所有上市的创业板公司的实际募集资金额达到693.27亿元，超募资金占实际募集资金的比例高达70%。

证券监管层早就已经对上市公司超募资金的用途作出了明确限制，强调超募资金应当用于公司主营业务，不得用于开展证券投资、委托理财、衍生品投资、创业投资等高风险投资以及为他人提供财务资助等；并且对于超募资金用于永久补充流动资金和归还银行贷款的金额，规定每12个月内累计不得超过超募资金总额的20%。此外，监管措施还规定，上市公司在募集资金到账后6个月内，需安排超募资金的使用计划。

监管层对超募资金使用的严格限制，意味着创业板上市公司在享受资本市场带来的财富聚集效应的同时，自然也面临着作为公众公司而言的资金使用限制。于是，在短短6个月的时间里，创业板100家上市公司要使这超募的489亿资金"逃出生天"，就担纲主演了一场"越狱"的大戏。

这些创业板的公司有的使用资金置换的游戏，把限定严格的超募资金变为自由资金；有的则大手笔买地，与其所宣传的主业成长性相距甚远；还有的设立了各种名目的子公司，名为扩大产能，实则风险暗藏。于是，一些保荐机构就在利益冲突下迷失，监管手段虽然严厉却"后知后觉"，使得原本应行使监管职责、保护投资者利益的"高墙"出现了缝隙。

在这场危险的"越狱"游戏中，一部分创业板公司对未来发展方向的迷茫逐渐显露，它们自身并不具备上市时所描绘的那些美好的高成长性未来，甚至不知如何利用好手中的资金。

创业板的15家上市公司将超募资金用于购买办公楼、建设公司总部或研发基地等房地产投资，主要有两个原因：一是这些项目从表面上看并没有偏离主营业务，能够满足监管层的要求；二是近年来房地产价格的快速上涨，让这些手握重金的创业板公司闻到了"快速获利"的味道。问题就在于，这些公司购买房地产项目除了能够助长房地产的疯狂与投机之外，对公司的主营业务的成长到底有多大的帮助呢？事实上，这些上市公司如此做，与拓展主业相比，投机的成分相当大。

证监会有明确要求，上市公司的募集资金只能按照招股说明书使用，不得挪作他用，但对上市公司的自筹资金使用范围则没有任何约束。所以，在上市前被项目投入绑住了手脚的公司，在上市获得巨额募资之后，便开始追求资金的"自由"，玩起了从"左口袋"到"右口袋"的逍遥的资金置换游戏。

2009年亿纬锂能采用资金置换的手段变相挪用募集资金的做法，无疑给创业板公司打开了一道缺口，使得更多的创业板公司竞相效仿。

同时，创业板公司通过上市获得发展资金之后，投资并购与设立子公司，扩大产能与销售网。这样的大手笔，是实际所需，还是盲目激进？此外，这种并购模式背后，还必然存在经营理念磨合的问题。无论如何，这样的大手笔都带来了相当大的风险。

相比上述直接在超募资金使用计划上的游戏，创业板公司还使用更为隐蔽的手法，如分红、转送等，利用巨额募资来使股价飙升。一时间"高送转"成为创业板的关键词。虽然高送转常常在市场掀起风浪，但上市公司的这种行为却并无太多约束机制。

说到底，涉嫌"越狱"的创业板上市公司都是在面对巨额现金和巨大利益的诱惑时，不能够沉住气，理智冷静地作决定而导致的。股神巴菲特说："在别人贪婪的时候要谨慎一些，在别人恐惧的时候要大胆一些。"这些说起来容易，可是当面临诱惑和选择的时候，有几个人能够真正沉得住气，做到理智冷静呢？

当局势混沌不清时，即使面前有巨大的利益，企业管理者也不可草率作出决策，而要以非凡的耐性稳定情绪，等待形势有所变化时，认清发展趋势，在一切形式明朗、自己非常有把握的时候再果断出手，才能避免因贪图一时之利而满盘皆输。

创业者和管理者要做到冷静理智、进退有方，就必须具有全局意识，见到金钱和利益不能不顾一切地一味贪婪。否则，很有可能会因此拖累公司，令公司经营不善或陷入危险的境地。因此，"戒贪"是很多在现金面前不够成熟理智的企业所必须正视和做到的。

在"9·11"之前的10年左右的时间里，美国股市走牛，多少人大把大把地买、大把大把地赚，而巴菲特却不为所动，以至于被一些人视为"过气股神"。然而，当一连串的打击把美国股市推入深渊，不少人血本无归时，巴菲特却因稳健的投资方式而避免了损失，在别人哭天喊地时还在稳稳当当地赚钱。

由此可见，面对唾手可得的金钱和利益时，企业领导者尤其需要"沉住气"，不因诱惑而改变想法。公司掌舵人和管理者必须具有长远意识，在综合分析与衡量利益的大小、远近的基础上，时刻以公司的发展大局为重，才能对一时的小利具有足够的抵抗力，坚持经营原则，不会因为贪图一时的得失而打乱全局。

铁律109
千万不要在税收上留下污点

> 依法纳税是企业应当履行的义务，每一个企业都应该如实申报收入、缴纳税款。这也是体现企业社会责任感的最基本的行为。任何一个想要稳步发展的企业，都一定要注意，千万别在税收上留下污点，惹上"税事缠身"的麻烦，陷入十分尴尬的境地。

有不少知名企业都因有过"税事缠身"的麻烦，而陷入品牌形象受影响、产品质量被质疑的尴尬境地。发达国家中有这样一句名言："在我们这里，除享受阳光和空气外都要纳税。"这句话既反映了这些国家的纳税范围之广，又反映了纳税人的积极纳税意识。在税收上留下污点的企业，会发现偷税漏税是非常得不偿失的。因此，依法足额纳税，正确处理与公司税务的相关法律问题，就成为企业管理者必须认真对待的问题。

偷税、漏税是采用法律法规所不允许的方法，少交或不交应纳税款的行为，一旦被发现，将受到法律的惩处。根据《税收征收管理法》第六十三条的规定，纳税人（包括公民和企业）伪造、变造、隐匿、擅自销毁账簿与记账凭证，或者在账簿上多列支出或不列、少列收入，或者经税务机关通知申报而拒不申报或者进行虚假的纳税申报，不缴或少缴应纳税款的是偷税。

2006年，胡某在安徽省霍邱县某街道独资经营某加油站，每月按售油收入到县国税局申报缴税。而2007年12月24日，县国税局对胡某加油站2007年1月至11月份的销售情况进行税务检查时发现：加油站销售93号汽油、0号柴油不含税收总收入为51万元人民币，而胡某仅申报了13万元人民币，偷漏税款6万元人民币。

县国税局要求胡某补缴税款6万元人民币和3万元人民币罚款，而胡某却拒绝执行。之后，县公安分局依法立案，对胡某刑事拘留。

2009年7月，安徽省霍邱县人民法院进行审理，一审判处被告人胡某犯偷税罪，判处有期徒刑一年，缓刑一年零六个月，罚人民币3万元。

企业税务的法律问题，核心在于偷逃税上。在我国的法律体系中，关于欠缴税款一般有以下几种情形：

漏税：是指纳税人并非故意未缴或者少缴税款的行为。

欠税：是指纳税人因故超过税务机关核定的纳税期限，未缴或者少缴税款的行为。

偷税：是指纳税人使用欺骗、隐瞒等手段，逃避纳税的行为。

抗税：是指纳税人拒绝遵照税收法规履行纳税义务的行为。

对于以上行为，国家又有不同的行政处罚手段。

纳税是责任，诚信是美德。企业要想在税收上不留下污点，避免法律风险，唯一的途径就是根据法律的要求进行诚信纳税，并在此基础上进行合理避税，来为企业争取更多的发展资金。

诚信纳税本身就能产生效益。对纳税信誉好的企业，税务部门会充分满足其服务需求，信任其申报资料，这样企业可以享受最少的税收检查和稽核频次，在无形中为自己减轻了负担。企业依法如实纳税，可以增强自己的纳税信誉等级评定的内在"效益"，增强了企业的效益。

此外，通过诚信纳税，企业还能够提升企业的可信赖度，铸就自己的金字招牌，有望成为"百年老店"。纳税指标是商业信誉中的一项重要指标，在商业实践中越来越被重视。纳税企业是否如实提供涉税信息，是否足额缴纳应缴税款，就成为合作伙伴和公众检验企业诚信状况的重要参考标准。企业只有诚实纳税，才能更容易获得商业伙伴的信赖和公众的支持，为自己赢得更为广阔的发展空间。

相反，有的企业在纳税问题上却并不这么老实，不管是在收入申报还是税款缴纳上，都绞尽脑汁、想尽各种办法来进行偷税漏税。

2010年以来全国所爆发的几起"虚开增值税发票偷税"大案，仅仅是企业偷税漏税的冰山一角。企业偷税漏税的方法也可谓花样繁多，一些企业常用的偷税漏税主要招数如下：

（1）利用税目进行偷税。

（2）利用税率进行偷税。

（3）利用税收优惠进行偷税。

（4）多列支出进行偷税。主要方式有专用基金支出计入成本、多提固定资产折旧、虚列预提费用、偷逃所得税、违规摊销、扩大产品材料成本、扩大产品工资成本。

（5）少报收入进行偷税。主要方式有以各种方式隐瞒或者少记销售收入、清理固定资产净收益，转移罚没收入，减少营业外收入、隐瞒各种投资收入、隐瞒其他各种业务收入。

（6）利用虚假发票进行偷税。

（7）通过其他手段进行偷税。比如，多立账户隐瞒资金、不将出售股票收益作为投资收益处理。

那些妄图偷税漏税的企业，无论使出什么样的花招，都不可能永远逃过监管机关的眼睛。而一旦偷税漏税行为被发现，那么这些企业不仅会得到法律的制裁，还不可避免地使自身蒙上了难以洗掉的污点，给企业的名誉、形象和未来发展造成难以预计的不良影响。如此说来，企业这种只顾蝇头微利而"捡了芝麻丢了西瓜"的做法，实在是不可取。

为了更好地对企业的税收进行管理，在避免"税事缠身"、在税收上留下污点的同时，为自身减少不必要的成本，管理者在进行企业税收管理时，应该注意以下几点：

（1）纳税企业必须依照法律和行政法规的规定，或者税务机关依照法律、行政法规的规定确定的申报期限、申报内容，如实办理企业纳税申报，报送纳税申报表、财务会计报表以及税务机关根据实际需要要求纳税人报送的其他纳税资料。

（2）扣缴义务人必须依照法律、行政法规规定或者税务机关依照法律、行政法规的规定确定的申报期限和申报内容，如实报送代扣代缴、代收代缴税款报告表以及税务机关根据实际需要要求扣缴义务人报送的其他有关资料。

（3）纳税企业、扣缴义务人按照法律、行政法规规定，或者税务机关依照法律、行政法规的规定确定的期限，缴纳或者解缴税款。

（4）纳税企业可以依照法律、行政法规的规定，书面申请减税、免税。

（5）减税、免税的申请须经法律、行政法规规定的减税、免税审查批准机关审批。

（6）税务机关征收税款时，必须给纳税人开具完税凭证；扣缴义务人代扣、代收税款时，纳税人要求扣缴义务人开具代扣、代收税款凭证的，扣缴义务人应当开具。

铁律 110

竞争是商业市场的常态，在竞争中超越对手

> 人只有有了竞争的对手，才会时刻激励自己保持旺盛的斗志，不断挖掘自身的潜力。做企业也一样，竞争并不意味着你死我活。正确看待竞争对手，因为它的存在就像是一针强心剂，促使企业在不断壮大的过程中更具动力。感谢竞争对手，正是他们使自己成为一只威风凛凛的美洲豹。

人们常说商场如战场，但是商场与战场也有所不同，在商场上，重要的是超越对手，而不是消灭对手，在消灭对手的时候，实际上你在毁灭行业，那也使自己的生态环境遭到了极大的破坏。或许有很多人不同意这个观点，实际上，竞争对手正是促使一个企业成长发展起来的动力。由于对手的存在，企业能够在一次次的竞争中学会反思，变得成熟，逐渐走向强大。对手的存在不仅是压力，更多的是一种动力。任何一个希望变得更强的组织都应该正视对手，正视竞争。在竞争中成长，比对手更优秀，就能超越对手。竞争对手同时也扮演着标杆、老师的身份。

作为全球知名的两大可乐公司，百事可乐与可口可乐几乎占领了全部可乐市场，两家公司的竞争程度也可想而知。而在百事可乐创始初期，可口可乐一直是百事的标杆与老师。

早在20世纪初的二三十年代，可口可乐几乎称霸了整个可乐市场，可口可乐是可乐的最早发明者，可乐的历史也由它而起。作为跟随者的百事可乐，在最初成立的几十年间，一直将可口可乐视为自己的榜样。20世纪30年代以前，百事可乐根本不敢想象应该如何与可口可乐进行竞争。百事可乐同当时美国其他数以百计的可乐公司一样，将

公司的经营理念重点放在学习可口可乐的运营模式上。作为可乐领域的小字辈，百事可乐一直仰人鼻息。百事可乐曾三次请求可口可乐收购自己，都遭到了拒绝。

在强大对手的压制之下，百事可乐不甘心沉寂，最终燃起了斗志，想要超越可口可乐。1939年，可口可乐改变了过去的经营理念，他们开始寻找突破口。百事可乐发现，所有可乐公司都按照可口可乐6.5盎司的标准进行装瓶。百事可乐找到了提升知名度的方法，他们推出了与6.5盎司同样价钱，却有12盎司分量的"双倍装"。百事可乐还提出了一个非常吸引人的口号：一份钱，两份货。百事可乐的新包装，迅速吸引到大量的消费群体。

百事可乐的这一创举，在行业内部可以说是一石激起千层浪，让包括可口可乐在内的所有可乐公司手足无措。当时6.5盎司的标准被消费者普遍接受，而美国各地的自动贩卖机上的瓶装可乐都是按照这一标准包装的。可口可乐作为当时最大的可乐供应商，一时间根本不可能进行包装改换。这一次，百事可乐取得了巨大成功。到二战结束，百事可乐已经成为全美第二大可乐。

与此同时，可口可乐开始将百事可乐作为自己的头号竞争对手。面对百事可乐的竞争，它也采取了应对措施，在1955年推出了大瓶装可乐。百事可乐面对可口可乐的出击，再一次对自身的发展战略进行了重大调整。可口可乐公司一贯塑造的产品形象是传统的、正宗的，百事可乐将自己的产品形象定位在新潮的、年轻的。

这次定位的调整对百事可乐的发展至关重要，不仅使百事可乐有了自身的品牌效应，而且与可口可乐的产品进行区隔，目标群体更为明确，自此以后，百事可乐的战略部署始终围绕在"年轻"与"新潮"上，它有了自己新的广告宣传语："新一代的选择"。在1985年，百事可乐有了历史性的突破，首次在销量上超过可口可乐，成为市场的王者。

著名的帕金森定律之十三，即鲇鱼效应说的也是这个道理。一种动物如果没有竞争对手，就会变得死气沉沉。同样，一个人如果没有竞争对手，那他就会甘于平庸，养成惰性，最终导致庸碌无为。

竞争是双向的，离不开对手的参与。有竞争对手并不可怕，反倒更有助于组织的成长。没有谁比竞争对手更了解我们，正如罗素所说："如果需要让人复述我的哲学思想，我宁愿选一个懂哲学的死敌，也不会选择一个不懂哲学的好友。"竞争对手就像是一个助推器，他迫使我们不断改进。对手每天都会思考如何战胜我们，如果不想落败，就必须不断进步。

以eBay和淘宝网的竞争为例。作为全球数一数二的电子商务网站，eBay就像一头深海巨鲨。2003年，这头巨鲨游到中国，出资1.5亿美元买下了中国最早的C2C网站易趣，希望以此称霸中国的网上交易市场。伟大的对手都是成对出现的，在这一年伴随eBay一起现身的是中国本土网站淘宝网。一个是国际巨头，一个是本土作战，双方从碰面的第一天就掀起了水火不容的激烈竞争。

自2003年的7月开始，eBay启动了全面的市场推广计划，依仗着雄厚的资本实力，他们在制定推广战略中导入了竞争元素，在付出了比正常广告费高出一倍的价格后，eBay易趣与新浪等门户网站签订了对淘宝的"封杀协议"。这种排他性推广策略对于刚刚出世的淘宝来说，无疑是当头一棒，时任eBayCEO的惠特曼曾经乐观地认为：这轮推广将为中国电子商务市场的竞争画上句话，eBay将成为唯一的胜利者。

但惠特曼显然是低估了马云和淘宝网。eBay使出的狠招给淘宝网提了醒，使淘宝网的每一个战略制定都异常小心。eBay的存在对淘宝网来说是一个巨大的压力，但正是这种压力的存在，使马云及他的团队被激发出无穷的动力。马云说："eBay是大海里的鲨鱼，淘宝是长江里的鳄鱼，鳄鱼在大海里与鲨鱼搏斗，结果可想而知。我们需要做得是，把鲨鱼引到长江里来。"在这种思想指导下，淘宝积极制订出针对eBay的一系列的作战计划。

这些作战计划很快就取得了辉煌战绩：到2004年10月，在交易额、成交率、日新增商品数、注册用户数和网页浏览量这5项指标中，淘宝有4项超过了易趣。淘宝网的王者之气开始显现。正如马云所说的那样："跨国公司进入中国，往往会经历4个阶段：第一是看不到；第二是看不起；第三是看不懂；第四是跟不上。"从看不到对手的存在到看不起对手，淘宝网所采取的竞争战术越来越让eBay看不懂，直至跟不上。

不甘心失败的eBay拿出1亿美元准备在2005年重燃战火，但几乎就在同一时刻，淘宝网宣布其网上支付工具"支付宝"实现了与招商银行的无缝对接。而在之前，"支付宝"已经和中国工商银行、中国农业银行以及国际信用卡组织VISA签署了多种战略合作协议。这对eBay来说是个不小的打击。受淘宝和招商银行签约的影响，eBay股价当日下挫3.5%。这时的eBay在市场影响力上已经彻底落后于淘宝网，开始有点跟不上淘宝网的发展步伐。在2006年年底只好将易趣转卖给TOM，正式宣告败走中国。

淘宝击败eBay作为经典案例必然会被写进中国商业发展史之中。这场战争的硝烟随着时间的变幻而即将消失殆尽，这个案例带给企业管理者的启迪是：竞争是商业市场的常态，企业只有在竞争中才能得到生存和发展的空间；市场是残酷的，弱肉强食，如果不想被对手所吞噬，就要千方百计将对手彻底打败；在竞争中超越对手是任何企业在走向卓越的必经阶段，不能超越对手，你永远不能成为领先者，只有超越了所有对手，你才能成就伟大，铸就辉煌。一个榜样胜过书上的一百条教诲，一个竞争对手胜过一百个追随者。竞争对手越多、越强，打败他的野心就越强，奋斗的积极性就越高。

铁律 111
不诚实守信，是小规模企业最大的杀手

> 小规模企业在市场竞争中往往处于劣势，与有实力的大公司相比，能够争取到的机会很少，因而为了生存和发展就必须维护好企业的名誉，做具有商德的诚实守信的企业。本来就在行业中属于弱势群体的小规模企业，倘若再不能信守承诺，就只能使自己陷入更为不利的境地。

现实的商业环境，对小规模企业存在着很多先入为主的歧视，很多资质要求条件就足以将很多有特色的中小企业拒之门外，比如注册资本、经营规模、成功案例、经销网络、知名度等。相对于大公司而言，小规模的企业能够抓住的机会要少很多。

项目的规模越小、越没有名气，在经营过程中就越要诚实守信。在市场竞争中，小规模企业要想生存下来、虎口夺食，是靠抓住大企业的不足之处做文章，更是靠良好的服务和诚实守信来获得目标客户群的认可，以形成"口碑效应"。这不仅有利于客户资源的积累，还会促使企业规模临界点的早日到来。

我国有句老话："刻薄不赚钱，忠厚不折本。"做生意看起来是卖，实质上是"买"，通过诚信经营，取得客户的信任，"买"下了客户的心和一批不会流失的客户，从而在市场上建立信誉，拥有一块立足之地。

有的企业经营者和创业者可能认为，一次不讲信用没关系，下次注意就是了。但是"君子爱财，取之有道"，商人不只要讲信誉，还要一直讲信誉，绝不能有半点马虎，否则就很可能因小失大。我国的一代"鞋王"余阿寿也曾说："我们必须认真对待每一次生意，一次失信就可能出局。"

这是一个非常浅显的道理，但很多创业者和企业经营者却对此不以为然，认为生存是企业的第一要务，能多赚点、少承担一些责任，可以提高利润空间和赢利水平，不必

考虑那么长远；何况现在自己企业的规模和名气都很小，无论是否诚实守信，都不会对商誉造成太大的影响。

也许有的朋友会说"自古就有无商不奸"，一些做大做强的企业发家致富或多或少都是有些原罪的，老实之人只有吃亏的份儿。如果我们对那些企业进行深入的了解和剖析，会发现它们在一些方面还是坚守住了最起码的底线，比如诚实守信、产品的质量等。它们在从小到大、从弱到强的发展过程中，靠诚实守信积累了很多关键性资源，否则就难以激活相关资源，青云直上。

其实，只要我们对自己能够接触到的大大小小的商人，进行归类梳理、量化统计、深入分析，就很容易发现他们成功的秘诀就是在规模越小、越没名气的时候越要坚持底线，这样虽然经营压力很大，但容易积累各种资源，得到快速成长；而在具有一定规模和名气之后，就更要一如既往地诚实守信，小心翼翼地维护自己的声誉。相反，那些抬高价格，以宰客户为赢利手段的商家，貌似利润提高了，实则是自毁长城，早晚都会关门大吉。

诚信的成本也许很高，但是欺骗的成本更加巨大。企业如果缺乏诚信和商业道德，就无法取得发展和成功，无论规模大小都不例外。通过投机和欺骗可能在短时间内能够得到明显的好处，但绝不可能长久地存在下去，获得真正的成功。那些只计较一时的小利而不惜毁掉信用的小规模企业是非常愚蠢的，丢了信用，纵使投入再多也难以换回"信用"二字。

对于企业来说，诚信是立足之本，也是成功之道的通行证。只有讲诚信才能为自己赢得赞誉和认同，以诚经营终究会得到长久的利益。诚信尽管看不见摸不着，但像影子一样时时刻刻存在着并发挥作用。可以说，良好的信誉对创业者来说是一种无形的资产，是一块金字招牌。

李嘉诚最初做塑料行业时，经常遇到一个从不伸手要钱的乞丐，但李嘉诚每次都会主动拿钱给她。有一次，李嘉诚和她约定第二天见面，出资帮她做小生意。但不巧的是，当天一位客户来工厂参观，客户至上，他只得接待。但与这位客户交谈时，他突然说了声"Excuse me"便匆匆跑开。李嘉诚飞车赶到约定的地点，好在没有失约。事毕后，他又飞车回到工厂，去接待客户。

即使是冒着怠慢大客户的风险，也绝不失信于人，这可以说是李嘉诚成功的重要因素之一。对企业来说，诚信比材料、设备、工艺等硬实力更加重要，它是一种不可超越的软实力，是持久的竞争优势，对没有名气的小规模企业来说更是如此。企业若想在市场中持久经营，拥有忠实的客户群，就必须以信誉作为市场通行证，而不能为了追求短期利益使用欺骗手段，这样虽然能获得一些短期利益，但其效果与杀鸡取卵、饮鸩止渴无异。企业不讲诚信，等于自动放弃软实力，必将在今后的经济活动中遭到惩罚，甚至被淘汰出市场。

在现代商业活动中，由于信息公开和传播速度加快，企业的信誉状况很快就会得到市场的反馈。如果企业信誉优良，就可以得到更多的信任，收获消费者的口碑，在市场竞争中赢得主动。

有的企业在赚钱的时候讲信誉，赔钱的时候可以不讲信誉。这种侥幸心理是不可取的，因为偶尔的错误也会坏了你的名声。企业要树立良好形象，需要严格做到"言必信，行必果"。

有个年轻人大学毕业后和几个同学开办了一家电脑耗材公司，经过两年多的打拼，成为一个拥有80余万元资产的小老板。可是天有不测风云，就在事业蒸蒸日上的时候，一个皮包公司利用假合同骗走公司很大一笔钱。由于资金周转困难，在坚持了不到半年之后，公司便被迫宣布破产了。当几个合伙人纷纷到外地发展时，他却选择留下来承担公司30万元的债务。

在这个艰难时刻，尽管那些债权人并没有找上门来逼债，但是几天后十几位债权人都惊讶地接到他打来的电话，他诚恳地表示：在半月之内会把所有的债务偿清。然后，他毅然决定将自己一处位于黄金地段且极具升值潜力的房产低价卖了出去，在不到半个月的时间里偿清了30万元的债务。

他讲究信用、一言九鼎的行动，深深打动了那些债权人，他们都把他视为真诚可交的朋友。在那一段布满阴霾的日子里，他几乎每天都能接到那些朋友给他打来的电话，有找他吃饭散心的，也有人给他介绍一些朋友，并为他以后的创业出谋划策。

第二年，国内一家有名的企业管理软件公司的一位主管听到他卖房还债的事情后，就要他代理自己的产品，但前提是需要60万元的启动资金。而在当时，他全部财产加起来还不到8万元。他那些朋友得知此消息之后，在不到两天的时间里，竟凑齐70万元，全力支援他。很快，他的事业开始有了转机，并一步步获得了成功，他始终坚持诚信的原则，为公司带来了更大的收益。

诚实是最好的广告，别人会因为真诚的言行、高尚的职业道德和良好的信誉愿意和你合作。翻阅商业历史，真正存活下来的老字号商家，没有哪一家是靠欺骗而长久不衰的，而且可以肯定的是他们都讲求诚信。

为什么诚信有这么大的魅力呢？因为诚信能使企业人格化，树立起良好形象，征服客户的心，故而"利润诚可贵，诚信价更高"。

创业者和企业经营者都必须明确这样一个观念：信誉是你成功之路上最重要的财富。因为在激烈的市场竞争中，讲信誉、守信用是赢得胜利的保证。从某种意义上来说，现代市场经济就是信誉经济。诚信是市场经济领域中一项基础性的行为规范，也是市场良性发展的内在动力。所以，锻造诚信这一软实力，是企业适应市场竞争的必要前提。创业者只有切实把"信誉高于一切"作为企业的宗旨，并时刻严格按其行事，才能使企业日益兴旺、不断发展。

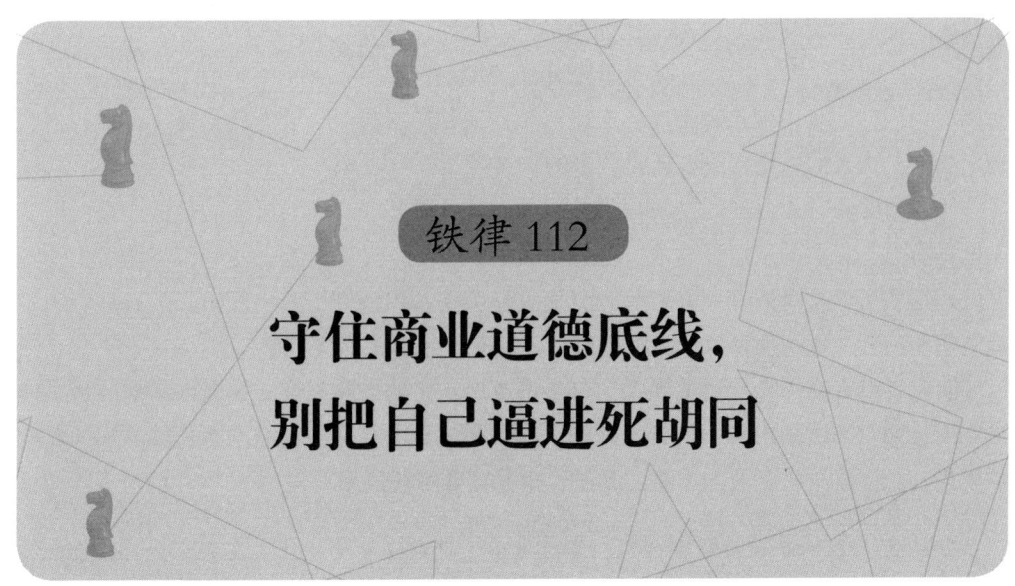

铁律 112

守住商业道德底线，别把自己逼进死胡同

> 如同个人应该遵守规范自身行为的社会道德标准，企业也要遵守行业道德准则。"企业要承担社会责任，企业家身上要流淌着道德的血液"。坚守社会责任，遵守行业道德，应该成为企业经营管理者乃至每一名职工的自觉行动。

产品质量底线在很大程度上也是商业道德底线，在产品基本质量尚缺乏稳定性、技术仍不过关的情况下，一意孤行，硬要将产品推上市场，或者压根儿经营的就是假冒伪劣产品，虽然从短期来看可能会获利丰厚，但很快就会将项目逼入死胡同，运营者自己也会损失惨重。

如果企业不自律，唯利是图，就算法律规定再完备，食品安全领域的三聚氰胺奶粉事件还会出现。片面追求经济利益，以消费者的健康为代价换取企业发展的路必定不能走远。企业要获得长久发展，必须加强自律，坚守质量底线。企业要正确对待质量，特别是公众使用的产品，要将质量问题提升到企业家信用、道德底线的法律红线层面。

在商业史上，只有阶段性的成功，而没有永远的成功。对于逐鹿中国市场的零售企业来说，如何随着市场环境的改变而不断及时调整自身战略，是一个始终需要思考的战略课题。

零售业的竞争将日趋激烈，仅凭领先的管理模式这"一招鲜"占领市场的日子已经一去不复返。如何守住商业道德底线，真正将消费者利益放在首位，正成为众多企业的核心竞争力。因此，创业者要想创立品牌知名度，并进一步提升品牌美誉度，首先要围绕产品质量做文章，从创业之初就立足于为消费者提供最优质的产品。

在众多的创业案例中，很多人突破质量底线，并不是他们自己故意这么做，而是质量超出了他们所能掌控的范围，比如技术不太成熟，或者代理别人产品、上当受骗等。然而，无论什么原因，都是公司内部的问题，市场并不会因为那么多所谓的"客观理由"而原谅他们，一旦出现这种情况，产生巨额损失都在所难免，没有任何悬念。即使抱有侥幸心理，该来的惩罚也终究还是会来的。

任何国度和时代，经商底线都是共同的，就是要坚守产品和服务的最低质量标准。无论是有意、无意抑或放任自流，底线突破一旦发生，经营者都会受到市场的惩罚，不但处理这些事件本身的花费异常惊人，而且还会伤及用钱好不容易砸出来的各种资源，轻则伤筋动骨，重则项目猝死。如果算起总账来，都得不偿失。

创业者没有高标准的质量观念，就生产不出优质的产品。许多知名度高的品牌，就是靠质量而一举占据市场中的领导地位，这种高质量的产品信誉靠的是长期灌输的高标准质量观念。质量是企业的本质、基础，也是商业道德的重要支撑。

2012年4月份以来，中央电视台连续报道了"毒胶囊"事件，在全社会引起广泛关注。扬子江药业集团抓住这一"反面教材"，结合企业第27次质量月活动，在全厂深入开展质量意识教育。集团干部员工纷纷表示，秉承"高质惠民，护佑众生"的质量宗旨，从源头上进一步提升全员质量意识，把好原辅料进厂关、药品生产关和产品放行关，向国外标杆企业学习、看齐，构筑起坚固的药品"质量大堤"。

2012年4月12日，在"第27次质量月活动总结大会"上，当集团中高层管理干部拿起笔在"质量承诺书"上签下自己庄严的"承诺"时，赢得了全场一片热烈的掌声。这掌声既是扬子江人对质量永无止境追求的铿锵誓言，也是集团开展质量月活动的生动体现。

在采购原辅料过程中，扬子江药业集团首先选择规模大、技术强、资质优的原辅料生产企业。如采购某抗生素原料时，集团则选择副作用小、有关物质小、不易降解、质量稳定的原料，虽然价格贵，但有力地保证了产品质量。

集团按照原辅料对产品质量的影响程度，开展了基于FMEA方法的风险评估，将供应商分为A、B、C、D、E 5类进行管理，在质量标准或接收标准的确立、资质要求、供应商审计、定期评估、档案管理等方面均设置了合适的流程加以控制。集团质管部和供应部设有专门的供应商管理小组，负责对新引进原辅料的资质审查。一般情况下，对新的原辅料的评价程序需达半年以上，以确保辅料的质量稳定可靠。

对原辅料小试合格后，质管部、制造部、供应部组织由专业人员组成的审计小组赶赴供应商生产现场进行现场动态审计，主要审计供应商质量保证能力、生产现场管理、合同系统管理、检验能力、仓储能力等，并形成供应商审计报告，只有审计合格后的原辅料供应商，才可以进入产品生产试用阶段。

在审计确定原辅料供应商后，集团还根据企业内控辅料质量标准向供应商提出原辅料的等级和质量要求。如选择片剂用微晶纤维素辅料时，集团对供应商提出制定色点内控标准，指定棉花产地，采用精制棉作为生产辅料的原料，从而保证辅料的高质量。

除了严格原辅料的进厂检验关，集团还建立了对使用过程中辅料质量的监控和处理机制，严格按工艺标准投料，对经确认有问题的辅料，绝不流入下道工序，同时在供应商档案中予以记载，并纳入供应商考评体系参与考评和淘汰。

此外，集团还派出驻厂监督员对供应商所供原辅料进行全方位监控，同时从生产过程控制、检验、偏差、变更、验证、仓储等方面与供应商开展全过程质量互渗，用专业统计学工具开展供应商物料关键控制指标的趋势分析、波动分析及显著性差异分析，定期编制阶段性评估报告。

2011年7月，在哈尔滨举办的第32次全国医药行业QC小组成果发表交流会上，扬子江药业集团以78项一等奖、58项最佳发表奖的喜人成绩独占鳌头，蝉联全国医药行业QC成果一等奖"七连冠"。金牌、鲜花、荣誉的背后，是扬子江人大力推行全员质量管理的努力和付出。

创业者时常受传统认识的影响——传统认识认为，"人非圣贤，孰能无过"、"凡人类必会犯错。所以凡有人参与的事，就永远不可能完美"，这些观念使许多创业者放松了对产品质量的管理，致使企业的产品遭受到市场的摒弃。创业者应该改变观念，树立完美之心，从一开始就生产出质量过硬的产品，一举获得成功。

需要大家注意的是，如果一个人靠弄虚作假取得成功之后，即使去运作其他项目，在相当大程度上还是摆脱不了惯性思维影响，也就是说还很有可能去偷奸取巧，但并不是每次都会有这么好的运气。另外，靠旁门左道取得财富之辈，一般并不真正懂得运营，还好自以为是，又想通过某个项目来保值增值，最终项目选择不慎，其投资往往最后以失败而告终，所快速积累的财富又以很快的速度释放回了社会。

铁律 113
与人打交道要符合经商的逻辑，而不是个人好恶

> 以个人好恶来与人打交道，古往今来并不鲜见。在许多创业者眼里，凡与我为善者，即为善人；与我恶者，即为恶人。实际上，这是不对的。对于创业者而言，服从于利益是商业本质内在的要求。

俗话说："酒逢知己千杯少，话不投机半句多。"不少生意人都有这样的感受，和自己喜欢的人说话、谈生意，感到亲切、欢喜；而和自己不喜欢的人在一起，心里反感、嫌弃，或嗤之以鼻，或敬而远之，甚至形同陌路，横眉冷对。而这种做法，对自己的人际关系和事业的发展都将非常不利。

实际上，擅长与自己不喜欢甚至是讨厌的人打交道，是合格创业者所应具备的一项基本素质。情感和好恶屈从于理性。真正干大事业的人都能屈能伸，"屈"是为了更好地发展，是为了在更高层面实现"伸"。

柯克和小沃森是老对手，IBM的上上下下都是知道的，柯克刚刚去世，所有人都认为柯克生前的好友伯肯斯托克在劫难逃。伯肯斯托克本人也这么认为，因此他破罐破摔，心想与其被小沃森赶跑，不如自己先辞职，这样还能够走得体面些。

有一天，IBM的总裁小沃森正在办公室里，伯肯斯托克闯了进来，并大声嚷道："我什么盼头都没有了！干着一份闲差，有什么意思？我不干了！"

现在的小沃森与当年的老沃森一样，脾气都非常暴躁，如果一个部门经理这样无礼闯入，按照平时的习惯，他一定会毫无顾忌地让伯肯斯托克出去。但令人意外的是，小沃森不但没有发火，反而笑脸相迎。

从这一点来看，小沃森不愧是用人的专家。他知道，伯肯斯托克是一个难得的人才，比刚刚去世的柯克还要胜过一筹，留下来对公司有百利而无一害，虽然他是柯克的下属，是柯克的好友，并且性格桀骜不驯。

小沃森对伯肯斯托克说："如果你真的有能力，不仅在柯克手下能够很出色，在我和我父亲手下也照样能够成功。如果你认为我对你不公平，你可以走人，如果不是这样，那你就应该留下来，因为 IBM 需要你，这里有你发展的空间。"

伯肯斯托克扪心自问，觉得小沃森没有对他不公平的地方，并没有像别人想象的那样——柯克一死就收拾他。于是，伯肯斯托克留了下来。

事实上，小沃森留下伯肯斯托克是极其正确的。小沃森在促使 IBM 从事计算机业务方面，曾遭到公司高层的极力反对，只有伯肯斯托克全力支持他，正是有了伯肯斯托克与小沃森的共同努力，IBM 才能渡过重重难关，才有了今天的辉煌。小沃森后来在回忆录中说："挽留伯肯斯托克，是我最有成就的行动之一。"

小沃森不仅留下伯肯斯托克，而且还重用他，在他执掌 IBM 帅印期间，他还提拔了一大批他不喜欢但是具有真才实学的人。他后来回忆说："我总是毫不犹豫地提拔我不喜欢的人，那些讨人喜欢的人，可以成为我一道外出垂钓的好友，但在管理中却帮不了我的忙，甚至给我设下陷阱；相反，那些爱挑毛病、语言尖刻、几乎令人讨厌的人，却精明能干，在工作上对我推心置腹，能够实实在在地帮助我，如果我把这样的人安排在自己身边，经常听取他们的意见，对自己是十分有利的。"

一切领导活动的根本目的，就在于实现预定的管理目标，把事情办好。为此，当然要讲究用人方法，这种时候不应该把个人好恶带到工作中，否则只会导致人浮于事，影响管理目标的实现。

从本质上讲，商业要求精细化计算，一切都要绝对服从于经济理性，甚至要求像计算机程序一样，从这头输入相同的变量，从那头就出来同样的结果，丝毫不受感情和个人好恶等因素影响。而人毕竟是人，难免会有七情六欲、喜怒哀乐、爱憎好恶，并会以不同形式表现出来，这本来无可厚非。在我们民族的传统中，一直要求立场坚定，明辨是非、爱憎分明。如果您只是一个普通人，完全有权利根据个人情感去处理事情，可以活得表里如一且非常真实。一旦选择了创业，所有这一切都要改变，情感必须服从于理性，也必须成为情绪管理、好恶管理的高手，否则从商之路就会曲折得多。

我们在创业过程中，处处会遇到不太喜欢的人。这个人可能是员工、客户、供应商，也可能是中介。无论是哪种类型，我们内心虽然非常讨厌这个人，但毕竟存在大大小小的利害关系，不得不耐着性子跟他们打交道，很多时候必须把关系处理得恰到好处。倘若由着自己的性子来，就难免会使自己的利益受损，甚至付出沉重的代价。偶尔一次由着自己的性子，或许无伤大雅，假如经常这样，轻则难以做大做强，重则导致项目死亡。

张经理是一个脾气执拗、注重实践的人，对那些文质彬彬、不善言谈的人他很难产生信任感。当李经理踌躇满志地向张经理提出合作生意时，张经理说："我有不喜欢你的理由，因此我不打算和你合作。"李经理意外地碰了壁，感到很失望。

幸好，有一家不起眼的小公司向李经理投出了"橄榄枝"。两年之后，两家小企业发展得非常快，超出了人们的意料，李经理成为一名知名人士，常常出现在媒体报道上。

在一次成功人士座谈会上，李经理与当初拒绝自己的张经理遇见了。张经理难为情地说："我真后悔，当初自己有眼不识泰山。如果当初我能和你合作的话，该多好啊。"

正所谓"一墙难挡八面风，一人难顺百人意"，芸芸众生，性格各异，你不可能喜欢每一个人，也无法要求所有的人喜欢你。但是，生意场合中没有那么多的随心所欲、自由选择，如果你不懂得与不喜欢的人交往，可能会失去一笔好买卖。

俗话说，"三人行，必有我师"，世界上没有一无是处的人，你不喜欢的人身上的某些特点，也许正是你所不具有的东西。与更多的人交往，才更有助于完善自己，才能路路畅通，广纳四海之财。而对于想要赚大钱的生意人来说，则更应如此。

你一旦选择了创业，就注定难以过上普通人的生活，再也不能按照普通人的方式来做事。普通人的七情六欲，普通人的喜怒哀乐，在这里都必须统统屈从于经济理性。很多人羡慕商人的富足，但他们哪里知道，老板尤其是中小老板，是世界上风险最大的职业。他们承受着数十倍于别人的压力，他们在夹缝里生存，他们在为家庭、员工、供应商、客户打工，他们还经常遭受来自各方面的误解，他们不得不压抑着自己的情绪，他们付出了别人难以承受的代价，他们即使月入百万也没有安全感。

经商成功者是一个自然选择的结果，老天只会留下那些符合商业逻辑的人，而根本不会听你的种种理由和借口。如果我们有心留意一下社会上大大小小比较成功的老板，就会发现也许他们在其他场合仍然意气用事，但在商场中都会表现得非常理性，基本上都能做到情绪服从于利益。有人偶尔也会表现出好恶倾向，但最终还是会选择向理性投降。

情绪管理是创业者的必修课，应当成为一项基本素质。如果你对一些人和事内心深处有一些想法，可以找适当的机会向适当的人倾诉，以减轻心中的压力，但绝不要将此带到商务和经营活动中。人在商海沉浮，和什么样的人以何种方式打交道，是由利害关系决定的，而不是由情感和好恶决定的。初涉商海的创业者，尤其要牢牢记住这一点。

那么，怎样和不喜欢的人相处呢？这时，一定要采取合适的方法。以下几个方法你可以作为参考：

1. 放平心态，坦然接受

生意场上，谁都会遇到自己不喜欢的人，此时心态放平和一点，不要总提醒自己他是你不喜欢的人，也不要表现出厌恶感。如果对方也有同样的回应，就会很容易造成互相敌对的局面。

心理学家认为，一个人对某类人喜欢或不喜欢，其实都是他主观意识在作祟，导致他排斥、不愿接触对方。可能起因于自己在过去生活、工作的经历中，在某一时刻心头停驻过不好的记忆，也可能是过去所养成的好恶，总之是一种自然的心理反射作用。告诉自己看开一点，把心里的感受放到一边，不要理会，坦然自若地相处。如果处理好了，一定能使你的生意人脉更为宽方和成功。

2. 多了解别人，包容忍让是必备

"人非圣贤，孰能无过"，每个人身上都有不足之处。因此，在生意交际中，不要强求别人处处完美或者揪住对方的缺点不放，也不要选择躲避这些人，多接触也许更能改善关系。同时，要以一颗包容、忍让的心，来对待出现在你面前的生意朋友。

在生意场上，如果你遇到的是一位沉默、呆板、孤僻的人，让你很不喜欢。但是，应该多和他交谈，或者侧面调查一下，你可能会了解到他个人生活经受了许多坎坷和磨难，甚至曾经受过严重的精神打击，或许你就会更多地理解他、体谅他、同情他，从而乐意和他接近。而他可能会十分感激你，愿意与你交往，成为生意和生活上的朋友。

在生意上，小的地方让步，可以保证大的方面取胜。但是当你善待对方，对方却对你态度不好的时候，你仍旧要继续保持对对方友好和善的态度，毕竟连草木、动物都有感情，更何况是人呢？只要心存善念、不断地付出，对方一定会转变。

3. 学会承认差别，求同存异

"人心不同，各如其面"，人与人之间，不仅有体貌上的生理差别，而且有兴趣、能力、气质、性格等心理上的差异，这是不以人的意志为转移的客观现实。

不同类型的人，为人处世的方式方法往往不同，因此，在生意交际中要承认差别，具体情况具体对待，对症下药，量体裁衣，善于在不同之中发现共同之处。

如在生意场上，有些人沉默寡言、做事死板，不会对你的招呼、寒暄等有什么反应，与这种人打交道时，最好的应对方式是直截了当，明确自己的观点。同时，你要多花时间，从他的言行中寻找出他真正关心的事，再就他所关心的事展开话题，让他充分表达自己的意见。这时，你要办的事情就有解决的机会了。

如果你是个性平和、处事慎重的人，你和人谈生意时，可能语气委婉，丝毫没有强烈、尖刻味儿。而你的生意伙伴是一个性格刚直暴躁、草率决断的人，他可能语气尖锐、单刀直入，同时还可能埋怨你转弯抹角，不坦率。这种人，在生意场上常给人一种做事干练的印象，但由于他们多半性子比较急，经常会曲解他人意图、断章取义、妄下结论。与这种人做生意时，最好把谈话分成若干段，或者把事情分层次地讲给他听，随之征求他的意见，让他有充分的时间考虑。如果他没有什么意见，就继续进行。

如果承认人与人的差异，就不会强求别人处处和自己一样，就可能消除"合不来"的感觉，缓解矛盾，减少一些反感和厌烦情绪，这样在生意上就容易形成良好的人际关系，在合作中达成共识。